भारत—देश और लोग

भारतीय वन उपज

महेन्द्र प्रताप सिंह

nbt.india
एकः सूते सकलम्

राष्ट्रीय पुस्तक न्यास, भारत

NATIONAL BOOK TRUST, INDIA

ISBN 978-81-237-7225-7

प्रथम संस्करण : 2014 (*शक 1936*)

Bharatiya Van Upaj (Hindi)

₹ **440.00**

निदेशक, राष्ट्रीय पुस्तक न्यास, भारत
नेहरू भवन 5, वसंत कुंज इंस्टीट्यूशनल एरिया, फेज-2, वसंत कुंज,
नई दिल्ली–110070 द्वारा प्रकाशित

भारतीय वन उपज

विषय सूची

भाग-दो : लघु औद्योगिक वन उपज

अध्याय

भाग-तीन : वन, वनोपज और आदिवासी

अन्य

भूमिका

हमारी प्राचीन संस्कृति अरण्य संस्कृति रही है। हमारे पूर्वज ऋषि-मुनि वनों में ही निवास करते थे। इन्हीं वन क्षेत्रों से ही ज्ञान-विज्ञान का निर्मल प्रकाश पूरे विश्व को आलोकित करता था। हमारे ऋषियों ने वनों की महत्ता को समझा था तथा इसीलिए वे सदैव स्वयं वनों में ही निवास करते थे। धरती के समस्त राजा-महाराजा भले ही उनके चरणों में शीश झुकाते थे किंतु इन ऋषियों ने कभी वनों से अपने को अलग नहीं किया। हमारे ऋषि-मुनि न केवल वनों में रहते थे बल्कि वृक्षों एवं वन्य जीवों को वे अपने परिवार का अंग समझते थे। जैसे परिवार के लोग एक-दूसरे के साथ रहकर एक-दूसरे से प्रेम करते हुए एक-दूसरे के सुखः-दुःख में सहभागी होते हैं वैसा ही संबंध वनों एवं वनवासियों के बीच था। वनों एवं वनवासियों के बीच यह पारिवारिक संबंध स्वतः स्फूर्त एवं स्वाभाविक था जो परंपरागत रूप से आगामी पीढ़ी की जीवन शैली बन जाता था।

वृक्ष हमारे ऐसे मित्र हैं जो जन्म से मृत्यु तक हमें कुछ न कुछ देते रहते हैं। बच्चे के पालने से लेकर मरणोपरांत चिता तक के लिए हम लकड़ी के लिए वृक्षों पर आश्रित हैं। वृक्षों के उपकार से मानव समाज कभी मुक्त नहीं हो सकता है। मानव अथवा कोई भी जीव भोजन के बिना कुछ दिन तक जीवित रह सकता है, जल के बिना कुछ घंटे जीवित रह सकता है किंतु बिना वायु के कुछ मिनट भी जीवित नहीं रह सकता। प्राणवायु ऑक्सीजन ही जीवन का आधार है, यह हम सभी जानते हैं। ऑक्सीजन का एक और केवल एकमात्र स्रोत वृक्ष हैं। इसलिए वृक्षों पर ही हमारा जीवन आश्रित है। यदि वृक्ष नहीं रहेंगे तो किसी भी जीव-जंतु का अस्तित्व धरती पर नहीं रहेगा।

वृक्षों से मानव समाज को अनेक लाभ हैं। मोटे रूप में वृक्षों से होने वाले लाभ को दो श्रेणियों में बाँटा जा सकता है–

(*i*) परोक्ष लाभ

(*ii*) प्रत्यक्ष लाभ

वनों के परोक्ष लाभ

परोक्ष लाभ के अंतर्गत वृक्षों से मानव समाज को अनेक लाभ होते हैं जिसका मूल्यांकन हम सामान्य रूप से नहीं करते हैं। वनों से होने वाले अप्रत्यक्ष लाभ निम्न प्रकार हैं–

1. प्राण वायु ऑक्सीजन का स्रोत–वृक्ष कार्बन डाई ऑक्साइड ग्रहण कर ऑक्सीजन का परित्याग करते हैं। मानव सहित धरती के समस्त जीव ऑक्सीजन ग्रहण कर कार्बन डाई ऑक्साइड का परित्याग करते हैं। वृक्षों से ही हमें प्राणवायु मिलती है तथा इसी पर प्राणिमात्र का जीवन आश्रित है। एक हेक्टेअर वनक्षेत्र प्रतिवर्ष औसत तीन मीट्रिक टन अशुद्ध वायु ग्रहण कर एक मीट्रिक टन शुद्ध वायु प्रदान करता है।

एक अनुमान के अनुसार हर व्यक्ति साँस लेने हेतु औसतन 1.752 टन ऑक्सीजन का उपयोग प्रतिवर्ष करता है तथा एक मध्यम आयु का वृक्ष एक वर्ष में लगभग 1.6 टन ऑक्सीजन उत्सर्जित करता है। इस प्रकार एक वृक्ष प्रतिवर्ष लगभग उतनी ही ऑक्सीजन देता है जितनी एक व्यक्ति की आवश्यकता होती है।

2. जल स्रोतों को सूखने से रोकना–वृक्ष विहीन धरती जल संचयन के योग्य नहीं रह जाती तथा जल स्रोत धीरे-धीरे सूख जाते हैं। वृक्षों के कारण वर्षा का जल पृथ्वी पर धीरे से गिरता है तथा उसकी जड़ें वर्षा के जल को भूमि के अंदर शोषित करती हैं। वनावरण कम होने से भूमिगत जल स्तर लगातार नीचे जा रहा है। यदि जलस्रोतों को बचाए रखना है तथा भूमिगत जल स्तर को गिरने नहीं देना है तो पृथ्वी को हरा-भरा बनाए रखना होगा। वनाधिकारी श्री ए. एन. चतुर्वेदी ने वर्ष 1988-89 में अल्मोड़ा नगर की जलापूर्ति व्यवस्था का अध्ययन कर निष्कर्ष निकाला कि अल्मोड़ा नगर के जल ग्रहण क्षेत्र में 1264 हेक्टेअर वनक्षेत्र वर्ष 1964 तक प्रतिवर्ष नगर को रू. 6. लाख मूल्य के जल की आपूर्ति करता था।

3. मृदा क्षरण पर नियंत्रण—वर्षा का जल जब पूरे वेग से वृक्ष विहीन धरती पर गिरता है तो अपने साथ भूमि की ऊपरी उपजाऊ मृदा को बहा ले जाता है। इसे मृदा क्षरण कहते हैं। मृदा क्षरण के कारण भूमि की ऊपरी सतह की उपजाऊ मिट्टी पानी के साथ बह जाती है। बीहड़ क्षेत्र की नंगी पहाड़ियाँ तथा बढ़ते हुए ऊसर क्षेत्र इसका उदाहरण हैं।

4. बाढ़ से बचाव—वर्षा का जल जब पूरे वेग से वृक्ष विहीन धरती पर गिरता है तो अपने साथ भूमि की ऊपरी उपजाऊ मृदा को बहा ले जाता है। यह मिट्टी बहकर नदियों में इकट्ठी होती है जिससे नदियों की गहराई कम होती है। नदियों की गहराई कम होने से वर्षा का पानी नदियों के बाहर बहने लगता है जिससे जान-माल एवं कृषि की क्षति होती है। वन क्षेत्रों में वृक्ष, वर्षा के पानी के वेग को कम करते हैं तथा जड़ों के माध्यम से जल, भूमि के नीचे अवशोषित हो जाता है।

5. समस्त प्रकार के पर्यावरणीय प्रदूषण का नियंत्रण—पर्यावरण प्रदूषण आज अनेक रूपों में हमारे सामने है। यह इतनी भयावह समस्या है कि यदि समय रहते इसका निदान नहीं किया गया तो मानव समाज के अस्तित्व पर ही प्रश्न चिह्न लग जाएगा। पर्यावरण प्रदूषण के मुख्य स्वरूप निम्नवत् हैं—

(*i*) वायु प्रदूषण
(*ii*) जल प्रदूषण
(*iii*) मृदा प्रदूषण
(*iv*) ध्वनि प्रदूषण
(*v*) ओजोन परत में छेद
(*vi*) अम्लीय वर्षा
(*vii*) रेडियो एक्टिव प्रदूषण
(*viii*) वैश्विक तापवृद्धि (Global Warming)

वृक्ष सभी प्रकार के पर्यावरण प्रदूषण दूर करने में सहायक हैं।

6. स्वस्थ मनोरंजन—आजकल पर्यावरणीय पर्यटन की ओर लोगों की रुचि बढ़ी है। घने वन क्षेत्रों में स्थित राष्ट्रीय उद्यानों एवं वन्य जीव विहारों में भ्रमण करने वाले पर्यटकों की संख्या में लगातार वृद्धि हो रही है। बच्चों के लिए ऐसे स्थलों का भ्रमण आवश्यक है ताकि उनके मन में बचपन से ही वनों एवं वन्य जीवों के प्रति लगाव उत्पन्न हो सके।

वनों के प्रत्यक्ष लाभ

वनों के प्रत्यक्ष लाभ निम्न प्रकार हैं–

1. **ईंधन**–हमारे देश के ग्रामीण एवं शहरी क्षेत्र के गरीब लोग ईंधन के लिए लकड़ी हेतु वनों पर निर्भर हैं। गरीब लोगों की आर्थिक स्थिति ऐसी नहीं होती कि वे खाना पकाने की गैस का व्यय भार वहन कर सकें। इस प्रकार देश की जनसंख्या का एक बड़ा भाग ईंधन हेतु वनों पर निर्भर है।

2. **चारा**–गाँव में प्रत्येक किसान जानवर अवश्य पालता है। पालतू जानवर ग्रामीण अर्थव्यवस्था का महत्वपूर्ण अंग हैं। गाय, भैंस, भेंड़, बकरी एवं ऊँट आदि चारे हेतु प्रायः वनों पर निर्भर करते हैं।

3. **प्रकाष्ठ**–प्रकाष्ठ समाज की महत्वपूर्ण आवश्यकता है। मेज़, कुर्सी, बेड, स्टूल आदि फर्नीचर, घरों के दरवाजे, खिड़कियाँ आदि के लिए हम पूर्णतः वृक्षों पर निर्भर हैं। रेलवे स्लीपर एवं अन्य महत्वपूर्ण कार्यों के लिए भी प्रकाष्ठ का उपयोग किया जाता है।

4. **लघु वन उपज**–लघु वन उपज वनों का महत्त्वपूर्ण उत्पाद है। लीसा, तेंदू पत्ता, कागज, गोंद, प्लाइवुड, वनौषधियों एवं अन्य अनेक उपयोगी वस्तुओं के लिए हम वनों पर आश्रित हैं।

इस कृति का उद्देश्य वनोपज के संबंध में विस्तार से जानकारी उपलब्ध कराना है ताकि वृक्षों एवं पौधों की उपयोगिता को जनमानस आसानी से हृदयंगम कर सके। इसमें वनों के प्रत्यक्ष लाभ पर ही विचार किया गया है। कृति के प्रथम भाग 'प्रमुख वन उपज' में उन वृक्ष प्रजातियों की जानकारी दी गई है जो प्रकाष्ठ, ईंधन, चारा एवं अन्य दृष्टि से महत्वपूर्ण हैं। इसमें उन वृक्ष प्रजातियों का भी वर्णन है जो पर्यावरणीय एवं शोभाकारी वृक्ष के रूप में महत्वपूर्ण हैं। द्वितीय भाग में लघु औद्योगिक वन उपज का वर्णन है। वृक्ष प्रजातियों में भारत की मूल प्रजातियों के अतिरिक्त उन प्रमुख विदेशी प्रजातियों का भी वर्णन किया गया है जो यहाँ पर अब व्यापक रूप से उगायी जाने लगी हैं। तृतीय भाग में वनवासी एवं वनोपज पर विचार किया गया है।

इस कृति का उद्देश्य शोधपरक न होकर सामान्य जनमानस एवं विद्यार्थियों को उपयोगी वृक्ष प्रजातियों की जानकारी देना तथा वनवासियों के संबंध में जनसामान्य को परिचित कराना है।

इस कृति के लेखन हेतु मुझे नेशनल बुक ट्रस्ट के वरिष्ठ अधिकारी

श्री पंकज चतुर्वेदी से सदैव मार्गदर्शन एवं सहयोग मिलता रहा, जिसके लिए मैं उनका कृतज्ञ हूँ। वनाधिकारी श्री आशुबोध कुमार पंत ने अत्यंत व्यस्त होते हुए भी समय निकालकर इस कृति का पूरे मनोयोग से अध्ययन किया एवं अनेक महत्वपूर्ण सुझाव दिए जिसके लिए मैं उनका अंतःकरण से आभारी हूँ।

वसंत पंचमी
दिनांक 28-1-2012 **महेन्द्र प्रताप सिंह**

भाग-एक

प्रमुख वन उपज

अगैथिस

(Queensland Kauri, Smooth Barked Kauri)

इसका वानस्पतिक नाम 'Agathis robusta' है। यह प्राकृतिक रूप से आस्ट्रेलिया के क्वींसलैंड में पाया जाता है। इसे पूरे भारत के मैदानी क्षेत्रों में लगाया जाता है। यह एक विशाल सदाहरित वृक्ष है जो 30 से 50 मीटर तक की ऊँचाई प्राप्त करता है। वृक्ष शंकु का आकार लेता है। पत्तियाँ 5 से 12 से. मी. लंबी तथा 2 से 5 से. मी. चौड़ी तथा चमड़ीली होती हैं। फूल अप्रैल-मई में आते हैं। फल बेलनाकार 5 से 10 से. मी. लंबे तथा 1 से 1.5 से. मी. चौड़े होते हैं।

इसे शोभाकारी वृक्ष के रूप में बाग एवं उद्यानों में लगाया जाता है।

अकिल

(White Cedar)

इसका वानस्पतिक नाम 'Dysoxylum malabaricum' है। यह एक सदाहरित विशाल वृक्ष है जो मुख्यतः केरल के पश्चिमी घाट पर पाया जाता है। पत्तियाँ लंबी तथा फूल छोटे एवं सफेद होते हैं। फूल फरवरी-मार्च में आते हैं।

इसके प्रकाष्ठ पर दीमक का प्रकोप नहीं होता। इसका उपयोग फर्नीचर, सिगार बक्से एवं चाय के डिब्बे बनाने में किया जाता है।

अनार

(Pomegranate)

इसका वानस्पतिक नाम 'Punica granatum' है। यह अपने फलों के लिए पूरे भारत में उगाया जाता है। यह एक छोटा पर्णपाती वृक्ष है। इसकी पत्तियाँ हरी होती हैं जिस पर लाल धारी होती है। फूल लाल रंग का होता है। फूल मई-जून में आता है।

इसका फल खाया जाता है। इससे टैनिन तथा पीला रंग भी प्राप्त किया जाता है।

अखरोट
(Walnut)

इसका वानस्पतिक नाम 'Juglans regia' है। यह हिमालय के उष्ण भाग में पाया पाया जाता है। कश्मीर में इसकी खेती की जाती है। यह एक विशाल पर्णपाती सुगंधित वृक्ष है। इसकी छाल धूसर एवं लंबाई में फटी होती है। पत्ते 12 से 30 से. मी. लंबे होते हैं। पुष्प छोटे एवं पीताभ हरे होते हैं जो फरवरी-मार्च में निकलते हैं। पुष्प एक-लिंगी होते हैं। नर पुष्प 5 से 12.5 से. मी. लंबे हरित वर्ण की मंजरियों में निकलते हैं तथा मादा पुष्प शाखाओं पर पत्तियों के अभिमुख निकलते हैं। फल लगभग 5 से. मी. व्यास के गोलाकार होते हैं।

अखरोट के फल के कारण इसे उगाया जाता है। यह मिनरल एवं प्रोटीन से युक्त होता है। इसके काष्ठवत् छिलकेदार समूचे फल एवं फलों की गिरी अखरोट के रूप में बाजार में मेवा की दुकानों पर मिलती है।

अमलतास
(Indian Laburnum)

इसका वानस्पतिक नाम 'Cassia fistula' है। यह लगभग पूरे भारत में पाया जाता है। यह मध्यम ऊँचाई का एक प्रमुख शोभाकारी वृक्ष है। इसकी ऊँचाई 10 मीटर तक होती है। इसकी 25 से 40 से. मी. लंबी टहनियों पर 4 से 8 जोड़ी पत्तियाँ होती हैं। यह कम उपजाऊ एवं सूखी भूमि की कठोरता को भी सह लेता है। यह कापिस अच्छा करता है। गर्मी के आगमन के साथ इसमें फूल आने लगते हैं। मई-जून माह की भीषण गर्मी में यह अपनी सुंदरता बिखेरता रहता है। इसका फल एक गोल लंबी फली के रूप में होता है जो जून-जुलाई में बनने लगती है। फली दिसंबर में पकने लगती है तथा मई-जून तक गिरने लगती है। इसके अंदर की लकड़ी कठोर और मज़बूत होती है।

इसका उपयोग खेती के उपकरणों जैसे बैलगाड़ी आदि बनाने में किया जाता है। इसकी छाल चमड़ा रँगने के काम आती है। सौंदर्य के अतिरिक्त आयुर्वेदिक चिकित्सा पद्धति में इसका उपयोग ज्वर, अपच एवं लकवे आदि में किया जाता

है। इसकी जड़ का काढ़ा कालमेह ज्वर के लिए उपयोग में लाया जाता है। इसका गूदा रेचक का कार्य करता है।

अरुकेरिया कुक

(Cook Pine, Cook Araucaria)

इसका वानस्पतिक नाम 'Araucaria columnaris' है। यह प्राकृतिक रूप से न्यू कैलिडोनिया में पाया जाता है तथा अब इसे भारत के उद्यानों में लगाया जा रहा है। यह एक सदाहरित वृक्ष है जो 60 मीटर तक ऊँचाई प्राप्त करता है। इसकी पत्तियाँ सीधी एवं आगे की ओर नुकीली होती हैं। पत्तियाँ 10 से 20 से. मी. लंबी होती हैं। फूल पीलापन लिए हरे होते हैं। फल हृदयाकार या गोल होता है। फल पकने पर भूरा या पीलापन लिए होता है।

शोभाकारी पौधे के रूप में इसका उपयोग बड़े पैमाने पर किया जाता है।

अरुकेरिया हूप पाइन

(Hoop Pine)

इसका वानस्पतिक नाम 'Araucaria cunninghami' है। यह प्राकृतिक रूप से आस्ट्रेलिया में पाया जाता है। इसे भारतीय उद्यानों में उगाया जाता है। इसकी नीचे की शाखाएँ सीधी एवं ऊपर की शाखाएँ ऊपर की ओर उठी होती हैं। यह लगभग 60 मीटर तक ऊँचाई प्राप्त करता है। पत्तियाँ 10 से 20 से. मी. लंबी होती हैं। फल (कोन) 8 से 10 से. मी. लंबे तथा 6 से 8 से. मी. व्यास के होते हैं तथा इनके परिपक्व होने में 18 महीने लगते हैं।

इसके प्रकाष्ठ का उपयोग आस्ट्रेलिया में नाव बनाने, प्लाइवुड एवं फर्नीचर हेतु किया जाता है। भारत में इसका रोपण शोभाकारी वृक्ष के रूप में किया जाता है।

आकाशमोनी

(Wattle Tree, Australian acacia)

इसका वानस्पतिक नाम 'Acacia auriculiformis' है। यह प्रजाति पूरे भारत में मुख्यतः पश्चिम बंगाल, तमिलनाडु, बिहार, उड़ीसा एवं उत्तर प्रदेश में शोभाकारी प्रजाति के रूप में रोपित की जाती है। यह एक सदाहरित वृक्ष है। अनुकूल क्षेत्र

मिलने पर यह 20 मीटर की ऊँचाई एवं 60 से. मी. तक व्यास प्राप्त कर लेता है। इसकी जड़ों में नाइट्रोजन बनाने वाले नोड्यूल होते हैं, जिससे यह ऐसे क्षेत्र में भी पनप जाती है, जहाँ मृदा में कोई उर्वरक शक्ति नहीं होती। इसकी पत्तियाँ 10 से 16 से. मी. लंबी तथा 1.5 से 2.5 से. मी. चौड़ी होती हैं। फूल अक्टूबर से दिसंबर तक आते हैं तथा पीले रंग के होते हैं।

इसका उपयोग ईंधन एवं चारकोल बनाने में किया जाता है। यह एक शोभाकारी प्रजाति.है।

आकाश नीम

(Indian Cork Tree)

इसका वानस्पतिक नाम 'Millingtonia hortensis' है। यह मूलतः वर्मा का वृक्ष है जो पूरे भारत के मैदानी क्षेत्रों में पाया जाता है। यह एक मध्यम आकार का वृक्ष है। इसका प्रकाष्ठ मुलायम एवं पीलापन लिए सफेद होता है। इसकी पत्तियाँ बकैन से मिलती-जुलती हैं। फूल सफेद नली के आकार के 6 से 8 से. मी. लंबे होते हैं। फूल नवंबर-दिसंबर में आते हैं।

इसे बोतल की काक (Cork) हेतु प्रयोग किया जाता है। इसे शोभाकारी वृक्ष के रूप में सड़कों के किनारे लगाया जाता है।

आइनी, अंजली, वदाहर

(Wild Jack Tree)

इसका वानस्पतिक नाम 'Artocarpus hirsutas' है। यह पश्चिमी घाट के वन क्षेत्रों में व्यापक रूप से पाया जाता है। इसके वृक्ष महाराष्ट्र, आंध्र प्रदेश, तमिलनाडु, कर्नाटक एवं केरल में पाए जाते हैं। यह सदाहरित वृक्ष है। यह विशाल पर्णहरित वृक्ष है। पत्तियाँ 20 से 30 से.मी. लंबी होती हैं। फूल पीले रंग के होते हैं तथा जनवरी से मार्च तक आते हैं। इसका घनत्व 595 कि.ग्रा. प्रति घन मीटर है। इसका काष्ठ बहुत मज़बूत, टिकाऊ एवं पीलापन लिए भूरे रंग का होता है। इस पर पालिश आसानी से की जा सकती है। इसे पानी के अंदर भी प्रयोग किया जाता है। इसके प्रकाष्ठ का प्रयोग मुख्यतः जहाज निर्माण, भवन निर्माण, फर्नीचर आदि के निर्माण में किया जाता है। पश्चिमी घाट के क्षेत्रों में इसके प्रकाष्ठ का उपयोग नाव निर्माण हेतु किया जाता है।

आड़ू
(Peach)

इसका वानस्पतिक नाम 'Prunus persica' है। यह लगभग पूरे भारत में उगाया जाता है किंतु हिमालय क्षेत्र में यह व्यापक रूप से पाया जाता है। यह छोटे आकार का वृक्ष है। इसके फूल गुलाबी या लाल होते हैं तथा फरवरी-मार्च में आते हैं।

इसके फल का उपयोग खाने हेतु किया जाता है। इसमें अनेक विटामिन पाये जाते हैं। इसका उपयोग जैम बनाने में किया जाता है। यह एक शोभाकारी वृक्ष प्रजाति भी है।

आमरा
(Hog Plum Tree)

इसका वानस्पतिक नाम 'Spondias pinnata या Spondias mangifera' है। यह उत्तराखंड के देहरादून एवं उत्तरप्रदेश के सहारनपुर जिले में बहुत पाया जाता है। यह मध्यम आकार का पर्णपाती वृक्ष है। इसके पत्ते संयुक्त तथा लगभग 30 से. मी. लंबे होते हैं। पत्रक दीर्घवृत्ताकार होते हैं। फूल हरापन लिए सफेद होते हैं तथा फरवरी-मार्च में आते हैं। फल 6 से 7 से. मी. आकार के होते हैं। फल कच्चे आम जैसा होता है। कच्ची अवस्था में फल खट्टे एवं पकने पर मधुर होते हैं।

इसके फलों से अचार एवं चटनी बनाई जाती है। इसकी छाल, पत्तों एवं फलों का उपयोग औषधियों में किया जाता है।

आलू बुखारा
(The Bokhara Plum)

इसका वानस्पतिक नाम 'Prunus communis' है। यह उत्तराखंड के गढ़वाल में तथा कश्मीर में 1500 से 2100 मीटर की ऊँचाई तक उगाया एवं लगाया जाता है। इसके वृक्ष छोटे होते तथा शाखाग्र कभी-कभी तीक्ष्ण होते हैं। पत्तियाँ लट्वाकार या लट्वाकार-भालाकार होती हैं। पुष्प 1-1 या गुच्छों में निकलते हैं। फल गोलाकार एवं गूदेदार होते हैं।

इसके फलों को खाया जाता है। इसे मुख्यतः फल के लिए उगाया जाता है। इससे गोंद भी प्राप्त होता है। इसका उपयोग औषधियों में किया जाता है।

अगस्त

(Agathi, Agati Sesbania, August Flower or Australian Corkwood Tree)

इसका वानस्पतिक नाम 'Sesbania grandiflora' है। यह मुलायम काष्ठ वाला सात-आठ मीटर ऊँचा वृक्ष है। इसकी पत्ती संयुक्त होती है। पत्तियाँ छोटी एवं गोल होती है। फूल मटर की तरह होते हैं। फल लंबा तथा पतला होता है। यह सभी प्रकार की भूमि में उग जाता है। अधिक नमी एवं पानी के निकास वाली भूमि में इसकी बढ़त अच्छी होती है।

इसकी पत्तियाँ जानवरों के चारा के लिए प्रयोग की जाती हैं। इसका फल एवं फूल खाने में प्रयोग किया जाता है। इसकी लकड़ी एक अच्छा ईंधन है। इसकी पत्तियाँ हरी खाद के रूप में प्रयोग की जाती हैं। इसकी जड़ें नाइट्रोजन यौगिकीकरण द्वारा भूमि की उपजाऊ शक्ति बढ़ाती हैं।

अर्जुन

(Arjun Tree)

इसका वानस्पतिक नाम 'Terminalia arjuna' है। यह लगभग पूरे भारत में उप हिमालय क्षेत्र तक पाया जाता है। यह मुख्यतः हिमालय की तराई, मध्य भारत, महाराष्ट्र एवं तमिलनाडु के जंगलों में प्राकृतिक रूप से पाया जाता है। इसे सड़कों के किनारे भी लगाया जाता है। अर्जुन नदियों के किनारे, कटाव वाली भूमि पर तथा सूखे नदी-नालों के किनारे पाया जाता है। नदियों के किनारे की एलुवियल लोम मृदा इसकी वृद्धि हेतु सर्वाधिक उपयोगी है। उन क्षेत्रों में जहाँ पानी का ठहराव चार से पाँच माह तक रहता है, वहाँ अर्जुन सफलता पूर्वक उगता है। मध्यम ऊसर भूमि में भी इसका उत्पादन हो जाता है। इसकी छोटी शाखाएँ नीचे की ओर लटकी होती हैं। फूल अप्रैल से जुलाई तक आते रहते हैं तथा फल फरवरी से मई तक पकते हैं। यह 18 से 25 मीटर ऊँचा विशाल वृक्ष है। इसकी छाल बाहर से श्वेताभ तथा अंदर से चिकनी, मोटी एवं हलके गुलाबी रंग की होती है जो परतों में निकलती हैं। इसकी पत्तियाँ लगभग अभिमुख 7.5 से 20 सेमी.

तक लंबी, आयताकार या अंडाकार होती हैं। पुष्प पीताभ तथा फल देखने में कमरख की तरह होते हैं।

इसकी लकड़ी मज़बूत होती है तथा इसका प्रयोग मकान निर्माण एवं बैलगाड़ी के पहिए आदि बनाने में किया जाता है। इसका प्रकाष्ठ गाढ़े भूरे रंग का होता है। इसका घनत्व 870 कि.ग्रा. प्रति घन मीटर है। इसकी छाल में 20 से 24 प्रतिशत तक टैनिन होता है। इस टैनिन से बना चमड़ा, जूतों के ऊपरी चमड़े तथा तलों (soles) के लिए बहुत उपयोगी है। इसकी छाल हृदय रोग के लिए उत्तम औषधि है। यह हृदय की तीव्र धड़कन को शांत करती तथा हृदय को आराम प्रदान करती है। इसकी छाल से हृदय रोग, अतिसार एवं पेचिश की औषधि बनती है। इसे सड़कों के किनारे छाया के लिए लगाया जाता है। अर्जुन के वृक्ष पर 'टसर' के कीड़े पाले जाते हैं। इसकी पत्तियों पर टसर के ककून तैयार किए जाते हैं। 'टसर' के कीड़ों के पालन हेतु इसका व्यापक रोपण किया जाता है। टसर हेतु इसका रोपण दूरी 1.20 से 1.50 तथा 1.20 से 2.00 मीटर तक रखना चाहिए जिससे तीसरे वर्ष में डालियाँ एक-दूसरे को छूने लगें। तीसरे वर्ष से इन पौधों पर टसर के कीड़े छोड़े जा सकते हैं।

अमरूद
(Guava Tree)

इसका वानस्पतिक नाम 'Psidium guava' है। यह सदापर्णी वृक्ष है। इसकी पत्ती मोटी होती है तथा उस पर मोटी-मोटी शिराएँ पायी जाती हैं। पत्ती का ऊपरी सिरा गहरा हरा तथा नीचे का सफेदी लिए होता है। यह मध्यम आकार का वृक्ष है तथा इसकी शाखाएँ जमीन के पास से ही निकल आती हैं। यह मूलतः अमेरिका के उष्ण क्षेत्र की प्रजाति है। यह वहाँ से फिलीपीन्स तथा फिलीपीन्स से भारत आया। यह वर्ष में दो बार फल देता है। इसके फूल अप्रैल-मई तथा सितंबर-अक्टूबर में आते हैं। इस पर पाला का प्रभाव पड़ता है। यह पहाड़ों पर 1500 मीटर की ऊँचाई तक पाया जाता है। जहाँ वर्षा 1000 मि. मी. से अधिक होती है, वहाँ इसका उत्पादन अच्छा होता है। यह रेतीली भूमि में पैदा होता है किंतु भारी चिकनी मिट्टी में इसकी उपज अच्छी नहीं होती।

इसकी लकड़ी मजबूत होती है जो औजारों के हैंडिल आदि बनाने के काम आती है। इसकी कैलोरिफिक क्षमता 4,792 किलो कैलोरी प्रति किलो ग्राम है।

इसके फलों को खाया जाता है तथा इससे जैली, जूस, जैम आदि बनाया जाता है। लाल अमरूद में विटामिन 'ए' पर्याप्त मात्रा में पाया जाता है। अमरूद की पत्ती, फूल तथा फल का उपयोग औषधिं के रूप में किया जाता है। फल भूनकर खाने से सर्दी तथा पेट के लिए लाभदायक होता है। रक्तचाप संबंधी बीमारियों में भी इसका उपयोग किया जाता है।

अरू
(Indian tree of Heaven)

इसे महानिंब एवं महारुख आदि भी कहते हैं। इसका वानस्पतिक नाम 'Ailanthus exelsa' है। यह देश में अनेक राज्यों मुख्यतः गुजरात, पंजाब, हरियाणा, उत्तर प्रदेश, बिहार, उड़ीसा तथा दक्षिण भारत में पाया जाता है। यह एक कठोर एवं मजबूत किस्म की प्रजाति है जो उथली एवं सूखी भूमि में भी उगायी जा सकती है। इसका वृक्ष सुंदर एवं आकर्षक होता है। इसकी ऊँचाई 8 से 25 मीटर, तना सीधा एवं व्यास 60 से 80 से. मी. तक होता है। इसकी छाल हलके भूरे रंग की, सुगंधित तथा स्वाद में कड़वी होती है। पत्तियों का डंठल 30 से 60 से. मी. लंबा होता है। पत्तियों की लंबाई 6 से 10 से. मी. तथा चौड़ाई 3 से 5 से. मी. होती है। पत्ती की कोर आरी जैसी होती है। यह शीघ्र उगने वाली प्रजाति है और अच्छा कापिस करती है। इसे प्रकाश की अधिक आवश्यकता होती है। मार्च-अप्रैल के माह में फल आने प्रारंभ हो जाते हैं। इनका रंग हरियाली लिए पीला होता है। फल की लंबाई 5 से. मी. तथा चौड़ाई 1 से. मी. होती है। इसका रंग ताँबे जैसा लाल होता है तथा यह आधार पर ऐंठा होता है। बीज काफी हलके और पंख वाले होते हैं तथा हवा में आसानी से उड़ जाते हैं।

इसकी लकड़ी सफेद तथा हलकी एवं काफी मजबूत होती है। इसका उपयोग पैकिंग के सामान, माचिस उद्योग तथा प्लाइवुड बनाने में किया जाता है। हलका होने के कारण इससे खेल-कूद का सामान भी बनाया जाता है। इससे एक प्रकार का गोंद निकलता है। इसकी छाल तथा गोंद का औषधि के रूप में प्रयोग किया जाता है। गाय, भैंस, बकरी तथा भेड़ के लिए इसकी पत्तियाँ अच्छा चारा हैं। रोपण के सात-आठ वर्ष बाद इससे हरा चारा मिलने लगता है। एक वृक्ष से लगभग 7 से 8 कुंतल हरा चारा प्रतिवर्ष प्राप्त किया जा सकता है।

आम
(Mango Tree)

इसका वानस्पतिक नाम 'Mangifera indica' है। यह उत्तरपूर्वी उप हिमालय एवं पश्चिम घाट के वनों में प्राकृतिक रूप से पाया जाता है। लगभग पूरे देश में इसका रोपण किया जाता है। हिमालय के बाहरी क्षेत्रों में यह 1200 मीटर की ऊँचाई तक पैदा होता है। प्रायः 600 मीटर से अधिक ऊँचाई पर यह फल नहीं देता। यह विभिन्न प्रकार की जलवायु में चल जाता है किंतु जहाँ भारी वर्षा होती है वहाँ इसका उत्पादन कम होता है। इसके लिए सबसे अच्छी भूमि दोमट होती है। यह एक विशाल वृक्ष है। इसकी ऊँचाई 35 मीटर से भी अधिक तथा व्यास 80 से. मी. तक होता है। यह सदापर्णी प्रजाति का होता है। इसके फलने का समय उत्तर एवं दक्षिण भारत में अलग-अलग है। उत्तर भारत में मार्च-अप्रैल के महीने में फूल या बौर आता है तथा जून-जुलाई में फल पकता है। दक्षिण भारत में फूल एवं फल जल्दी आते हैं। इसकी एक प्रजाति ऐसी है जिसमें बारह महीने फल आता है।

आम अपने फलों के लिए प्रसिद्ध है। यह भारत का राष्ट्रीय फल है। आम पूरे भारत में पाया जाता है। अपने रंग-रूप, आकार-प्रकार एवं मिठास के कारण इसे 'फलों का राजा' कहा जाता है। इसके फल में विटामिन 'ए' तथा 'सी' भरपूर मात्रा में पाया जाता है। इसके फल से चटनी, अचार एवं मुरब्बा बनाया जाता है। इसका प्रकाष्ठ इमारती लकड़ी के रूप में भी प्रयोग किया जाता है। इसका प्रयोग दरवाजे, खिड़की, सस्ता फर्नीचर, पैकिंग केस एवं प्लाइवुड निर्माण में भी किया जाता है। इसका घनत्व 560 से 720 कि. ग्रा. प्रति घनमीटर है। इसका ईंधन अच्छा होता है। इसकी गुठली के अंदर की गिरी जानवरों को खिलाई जाती है। इसके काष्ठ का उपयोग ब्रशों तथा स्कूलों में काम आने वाले साधारण स्केल बनाने के निर्माण के लिए किया जाता है। इससे लाल भूरे रंग का गोंद निकलता है तथा इसका प्रयोग बबूल के गोंद में मिलावट के लिए किया जाता है। इसके कच्चे फल को गरम राख में दबाकर मुलायम बनाकर पीने से लू नहीं लगती। आम की गुठली का रस नाक में टपकाने से नकसीर बंद हो जाती है।

आँवला
(Emblic Myrobalan)

इसका वानस्पतिक नाम 'Emblica officinalis' है। यह पूरे मैदानी भारत मुख्यतः विन्ध्याचल क्षेत्र, दक्षिण भारत एवं हिमालय के बाहरी क्षेत्र में 600 मीटर की ऊँचाई तक पाया जाता है। देश के अनेक भागों मुख्यतः उत्तर प्रदेश के प्रतापगढ़ जनपद में इसे व्यापक रूप सें कृषि भूमि पर उगाया जाता है। यह विभिन्न प्रकार की जलवायु में हो सकता है किंतु भुरभुरी एवं पथरीली भूमि इसके लिए सर्वाधिक उपयुक्त है। यह क्षारीय भूमि में भी चल जाता है। इसकी पत्तियाँ संयुक्त (कंपांउड) तथा छोटी होती हैं। पत्तियों की लंबाई 7 मि.मी. तथा चौड़ाई लगभग 2.4 मि. मी. होती है। पत्तियों का रंग चमकीला हरा होता है। वृक्ष का तना चिकना तथा भूरापन लिए बादामी होता है। पुरानी छाल गिरने के बाद नई छाल हरे रंग की होती है। इसके फूल छोटे, पीले, हरे और सफेद रंग के होते हैं। नर तथा मादा फूल एक ही वृक्ष पर तथा अलग-अलग होते हैं। नवंबर-दिसंबर में फल पकने प्रारंभ हो जाते हैं। फल कड़े, चिकने, पीलापन लिए हरा तथा रसीले खट्टे होते हैं।

इसकी लकड़ी अच्छा ईंधन तथा इसका कोयला भी अच्छा माना जाता है। इसका फल विटामिन 'सी' का प्रमुख स्रोत है। आयुर्वेदिक दवाओं में इसकी बहुत उपयोगिता है। इसके फल से मुरब्बा, बरफी, लड्डू, चटनी आदि बनाया जाता है। इसके बीज में 16 से 20 प्रतिशत तक तेल पाया जाता है। इसका उपयोग केश तेल के रूप में एवं केश वृद्धि के लिए किया जाता है। इसके फलों में टैनिन पाया जाता है। हड़, बहेड़ा तथा आँवला के फल जिसे अंग्रेजी में माइरोबोलम्स (myrobolams) कहते हैं, टैनिन की दृष्टि से बहुत उपयोगी है।

अंजन
(Hardwickia)

इसका वानस्पतिक नाम 'Hardwickia binnata' है। यह मध्य एवं दक्षिण भारत के शुष्क वन क्षेत्रों में प्राकृतिक रूप से पाया जाता है। यह विशाल पर्णपाती वृक्ष है। इसकी छाल मोटी तथा भूरी होती है। पत्तियाँ 4 से 5 से. मी. लंबी होती हैं। फूल छोटे तथा हरापन लिए पीले होते हैं। फूल जुलाई से सितंबर के बीच आते हैं।

इसके प्रकाष्ठ पर दीमक का प्रभाव नहीं पड़ता। इसका उपयोग बल्ली बनाने, कृषि उपकरणों एवं बैलगाड़ी के पहिए बनाने में किया जाता है। इसकी छाल से मजबूत रस्सी बनायी जाती है।

अंजनी
(Iron Wood Tree)

इसका वानस्पतिक नाम 'Memeceylon edule' है। यह मुख्यतः असम, महाराष्ट्र एवं दक्षिण भारत के तटीय क्षेत्रों में पाया जाता है। यह एक छोटा वृक्ष है जिसकी छाल खड़ी फटी होती है। पत्तियाँ दीर्घवृत्ताकार, चमड़ीली एवं चमकदार होती हैं। फूल गहरे नीले रंग के छत्राकार होते हैं। फूल अप्रैल-मई में आते हैं। फल पहले बैगनी बाद में काले रंग के हो जाते हैं।

प्रकाष्ट मजबूत एवं टिकाऊ होता है। इसका उपयोग छड़ी, कुल्हाड़ी का हत्था, कंघी आदि बनाने में किया जाता है। इसकी पत्तियों से कीमती रंग प्राप्त होता है जिसका उपयोग चटाई एवं काटन रंगने में किया जाता है।

अंजीर
(Fig)

इसका वानस्पतिक नाम 'Ficus carica' है। पंजाब, कश्मीर एवं कर्नाटक में अंजीर के वृक्ष उगाये जाते हैं। यह मध्यम आकार का पर्णपाती वृक्ष है। इसकी ऊँचाई 9 मीटर तक होती है। इसकी पत्तियाँ चौड़ी, लट्वाकार, 3 से 5 खंडों से युक्त होती है। पत्तियाँ 12 से 25 से. मी. तक लंबी तथा 10 से 18 से.मी. तक चौड़ी होती हैं।

इसको फलों के लिए उगाया जाता है। भारत में इसकी फसल वर्ष में दो बार तैयार होती है। एक फसल जुलाई से अक्टूबर तक तथा दूसरी जनवरी से मई तक होती है। पके फलों को 5 से 7 दिन तक धूप में सुखाकर इकट्ठा कर लिया जाता है।

इजराइली बबूल
(Umbrella Thorn Acacia)

इसका वानस्पतिक नाम 'Acacia tortilis' है। इसे इजराइल से भारत लाया गया तथा मुख्यतः इसे राजस्थान में उगाया जाता है। यह लगभग 21 मीटर तक ऊँचाई

प्राप्त करता है। इसके पुष्प सुगंधित, छोटे एवं सफेद होते हैं। फूल मई-जून में आते हैं। इसे रेगिस्तान की हरियाली के रूप में जाना जाता है।

इसका उपयोग चारे के रूप में किया जाता है। ऊँट, बकरियों एवं भेड़ हेतु यह महत्वपूर्ण चारा प्रजाति है। इसका प्रकाष्ठ कठोर होता है। प्रकाष्ठ फर्नीचर निर्माण, कृषि उपकरणों, घेरबाड़ हेतु खंभे एवं गाड़ियों के पहिए बनाने में प्रयुक्त होता है। यह एक अच्छा ईंधन है।

इरुल
(Burma Iron wood)

इसका वानस्पतिक नाम 'Xylia xylocarpa' है। यह एक विशाल पर्णपाती वृक्ष है। यह कर्नाटक, केरल, आंध्र प्रदेश, तमिलनाडु, महाराष्ट्र एवं उड़ीसा में पाया जाता है। इसकी छाल भूरी या ललछर भूरी होती है। यह 18 मीटर तक ऊँचाई तथा 60 से. मी. तक व्यास प्राप्त करता है। पत्तियाँ 3 से 6 से. मी. लंबी होती हैं। फूल मार्च-अप्रैल में आते हैं।

इसका काष्ठ कठोर, टिकाऊ एवं मजबूत होता है। अंतः काष्ठ गहरा भूरा होता है। इसका घनत्व 830 से 1060 कि. ग्रा. प्रति घनमीटर है। इसका प्रयोग रेलवे स्लीपर, नाव निर्माण, कृषि उपकरणों एवं विभिन्न खंभों में किया जाता है। समुद्री एवं नेवी उपकरणों में इसका प्रयोग किया जाता है। इसका उपयोग औषधियों में भी किया जाता है।

इमली
(Tamarind Tree)

इसका वानस्पतिक नाम 'Tamarindus indica' है। कहा जाता है कि इसका मूल अफ्रीका में है और वहाँ से इसे भारत लाया गया है। हिमालय क्षेत्र के अतिरिक्त यह पूरे भारत में पाया जाता है। यह 48 डिग्री से. ग्रे. तक अधिकतम एवं 5 डिग्री से. ग्रे. तक न्यूनतम ताप सह लेता है। यह अत्यंत विशाल वृक्ष है जो 30 से 35 मीटर तक की ऊँचाई तथा 6 मीटर तक की गोलाई प्राप्त कर लेता है। इसकी पत्तियाँ कंपाउंड होती हैं जिसमें 10 से 15 छोटी पत्तियाँ होती हैं। अप्रैल-मई में नई पत्तियाँ आती हैं। अप्रैल एवं मई में ही फूल भी आते हैं जो भरे हुए गुच्छों में होते हैं। फल पीले रंग के होते हैं जिस पर लाल निशान पाए जाते

हैं। फली 6 से 12 से.मी. तक लंबी एवं 2 से 3 से.मी. तक चौड़ी होती है। फली नवंबर में पकना प्रारंभ होती है। यह दीर्घजीवी वृक्ष है। यह वन क्षेत्रों का वृक्ष नहीं है बल्कि इसे इसकी उपयोगिता हेतु व्यापक रूप से लगाया जाता है। यह प्रकाशपेक्षी वृक्ष है जो छाया में नहीं उगता। यह विभिन्न प्रकार की मृदा में उगाया जा सकता है; जैसे—लाल लैटराइट एवं गहरी गांगेय क्षेत्र की दोमट मिट्‌टी आदि।

इमली असाधारण छाया वृक्ष है। छाया के लिए इसे मार्ग के किनारे लगाया जाता है। इसके फूलों का स्वाद खट्‌टा होता है तथा ये खाए जाते हैं। इमली की फली खाने में अनेक रूप से प्रयोग होती है। नवंबर माह में जब इसका रंग हरे से भूरा होने लगता है तभी इसे तोड़ा जाता है। पकी हुई इमली के अंदर का गूदा गाढ़ा और गहरे भूरे रंग का होता है। ऐसी इमली को भविष्य के लिए संग्रह करके रखा जाता है। पकी इमली हलकी खट्‌टी होती है तथा इसे अनेक प्रकार से विभिन्न खाद्य सामग्री में प्रयोग किया जाता है। दक्षिण भारत में राजमा, साँभर आदि में इसका प्रयोग होता है। केरल एवं अन्य तटीय क्षेत्रों में मछली की कढ़ी एवं अन्य खाद्य सामग्री में इमली का प्रयोग प्रमुख रूप से होता है। इमली की चटनी का प्रयोग लगभग पूरे देश में किया जाता है। इमली की लकड़ी अच्छा ईंधन है और इसका कोयला भी अच्छा बनता है। इसकी पत्तियाँ अच्छा चारा हैं। इसके काष्ठ का उपयोग काष्ठ के बर्तन बनाने में किया जाता है। इसकी पत्तियों का काढ़ा रक्तशोधक है और ताजा रस बुखार एवं मूत्र की जलन दूर करता है।

कचनार
(Camel's foot)

इसका वानस्पतिक नाम 'Bauhinia purpurea' है। यह प्राकृतिक रूप से दक्षिण चीन का वृक्ष है। भारत में इसे सर्वत्र उद्यानों में शोभाकार वृक्ष के रूप में लगाया जाता है। यह एक मध्यम आकार का पर्णपाती वृक्ष है जो 17 मीटर तक ऊँचाई प्राप्त करता है। इसकी पत्तियाँ 10 से 20 से. मी. लंबी तथा ऊपर की ओर फटी होती हैं। पत्तियों का आकार ऊँट के तलवे की परह होता है, इसी कारण इसका अंग्रेजी नाम Camel's foot है। फूल गुलाबी तथा पाँच पंखुड़ी वाले होते हैं। फूल फरवरी-मार्च में आते हैं। फलियाँ 30 से.मी. तक लंबी होती हैं तथा इनमें 12 से 16 बीज होते हैं।

इसका प्रकाष्ठ पर्याप्त कठोर होता है तथा इसका उपयोग कृषि उपकरणों में किया जाता है। इसकी छाल का प्रयोग टैनिन हेतु होता है।

कटहल
(Jackfruit)

इसका वानस्पतिक नाम 'Artocarpus heterophyllus' है। पश्चिम घाट के जंगलों में यह प्राकृतिक रूप से उत्पन्न होता है। यह दक्षिण भारत, बिहार एवं पश्चिम बंगाल में अधिक पाया जाता है। यह वृक्ष अपने फल के लिए व्यापक रूप से लगाया जाता है। यह विशाल वृक्ष है। इसकी छाल खुरदरी होती है जिससे दूधिया क्षीर निकलता है। पत्ते 10 से 15 से.मी. लंबे, अंडाकार जैसे तथा कालापन लिए हरे होते हैं। स्तंभ और मोटी शाखाओं पर फूल एवं फल निकलते हैं। फल विशाल एवं लंबाई युक्त गोल होते हैं जिस पर काँटे होते हैं। इसकी छाल मोटी एवं कालापन लिए होती है। अंतः काष्ठ पीलापन लिए भूरी होती है। इसका घनत्व 800 कि.ग्रा. प्रति घन मीटर है। इसका प्रकाष्ठ भारी एवं मजबूत होता है। पानी के अंदर भी इसका उपयोग किया जाता है। तेज धूप में यह फट जाता है। इसका प्रयोग लकड़ी के पुलों, फर्नीचर आदि में किया जाता है।

इसके काष्ठ को पीसकर उबालने से पीला रंग निकलता है जो बौद्ध भिक्षुओं के कपड़ों को रंगने के काम आता है। कच्चे फल की सब्जी बनती है तथा पका फल खाया जाता है। बीजों में स्टार्च होता है जिसे पकाकर खाते हैं।

कदंब
(Cadamba tree)

कदंब को संस्कृत में कदम्ब, नीप एवं इलिप्रिय आदि कहते हैं। इसे देश के सभी स्थानों पर उगाया जाता है। इसका वानस्पतिक नाम 'Anthocephalus cadamba' है। यह विशाल पर्णपाती वृक्ष है जो पश्चिम बंगाल, उड़ीसा एवं आंध्र प्रदेश में मुख्य रूप से पाया जाता है। यह 45 मीटर तक ऊँचा एक प्रमुख छायादार वृक्ष है। इसके तने का व्यास 1 मीटर तक होता है। इसके पत्ते लगभग 15 से 30 से. मी. लंबे होते हैं। पुष्पगुच्छ मई से जुलाई तक गहरे पीले रंग के होते हैं। इनका व्यास 4.5 से. मी. तक होता है। कच्चे फल हरे रंग के तथा पकने पर हलके नारंगी रंग के हो जाते हैं।

दार्जिलिंग में इसका उपयोग चाय के बक्शे बनाने हेतु किया जाता है।

इसका प्रकाष्ठ भवन निर्माण में प्रयोग किया जाता है। इसे शोभाकार वृक्ष के रूप में लगाया जाता है।

इसका रोपण सड़कों के किनारे छायादार एवं शोभाकार वृक्ष के रूप में होता है। इसका उपयोग पेंसिल निर्माण में भी किया जाता है।

कपोक
(Java Cotton, Silk Cotton)

इसका वानस्पतिक नाम 'Cieba pentandra' है। यह देश के अनेक भागों मुख्यतः अंडमान तथा दक्षिण भारत में पाया जाता है। यह अत्यंत विशाल वृक्ष है जो 60 से 70 मीटर तक की ऊँचाई तथा कभी-कभी 2 मीटर तक व्यास प्राप्त करता है। पत्तियाँ संयुक्त 20 से.मी. तक लंबी होती हैं। फूल सफेद रंग के होते हैं तथा अप्रैल-मई में आते हैं। इसके फल में बीज के चारों ओर पीलापन लिए सफेद रेशा होता है।

इसके सिल्की तंतु अत्यंत उपयोगी एवं एवं कीमती होते हैं। इनका उपयोग गद्दा एवं तकिया आदि में किया जाता है। कुछ अन्य तंतुओं के साथ मिलाकर कालीन बनाने में इसका उपयोग होता है। हीट इंसुलेटर के रूप में इसका उपयोग फ्रिज, कोल्ड स्टोर एवं चिकित्सालयों में किया जाता है। इसके बीज का उपयोग स्थानीय रूप से साबुन बनाने में किया जाता है।

कमरख
(Starfruit, Carambola Tree)

इसका वानस्पतिक नाम 'Averrhoa carambola' है। यह प्राकृतिक रूप से केरल में पाया जाता है किंतु फल के लिए इसे पूरे भारत में उगाया जाता है। यह एक सदाबहार वृक्ष है जो 10 से 12 मीटर तक ऊँचाई प्राप्त करता है। यह झाड़ी के आकार का होता है। पत्तियाँ 3.8 से 9 से.मी. तक लंबी होती हैं। फूल सितंबर-अक्टूबर में आते हैं। फल पीले या नारंगी रंग के 10 से 15 से.मी. लंबे होते हैं। फ़ल स्वाद में खट्टे होते हैं। फलों का अचार एवं चटनी बनाने में प्रयोग किया जाता है।

कढ़ी पत्ता, गंधेला

(Curry Leaf Tree)

इसका वानस्पतिक नाम 'Murraya koenigii' है। यह पूरे भारत में उगाया जाता है। दक्षिण भारत के सदाहरित वनक्षेत्रों में इसके वृक्ष प्राकृतिक रूप से मिलते हैं। यह छोटे आकार का वृक्ष या विशाल झाड़ी है। इसकी पत्तियाँ लगभग 3 से.मी. लंबी एवं सुगंधित होती हैं। इसके फूल सफेद होते हैं तथा मई-जून में आते हैं। फल लगभग 1 से.मी. व्यास के होते हैं।

दक्षिण भारत में इसका उपयोग अनेक प्रकार से भोजन में किया जाता है। कढ़ी में पूरे भारत में इसे सुगंध एवं स्वाद हेतु डाला जाता है।

काजू

(Cashew Nut)

इसका वानस्पतिक नाम 'Anacardium occidentale' है। यह अमेरिका का आदिवासी वृक्ष है। इसे पुर्तगालियों द्वारा ब्राजील से भारत लाया गया। यह भारत के पश्चिमी समुद्रतटवर्ती क्षेत्रों जैसे कर्नाटक, महाराष्ट्र, गोआ, तमिलनाडु एवं अंडमान में पाया जाता है। यह लगभग 12 मीटर ऊँचाई वाला सदाहरित वृक्ष है। इसकी शाखाएँ चारों ओर फैली रहती हैं। पत्तियाँ 10 से 20 से.मी. लंबी तथा 7.5 से 12.5 से.मी. चौड़ी होती हैं। पुष्प पीले रंग का तथा लाल दाग लिए एवं सुगंधित होता है। पुष्प नवंबर-दिसंबर में आते हैं। फल मार्च-अप्रैल में पकते हैं तथा मई तक पककर गिरने लगते हैं। फल वृक्काकार होता है। फलों को भूनकर गुठली तोड़कर गिरी निकाल ली जाती है। उस पर का लाल छिलका भी निकाल लिया जाता है। यही काजू बाजार में बिकता है।

इसका प्रकाष्ठ मुलायम होता है तथा चाय की पैकिंग में प्रयोग किया जाता है। इसका उपयोग नाव बनाने तथा चारकोल बनाने में किया जाता है।

कांडू

(Mountain Persimmon)

इसका वानस्पतिक नाम 'Diospyrus montana' है। यह एक छोटा पर्णपाती वृक्ष है जो 15 मीटर तक की ऊँचाई प्राप्त कर लेता है। यह लगभग पूरे भारत में पाया जाता है। पत्तियाँ 5 से 10 से.मी. लंबी होती हैं। फूल पीले रंग के होते हैं तथा

मई-जून में आते हैं। फल गोल तथा पकने पर पीले रंग के हो जाते हैं। फल 2 से 5 से.मी. व्यास के होते हैं।

इसका प्रकाष्ठ कठोर एवं मजबूत होता है तथा कृषि उपकरण बनाने, बक्से बनाने एवं अन्य कार्यों में भी उपयोग किया जाता है।

कामिनी
(Chinese Boxwood, Satin Wood)

इसका वानस्पतिक नाम 'Murraya paniculata' है। यह पूरे भारत में मुख्यतः अंडमान में पाया जाता है। यह एक सदाहरित छोटा वृक्ष या झाड़ी है। इसकी छाल पतली एवं भूरी होती है। पत्तियाँ 2 से 3 से.मी. लंबी होती हैं। फूल सफेद एवं सुगंधित होते हैं। फूल मार्च से मई तक आते हैं। फल छोटे तथा लाल या गहरे गुलाबी रंग के होते हैं।

इसकी लकड़ी नक्काशी (wood engraving) हेतु प्रयोग किया जाता है। इसका उपयोग छड़ी (walking sticks), गणितीय उपकरण एवं औजारों के हत्थे आदि बनाने में किया जाता है। इसे शोभाकारी वृक्ष के रूप में लगाया जाता है।

काला शहतूत
(Black Mulberry)

इसका वानस्पतिक नाम 'Morus indica' है। यह भारत के मैदानी क्षेत्रों में पाया जाता है। इसका फल गाढ़ा बैगनी या गुलाबी रंग का होता है।

इसका प्रकाष्ठ कठोर एवं टिकाऊ होता है। इसका उपयोग खिलौने बनाने, कृषि उपकरणों आदि में किया जाता है। इसका फल मीठा होता है जो खाया जाता है।

काला तेंदू, गाब
(Wild Mangosteen)

इसका वानस्पतिक नाम 'Diospyrus peregrina' है। यह मुख्यतः मध्य प्रदेश के नम क्षेत्रों एवं हिमालय की तलहटी में पाया जाता है। यह एक सुंदर सदाहरित वृक्ष है। पत्तियाँ 15 से.मी. तक लंबी एवं 5 से.मी. चौड़ी होती हैं। पत्तियाँ गहरे हरे रंग की होती हैं। नई पत्तियाँ गुलाबी रंग लिए होती हैं जो आकर्षक लगती हैं। नर एवं मादा फूल अलग-अलग होते हैं। फल 3 से 4 से.मी. आकार के होते हैं जो पकने पर पीले हो जाते हैं।

इसका प्रकाष्ठ कठोर एवं मजबूत होता है। इसका उपयोग फर्नीचर बनाने में किया जाता है। कच्चे फल से टैनिन प्राप्त होता है जिसका उपयोग चमड़ा उद्योग, कपड़ा उद्योग एवं बाँस की टोकरियाँ रँगने में किया जाता है।

काला सीरस

(Indian Walnut)

इसका वानस्पतिक नाम 'Albizzia lebbek' है। यह विशाल पर्णपाती वृक्ष है। यह हिमालय की नीची पर्वत श्रेणियों से लेकर दक्षिण में तमिलनाडु एवं केरल तक पाया जाता है। हिमालय पर यह 1500 मीटर की ऊँचाई तक पाया जाता है। यह कई प्रकार की मृदा में पनप सकता है। इसे ऊसर भूमि में भी उगाया जा सकता है। इसे तीव्र प्रकाश की आवश्यकता होती है। यह छाया में नहीं पनपता। इस वृक्ष की औसत लंबाई 8 से 12 मीटर होती है किंतु अनुकूल परिस्थिति में इसकी ऊँचाई 30 मीटर एवं गोलाई 3 मीटर तक हो जाती है। यह तेजी से बढ़ने वाला वृक्ष है तथा 8 वर्ष में 8 मीटर तक ऊँचाई प्राप्त कर लेता है। इसके पत्तों के डंठल 15 से 40 से.मी. तक लंबे होते हैं। हर डंठल से 2 से 4 जोड़ी छोटे डंठल निकलते हैं जिनमें 4 से 10 जोड़ी छोटी पत्तियाँ होती हैं। पत्तियाँ 2 से 3 से.मी. लंबी तथा 1 से 1.5 से.मी. चौड़ी होती हैं। इसके फूल अप्रैल-मई में आते हैं और तब वृक्ष सफेद और पीले महकदार फूलों से ढक जाता है। फूलों के गुच्छे घने और गोल होते हैं। यह गुच्छे 4 से 10 से.मी. लंबे डंठल पर होते हैं। इन गुच्छों से बारीक धागे के समान बहुत से बारीक सफेद या पीले रंग के स्टेमैन निकले होते हैं। नवंबर में इसका पतझड़ हो जाता है तथा मार्च-अप्रैल में नई पत्तियाँ निकलती हैं। इसकी फली 10 से 25 से.मी. लंबी तथा 2 से 5.4 से.मी. चौड़ी होती है। इसका आकार चपटा तथा रंग भूसा जैसा होता है। फली के पकने का समय दिसंबर-जनवरी है। नए फूल आने तक फलियाँ वृक्ष से लटकती रहती हैं।

इसका अंतः काष्ठ (Heart wood) गहरा बादामी रंग का होता है। यह औसत भार वाला पक्के तथा मोटे रेशे वाला प्रकाष्ठ है। इसकी सीजनिंग आसानी से हो जाती है। काष्ठ टिकाऊ होता है परंतु चीरने और रंदा करने में कठिनाई होती है। इसका ईंधन और चारकोल अच्छा होता है। इसके प्रकाष्ठ का उपयोग फर्नीचर, प्लाई, नक्काशी, बैलगाड़ी, नाव आदि बनाने में किया जाता है। इस पर पालिश अच्छी आती है। इसकी छाल चमड़ा छीजने के काम आती है। इसके काष्ठ

का उपयोग ड्रम तथा डुगडुगी के निर्माण के लिए किया जाता है। इसके वृक्ष से लाल-भूरे रंग का गोंद निकलता है जिसे बबूल गोंद के साथ मिलाकर बेचा जाता है। इसको छाया के लिए लगाया जाता है।

कावला
(Kawala)

इसका वानस्पतिक नाम 'Machilus odaratissima' है। यह बाहरी हिमालय में मुख्यतः उत्तराखंड एवं पश्चिम बंगाल में पाया जाता है। यह मध्यम आकार का वृक्ष है। पत्तियाँ 12 से 15 से.मी. लंबी गहरे हरे रंग की होती हैं। फूल मार्च-अप्रैल में आते हैं। फल 2 से 3 से.मी. आकार के होते हैं।

दार्जिलिंग में इसका उपयोग स्थानीय रूप से घर बनाने में किया जाता है। असम में सिल्क के कीड़े पालने में इसका उपयोग किया जाता है। यह अच्छी ईंधन प्रजाति है।

किलबिली
(Colville' Glory)

इसका वानस्पतिक नाम 'Colvillea racemosa' है। यह प्राकृतिक रूप से मेडागास्कर में पायी जाने वाली प्रजाति है। इसका नामकरण मारीशस के तत्कालीन गवर्नर सर चार्ल्स कालविली के नाम पर किया गया है। यह गोल्डमोहर से मिलती-जुलती प्रजाति है पर इसका प्रकाष्ठ हलकी लाली लिए होता है। फूल बेलनाकार क्लस्टर में आते हैं। फूल जुलाई-अगस्त में आता है।

यह एक प्रमुख शोभाकारी प्रजाति है।

कोका
(Cocoa Tree)

इसका वानस्पतिक नाम 'Theobroma cacao' है। यह मूलतः अमेरिका की प्रजाति है। भारत में इसे मुख्यतः केरल एवं कर्नाटक तथा तमिलनाडु के कुछ भागों में उगाया जाता है। यह मध्यम आकार का वृक्ष है, इसकी पत्तियाँ लंबी, मोटी तथा फूल छोटे होते हैं। फूल मार्च-अप्रैल में आते हैं। फल लगभग 8 से.मी. लंबे होते हैं।

इसके बीजों को साफकर एवं पीसकर कोका एवं चाकलेट बनाने में प्रयोग किया जाता है।

कंचनदाना, रक्त कंबल

(Bead Tree, Red Wood, Coral Pea)

इसका वानस्पतिक नाम 'Adenanthera pavonia' है। यह एक मध्यम आकार का पर्णपाती वृक्ष है। यह मुख्यतः दक्षिण भारत एवं अंडमान में पाया जाता है। पत्तियाँ 1 से 2 से.मी. लंबी होती हैं। फूल पीले रंग के होते हैं तथा जुलाई-अगस्त में आते हैं। बीज चमकदार एवं आकर्षक होते हैं।

छाल भूरी एवं अंतः काष्ठ लाल होती है। दक्षिण भारत में इसका प्रकाष्ठ भवन एवं कैबिनेट निर्माण में प्रयोग किया जाता है। बीजों का प्रयोग आभूषण निर्माण में किया जाता है। इसके अंतः काष्ठ का प्रयोग चंदन के स्थान पर किया जाता है।

कंजी या करंज (नक्तमाल)

(Indian Beech, Smooth leaved Pongamia)

इसका वानस्पतिक नाम 'Pongamia glabra या Pongamia pinnata' है। यह लगभग पूरे देश के मैदानी क्षेत्रों में पाया जाता है। इसे सड़कों के किनारे, बगीचों में लगाया जाता है। यह नदी तथा समुद्री किनारों पर बहुत पाया जाता है। इसका वृक्ष सदा हरा-भरा रहता है। यह मध्यम ऊँचाई का वृक्ष है जो 8 से 10 मीटर तक ऊँचाई प्राप्त करता है। इसकी शाखाएँ लटकी होती हैं। इसके पत्ते 5 से 10 से.मी. लंबे तथा 4 से 6 से.मी. चौड़े होते हैं। इसके फूल गुलाबी तथा आसमानी छाया लिए श्वेत गुच्छों में होते हैं। फूल अप्रैल-मई में आते हैं। इसकी फलियाँ चिकनी, चिपटी, कठोर, एक बीज युक्त एवं सेम जैसी होती हैं। यह सदापर्णी वृक्ष है। फली मार्च से मई तक पक जाती है। यह विभिन्न प्रकार की जलवायु तथा तापमान में उगती है। यह ऊसर भूमि में भी चल जाती है। उन स्थानों पर जहाँ भूमि खारी एवं क्षारीय होती है तथा कुछ समय के लिए पानी लगता है वहाँ भी यह उगायी जाती है। इसकी सबसे अच्छी बढ़त गहरी जलोढ़ मृदा में होती है।

यह असाधारण ईंधन प्रजाति है। इसकी कैलोरिफिक क्षमता 4,600 किलो कैलोरी प्रति कि.ग्रा. है। इसकी लकड़ी से आलमारियाँ, बैलगाड़ी के पहिए एवं

खंभे आदि बनाए जाते हैं। इसकी पत्तियाँ चारे के काम आती है। इसके बीजों में 30 से 40 प्रतिशत तेल पाया जाता है। इसके तेल का चर्म रोग की दवा में उपयोग किया जाता है। यह साबुन उद्योग एवं जलाने के भी काम आता है। इसकी खली धान की खेती में खाद के रूप में उपयोग की जाती है।

इसकी जड़ों का फैलाव अधिक होता है इसलिए इसे कटाव वाली भूमि में कटाव रोकने के लिए रोपित किया जाता है।

कुसुम
(Ceylon Oak)

इसका वानस्पतिक नाम 'Schleichera oleosa' है। यह पूरे भारत के मैदानी क्षेत्रों में पाया जाता है। यह पर्णपाती वृक्ष है जो 40 मी. तक की ऊँचाई प्राप्त करता है। इस प्रजाति के विशाल वृक्षों का व्यास 2 मी. तक होता है। यह हिमालय की तलहटी से दक्षिण भारत तक पाया जाता है। इसकी पत्तियाँ दिसंबर में गिरती हैं। फूल गर्मी के प्रारंभ में आते हैं तथा हरापन लिए लाल होते हैं।

इसका प्रकाष्ठ कठोर तथा टिकाऊ होता है। इसका उपयोग कृषि उपकरणों, औजारों के हत्थे आदि बनाने के काम आता है। इसके बीज से तेल निकलता है जो साबुन एवं सिर में लगाने वाले तेल बनाने के काम आता है। फूल से रंग प्राप्त होता है। लाख उत्पादन हेतु कुसुम महत्वपूर्ण प्रजाति है।

कंजू या पापड़ी या चिलबिल
(Indian Elm)

इसका वानस्पतिक नाम 'Holoptelea integrifolia' है। यह विशाल पर्णपाती वृक्ष है। यह उप हिमालयन क्षेत्र में 600 मीटर की ऊँचाई तक से लेकर विंध्य पर्वत श्रेणी और दक्षिण भारत तक पाया जाता है। इसकी ऊँचाई 35 से 40 मीटर एवं व्यास 60 से 70 से.मी. तक होता है। इसका तना सीधा, चिकना और छत्र बड़ा एवं चौड़ा होता है। भाभर क्षेत्र में यह बड़े-बड़े पत्थरों के डिपाजिट पर उगा पाया जाता है। इसकी सबसे अच्छी बढ़त गहरी नम दोमट मिट्टी में होती है। इसकी छाल भूरी तथा पत्तियाँ 8 से. 13 से.मी. लंबी तथा 3.2 से 6.3 से.मी. चौड़ी होती हैं। पुरानी पत्तियाँ सितंबर से जनवरी के बीच झड़ जाती हैं तथा नई पत्तियाँ मार्च-अप्रैल में आती हैं। इसके फूल अप्रैल में आते हैं एवं छोटे तथा

हरापन लिए पीले होते हैं। फल गोले होते हैं तथा उनके चारों ओर पतली झिल्ली सी होती है।

यह विनियर एवं प्लाइवुड के लिए बहुत उपयोगी प्रजाति है। इससे चिकनस विनियर निकलता है जो दरवाजे, खिड़की एवं मेज आदि बनाने के काम आता है। इसकी लकड़ी से पैकिंग केस बनाए जाते हैं। इसके काष्ठ का उपयोग गणित के साधारण श्रेणी के उपकरण बनाने तथा ब्रशों के निर्माण के लिए किया जाता है। इसके बीज को जल में घिसकर दाद में लगाया जाता है। यह सड़क के किनारे छाया के लिए लगाया जाता है।

कैजुरीना, सरू
(She oak, Coastal She oak, Beefwood Tree)

इसका वानस्पतिक नाम 'Casuarina equisetifolia' है। यह मुख्यतः आंध्र प्रदेश एवं तमिलनाडु में पाया जाता है। यह प्रजाति समुद्री तट के निकट 800 मीटर की ऊँचाई तक पाई जाती है। यह विशाल पर्णहरित वृक्ष है जो 35 मीटर तक की ऊँचाई प्राप्त करता है। यह बहुत तेजी से बढ़ने वाली प्रजाति है। यह प्रथम वर्ष में ही 3 मीटर तक की ऊँचाई प्राप्त कर लेता है। यह कापिस अच्छा करता है। इसका प्रकाष्ठ मजबूत होता है तथा कठिनाई से कटता है। इसका घनत्व 765 कि.ग्रा. प्रति घनमीटर है। यह ईंधन के लिए बहुत उपयोगी प्रजाति है। इस प्रजाति से 7 से 15 वर्ष तक 37,000 से 74,000 कि.ग्रा. ईंधन प्रति हेक्टेअर प्राप्त होता है। इसका प्रयोग अस्थाई निर्माण में खंभे आदि में किया जाता है।

कैथ (कपित्थ)
(Wood Apple)

इसका वानस्पतिक नाम 'Feronia limonia' है। इसके प्राकृतिक वृक्ष दक्षिण भारत में पाए जाते हैं। इसे समस्त भारत के मैदानी क्षेत्रों में लगाया जाता है। यह मध्यम आकार का पर्णपाती वृक्ष है। यह 12 मीटर तक ऊँचाई प्राप्त करता है। पत्तियाँ एकांतर एवं संयुक्त होती हैं जिसके मसलने पर सौंफ जैसी सुगंध निकलती है। फूल छोटे तथा हलके लाल रंग के होते हैं। फल 2.5 से 6.5 से.

मी. तक व्यास के कठोर वल्कल युक्त होते हैं। फरवरी-मार्च में पतझड़ होकर नई पत्तियाँ निकलती हैं। मई-जून तक पुष्प आते हैं तथा वर्षा के अंत तक फल पक जाते हैं। कच्चे फल खट्टे एवं कसैले तथा पकने पर खट्टापन लिए मधुर होते हैं।

इसका प्रकाष्ठ कठोर होता है जिसका प्रयोग भवन निर्माण एवं कृषि उपकरणों में किया जाता है। इसका फल खाया जाता है तथा चटनी बनाने में इसका उपयोग किया जाता है। इससे गोंद भी निकाला जाता है।

कैन

(Himalayan Elm, Indian Elm)

इसका वानस्पतिक नाम 'Ulmus wallichiana' है। यह प्रायः 1,000 से 3,000 मीटर तक की ऊँचाई पर पाया जाता है। यह एक विशाल पर्णपाती वृक्ष है। यह वृक्ष 30 मीटर तक ऊँचाई एवं 8 मीटर तक गोलाई प्राप्त कर लेता है। इसकी छाल भूरी एवं खुरदरी होती है। पत्तियाँ दीर्घवृत्ताकार तथा 13 से.मी. तक लंबी एवं 6 से.मी. तक चौड़ी होती हैं। इसका अंतः काष्ठ या हार्टवुड भूरी या ललछर होती है। इसका घनत्व 960 कि.ग्रा. प्रति घन मीटर है। देवदार का प्रकाष्ठ उपलब्ध न होने पर उसके विकल्प के रूप में इसका प्रयोग किया जाता है। इसकी लकड़ी का प्रयोग दरवाजे, खिड़कियों एवं अन्य कार्यों में किया जाता है।

कैम

(Kaim)

इसे कहीं-कहीं पर फल्दू या कदंब भी कहा जाता है। भारत में इसके वृक्ष मुख्यतः दक्षिण भारत के पर्णपाती वनों में पाए जाते हैं। इसका वानस्पतिक नाम 'Mitragyna parviflora' है। इसका वृक्ष 20 मीटर तक की ऊँचाई प्राप्त करता है। इसका फूल पीले रंग का तथा गेंद के आकार का लगभग 2 से 3 से.मी. परिधि का होता है। फूल जनवरी से जुलाई तक आते हैं।

इसके प्रकाष्ठ का उपयोग कृषि उपकरणों, कंघों एवं कप आदि बनाने में किया जाता है। इसका उपयोग ब्रश, झाड़ू, बच्चों के स्केल बनाने एवं जूतों के साँचे बनाने के लिए भी किया जाता है।

कैल

(Blue Pine)

इसे हिमालयन सफेद पाइन भी कहते हैं। इसका वानस्पतिक नाम 'Pinus wallichiana' है। यह भारत में 1,800 से 4,399 मीटर की ऊँचाई तक जम्मू कश्मीर, हिमाचल प्रदेश तथा उत्तराखंड के वन क्षेत्रों में पाया जाता है। यह देवदार, फर एवं स्प्रूस के साथ वन क्षेत्रों में पाया जाता है। यह 30 से 50 मीटर की ऊँचाई प्राप्त करता है। इसकी पत्तियाँ 12 से 18 से.मी. तक लंबी होती हैं। इसका फल (Cone) लगभग बेलनाकार तथा 16 से 32 से.मी. लंबा होता है। फूल सितंबर-अक्टूबर में आते हैं।

इसका काष्ठ कठोर एवं टिकाऊ होता है। इसका उपयोग भवन निर्माण, पैकिंग केस एवं गाड़ियों के पहिए बनाने में किया जाता है। इसका उपयोग ड्राइंग बोर्ड और प्लेन टेबल निर्माण में भी किया जाता है।

कैसिया बाइफ्लोरा

(Twin Flowered Cassia)

इसका वानस्पतिक नाम 'Cassia biflora' है। यह एक सुंदर सदाहरित मध्यम आकार का वृक्ष है। इसकी पत्तियाँ 1 से.मी. तक लंबी तथा 0.5 से.मी. तक चौड़ी होती हैं। इसके फूल अप्रैल से जून तक आते हैं तथा पीलापन लिए होते हैं। फल 5 से 8 से.मी. लंबे तथा पकने पर गहरे भूरे रंग के हो जाते हैं।

यह शोभाकारी वृक्ष के रूप में लगाया जाता है।

कैसिया ग्रैंडिस

(Horse Cassia, Pink Shower Tree)

इसका वानस्पतिक नाम 'Cassia grandis' है। यह प्राकृतिक रूप से मैक्सिको आदि देशों में पाया जाता है। यह लगभग पूरे भारत मुख्यतः उत्तर भारत में उगाया जाता है। यह मध्यम ऊँचाई का वृक्ष है जो लगभग 18 मीटर तक की ऊँचाई प्राप्त करता है। इसकी पत्तियाँ गाढ़े हरे रंग की तथा 3 से 5 से.मी. तक लंबी होती हैं। फूल गुलाबी अथवा लाल रंग के होते हैं तथा जून-जुलाई में आते हैं। इसकी फलियाँ 40 से.मी. तक लंबी होती हैं तथा उसमें अनेक बीज होते हैं। इसके पुष्प आकर्षक होते हैं।

इसे शोभाकारी वृक्ष के रूप में लगाया जाता है।

कैसिया जावा

(Apple–Blossom Cassia)

इसका वानस्पतिक नाम 'Cassia javanica' है। प्राकृतिक रूप से यह मलेशिया, इंडोनेशिया, सुमात्रा आदि देशों की प्रजाति है। यह लगभग पूरे भारत में उगाया जाता है। यह मध्यम आकार का तेजी से बढ़ने वाला वृक्ष है जो 25 मीटर तक की ऊँचाई प्राप्त कर लेता है। यह पर्णपाती या अर्धपर्णपाती वृक्ष है। इसकी शाखाएँ धरती के समानांतर होती हैं और जब फूल आते हैं तो लगता है कि जैसे लाल, गुलाबी और सफेद फूलों के गुच्छे डालों के चारों ओर लपेट दिए गए हों। पत्तियों के डंठल 15 से 30 से.मी. लंबे होते हैं तथा इनमें 8 से 14 जोड़ी पत्तियाँ होती हैं। पत्तियाँ दीर्घवृत्ताकार 5 से.मी. तक लंबी एवं 2.5 से.मी. तक चौड़ी होती हैं। इसमें फूल जून-जुलाई में आते हैं। फलियाँ 20 से 50 से.मी. लंबी होती हैं।

इसे शोभाकारी वृक्ष के रूप में लगाया जाता है।

कैसिया सियामिया

(Kassod Tree)

इसका वानस्पतिक नाम 'Cassia siamea' है। यह इंडोनेशिया से श्री लंका तक प्राकृतिक रूप से पाया जाने वाला वृक्ष है। हिमालय क्षेत्र को छोड़कर भारत में इसे सर्वत्र उगाया जाता है। यह मध्यम आकार का वृक्ष है जो 18 मीटर तक ऊँचाई तथा 30 से.मी. तक व्यास प्राप्त करता है। इसका तना सीधा तथा ऊपरी भाग फैला हुआ छत्र जैसा होता है। छाल चिकनी एवं मटमैली होती है। छाल के अंदर का भाग हलका बादामी होता है। पत्तियों का डंठल 20 से 30 से.मी. लंबा होता है तथा उसमें 6 से 12 जोड़ी पत्तियाँ होती हैं। पत्तियाँ 3 से 7 से.मी. लंबी एवं 12 से 20 मि.मी. चौड़ी होती हैं। यह पीले फूलों वाली आकर्षक प्रजाति है। फूल मई से जुलाई तक आते हैं।

सुंदर फूलों के कारण यह अत्यंत महत्वपूर्ण शोभाकारी प्रजाति है। यह एक अच्छी ईंधन प्रजाति है। इससे लगभग 15 घन मी. लकड़ी प्रतिवर्ष मिलती है। इससे लकड़ी की आलमारी एवं रैक आदि बनाए जाते हैं। इसे जानवर नहीं खाते।

कृष्ण सीरस, लाली

(Oil Cake Tree, Krishna Siris)

इसका वानस्पतिक नाम 'Albizzia amara' है। यह मध्यम आकार का गहरे हरे

रंग का पर्णपाती वृक्ष है। यह दक्षिण भारत के शुष्क क्षेत्रों में पाया जाता है। यह 3 से 6 मीटर तक ऊँचाई प्राप्त करता है। फल पीलापन लिए गुलाबी होते हैं तथा मार्च से मई तक आते हैं। फलियाँ 10 से 30 से.मी. तक लंबी तथा 2.5 से.मी. चौड़ी होती हैं।

इसका प्रकाष्ठ मजबूत एवं कठोर होता है तथा मुख्यतः उपकरणों के हत्थे एवं हल निर्माण में प्रयोग किया जाता है। इसकी पत्तियाँ अच्छा चारा हैं। पत्तियों का उपयोग सिर धोने में किया जाता है। यह ईंधन एवं चारकोल के लिए भी उपयोगी है।

कृष्ण वट
(Krishna's Butter Cup)

इसका वानस्पतिक नाम 'Ficus krishnai' है। यह भारत के मैदानी क्षेत्रों में पाया जाता है। यह मध्यम ऊँचाई का भूरी छाल वाला वृक्ष है। इसकी पत्तियाँ 10 से 12 से.मी. लंबी होती हैं। पत्तियों का आकार मुड़ा हुआ कटोरे की तरह होता है। कहा जाता है कि श्री कृष्ण इसी वृक्ष की पत्ती में दही, मक्खन आदि खाना पसंद करते थे। उन्हीं के नाम पर इस वृक्ष का नाम कृष्ण वट वृक्ष पड़ा। फूल अप्रैल-मई में आते हैं।

यह शोभाकारी एवं धार्मिक महत्व की प्रजाति है। यह उद्यानों, मंदिरों एवं सड़क के किनारे लगाया जाता है।

खजूर
(Date Palm)

इसका वानस्पतिक नाम 'Phoenix dactylifera' है। यह पूरे भारत के मैदानी क्षेत्रों में पाया जाता है। यह ताड़ के समान किंतु उससे छोटा वृक्ष है। इसकी पत्तियाँ 20 से 30 से.मी. लंबी होती हैं। पुष्प एकलिंगी होते हैं। नर पुष्प सफेद एवं 15 से.मी. लंबे तथा मादा पुष्प 30 से 60 से.मी. लंबे होते हैं। फल 5 से.मी. लंबा, गोलाकार, पीला होता है जो पकने पर रक्ताभ हो जाता है।

इसकी पत्तियों से टोकरी एवं हाथ के पंखे बनाए जाते हैं। पत्तियों के डंठल से रस्सी बनायी जाती है। इसके फल से गुड़ एवं शराब बनायी जाती है।

खजूरी

(Wild Date Palm)

इसका वानस्पतिक नाम 'Phoenix sylvestris' है। यह पूरे भारत में पाया जाता है। यह खजूर के समान होता है। इसकी पत्तियाँ खजूर से छोटी तथा फलों में गूदा खजूर की तुलना में कम होता है। इसका उपयोग भी खजूर की भाँति है।

खड़िक

(Honey Berry)

इसका वानस्पतिक नाम 'Celtis australis' है। यह औसत आकार का वृक्ष है। इसकी ऊँचाई 15 से 20 मीटर तक होती है। अनुकूल स्थिति में यह 26 मीटर तक की ऊँचाई तथा 50 सेमी. तक व्यास प्राप्त कर लेता है। इसका तना नीलापन लिए सिलेटी रंग का होता है। इस पर समतल झुर्रियाँ तथा कुछ गोल-गोल दाने जैसे उभरे होते हैं। इसे प्रकाश की अत्यंत आवश्यकता होती है। मार्च-अप्रैल में इसमें फूल आने प्रारंभ हो जाते हैं। फल अक्टूबर-नवंबर में पकते हैं। इसके लिए किसी विशेष प्रकार के जलवायु की आवश्यकता नहीं है, यह हर प्रकार की नम भूमि में होता है। इसे मुख्यतः चिकनी मिट्टी एवं दोमट भूमि की आवश्यकता होती है। यह विभिन्न प्रकार की मृदाओं जैसे-दलदली मृदा से लेकर चिकनी मृदा तक में हो जाता है।

खड़िक का प्रकाष्ठ कठोर, मजबूत एवं प्रत्यास्थ होता है। यह औजारों के दस्ते तथा हल बनाने के काम आता है। इसके प्रकाष्ठ का उपयोग फर्नीचर निर्माण में किया जाता है। इसकी पत्तियाँ बकरी के चारे हेतु प्रयोग की जाती हैं।

खरसू

(Brown Oak, Kharsu Oak)

इसका वानस्पतिक नाम 'Quercus semicarpifolia' है। यह एक विशाल सदाहरित वृक्ष है। यह 2,400 मीटर से 3,000 मीटर की ऊँचाई पर हिमालय क्षेत्र में पाया जाता है। यह प्रकाशपेक्षी वृक्ष है। यह 24 से 30 मीटर तक ऊँचाई तथा 210 से.मी. तक गोलाई प्राप्त कर लेता है। पत्तियाँ 5 से 12 से.मी. तक लंबी एवं 2.5 से 7.5 से.मी. तक चौड़ी दीर्घवृत्ताकार होती हैं। मई-जून में फूल आते हैं। यह अच्छा कापिस करता है। फल जुलाई-अगस्त तक पकते हैं। हिमाचल

प्रदेश एवं उत्तराखंड में इसकी पत्तियों का प्रयोग चारे के रूप में किया जाता है। इसके प्रकाष्ठ का उपयोग दरवाजे, खिड़कियों आदि के निर्माण में किया जाता है। यह एक अच्छी ईंधन प्रजाति है तथा इसका चारकोल अच्छा होता है। भालू, बंदर, गिलहरी एवं चिड़ियों को इसका फल बहुत प्रिय है।

खागसी
(Khagsi)

इसका वानस्पतिक नाम 'Trema orientalis' है। यह मुख्यतः उत्तराखंड के देहरादून एवं उत्तर प्रदेश के सहारनपुर तथा इसके अतिरिक्त हिमालय के निचले क्षेत्रों में पंजाब से बंगाल तक तथा असम में पाया जाता है। यह एक छोटा सदाहरित वृक्ष है। पत्तियाँ 10 से 12 से.मी. लंबी होती हैं। फूल फरवरी-मार्च में आते हैं तथा फल छोटे एवं पकने पर काले हो जाते हैं।

इसकी पत्तियों का उपयोग चारे के रूप में किया जाता है। इसकी छाल से मजबूत रस्सी बनाई जाती है।

खिरनी
(Khirni)

इसका वानस्पतिक नाम 'Mimusops hexandra' है। यह समस्त भारत के मैदानी क्षेत्रों में उद्यानों में लगाया जाता है। यह एक छोटा सदाहरित वृक्ष है। इसकी छाल भूरापन लिए सफेद होती है। पत्तियाँ लगभग 5 से.मी. लंबी, 2.5 से.मी. चौड़ी तथा अंडाकार होती हैं जो टहनियों के अंत में सघन होती हैं। फूल चक्राकार, छोटे, सफेद या फीके पीले रंग के होते हैं। फूल मार्च-अप्रैल में आते हैं। फल 2 से.मी. तक लंबे, चिपटे तथा पकने पर पीले हो जाते हैं।

इसकी लकड़ी कड़ी होती है। गर्मियों में इसके फल खाए जाते हैं। इसके छाल तथा बीज से तेल निकाला जाता है।

खुमानी
(Apricot)

इसका वानस्पतिक नाम 'Prunus armeniaca' है। यह छोटे आकार का वृक्ष है जो प्राकृतिक रूप से चीन में पाया जाता है। यह मुख्यतः हिमाचल प्रदेश एवं

कश्मीर में पाया जाता है। यह पर्णपाती वृक्ष है। इसकी छाल लालीपन लिए भूरी होती है। फूल गुलाबीपन लिए सफेद होते हैं तथा फरवरी-मार्च में आते हैं।

इसका फल ताजा तथा सुखाकर खाया जाता है। इसमें विटामिन सी प्रमुख रूप से पाया जाता है।

खेजड़ी
(Khejri)

इसका वानस्पतिक नाम 'Prosopis cinerarea' है। यह शुष्क एवं मरुभूमि की प्रजाति है। यह पंजाब, राजस्थान, हरियाणा, गुजरात एवं पश्चिम उत्तर प्रदेश में पाया जाता है। यह मध्यम आकार का वृक्ष है जिसकी ऊँचाई लगभग 10 मीटर होती है। यह सदापर्णी वृक्ष है। फूल मई में आते हैं तथा अगस्त तक फली पक जाती है। फली 10 से 12 से.मी. लंबी होती है। एक फली में 10 से 15 बीज होते हैं।

यह सूखे एवं रेगिस्तानी क्षेत्रों की महत्त्वपूर्ण चारा प्रजाति है। इसकी फली भी मवेशियों का भोजन है। राजस्थान में इसे King of desert या कल्प तरु कहा जाता है। राजस्थान की पर्यावरण संरक्षण के प्रति समर्पित विश्नोई समाज द्वारा इसे पूजा जाता है।

खैर
(Cutch Tree)

इसका वानस्पतिक नाम 'Acacia catechu' है। यह मध्यम आकार का पर्णपाती वृक्ष है। यह उत्तर प्रदेश, मध्य प्रदेश एवं सिक्किम में 1500 मीटर ऊँचाई तक पाया जाता है। यह रेत और बजरी मिश्रित सरंध्री, जलोढ़ मृदा में सबसे अच्छा फलता-फूलता है। यह ग्रेनाइट, नीस, शिस्ट, शेल, ट्रैप, चूना पत्थर तथा लेटेराइट पर पाया जाता है। रेतीली और बजरीदार जलोढ और दोमट भिन्न-भिन्न अनुपात में रेत और चिकनी मिट्टी मिली बजरीली मिट्टी में यह प्रायः मिलता है। यह कपास वाली काली मिट्टी में भी पैदा हो जाता है। यह शुष्क, कम गहरी मृदा वाली भूमि तथा पथरीली मिट्टी, यहाँ तक कि चट्टानों पर भी हो जाता है। नदी के पाट में बने द्वीपों और नदियों के किनारे जमी हुई बजरीली जलोढ़ मृदा में शीशम के साथ सर्वप्रथम खैर उगता है। अनुकूल परिस्थितियों में इसके तने की

ऊँचाई 25 मीटर तथा गोलाई 2 से 4 मीटर तक हो जाती है। इसकी छाल मोटी, गहरी धूसर, लंबी तथा पतली पट्टियों में उतरने वाली भूरी तथा अंदर से लाल होती है। शाखाएँ पतली, काँटों से युक्त, गहरे भूरे या जामुनी रंग की होती हैं। उत्तर भारत में पत्तियाँ फरवरी में झड़ती हैं तथा अप्रैल-मई में नई पत्तियाँ आती हैं। पत्तियाँ 10 सेमी. से 17.5 सेमी. लंबी तथा कंटकित होती हैं। पुष्प पीताभ या क्रीम रंग के गोल मंजरियों में निकलते हैं। फली 5 से 8.5 सेमी. लंबी, चपटी, सीधी, चमकदार तथा गाढ़े भूरे रंग की होती है। पुष्प ग्रीष्म के अंत में तथा फल वर्षा के प्रारंभ में आते हैं। सितंबर के अंत तक फली पूरा आकार ले लेती है तथा दिसंबर-जनवरी तक पकती हैं।

खैर का मुख्य उपयोग कच तथा कत्था निर्माण में किया जाता है। यह एक उपयोगी प्रकाष्ठ है तथा भवन बनाने के खंभे, धान कूटने के ओखल, तेल और गन्ना पेरने के कोल्हू, हलों, तंबुओं की खूँटियों और तलवार की मूँठ के निर्माण हेतु इसका उपयोग किया जाता है। इसका काष्ठ टिकाऊ होता है। रंदों के हत्थों एवं पहियों के ऊपर नाभि बनाने हेतु यह बहुत उपयोगी है। इसे ईंधन के रूप में प्रयोग किया जाता है तथा इसका कोयला भी बनता है। इस पर लाख की कार्तिकी या अगहनी उपज अच्छी होती है। इसका गोंद प्राकृतिक रूप से निकले अश्रुओं की तरह जमा होता है जो लगभग 3 सेमी. तक होता है। इसके काष्ठ के टुकड़ों को उबालने से कच (Cutch) निकलता है। यह चमड़ा एवं कपड़ा तथा कैनवस रंगने तथा रंग बनाने के काम आता है। चिकित्सा पद्धति में इसकी छाल, फूल आदि का उपयोग किया जाता है। कुष्ठ रोग में इसे खिलाते तथा स्नानादि कराते हैं। अतिसार, खट्टी डकार, खाँसी विशेष रूप से शुष्क खाँसी में यह उपयोगी है। मसूढ़े से खून आने पर इसके काथ से कुल्ला करते हैं। मुख में छाले पड़ने पर कत्था चूसा जाता है।

गंभार

(Snap Dragon Tree, Coomb Tree)

इसका वानस्पतिक नाम 'Gmelina arborea' है। यह विशाल पर्णपाती वृक्ष है। यह मुख्यतः आसाम, पश्चिम बंगाल, बिहार, झारखंड तथा उड़ीसा में पाया जाता है। यह शीघ्रता से बढ़ने वाली प्रजाति है जो 30 मीटर तक की ऊँचाई तथा 1.2 से 4 मीटर तक की गोलाई प्राप्त करती है। यह प्रकाशपेक्षी प्रजाति है। इसमें फूल

फरवरी से अप्रैल तक आते हैं। फल मई से जून तक पकते हैं। फल 2.5 से.मी. लंबे, गहरे हरे होते हैं जो पकने पर पीले रंग के हो जाते हैं। इसका काष्ठ गहरे पीले रंग का होता है। यह कापिस अच्छा करता है। इसकी छाल सफेदी लिए भूरी होती है।

इसके प्रकाष्ठ में पेंट या वार्निश आसानी से चढ़ जाती है। यह पानी के अंदर अत्यधिक टिकाऊ है। पानी के अंदर प्रयोग हेतु यह बहुत उपयोगी प्रजाति है। इसका उपयोग फर्नीचर, नाव, पैकिंग केस एवं कुएँ के अंदर के कार्यों में किया जाता है। चाय के बक्से के निर्माण में इसका प्रयोग किया जाता है।

इसके काष्ठ का उपयोग ब्रशों के निर्माण के लिए भी किया जाता है।

गंधराज
(Cape Jasmine)

इसका वानस्पतिक नाम 'Gardenia florida' है। इसे संपूर्ण भारत में शोभाकारी वृक्ष के रूप में उगाया जाता है। पत्तियाँ 10 से 12 से.मी. लंबी होती हैं। फूल 8 से 10 से.मी. चौड़े क्रीमी सफेद रंग के होते हैं जो बाद में पीले रंग के हो जाते हैं। फूल सितंबर-अक्टूबर में आते हैं।

इसे उद्यानों में शोभाकार वृक्ष के रूप में लगाया जाता है। इसकी छाल एवं फल से पीला रंग प्राप्त किया जाता है। जड़ से एक पेस्ट मिलता है जो सरदर्द में प्रयोग किया जाता है।

गुलमोहर
(Flamboyant)

इसका वानस्पतिक नाम 'Delonix regia' है। यह मूल रूप से मेडागास्कर का प्राकृतिक वृक्ष है। भारत में इसे सर्वत्र उगाया जाता है। गुल का अर्थ है 'फूल' एवं मोहर का अर्थ है 'मोर'। इसके फूलों की सुंदरता मोरपंख के समान मानते हुए इसे यह नाम दिया गया है। यह मध्यम आकार का पर्णपाती वृक्ष है जो 10 से 15 मीटर तक की ऊँचाई प्राप्त करता है। इसकी पत्तियाँ दोहरी कंपांउड होती हैं। मार्च-अप्रैल में पतझड़ होता है तथा इसी समय वृक्ष फूलों से भर जाता है। नई पत्तियाँ वर्षाकाल के प्रारंभ में आती हैं। इसके फूलों के रंग में काफी विविधता

होती है। फूल लाल, नारंगी आदि कई रंग के होते हैं। फलियाँ सितंबर तक लग जाती हैं।

यह एक महत्त्वपूर्ण शोभाकारी वृक्ष है।

गूलर
(Cluster Fig Tree)

इसका वानस्पतिक नाम 'Ficus glomarata या Ficus racemosa' है। यह उष्ण कटिबंधीय क्षेत्र की प्रजाति है। पर्वतीय क्षेत्र को छोड़कर यह पूरे देश में पाया जाता है। सामान्यतया यह नदी के तटीय क्षेत्रों में जहाँ पर्याप्त मात्रा में नमी होती है, बहुतायत से पाया जाता है। इसकी वृद्धि के लिए किसी विशेष प्रकार की मृदा की आवश्यकता नहीं होती है। यह प्रायः रूखी एवं रेतीली कंदरा युक्त मृदा में पाया जाता है। यह एक विशाल वृक्ष है जो 15 मीटर तक ऊँचाई प्राप्त करता है। इसका मुकुट जैसा छत्र बहुत ही सघन और फैला होता है। इस वृक्ष में पाला और सूखा दोनों को सहने की शक्ति होती है। इसमें अगस्त से अक्टूबर के बीच पतझड़ होता है। जनवरी-फरवरी में नई पत्तियाँ आती हैं। मार्च-अप्रैल में फूल आने प्रारंभ होते हैं। पका हुआ फल गोल होता है और उसका व्यास 3 से 4 से.मी. होता है।

इस वृक्ष को छाया एवं फल के कारण गाँवों में लगाया जाता है। इसका फल खाया जाता है। चिड़ियाँ तथा जानवर इसका फल बड़े चाव से खाते हैं। बंदरों को यह विशेष प्रिय है। इसकी छाया के कारण इसे सड़क के किनारे लगाया जाता है। इसकी पत्तियाँ चारे के रूप में प्रयोग की जाती हैं। आयुर्वेद में रक्त पित्त के लिए इसकी छाल एवं फल का प्रयोग किया जाता है। मधुमेह में फल या मूल का रस दिया जाता है।

गोरख इमली
(African Baobab Tree)

इसका वानस्पतिक नाम 'Adansonia digitata' है। यह मूलतः अफ्रीका का वृक्ष है। यह उत्तर प्रदेश, बिहार, महाराष्ट्र एवं तमिलनाडु में लगाया जाता है। इसका वृक्ष नीचे से मोटा एवं शंक्वाकार होता है। यह दीर्घजीवी वृक्ष है। इसकी आयु 1000 वर्ष तक होती है। यह पर्णपाती वृक्ष है। जाड़े में पत्तियाँ झड़ जाती हैं।

इसका व्यास 10 मीटर तक होता है। फूल फरवरी-मार्च में आते हैं तथा सफेद होते हैं। फल लौकी की तरह विशाल 25 से.मी. तक लंबे होते हैं। फल कठोर कवच वाला होता है। इसका गूदा खट्टा होता है। बीज चमकीले वृक्काकार होते हैं।

इसकी छाल से मजबूत किस्म की रस्सी बनाई जाती है। छाल से अच्छे प्रकार का कागज बनाया जाता है। फल का उपयोग औषधि के रूप में किया जाता है।

चंपा
(Champa)

इसका वानस्पतिक नाम 'Michelia champaka' है। यह आसाम, पश्चिमी घाट, अंडमान तथा दक्षिण भारत के वन क्षेत्रों में पाया जाता है। इसके वृक्ष प्रायः वाटिकाओं में रोपित किए जाते हैं। यह छोटे आकार का वृक्ष है। इसकी पत्तियाँ विशाल तथा 12 से 15 से.मी. तक लंबी होती हैं। इसके फूल सुगंधित, फीके पीले या नारंगी रंग के होते हैं। फूल मार्च से मई तक आते हैं। फलियाँ 6 से 10 से.मी. लंबी होती हैं।

इसके काष्ठ का उपयोग सजावट के फर्नीचर, पेंसिल एवं ड्रम तथा ब्रशों के निर्माण के लिए किया जाता है। इसके प्रकाष्ठ से कपूर प्राप्त होता है। इसके फूल से प्राप्त तेल का उपयोग सुगंध हेतु किया जाता है। फूल का उपयोग रँगाई में भी किया जाता है।

चंदन
(Sandalwood)

यह कर्नाटक, केरल एवं तमिलनाडु आदि राज्यों में 4,000 फीट तक की ऊँचाई तक पाया जाता है। इसका वानस्पतिक नाम 'Santalum album' है। इसकी ऊँचाई 20 से 30 फीट तक होती है। यह सदाहरित वृक्ष है। पत्तियाँ दीर्घवृत्ताकार एवं 3 से.मी. तक लंबी होती हैं। फूल छोटे एवं 0.5 से.मी. व्यास के होते हैं। फूल जुलाई-अगस्त में आते हैं। यह अर्धपराश्रयी स्वरूप का होता है। यह आस-पास की झाड़ी, घास एवं वृक्षों से कुछ अंशों में पोषक द्रव्यों का शोषण करता है। इसकी छाल काला रंग लिए भूरे रंग की तथा लकड़ी तेल युक्त एवं सार भाग

पीलापन लिए भूरे रंग का तथा सुगंधित होता है। इससे प्राप्त होने वाले तेल के कारण यह अत्यंत मँहगी तथा महत्वपूर्ण प्रजाति है। इसके काष्ठ का उपयोग शृंगारिक तक्षण में किया जाता है। इसका उपयोग कृषि उपकरणों एवं पहियों आदि के निर्माण में किया जाता है। इसका घनत्व 930 कि.ग्रा. प्रति घनमीटर है।

चाप्लाश
(Chaplasha)

इसका वानस्पतिक नाम 'Artocarpus chaplasha' है। यह विशाल पर्णपाती वृक्ष है। यह पश्चिम बंगाल, असम तथा अंडमान द्वीप समूह में पाया जाता है। यह 30 से 40 मीटर की ऊँचाई प्राप्त करता है। पत्तियाँ 15 से 25 से.मी. आकार की विशाल होती हैं। फूल पीले रंग के होते हैं तथा मार्च-अप्रैल में आते हैं।

इसकी छाल भूरी एवं अंतः काष्ठ पीलापन लिए भूरी होती है। इसका प्रकाष्ठ मजबूत एवं टिकाऊ है तथा जहाज निर्माण में प्रयोग किया जाता है। फर्नीचर एवं चाय के बक्शे बनाने में भी इसका उपयोग किया जाता है। पत्तियाँ हाथी के चारे के लिए प्रयोग की जाती हैं।

चालता
(Elephant Apple)

इसका वानस्पतिक नाम 'Dillenia indica' है। यह हिमालय तराई के सदाहरित जंगलों (कुमायूँ और गढ़वाल) से लेकर असम, पश्चिम बंगाल, बिहार, उड़ीसा, मध्य प्रदेश एवं दक्षिण भारत में पाया जाता है। यह सदाहरित वृक्ष है किंतु कभी-कभी ग्रीष्म ऋतु में कुछ वृक्षों में पतझड़ भी हो जाता है। इसकी पत्तियाँ 20 से 30 से.मी. लंबी तथा आयताकार, भालाकार, किनारों पर आरावत् तीक्ष्ण दंतुर और अग्र पर सहसा नुकीली या कभी-कभी लंबे नोकवाली होती है। इसके पुष्प सफेद रंग के तथा काफी बड़े 15 से.मी. से 20 से.मी. तक होते हैं। फूल जून-जुलाई में आते हैं। फल गोलाकार तथा व्यास 7.5 से.मी. से 12.5 से.मी. होता है। फल जाड़ों में पकता है।

इसका प्रकाष्ठ नाव की निचली परत बनाने के काम आता है। पत्तियों तथा छाल में टैनिन पाया जाता है।

चिकरासी या महोगनी
(Indian Red Wood, Chittagong Wood or White Cedar)

इसका वानस्पतिक नाम 'Chukrasia tabularis' है। यह देश के ट्रापिकल वन क्षेत्रों में, 900 से 1,400 मीटर की ऊँचाई तक, 1,800 से 3,800 मिमी. वर्षा के क्षेत्र में पाया जाता है। इसका वृक्ष मुख्यतः सिक्किम, आसाम, अंडमान एवं पश्चिमी घाट के क्षेत्र में पाया जाता है। यह मध्यम आकार का वृक्ष है जो लगभग 30 मीटर तक ऊँचाई प्राप्त कर लेता है। यह पर्णपाती वृक्ष है। इसके फूल पीले या लाल होते हैं। फूल मार्च-अप्रैल में आते हैं। फल कैप्सूल के रूप में 4 से.मी. तक लंबे होते हैं।

इसके काष्ठ का उपयोग प्लाइवुड के लिए किया जाता है। इसका प्रकाष्ठ मजबूत एवं टिकाऊ होता है तथा इस पर अच्छी पालिश आती है। इसका उपयोग महँगे पिक्चर फ्रेम, पियानो केस, महँगे फर्नीचर आदि के निर्माण में किया जाता है।

चिनार, चनार
(Oriental Plane Tree)

इसका वानस्पतिक नाम 'Platanus orientalis' है। यह उत्तर पश्चिम हिमालय क्षेत्र मुख्यतः कश्मीर में पाया जाता है। यह एक विशाल एवं बड़े छत्र वाला पर्णपाती वृक्ष है। इसकी छाल भूरी एवं प्रकाष्ठ सफेदी लिए होता है। फूल जून-जुलाई में आते हैं।

इसके प्रकाष्ठ का उपयोग भवन निर्माण में किया जाता है। कश्मीर में इसके प्रकाष्ठ का उपयोग बक्से, कलम के केस एवं ट्रे आदि बनाने में किया जाता है।

चिरौंजी, पियाल या पियार
(The Cuddapah Almond)

इसका वानस्पतिक नाम 'Buchanania latifolia या Buchanania lanzan' है। यह हिमालय की उपघाटियों में 900 मीटर की ऊँचाई तक पाई जाती है। यह विंध्याचल क्षेत्र, उड़ीसा, दक्षिण भारत आदि क्षेत्रों में बहुत व्यापक रूप से पाया जाता है। इसकी अच्छी बढ़त के लिए रूखी, भुरभुरी एवं कड़ी मिट्टी की

आवश्यकता होती है। यह छोटे आकार का वृक्ष होता है। इसकी छाल मगर की खाल की तरह होती है जो चौकोर, बड़े तथा उभरे खानों में बँटी होती है। पत्तियाँ मोटी तथा मजबूत होती हैं। इसमें अप्रैल-मई में पतझड़ होता है। जनवरी में हरे सफेद रंग के फूल गुच्छों में आने लगते हैं। फल अप्रैल-मई में पकता है। फल प्लम की तरह गोल होता है तथा पकने पर काला हो जाता है। इसके अंदर का बीज बहुत कड़ा होता है। बीज के अंदर का भाग छोटा चिपटा और गोल होता है। यही चिरौंजी कहलाता है।

आदिवासी इसे धूप में सुखाकर एवं पीसकर विभिन्न प्रकार से खाने में प्रयोग करते हैं। आदिवासियों के लिए यह प्रोटीन का मुख्य स्रोत है। चिरौंजी स्वादिष्ट होती है तथा मिठाई बनाने में इसका बहुत उपयोग होता है। यह सूखे मेवे के रूप में भी प्रयोग की जाती है। पत्तियाँ चारे के लिए उपयोगी हैं। इससे हलके पीले रंग का, सुगंधित तथा बादाम या जैतून की तरह तेल निकलता है जो आयुर्वेद में अनेक प्रकार से उपयोगी है। इसके बीजों का मींग खाने से कब्ज समाप्त होता है, प्यास कम लगती है और शरीर पुष्ट होता है। इससे गोंद प्राप्त होता है जो खाने तथा औषधियों में प्रयोग किया जाता है। इसकी छाल में टैनिन होता है।

चीकू
(Sapodila Plum, Bully Tree)

इसका वानस्पतिक नाम 'Achras zapota' है। यह पूरे भारत मुख्यतः गुजरात और महाराष्ट्र में अपने फलों के लिए लगाया जाता है। यह एक सदाहरित वृक्ष है। यह 30 मीटर तक की ऊँचाई तथा 50 से.मी. तक व्यास प्राप्त कर लेता है। पत्तियाँ शोभाकारी, चमकदार तथा 7 से 15 से.मी. तक लंबी होती हैं। फूल सफेद होते हैं तथा दिसंबर-जनवरी में आते हैं। फल 6 से 8 से.मी. व्यास के भूरे रंग के होते हैं। बीज काले होते हैं।

इसके फल का उपयोग व्यापक रूप से खाने के लिए किया जाता है। दाँतों के इलाज में इसका उपयोग किया जाता है।

चीड़
(Pine Tree)

इसका वानस्पतिक नाम 'Pinus roxburghaii' है। यह हिमालय में कश्मीर,

हिमाचल प्रदेश, उत्तराखंड से लेकर भूटान तक 450 से 2,400 मीटर की ऊँचाई तक पाया जाता है। यह अब मैदानी क्षेत्रों में भी उगाया जाने लगा है। इसकी शाखाएँ चक्करदार, छाल गहरी धूसर तथा खुरदरी होती है। पत्तियाँ तीन-तीन के समूह में 20 से 30 से.मी. लंबी, बारीक, दाँतेदार तथा हलके हरे रंग की होती हैं। सामान्यतया यह सदाबहार वृक्ष है किंतु शुष्क परिस्थिति या सूखे में कभी-कभी आंशिक पर्णपाती हो जाता है। इसके नर और मादा फूल अलग-अलग होते हैं। नर फूल जनवरी एवं मादा फूल फरवरी में आते हैं। चीड़ का फल शंकु के आकार का होता है जिसे अंग्रेजी में कोन कहते हैं। फूल सितंबर-अक्टूबर में आते हैं।

चीड़ के वृक्ष के तने से लीसा निकाला जाता है जिससे रोजिन तथा तारपीन का तेल प्राप्त होता है। चीड़ की लकड़ी उत्तम इमारती लकड़ी है। इससे लकड़ी के स्लीपर बनाए जाते हैं। पैकिंग केस, हलके फर्नीचर, बक्से आदि के लिए यह अत्यंत उपयोगी है। माचिस की डिब्बी बनाने में इसका उपयोग किया जाता है। वृक्ष के कटने के बाद ठूँठ या वृक्ष के घावों से लीसा निकलकर पास की लकड़ी में भर जाता है। यह बहुत शीघ्र आग पकड़ता है। पहाड़ों में मिट्टी के तेल के बदले आग सुलगाने एवं मशाल बनाने में इसका प्रयोग किया जाता है। इसकी लकड़ी से एक प्रकार का कोलतार भी बनाया जाता है।

छितवन, सप्तपर्ण, सतिवन
(Ditabark Tree, Devil's Tree, Scholar's Tree)

इसका वानस्पतिक नाम 'Alstonia scholaris' है। यह पश्चिमी समुद्र के तटीय वनों तथा बंगाल में अधिक पाया जाता है। इसका वृक्ष विशाल, सदाहरित एवं सीधा होता है। इसकी नवीन छाल भूरे रंग की तथा पुरानी छाल खुरदरी एवं फटी होती है। इसकी छाल पर प्रायः अनेक गोल सफेद धब्बे पाए जाते हैं। पत्तियाँ चक्रीय क्रम में होती हैं तथा प्रत्येक चक्र में 5 से 7 पत्तियाँ होती हैं। पत्तियाँ चमड़ीली,. 10 से 20 से.मी. लंबी तथा 2.5 से 3.75 से.मी. चौड़ी होती हैं। पत्तियाँ आयताकार, भालाकार तथा चमकीले हरे रंग की होती हैं। पत्तियों तथा तने से दूध जैसा पदार्थ निकलता है जो जहरीला होता है। फूल अक्टूबर-नवंबर में आते हैं, सुगंधित होते हैं तथा हरापन लिए सफेद होते हैं। फलियाँ दो-दो एक साथ, नीचे लटकी हुई तथा 30 से.मी. तक लंबी होती हैं। बीज पतले तथा चपटे होते हैं

जिसके चारों ओर रुई लगी होती है। पकने पर फल स्वयं फट जाते हैं तथा बीज बिखर जाते हैं।

इसका उपयोग स्लेट बनाने में किया जाता है। चाय के बक्से, फर्नीचर आदि बनाने में इसका उपयोग किया जाता है। इसकी छाल दीता नाम से प्रसिद्ध है और यह पुराने अतिसार तथा पेचिश में लाभकारी है।

छियोंकर, शमी
(Chikura pod)

इसका वानस्पतिक नाम 'Prosopis spicegera' है। यह भारत के उष्ण भागों मुख्यतः राजस्थान एवं हरियाणा में पाया जाता है। यह मध्यम आकार का काँटेदार छोटा वृक्ष है। काँटे छोटे एवं सीधे होते हैं। पत्ते द्विपक्षवत् होते हैं। पत्रक 8 से 12 के जोड़े में होती हैं। फूल पीले तथा छोटे होते हैं तथा अप्रैल से जून में आते हैं।

इसकी फली चपटी तथा 10 से 20 से.मी. लंबी होती है। इसकी फलियों का साग बनाकर खाया जाता है। इसका उपयोग ईंधन एवं फेंसिंग हेतु किया जाता है। इसका उपयोग औषधि के रूप में गर्भपात रोकने के लिए किया जाता है। मध्य भारत के अनेक स्थानों पर शमी की पूजा की जाती है।

जलमाला
(Indian Willow)

इसका वानस्पतिक नाम 'Salix tetrasperma' है। यह पूरे भारत के मैदानी क्षेत्रों में पाया जाता है। यह मध्यम आकार का पर्णपाती वृक्ष है। नर तथा मादा फूल अलग-अलग होते हैं। मादा फूल 7 से 10 से.मी. लंबे तथा नर 5 से.मी. लंबे होते हैं। फूल दिसंबर से मार्च तक आते हैं।

इसका प्रकाष्ठ कोमल होता है। इसका उपयोग कैबिनेट निर्माण, फर्नीचर निर्माण, पेंसिल तथा क्रिकेट उपकरणों के निर्माण में किया जाता है।

जारूल, जरुल
(Pride of India)

इसका वानस्पतिक नाम 'Lagerstroemia flos-reginae' है। इसके वृक्ष आसाम,

पश्चिम बंगाल एवं महाराष्ट्र में पाए जाते हैं। यह एक विशाल पर्णपाती वृक्ष है। इसका वृक्ष 20 मीटर तक ऊँचाई प्राप्त कर लेता है। इसके पत्ते आयताकार, भालाकार एवं नुकीले होते हैं। इसके फूल बैंगनीपन लिए लाल होते हैं। फूल जून से अगस्त तक आते हैं। इसकी छाल चिकनी भूरी होती है।

इसका प्रकाष्ठ पीला या गहरे भूरे रंग का होता है। प्रकाष्ठ कठोर, टिकाऊ एवं प्रत्यास्थ होता है। इसका घनत्व 640 कि.ग्रा. प्रति घन मीटर है। इस पर अच्छी फिनिशिंग आती है। इसका प्रयोग भवन निर्माण, नाव बनाने एवं रेलवे कैरिज में किया जाता है।

इसकी पत्तियाँ रक्त की शर्करा को कम करने में प्रयुक्त होती हैं। इसे शोभाकार वृक्ष के रूप में लगाया जाता है।

जामुन
(Blackberry)

इसका वानस्पतिक नाम 'Syzygium cumini' है। यह पूरे देश में व्यापक रूप से पाया जाता है। यह नदी तट के पास की भूमि जो बाढ़ से प्रभावित होती है, नदी व तालाबों के किनारे, दलदले क्षेत्रों में तथा हिमालय की नम घाटियों में 1,200 मीटर की ऊँचाई तक पाया जाता है। यह एक मध्यम आकार का वृक्ष है जो 30 मीटर तक ऊँचाई तथा 1 मीटर या इससे अधिक व्यास प्राप्त कर लेता है। यह जलवायु की दृष्टि से बहुत सहनशील प्रजाति है। यह केवल कंकड़ीली, क्षारीय एवं नमकयुक्त मृदा में नहीं पनपता। यह प्रजाति छाया भी सह लेती है। यह तेजी से बढ़ने वाली प्रजाति है जो दस वर्ष में 8 मीटर तक ऊँचाई तथा 9 से.मी. तक व्यास प्राप्त कर लेती है। यह अच्छा कापिसर है। यह एक सदापर्णी वृक्ष है। मार्च-अप्रैल में नई पत्तियाँ आती हैं। नई पत्तियों के साथ फूल भी आते हैं। फल जुलाई-अगस्त में पकते हैं।

यह बहु उपयोगी प्रजाति है। इसकी लकड़ी मजबूत एवं जलरोधी होती है। इसी कारण इसका प्रयोग रेलवे स्लीपर तथा कुएँ में मोटर स्थापित करने में किया जाता है। इसकी लकड़ी खिड़की, दरवाजे, फर्नीचर एवं अन्य उपयोग में आती है। इसके काष्ठ का उपयोग पैकिंग केस एवं प्लाइ वुड के लिए किया जाता है। इसका ईंधन बहुत अच्छा होता है। जामुन की लकड़ी की कैलोरिफिक क्षमता 4,000 किलो कैलारी प्रति किलोग्राम है। इस प्रजाति का रोपण छायादार वृक्ष के

रूप में सड़क के किनारे किया जाता है। जामुन का फल एवं इससे तैयार सिरका मधुमेह रोग में लाभप्रद है। यह अपच के लिए गुणकारी औषधि है। इसकी छाल में टेनिन होता है जिसका प्रयोग चमड़ा छीजने तथा रँगने में किया जाता है।

जंगल जलेबी

(Madras Thorn, Manila Tamarind)

इसका वानस्पतिक नाम 'Pithecellobium dulce' है। यह अमेरिका के ऊष्ण कटिबंधीय क्षेत्र की प्रजाति है। यह पूरे भारत के मैदानी क्षेत्रों में लगाया जाता है। यह मध्यम आकार का वृक्ष है जिसकी ऊँचाई 15 से 20 मीटर होती है। इसका तना छोटा एवं व्यास 30 से 60 से.मी. होता है। इसका छत्र काफी बड़ा एवं फैला हुआ होता है। इसकी छाल मटमैली, चिकनी एवं झुर्रियाँदार होती है। पत्तियाँ कंपांउड होती हैं। डंठल पतला, हरा एवं 1 से 9 से.मी. लंबा होता है। पत्तियाँ एक साथ चार होती हैं।

इसका प्रकाष्ठ भारी एवं मजबूत होता है। यह एक अच्छी ईंधन प्रजाति है। इसका फल खाया जाता है तथा इससे पेय भी बनता है। इसकी फली को जानवर खूब खाते हैं। इसके बीजों से हरे रंग का तेल निकलता है जो साबुन बनाने में उपयोग किया जाता है। इसकी छाल से टेनिन निकलता है जो चमड़ा छीजने के काम आता है।

जंगली बादाम

(The Indian Almond)

इसका वानस्पतिक नाम 'Terminalia catappa' है। यह अंडमान के तटीय वन क्षेत्रों में व्यापक रूप से पाया जाता है। दक्षिण भारत में भी इसके वृक्ष मिलते हैं। यह मध्यम आकार का पर्णपाती वृक्ष है। इसका प्रकाष्ठ लाली लिए होता है। पत्तियाँ 20 से 25 से.मी. आकार की होती हैं। इसके फूल सफेद होते हैं तथा जून-जुलाई में आते हैं। फल लगभग 4 से.मी. लंबे होते हैं।

इसका प्रकाष्ठ टिकाऊ होता है तथा घर बनाने में प्रयोग किया जाता है। इसकी छाल से स्याही एवं रंग बनाया जाता है। इसका फल एवं बीज खाया जाता है।

जंगली तुत
(Paper Mulberry)

इसका वानस्पतिक नाम 'Broussonetia papyrifera' है। यह वर्मा का प्राकृतिक वृक्ष है तथा वहीं से भारत में लाया गया। अब यह उत्तराखंड में देहरादून और उत्तर प्रदेश के सहारनपुर क्षेत्र के वन क्षेत्रों में व्यापक रूप से पाया जाता है। यह एक विशाल पर्णपाती वृक्ष है जो 15 मीटर तक की ऊँचाई प्राप्त करता है। पत्तियाँ विभिन्न आकार की 7 से 20 से.मी. तक लंबी होती हैं। फूल फरवरी-मार्च में आते हैं। नर एवं मादा फूल अलग-अलग होते हैं। नर फूल पीलापन लिए होता है। फल नारंगी या लाल रंग का 3 से 4 से.मी. व्यास का होता है।

इसकी छाल से रस्सी बनायी जाती है। इससे उच्च कोटि का कागज बनाया जाता है। फल मीठे होते हैं तथा खाने के काम आते हैं। इसकी पत्तियाँ हिरण को बहुत पसंद हैं, इसलिए इसे Deer's Tree भी कहते हैं।

जंगली पापड़ी, चामरोड़
(Chamror)

इसका वानस्पतिक नाम 'Ehretia laevis' है। यह मध्यम आकार का पर्णपाती वृक्ष है। यह भारत के अनेक पर्णपाती वनों मुख्यतः दक्षिणी अंडमान में पाया जाता है। इसका तना सफेदी लिए भूरा होता है। पत्तियाँ विशाल एवं दीर्घवृत्ताकार होती है। फूल छोटे एवं सफेद होते हैं। फूल मार्च-अप्रैल में आते हैं। फल पकने पर पीलापन लिए नारंगी रंग के होते हैं।

इसका प्रकाष्ठ कठोर एवं मजबूत होता है। इसका उपयोग बैलगाड़ी बनाने, कृषि उपकरणों के निर्माण एवं फर्नीचर आदि बनाने में किया जाता है।

जैकरेंडा
(Jacaranda)

इसका वानस्पतिक नाम 'Jacaranda mimosifolia' है। यह प्राकृतिक रूप से ब्राजील एवं अर्जेंटाइना में पाया जाता है। इसे भारत के मैदानी क्षेत्रों में शोभाकारी वृक्ष के रूप में लगाया जाता है। यह एक सुंदर छोटा वृक्ष है। इसकी पत्तियाँ 1 से.मी. तक लंबी होती हैं। फूल नीलापन लिए फरवरी से अप्रैल तक आते हैं।

इसके सुंदर फूलों के कारण इसे उद्यानों एवं सड़कों के किनारे लगाया जाता है।

जेट्रोफा (रतनजोत)

(Jatropha [Physic Nut])

इसकी अनेक प्रजातियाँ पाई जाती हैं। हमारे देश में सबसे व्यापक प्रजाति का वानस्पतिक नाम 'Jatropha curcas' है। जेट्रोफा करकस को सामान्य रूप से रतनजोत के नाम से जाना जाता है। यह तीन से चार मीटर ऊँचा, छोटा सदाबहार वृक्ष अथवा कोमल प्रकाष्ठ झाड़ी है। अमेरिका में मूल रूप से पाया जाने वाला यह वृक्ष प्रदेश में अर्द्धजंगली स्थिति में ग्रामों की सीमा में अथवा बाड़ रोपण के रूप में मिलता है। यह एक कठोर प्रजाति है किंतु जल भराव वाले क्षेत्र में इसे नहीं उगाना चाहिए। इसमें नर और मादा फूल अलग-अलग होते हैं। यह एक कठोर प्रजाति है। यह शुष्क, अर्धशुष्क एवं पथरीली भूमि में भी सरलता से उगाया जा सकता है।

गेहूँ, धान, गन्ना आदि फसलों के साथ जेट्रोफा लगाने पर अतिरिक्त उपज प्राप्त हो सकती है। सिंचित क्षेत्र में रोपण के प्रथम, द्वितीय, तृतीय, चतुर्थ, पंचम एवं छठवें व आगामी वर्षों में क्रमशः लगभग 250, 1,000, 2,000, 3,000 व 4,000 किग्रा. बीज प्राप्त होता है। जेट्रोफा के बीज से निकले तेल का उपयोग वाहनों व डीजल पंपिंग सेट में ईंधन के रूप में होता है। भारत के अनेक प्रदेशों में इंडियन आयल कारपोरेशन जेट्रोफा के बीज से निकलने वाले तेल को बायोडीजल के रूप में क्रय कर रहा है। जेट्रोफा बीज के उत्पादन एवं प्राप्ति के आँकड़े निम्न प्रकार हैं—

रोपण के बाद वर्ष	असिंचित भूमि पर प्रति हे. बीज का उत्पादन (कि.ग्रा.)	रू. 4.00 प्रति कि.ग्रा. की दर से मूल्य	सिंचित भूमि पर प्रति हे. बीज का उत्पादन (कि.ग्रा.)	रू. 4.00 प्रति कि.ग्रा. की दर से मूल्य
प्रथम वर्ष	-	-	250	1,000
द्वितीय वर्ष	250	1,000	1,000	4,000
तृतीय वर्ष	1,000	4,000	2,500	10,000
चतुर्थ वर्ष	2,000	8,000	5,000	20,000
पंचम वर्ष	3,000	12,000	8,000	32,000
छठवाँ तथा आगामी वर्ष	4,000	16,000	12,000	48,000

(स्रोतः आई.सी.एफ.आर.ई. द्वारा जेट्रोफा पर प्रकाशित साहित्य)

जेट्रोफा के 10 वृक्ष लगभग 400 ली. तेल, 200 किग्रा. खाद हेतु आयल केक तथा 2500 किग्रा. हरी खाद प्रतिवर्ष देते हैं। जेट्रोफा के बीज से प्राप्त खली में उर्वरक का महत्वपूर्ण घटक नाइट्रोजन व फॉस्फोरस पाया जाता है। अतः प्राकृतिक खाद के रूप में इसका उपयोग अत्यंत लाभकारी है। जेट्रोफा के पौधों को बार-बार लगाने की आवश्यकता नहीं होती है। एक बार लगाने पर निरंतर 100 वर्षों तक फसल प्राप्त होती रहती है। खेत की मेड़ों पर लगे जेट्रोफा के वृक्ष कृषि फसल की तेज हवा से रक्षा करते हैं तथा खेत की बाड़ का भी काम करते हैं। जेट्रोफा के वृक्ष पर रहने वाले पक्षी खेती के शत्रु, कीट-पतंगों तथा चूहों आदि को नष्ट कर कृषि फसल की रक्षा करते हैं। जिस भूमि में जेट्रोफा की खेती होती है उस भूमि को दीमक तथा व्हाइट ग्रब (सफेद लट) की समस्या से छुटकारा मिल जाता है और आसपास की फसलों का भी कीट-पतंगों से बचाव होता है।

डिकामाली
(Gummy Gardema)

इसका वानस्पतिक नाम 'Gardina gummifera' है। इसके वृक्ष प्रायः दक्षिण भारत में पाए जाते हैं। इसके पत्ते 4.5 से 7 से.मी. लंबे, 2 से 2.5 से.मी. चौड़े तथा दीर्घवृत्ताकार होते हैं। फूल सुगंधहीन, प्रारंभ में सफेद तथा बाद में पीला हो जाता है। फल 2.5 से 3.8 से.मी. चिकना एवं नोकदार होता है।

इन पौधों की कोमल शाखाओं के बीच तथा कलियों से जाड़े के दिनों में गोंद निकलता है। इसको 'डीकामाली' कहते हैं। इसका प्रयोग औषधि में किया जाता है।

ढाक या पलाश (टेसू)
(Flame of the forest or Bastard Tree)

इसका वानस्पतिक नाम 'Butea monosperma or Butea frondosa' है। यह लगभग पूरे भारत में पाया जाता है। हिमालय पर्वत की बाहरी श्रेणियों में यह 1,000 मीटर की ऊँचाई तक तथा दक्षिण भारत में 1,300 मीटर की ऊँचाई तक पाया जाता है। यह अधिकतर घास के खुले मैदानों में पाया जाता है। हिमालय की तराई में यह अधिक पाया जाता है। यह कम ऊँचाई का वृक्ष है किंतु इसके तने की मोटाई अधिक होती है। वृक्ष की मोटाई एवं ऊँचाई प्राकृतिक क्षेत्रों के

अनुसार भिन्न-भिन्न होती है। मरुभूमि में यह चार-पाँच फिट ऊँची झाड़ियों के रूप में पाया जाता है। इसकी छाल मोटी, रेशेदार तथा हलके भूरे रंग की होती है। पत्तियाँ चिकनी तथा बेलपत्र के समान तीन-तीन एक में जुड़ी होती हैं। इसकी पत्तियाँ दिसंबर-जनवरी में झड़ जाती हैं तथा मार्च-अप्रैल में फूल आने प्रारंभ होते हैं। फूल लाल नारंगी रंग के होते हैं। पत्ती विहीन फूलों से भरा वृक्ष जंगल में आग की लपटों जैसा प्रतीत होता है। इसके फूल आकर्षक होते हैं तथा दूर से सुग्गे की चोंच की तरह होने के कारण इसे किंशुक भी कहा जाता है। फलियाँ मई-जून तक पककर तैयार हो जाती हैं। यह विभिन्न प्रकार की जलवायु में हो जाता है किंतु अच्छी उपज के लिए 600 से 4,500 मि.मी. वर्षा आवश्यक है। दलदली मिट्टी, ऊसर तथा रेत में, जहाँ दूसरे वृक्ष नहीं उग सकते, ढाक आसानी से उगता है। काली मिट्टी इसके लिए अच्छी होती है।

ईंधन के लिए इसकी लकड़ी अच्छी मानी जाती है। इसका कोयला लोहा गरम करने में प्रयोग किया जाता है। इसकी लकड़ी पानी के अंदर बहुत दिनों तक टिक जाती है। इसकी जड़ों की छाल से रस्सी बनाई जाती है। इसके पत्तों से पत्तल तथा दोना बनाये जाते हैं। इससे गोंद निकलता है जिसका रंग लाल होता है तथा इसका प्रयोग औषधि निर्माण में किया जाता है। इससे तेल निकलता है जिसका उपयोग मुख्यतः साबुन बनाने तथा औषधि के लिए किया जाता है। इसकी खली का प्रयोग खाद तथा चिपकाने वाली वस्तु के निर्माण में किया जाता है। इसके फूलों से नारंगी रंग मिलता है। चूना, फिटकरी या अन्य कोई क्षार मिलाने से यह रंग चमकदार और पक्का हो जाता है। यह रंग साड़ियाँ रंगने के काम आता है। होली खेलने हेतु इसका रंग सर्वाधिक उपयोगी है। रासायनिक रंगों की तुलना में होली में इसका प्रयोग स्वास्थ्य के लिए लाभकारी है। इसके बीजों से पुष्टकारी तथा तथा बुखार को दूर करने वाली दवा बनाई जाती है। इससे बनी दवा दमा तथा साँप के काटने पर लाभकारी है। वनस्पति विज्ञान की दृष्टि से एक होने पर भी इसके दो प्रकार पाए जाते हैं—चरका तथा करिया। लाख पैदा करने की दृष्टि से करिया अच्छा माना जाता है।

तलवार फाली

(Talwar Phali, Maror Phali)

इसका वानस्पतिक नाम 'Heterophragma adenophyllum' है। यह मुख्यतः

कस्तूरी दाना, कस्तूरी लतिका

सिल्वर फर

घुंघची

कंघी
(अतिबला)

एबीज बाल्सेमिया

खैर

वचा

आस्ट्रेलियन मकेशिया

गम अकेशिया

बबूल

आस्ट्रेलियन अकेशिया

पीसा

हल्दू

बछनागें (बटसनाभ)

इजरायली बबूल

बनखोर, पांगर

अगैथिस आस्ट्रेलिस

अरूसा

कंचनदाना, रक्त कंबल

अगैथिस

शिरीष, काला सीरस

एलेन्थस ग्लैन्डूलोसा

ढेरा

तुग

कृष्ण सीरस, लाली

काजू

भरभंडा

धौड़ा, बाकली या छट्टी

एपियम ग्रेवियोलेन्थ

रामफल

बड़हल

अरूकेरिया हूप, पाइन

सुपारी

लकुच, बड़हर देवफल

छितवन, सप्तपर्ण, सतिवन

पाषाण भेद

समुद्र फल, हिज्जल

आइनी, अंजली, बदाहर

कमरख

लटखन

कटहल

नाजोर

नीम (निम्ब)

जंगली तुत

काझी

अरहर

कैरम परसीकम

बाँस

कचनार

कनेंगा ऑडोरेटा

मारी

नागचम्पा

खड़िक

देवदार

सरू

हिमालयन देवदार

चिकरासी या महोगनी

कपोक

कॉफीफोरा मिर

कॉमीफोरा मौलमौल

कॉमीफोरा कॉडेटा

अंडमान में पाया जाता है। देश के अन्य भागों में इसे शोभाकार वृक्ष के रूप में सड़क के किनारे या उद्यानों में लगाया जाता है। यह एक विशाल पर्णपाती वृक्ष है। इसका प्रकाष्ठ पीलापन लिए सफेद होता है। पत्तियाँ 25 से 30 से.मी. लंबी होती हैं। फूल पीलापन लिए भूरे होते हैं। फूल अप्रैल से जुलाई तक आते हैं।

इसके प्रकाष्ठ का उपयोग बैलगाड़ी के पहियों, कृषि उपकरणों आदि में किया जाता है। इसके फलों का उपयोग पेचिश के उपचार में होता है। इसे शोभाकार वृक्ष के रूप में लगाया जाता है।

ताड़
(Palmyra Palm)

इसका वानस्पतिक नाम 'Borassus flabellier' है। यह भारत के उष्णकटिबंधीय प्रदेशों, सूखे स्थानों एवं समुद्री तट पर पाए जाते हैं। राजस्थान, गुजरात एवं मध्य प्रदेश में इसके वृक्ष मुख्य रूप से पाए जाते हैं। इसके वृक्ष शाखा रहित लगभग 30 मीटर तक ऊँचाई प्राप्त करते हैं। इसकी मोटाई 105 से 210 से.मी. तक होती है। ऊपर के सिरे पर छत्राकार फैली हुई 90 से 150 से.मी. चौड़ी पत्तियाँ समूह में निकली होती हैं। पत्तियों के डंठल गोलाकार तथा चपटे काफी मोटे, मजबूत एवं 60 से.मी. से 120 से.मी. तक लंबे और रेशाबहुल होते हैं। पत्रदंडों के दोनों किनारों पर छोटे-छोटे तीक्ष्ण दंत होते हैं। पत्र पंखे के समान करतलाकार खंडित, कड़े तथा खंड भालाकार या रेखाकार होते हैं। जाड़े में पुष्प आते हैं। नर तथा नारी पुष्प अलग-अलग वृक्षों पर पाए जाते हैं। नारी पुष्प नर पुष्पों की अपेक्षा बड़े होते हैं। वसंत ऋतु से वर्षा तक फल लगते हैं। फल गोलाकार होता है तथा इसका व्यास 15 से 20 से.मी. तक होता है। कच्चा फल कड़ा एवं कालापन लिए तथा पकने पर पीला हो जाता है।

इसका पका फल खाया जाता है। गर्मियों में इसका फल बाजार में बिकता है। नर तथा मादा दोनों वृक्षों को क्षत करने पर एक मीठा रस निकलता हैं जिसे 'नीरा' कहते हैं। 6 से 8 घंटे में इसके स्वाद में खट्टापन आ जाता है तथा यह मादक हो जाता है। इसे ताड़ी कहते हैं। नीरा से ईख के रस की भाँति पकाकर गुड़, चीनी एवं मिश्री बनाई जाती है।

इसकी पत्तियों से पंखे बनाए जाते हैं।

तिमला

(Elephant Ear Fig Tree, Giant Indian Fig)

इसका वानस्पतिक नाम 'Ficus roxburghaii या Ficus auriculata' है। यह हिमालय के निचले क्षेत्र में 1,500 मीटर की उँचाई तक पाया जाता है। यह मुख्यतः असम, मणिपुर, उड़ीसा एवं भूटान आदि में पाया जाता है। यह मध्यम आकार का पर्णपाती वृक्ष है। इसकी पत्तियाँ अत्यंत विशाल लगभग 25 से 30 से.मी. लंबी तथा 15 से 20 से.मी. चौड़ी होती हैं। पत्तियाँ अंडाकार होती हैं। दिसंबर-जनवरी में पतझड़ आरंभ हो जाता है तथा वसंत में नई पत्तियाँ आती हैं। फरवरी-मार्च में फूल एवं उसके बाद फल आते हैं।

इसका प्रकाष्ठ मजबूत एवं टिकाऊ होता है। इससे कृषि उपकरणों के हत्थे, बक्से आदि बनाए जाते हैं। पहाड़ी क्षेत्रों हेतु यह अत्यंत महत्वपूर्ण चारा है।

तुन या महानीम

(Indian Mahogany or Red Cedar)

इसका वानस्पतिक नाम 'Toona ciliata' है। यह प्रजाति उप हिमालय क्षेत्र में 1,500 मीटर की ऊँचाई तक पायी जाती है। यह पश्चिमी घाट एवं मणिपुर की खासी पहाड़ियों पर व्यापक रूप से पाया जाता है। यह आसाम, पश्चिम बंगाल एवं मणिपुर के वन क्षेत्रों में प्राकृतिक रूप से पाया जाता है। यह प्रकाशपेक्षी प्रजाति है तथा छाया में इसका विकास नहीं होता। यद्यपि यह अनेक प्रकार की मृदा में उगता है किंतु गहरी, उपजाऊ, नम लोमी मृदा इसके लिए सर्वाधिक उपयुक्त है। यह विशाल वृक्ष है। यह लगभग 45 मीटर तक ऊँचाई प्राप्त करता है। इसके तने का व्यास 2 मीटर तक होता है। इसका वक्कल प्रारंभ में चिकना तथा पुराना होने पर मोटा गहरा भूरा हो जाता है तथा छोटे-छोटे टुकड़ों में तने से उखड़ता रहता है। इसकी पत्तियाँ कंपांउड होती हैं। डंठल की लंबाई 30 से 40 से.मी. होती है। पत्तियाँ 6 से 8 से.मी. लंबी तथा 2 से 4 से.मी. चौड़ी होती हैं। सितंबर से नवंबर तक पुरानी पत्तियाँ गिरती हैं तथा जनवरी-फरवरी में नई पत्तियाँ आने लगती हैं। फरवरी-मार्च में फूल आते हैं तथा अप्रैल-मई में फल पकने लगते हैं। पुष्प सफेद एवं 5 से.मी. लंबे होते हैं। बीज हलके होते हैं तथा इसके दोनों छोरों पर एक पतली झिल्ली होती है।

इसका प्रकाष्ठ अच्छी इमारती लकड़ी है। इसका प्रयोग कैबिनेट, फर्नीचर,

नाव एवं प्लाई आदि के निर्माण में किया जाता है। इसका रंग हलका लाल होता है तथा इस पर पालिश अच्छी आती है। इसकी पत्तियाँ चारे के काम आती हैं। इसके काष्ठ का उपयोग ब्रशों के निर्माण के लिए किया जाता है। इसका उपयोग सिंगार बक्सा तथा गणित के साधारण श्रेणी के उपकरण बनाने के लिए भी किया जाता है। इसके प्रकाष्ठ का उपयोग पैकिंग केस बनाने तथा सितार एवं बैडमिंटन के रैकेट निर्माण में किया जाता है। बच्चों के जीर्ण अतिसार आदि में इसकी छाल का प्रयोग किया जाता है। गर्भाशय की शिथिलता में भी यह उपयोगी है।

तूला
(Sterculia)

इसका वानस्पतिक नाम 'Sterculia alata' है। यह मुख्यतः दक्षिण भारत, सिक्किम, बंगाल आदि में पाया जाता है। अब इसे संपूर्ण भारत के मैदानी क्षेत्रों में उगाया जाता है। यह एक विशाल पर्णपाती वृक्ष है। पत्तियाँ विशाल लगभग 30 से.मी. लंबी होती हैं। फूल छोटे होते हैं तथा फरवरी-मार्च में आते हैं। फल लगभग 15 से.मी. व्यास के होते हैं।

इसका प्रकाष्ठ कठोर होता है तथा इसका उपयोग चाय के डिब्बे, पैकिंग केस एवं नाव बनाने में किया जाता है।

तेंदू
(Coromandel Ebony)

इसका वानस्पतिक नाम 'Diospyros melanoxylon' है। Diospyros शब्द ग्रीक के Dios (Divine) तथा Pyros (Fruit) से बना है जिसका अर्थ है देवताओं का फल। यह मध्यम आकार का पर्णपाती वृक्ष है जो प्राकृतिक रूप से पठारी क्षेत्रों में पाया जाता है। यह मुख्यतः उत्तर प्रदेश, बिहार, झारखंड, मध्य प्रदेश, छत्तीसगढ़, उड़ीसा, आंध्र प्रदेश, गुजरात एवं महाराष्ट्र में पाया जाता है। यह उष्ण क्षेत्र की प्रजाति है जो 48 डिग्री से.ग्रे. तापक्रम वाले क्षेत्रों में पायी जाती है। यह अनेक प्रकार की मृदा एवं चट्टानों पर उग आता है। पहाड़ियों पर मृदा क्षरण वाले क्षेत्रों में इसकी वृद्धि कम होती है। नम घाटियों में जहाँ अच्छी मृदा है वहाँ यह वृक्ष पूर्ण वृद्धि प्राप्त करता है। इसे प्रकाश की आवश्यकता होती है। जलभराव वाले क्षेत्रों में अच्छी तरह नहीं उग पाता है।

यह 25 मीटर तक ऊँचाई तथा 1.5 मी. तक गोलाई प्राप्त करता है। यह वृक्ष थोड़े समय के लिए पर्णविहीन होता है किंतु पत्तियाँ पूरी तरह नहीं गिरतीं। पत्तियाँ 35 से.मी. तक लंबी होती हैं। पुष्प अप्रैल से मई तक आते हैं। फल एक वर्ष बाद अप्रैल से जून तक पकते हैं। फल 2.5 से 4.0 से.मी. व्यास का तथा पका फल पीला एवं स्वाद में मीठा होता है। प्रत्येक फल में 3 से 8 तक बीज होते हैं। बीज भूरे रंग के होते हैं।

तेंदू के वृक्षों में प्रति वर्ष मार्च-अप्रैल में नई पत्तियाँ आती हैं। प्रारंभ में पत्ते मुलायम एवं भूरे रंग के होते हैं। ये पत्ते तेज गरमी के साथ पहले हरे और बाद में हरे से गहरे हरे तथा कड़े हो जाते हैं। इन्हीं हलके हरे रंग के मुलायम पत्तों का संग्रहण बीड़ी बनाने के लिए किया जाता है। तेंदू के पत्तों का उपयोग बीड़ी के अतिरिक्त विशेष प्रकार की सिगार बनाने में किया जाता है। तेंदू पत्ते की गुणवत्ता अथवा उसका बाजार मूल्य पत्तों के रंग, आकार तथा कोमलता के अनुसार बीड़ी बनाने के लिए उसकी उपयुक्तता पर निर्भर करता है। पत्ते में रोएँ जितने कम हों, नसें जितनी पतली हों, आकार गोलाई लिए हुए जितना बड़ा हो और पत्ता जितना कोमल हो, बीड़ी बनाने हेतु वह उतना ही अच्छा माना जाता है। पत्ते के वांछित रंग तथा कोमलता के लिए इसके तोड़ने का समय महत्वपूर्ण है। लाल (लहरिया अथवा कच्चा) पत्ता नहीं तोड़ा जाना चाहिए क्योंकि इस प्रकार का पत्ता कच्चा होता है जो तोड़ने पर चूर हो जाता है तथा बीड़ी बनाने लायक नहीं रह जाता। नए पत्तों में जिस समय लाली समाप्त हो जाए और हरापन आ जाए, वह तोड़ने योग्य हो जाता है। इसके लगभग 15 दिन बाद जैसे ही पत्ते का रंग गहरा हरा होने लगे तथा पत्ता मोटा होने लगे, वह बीड़ी बनाने योग्य नहीं रह जाता। मई का महीना पत्ता तोड़ने हेतु सबसे उपयुक्त होता है।

तेंदू आदिवासियों एवं गरीबों को ग्रीष्म ऋतु में उस समय जीविका प्रदान करता है, जब उनके पास कोई कार्य नहीं रहता। तेंदू वृक्षों की प्रूनिंग फरवरी-मार्च में की जाती है तथा लगभग 45 दिन बाद पत्तों का संग्रहण किया जाता है। पत्तियों को 50 से 100 के बंडल में इकट्ठा किया जाता है तथा लगभग एक सप्ताह तक उसे धूप में सुखाया जाता है। पानी की बौछार से इन पत्तों को मुलायम बनाया जाता है तथा फिर इसे जूट के थैलों में भर दिया जाता है। जूट के थैलों को लगभग दो दिनों तक धूप में रखकर फिर बीड़ी निर्माताओं के पास भेजा जाता है।

भारत में यह व्यवसाय वर्ष 1887 से 1890 के मध्य प्रारंभ हुआ। वर्तमान में इस व्यवसाय से देश को करोड़ों रूपए की विदेशी मुद्रा प्राप्त होती है। भारत में तेंदू पत्ता का वार्षिक उत्पादन लगभग 3 लाख टन है।

इसके पत्ते चारे के रूप में भी प्रयुक्त होते हैं।

देवदार
(Himalayan Cedar)

इसका वानस्पतिक नाम 'Cedrus deodara' है। यह हमारे देश के कश्मीर, उत्तराखंड एवं हिमाचल प्रदेश में 1,500 से 3,200 मीटर की ऊँचाई तक पाया जाता है। यह शंकुधारी (Coniferous) प्रजाति है जो 40 से 50 मीटर (अनुकूल परिस्थितियों में 60 मीटर तक) तक उँचाई प्राप्त कर लेता है। यह गहरी एवं अच्छी जल निकास वाली मृदा में पाया जाता है। इसके तने का व्यास 3 मीटर तक होता है। इसका छत्र शंक्वाकार होता है तथा शाखाएँ सीधी निकलती हैं। इसकी पत्तियाँ सुई के आकार की तथा 2.5 से 5 से.मी. लंबी होती हैं। अत्यंत अनुकूल परिस्थिति में ये 7 से.मी. तक लंबी होती हैं तथा इनकी मोटाई 1 मि. मी. होती है। पत्तियाँ चमकीले हरे से नीलापन लिए हरे रंग की होती हैं। पत्तियाँ लगभग 30 के समूह में होती हैं। इसके नर तथा मादा फल (Cones) अलग-अलग होते हैं। नर फल (Cones) 4 से 6 से.मी. लंबे होते हैं। मादा फल (Cones) 7 से 13 से.मी. लंबे तथा 5 से 9 से.मी. चौड़े होते हैं। फल (Cones) सितंबर से नवंबर तक परिपक्व होते हैं।

अपने अत्यधिक टिकाऊपन एवं पालिश ग्रहण करने की क्षमता के कारण यह भारत की प्रमुख प्रकाष्ठ प्रजाति है। इसका घनत्व 560 कि.ग्रा. प्रति घन मीटर है। रेलवे स्लीपर, पुल आदि हेतु यह एक प्रमुख प्रजाति है। कश्मीर के श्रीनगर में प्रसिद्ध हाउसबोट देवदार की लकड़ी से बनाई जाती है। मंदिरों के निर्माण हेतु प्रायः इसके प्रकाष्ठ का प्रयोग किया जाता है। फर्नीचर, पैकिंग केस एवं भवन निर्माण आदि सभी कार्यों हेतु यह अत्यंत उपयोगी प्रजाति है।

देवदार के काष्ठ या बुरादे से आसवन (distillation) द्वारा तेल निकाला जाता है जिसका उपयोग दुर्गंध भगाने तथा साबुन को सुगंध प्रदान करने में किया जाता है। इससे निकलने वाले तेल को केलोन का तेल कहा जाता है।

इसका प्रयोग बैटरी सेपरेटर उद्योग, सितार निर्माण एवं पेंसिल बनाने में किया जाता है।

नाजोर
(Indian Olibanum)

इसका वानस्पतिक नाम 'Bursera serrata' है। यह उत्तर पूर्व भारत में मुख्यतः आसाम एवं उड़ीसा में व्यापक रूप से पाया जाता है। यह एक विशाल सदाहरित वृक्ष है। इसकी पत्तियाँ 15 से 30 से.मी. तक लंबी होती हैं। फूल मार्च-अप्रैल में आते हैं तथा हरापन लिए होते हैं। फल मई-जून में लगते हैं तथा लाल रंग के होते हैं। फल लगभग 2 से.मी. व्यास के होते हैं तथा इसमें 2 से 3 बीज होते हैं।

इसका प्रकाष्ठ कठोर एवं टिकाऊ होता है। फर्नीचर निर्माण हेतु यह अत्यंत उपयोगी प्रजाति है। इससे कृषि उपकरण भी बनाए जाते हैं।

नारियल
(Coconut Palm)

इसका वानस्पतिक नाम 'Cocus nucifera' है। यह सुंदर लंबा पाम वृक्ष है जो 20 से 22 मीटर तक ऊँचाई प्राप्त करता है। यह लगभग 40 वर्षों में 8 से 9 मीटर तक व्यास की मोटाई प्राप्त करता है। यह भारत के समुद्र तटीय क्षेत्रों में सर्वत्र पाया जाता है। यह तमिलनाडु, केरल, आंध्र प्रदेश, कर्नाटक, उड़ीसा एवं गुजरात में मुख्य रूप से पाया जाता है। इसके लीफलेट्स चमड़ीले एवं गहरे हरे रंग के होते हैं। इसके नर पुष्प लगभग 12 मि.मी. तथा मादा पुष्प 25 मि.मी. के होते हैं। इसके फूल मार्च-अप्रैल में आते हैं। इसके फल 30 से.मी. तक लंबे होते हैं। यह देश के प्रमुख फलों में है जिसका अनेक प्रकार से उपयोग पूरे भारत में किया जाता है। फलों के लिए इसकी व्यापक खेती की जाती है।

इसके प्रकाष्ठ पर पालिश अच्छा आता है। इसका प्रयोग घरेलू खंभे एवं भवन निर्माण के अनेक कार्यों में किया जाता है। इससे अच्छी छड़ियाँ (walking sticks) बनायी जाती हैं। इसकी पत्तियों का उपयोग स्थानीय रूप से छप्पर निर्माण में किया जाता है।

नागकेसर
(Ironwood, Indian chestnut)

इसका वानस्पतिक नाम 'Mesua ferra' है। यह आसाम, कर्नाटक, केरल तथा अंडमान द्वीप समूह में पाया जाता है। यह मध्यम आकार का सदाहरित वृक्ष है।

इसकी शाखाएँ गोल, सीधी तथा छाल धूसर वर्ण की होती हैं। पत्तियाँ 5 से 15 से.मी. तक लंबी एवं 2.5 से 3.75 से.मी. तक चौड़ी होती हैं। पत्तियों का आकार आयताकार अथवा भालाकार एवं आगे नुकीला होता है। शाखाओं पर अग्र भाग में पुष्प निकलते हैं। फूल 4 से 7.5 से.मी. व्यास के तथा पीले रंग के होते हैं। पुष्प अप्रैल-मई में तथा फल शरद् ऋतु में आते हैं।

इसका अंतः काष्ठ या हार्टवुड लाली लिए भूरी एवं कठोर होता है। इसका घनत्व 960 से 1,060 कि.ग्रा. प्रति घन मीटर होता है। इसका उपयोग भवन निर्माण, कृषि उपकरणों, रेलवे स्लीपर एवं पुल बनाने में किया जाता है।

इसके बीज से 40 से 45 प्रतिशत तक तेल निकलता है जिसका प्रयोग साबुन बनाने, औषधि निर्माण, रोशनी एवं मशीनों को चिकना करने में किया जाता है।

नाशपाती
(Pear Tree)

इसका वानस्पतिक नाम 'Pyrus communis' है। यह मुख्य रूप से हिमाचल प्रदेश एवं कश्मीर में उगाया जाता है। यह छोटे आकार का वृक्ष है। इसकी पत्तियाँ विभिन्न आकार की होती हैं। फूल सफेद होते हैं तथा मार्च-अप्रैल में आते हैं।

यह एक प्रसिद्ध मीठा फल है जो विभिन्न आकार-प्रकार का होता है। सामान्यतया नाशपाती खाने में कड़ी होती हैं परंतु कश्मीर आदि की नाशपाती कोमल तथा रसीली होती है। इसका औषधीय उपयोग भी किया जाता है।

नीपलटुंथ
(Bastard Cedar, False Rudraksha)

इसका वानस्पतिक नाम 'Guazuma tomentosa' है। यह प्राकृतिक रूप से अमेरिका में पायी जाने वाली प्रजाति है। अब यह दक्षिण भारत के उष्ण क्षेत्रों में व्यापक रूप से उगायी जाती है। यह एक मध्यम आकार का वृक्ष है। इसकी पत्तियाँ 4 से 8 से.मी. आकार की होती हैं। फूल छोटे एवं हलके पीले रंग के होते हैं। फूल जुलाई-अगस्त में आते हैं। फल रुद्राक्ष जैसे होते हैं।

प्रकाष्ठ रेशेदार होता है जो पैकिंग केस बनाने एवं ईंधन के काम आता है। दक्षिण भारत में इसका उपयोग फर्नीचर एवं पैकिंग केस बनाने के लिए किया जाता है।

नीम

(Margosa, Neem tree, Indian Lilac)

इसके वृक्ष पूरे देश में पाए जाते हैं। इसे संस्कृत में निम्ब कहते हैं। इसका वानस्पतिक नाम 'Azadirachta Indica' है। इसके वानस्पतिक नाम में Indica इसलिए आया है कि यह भारत में बहुत अधिक पाया जाता है। सूखाग्रस्त क्षेत्रों के झाड़ीनुमा वनों में यह सामान्य रूप से पाया जाता है। शिवालिक की पहाड़ियों से लेकर दक्षिण में कर्नाटक के वनों तक यह प्राकृतिक रूप से पाया जाता है। लगभग 1,000 मीटर के ऊपर के पहाड़ी क्षेत्र को छोड़कर नीम देश के प्रत्येक भाग में पाया जाता है। नीम कई प्रकार की मिट्टी में हो सकता है–जैसे विंध्याचल की भुरभुरी लाल मिट्टी या गुजरात की काली मिट्टी। यह ऊसर भूमि में भी उगाया जाता है। नीम पानी लगने वाली भूमि में नहीं उगता। यह शोभाकार वृक्ष के रूप में सड़कों के किनारे भी लगाया जाता है। यह मध्यम से बड़ी ऊँचाई वाला सदाबहार वृक्ष है किंतु अधिक सूखे वाले स्थान पर थोड़े समय के लिए इसकी पत्तियाँ गिर जाती हैं। इसका छत्र गोल और घना होता है। यह 40 से 50 फीट ऊँचा, अनेक शाखाओं-प्रशाखाओं से युक्त, सघन एवं छायादार होता है। इसकी पत्तियाँ चिकनी और छाल हलकी होती है जो बाहर की ओर हलकी भूरी और भीतर की ओर लाल होती हैं। इसकी छाल खुरखुरी होती हैं तथा उसमें गहरी दरारें जैसी होती हैं। पुरानी छाल छोटे-छोटे टुकड़ों में उखड़ने लगती है। अंदर की नई छाल लाल या बादामी रंग की होती है। इसके डंठल की लंबाई 30 से 35 से.मी.. तक होती है। इसके डंठल के दोनों ओर छोटी-छोटी पत्तियाँ होती हैं। पत्तियों की कोर आरी की तरह कटी होती है। पत्तियाँ 4 से 8 से.मी. लंबी हलके हरे रंग की होती हैं। वसंत ऋतु में पुराने पत्ते गिर जाते हैं और नए पत्ते निकलने के साथ सफेद रंग के फूलों के गुच्छे निकलते हैं। फल खिरनी के समान होते हैं जिसमें एक बीज होता है। फल जून से अगस्त तक पकते हैं।

इसकी लकड़ी टिकाऊ, कठोर एवं लाल रंग की होती है। इसकी लकड़ी में ग्रोथ रिंग स्पष्ट दिखाई देती है। लकड़ी टिकाऊ तथा रंदा करने में आसान होती

है। नीम में कीट नाशन के लिए स्थाई तत्व होता है। नीम की लकड़ी मजबूत होती है तथा इसमें दीमक कदापि नहीं लगती। इसकी लकड़ी का उपयोग इमारतों, जहाज निर्माण, फर्नीचर, खेती किसानी यंत्र, बैलगाड़ी आदि के लिए किया जाता है। ईंधन के लिए भी इसकी लकड़ी अच्छी होती है। अपने चिकित्सीय गुणों के कारण इसे घर का वैद्य कहा जाता है। इसका प्रायः हर अंग घरों में चिकित्सा एवं उपचार में उपयोग किया जाता है। इसके बीज से मारगोसा आयल प्राप्त किया जाता है। मारगोसा आयल चर्म एवं कुष्ठ रोग की प्रभावकारी औषधि है। तेल की मालिश गठिया रोग में भी लाभकारी है। इसका प्रयोग कीटनाशक दवा बनाने में किया जाता है। इसकी छाल, फूल एवं गोंद से महत्वपूर्ण दवाएँ बनती हैं। इसके तेल का प्रयोग साबुन बनाने एवं जलाने में भी किया जाता है। नीम में कीट नाशन क्षमता होती है। इसकी सूखी पत्तियाँ मच्छर, झींगुर एवं पतंगों से बचाव करती हैं। इसकी सूखी पत्तियों का प्रयोग पुस्तकों एवं कपड़ों को कीड़ों से बचाने में भी किया जाता है। इसकी पत्तियों और बीज से एक कीटनाशक 'अजैडिरैक्टीन' निकाला जाता है। इसकी कोमल डाल उत्तम प्रकार के दातून के काम आती हैं। इसका डंठल तथा पत्तियाँ दोना बनाने के काम आता है। यद्यपि इसकी पत्तियाँ कड़वी होती हैं किंतु ऊँट एवं बकरी के लिए यह एक अत्यंत महत्वपूर्ण चारा है। इसकी खली उत्तम उर्वरक है जिसका प्रयोग मुख्यतः गुलाब की खेती में किया जाता है। निमौली कूटकर पौधों को दीमक से बचाने के काम में लाई जाती है।

पर्यावरण को संतुलित बनाने, छाया पहुँचाने तथा कुटीर उद्योग हेतु यह वृक्ष अत्यंत उपयोगी है। इसकी बहुआयामी उपयोगिता के कारण इसे ग्रामीण क्षेत्रों में घरों के आस-पास बहुत लगाया जाता है।

नींबू
(Lime)

इसका वानस्पतिक नाम 'Citrus aurantifolia' है। यह भारत का आदिवासी पौधा है। हिमालय की बाहरी पहाड़ियों से लेकर मध्य भारत तक इसके जंगली वृक्ष पाए जाते हैं। समस्त भारत में नींबू के वृक्ष पर्याप्त संख्या में लगाए जाते हैं। इसके वृक्ष छोटे, झाड़ीनुमा एवं कँटीले होते हैं। पत्तियाँ छोटी तथा पर्णवृंत छोटे एवं सपक्ष (Winged) होते हैं। पत्तियों को मसलने से नींबू जैसी सुगंध आती है। पुष्प

सुगंधित होते हैं तथा मार्च-अप्रैल में आते हैं। फल गोल तथा चिकने होते हैं। कच्चे फल हरे तथा पकने पर पीले हो जाते हैं।

इसका फल अत्यंत उपयोगी है। इसका प्रयोग दवा के रूप में किया जाता है। इसके फल से अचार बनाया जाता है। इसमें विटामिन 'सी' काफी मात्रा में पाया जाता है।

पनियाला, इरम, कोरसा
(Bishop Wood)

इसका वानस्पतिक नाम 'Bischofia javanica' है। इसके वृक्ष हिमालय की तलहटी मुख्यतः असम, बिहार, उत्तर प्रदेश एवं दक्षिण भारत में पाए जाते हैं। यह 40 मी. तक ऊँचा तथा 2.3 मी. तक मोटा होता है। इसकी छाल चिकनी तथा भूरी होती है। पत्तियाँ 07 से 15 सेमी. तक लंबी तथा 04 से 08 से.मी. तक चौड़ी होती हैं। फूल पीलापन लिए हरे होते हैं। फूल जनवरी-फरवरी में आते हैं।

इसका प्रकाष्ठ मजबूत एवं टिकाऊ होता है। इसके प्रकाष्ठ का उपयोग रेलवे स्लीपर, भवन निर्माण, नाव बनाने, पुल बनाने एवं अन्य निर्माण कार्य में किया जाता है। इसके काष्ठ का उपयोग पैकिंग केस के लिए भी किया जाता है।

पराश पीपल
(Portia Tree)

इसका वानस्पतिक नाम 'Thespesia populnea' है। यह भारत के तटीय वन क्षेत्रों मुख्यतः अंडमान में पाया जाता है। यह मध्यम आकार का सदाहरित वृक्ष है। इसकी छाल खुरदरी होती है। पत्तियाँ 12 से 18 से.मी. लंबी होती हैं। फूल पीले रंग के होते हैं तथा मई से जुलाई तक आते हैं। फल लगभग 5 से.मी. आकार के होते हैं।

इसका प्रकाष्ठ कठोर एवं टिकाऊ होता है। इसका उपयोग कृषि उपकरणों, बैलगाड़ी के पहियों आदि में किया जाता है। इससे प्राप्त रंग ऊन रंगने के काम आता है। इससे प्राप्त तेल का उपयोग जलाकर प्रकाश देने के लिए किया जाता है।

पार्किंसोनिया
(Jerusalem Thorn)

इसका वानस्पतिक नाम 'Parkinsonia aculeata' है। यह अमेरिका के उष्ण क्षेत्रों का प्रजाति है। यह पूरे भारत में लगाया जाता है। यह एक छोटा वृक्ष है जो 4 से 10 मी. तक ऊँचाई प्राप्त कर लेता है। इसका तना टेढ़ा-मेढ़ा तथा काँटेदार होता है। इसकी शाखाएँ भूमि के पास से ही निकलने लगती हैं। इसकी पत्तियाँ 1 सेमी. लंबी होती हैं। नवंबर-दिसंबर में इसमें पीले फूल आते हैं। फूल लगभग 2 से.मी. आकार के चमकीले पीले होते हैं।

यह एक शोभाकारी वृक्ष है। यह सूखे स्थानों पर जहाँ पानी की सुविधा नहीं है एवं मरुस्थल में आसानी से उग जाता है। इससे जानवर रोधी बाड़ बनायी जाती है। यह भू-क्षरण रोकने हेतु उपयोगी प्रजाति है।

पाकड़ या पिलखन
(Fig Tree)

इसका वानस्पतिक नाम 'Ficus infectoria' है। यह प्रजाति पूरे देश में लगभग 1,500 मीटर की ऊँचाई तक पाई जाती है। यह एक विशाल वृक्ष है जिसकी ऊँचाई 10 से 12 मीटर तथा फैलाव 8 से 10 मीटर तक होता है। यह सदापर्णी वृक्ष है। बरगद की भाँति इसकी शाखाएँ भी नीचे की ओर लटकती हैं किंतु वे छोटी होती हैं तथा जमीन तक नहीं पहुँचतीं। इसकी पत्तियाँ 6 से 10 से.मी. लंबी तथा 4 से 6 से.मी. चौड़ी होती हैं। इसके अंदर की सतह पर नसें उभरी रहती हैं। इसे किसी विशेष प्रकार की मृदा की आवश्यकता नहीं होती है। यह रेतीली मृदा से लेकर गुजरात की काली मिट्टी तक में पाया जाता है। इसकी बढ़त के लिए नमी आवश्यक है।

यह गर्म जलवायु क्षेत्रों हेतु उत्तम छाया वृक्ष है। इसकी छाया बहुत घनी होती है। छाया के लिए इसे सड़क के किनारे लगाया जाता है। आयुर्वेद में इसका प्रयोग योनि रोग नाशक एवं अन्य रूपों में किया जाता है।

पीपल
(Bodhi Tree)

इसका वानस्पतिक नाम 'Ficus religiosa' है। यह पूरे देश में 1,500 मीटर तक की ऊँचाई पर पाया जाता है। यह एक विशाल वृक्ष है जिसकी ऊँचाई 20 मीटर तक होती है। इसे पवित्र मानने एवं छाया के कारण सड़कों के किनारे, मंदिर परिसर एवं ग्रामीण क्षेत्रों की खाली भूमि पर व्यापक रूप से रोपित किया जाता है। यह एक सदापर्णी वृक्ष है जो अत्यंत शुष्क जलवायु में कुछ समय के लिए पर्ण विहीन हो जाता है। इसके लिए किसी विशिष्ट प्रकार की जलवायु नहीं चाहिए। यह अत्यंत गर्म जलवायु से लेकर हिमालय के पहाड़ों तक में उग आता है। इस पर पाला का असर नहीं होता। इसमें जनवरी से मार्च के बीच नई पत्तियाँ आती हैं। इसके फल बेलनाकार तथा 1 से 2 से.मी. व्यास के तथा कुछ दबे होते हैं। ये गुच्छे के रूप में होते हैं तथा तने से चिपके रहते हैं। फल अप्रैल-मई तक पकता है तथा पका फल गोल तथा बैगनी रंग का होता है।

इसकी पत्तियाँ हाथी, भेड़ एवं बकरी के चारे के रूप में प्रयोग की जाती हैं। इसकी पत्तियों के सूखने के बाद उस पर अच्छे चित्र बनाए जाते हैं। इसकी छाल, दूध तथा फल आयुर्वेदिक दवाओं में प्रयोग किए जाते हैं। यह छाया देने वाला वृक्ष है। पर्यावरण के शुद्धिकरण में पीपल का विशेष योगदान है। इसका फल गिलहरी एवं चिड़ियों को विशेष प्रिय है। हिंदू धर्म एवं बौद्ध धर्म में इसे विशेष महत्व दिया गया है। आयुर्वेद में इसकी छाल, फल, जड़ एवं कोंपल का प्रयोग किया जाता है।

पीली कपास, कुंबी
(Butter Cup Tree)

इसका वानस्पतिक नाम 'Cochlospermum religiosum' है। यह पूरे भारत मुख्यतः बिहार एवं महाराष्ट्र में पाया जाता है। यह मध्यम आकार का पर्णपाती वृक्ष है। इसका काष्ठ बहुत मुलायम तथा पत्ते 5 खंडयुक्त होते हैं। पुष्प बड़े, चमकीले एवं पीले होते हैं। फूल मार्च-अप्रैल में आते हैं। फल के अंदर का बीज पीले रंग की रेशम जैसी रुई से ढँका रहता है।

इससे कराया गोंद की भाँति ही गोंद निकाला जाता है जिसे 'हॉग गम' कहते हैं। इसे प्राकृतिक रूप से निकले हुए पदार्थ के रूप में एकत्रित किया जाता

है तथा कृत्रिम रूप से घाव बनाकर भी निकाला जाता है। इसका प्रयोग कराया गोंद की भाँति ही किया जाता है। इसका प्रमुख उपयोग कपड़ा रँगाई, चमड़े की धुलाई तथा औषधि के रूप में किया जाता है।

पुत्रंजीव, कुमारबीज, जलपित्री
(Wild Olive Tree)

इसका वानस्पतिक नाम 'Putranjiva roxburghii' है। यह पूरे भारत में पाया जाता है। इसका वृक्ष सदाहरित तथा मध्यम कद का होता है। इसकी शाखाएँ कमजोर होती हैं तथा नीचे की ओर झुकी रहती हैं। इसकी पत्तियाँ 6 से 8 से. मी. लंबी होती हैं। इसके पुष्प एकलिंगी तथा हरे रंग के होते हैं। फूल मार्च में आते हैं।

यह गर्भ धारण में लाभकारी है, इसीलिए इसे पुत्रंजीवा कहा गया है। यह वीर्यवर्धक एवं हाथीपगा में उपयोगी है। यह एक प्रमुख छायादार वृक्ष है।

पेल्टोफोरम
(Yellow Flame Tree)

इसका वानस्पतिक नाम 'Peltophorum ferrugineum' है। यह मुख्यतः अंडमान के तटीय वन क्षेत्रों में पाया जाता है। यह मध्यम आकार का पर्णपाती वृक्ष है जिसकी ऊँचाई 12 से 20 मी. तक होती है। इसे शोभाकारी वृक्ष के रूप में पूरे भारत में लगाया जाता है। इसकी पत्तियाँ डबल कंपांउड होती हैं। हर डंठल में 20 से 30 पत्तियाँ होती हैं। इसके फूल चमकीले पीले होते हैं। फूलों की कलियों के साथ छोटी शाखाएँ जिसमें कलियाँ आती हैं, वह सिरे पर गहरे भूरे रंग के महीन बालों से भर जाती हैं। मार्च से जून तक फूल आते हैं। सितंबर से दिसंबर तक पुनः फूल आते हैं। इसकी फली 5 से 10 से.मी. लंबी होती हैं।

यह मुख्यतः शोभाकारी वृक्ष है। इसका ईंधन अच्छा होता है।

पौपलर
(Poplar)

इसका वानस्पतिक नाम 'Populus deltoides' है। यह प्राकृतिक रूप से उत्तरी-गोलार्ध के सम-शीतोष्ण व ठंडे क्षेत्रों के वनों में पाया जाता है। इस जाति

के वृक्षों की निम्न विशेषताएँ हैं–

(*i*) यह प्रजाति बीज से बहुत कम पैदा की जाती है। इसका उत्पादन केवल वानस्पतिक ढंग से किया जाता है।

(*ii*) इसके नर और मादा फल अलग-अलग पेड़ों पर होते हैं।

(*iii*) इस प्रजाति में वर्ण संकर क्रिया आसानी से हो जाती है। इससे नई विकसित किस्म तैयार होती रहती है।

यह बहुत शीघ्रता से उगने वाली औद्योगिक प्रजाति है। जाड़ों में पौपलर की पत्तियाँ पूरी तरह झड़ जाती हैं, इसलिए इसे फसलों के साथ आसानी से उगाया जा सकता है।

पौपलर को उगाने हेतु एक विशिष्ट मिट्टी एवं जलवायु की आवश्यकता होती है। भारत में यह प्रजाति केवल 28 अंश उत्तर अक्षांश के उत्तर में पड़ने वाले क्षेत्रों जैसे–जम्मू-कश्मीर, पंजाब, हरियाणा, हिमाचल प्रदेश, उत्तराखंड एवं उत्तर प्रदेश में ही उग पाती है। 28 से 29 अंश उत्तर अक्षांश के बीच पड़ने वाले क्षेत्रों में इसकी उपज सफलता सबसे अधिक पायी गयी है। तराई क्षेत्रों में पौपलर के पौधों की वृद्धि अच्छी पायी गयी है। पौपलर के वृक्षों को 28 अंश अक्षांश दक्षिण में उगाने के प्रयास सफल नहीं हो पाए हैं। गर्मी की तेज हवा से पौपलर की छाल झुलस जाती है, इसलिए जिन क्षेत्रों का ताप 43 डिग्री से.ग्रे. से अधिक हो, वहाँ पौपलर नहीं उगाया जाना चाहिए। पाला भी नई पत्तियों को क्षतिग्रस्त कर देता है। इसे 1,500 से 4,000 मि.मी. औसतन वार्षिक वर्षा की आवश्यकता पड़ती है। यह समुद्र तल से 700 मीटर की ऊँचाई तक उगाया जाता है।

यद्यपि पापलस जीनस की कई प्रजातियाँ भारत के पर्वतीय क्षेत्रों में पायी जाती हैं किंतु इनका कोई विशेष व्यावसायिक महत्व नहीं है। भारत में पौपलर के डेल्टाइडस के जी-3, जी-48, एल-34, एल-51, एल-74, एल-188 तथा एल-247 आदि क्लोंस अधिक उपयोगी पाए गए हैं।

यह प्रजाति बीज से बहुत कम पैदा की जाती है। इसका उत्पादन केवल कायिक जनन (Vegetative Propogation) से किया जाता है। इसके नर तथा मादा वृक्ष अलग-अलग होते हैं। इनमें वर्ण-संकर (Hybridisation) आसानी से हो जाता है, जिससे नए किस्म के वृक्ष तैयार होते हैं।

कृषि फसलों के साथ पौपलर का वृक्षारोपण बहुत सफल है। प्रारंभ के तीन वर्षों में इसके साथ सभी फसलें उगाई जा सकती हैं। यह बहुत शीघ्र बढ़ने वाली प्रजाति है तथा सामान्य रूप से 6 वर्ष में कटाई के लिए तैयार हो जाता है।

यह एक बहुउपयोगी कोमल काष्ठ वृक्ष है। पौपलर का प्रयोग प्लाई वुड, कागज की लुगदी, माचिस, खिलौने तथा नकली हाथ-पैर बनाने आदि के उद्योगों में होता है। प्लाई वुड उद्योग में 60 से.मी. या उससे अधिक गोलाई के पौपलर वृक्षों की माँग होती है। इसकी लकड़ी 10 से 12 वर्षों में प्लाई वुड एवं विनियर के लिए उपयोगी हो जाती है। इससे पूर्व 7 से 8 वर्षों में इसका उपयोग माचिस एवं कागज उद्योग में किया जाता है।

पौपलर की फसल से किसानों को अच्छा लाभ मिल रहा है। इसके साथ विभिन्न प्रकार की फसल जैसे—गेहूँ, मक्का एवं दलहन तिलहन आदि उगाने से कृषकों को अतिरिक्त लाभ हो रहा है।

पीलू
(Kokam Butter Tree)

इसका वानस्पतिक नाम 'Salvadora percica' है। यह मुख्यतः राजस्थान, पंजाब तथा हरियाणा में पाया जाता है। इसका वृक्ष छोटा एवं सदा हरा-भरा रहता है। पत्ते विपरीत एवं दोनों सिरों पर गोल होते हैं। इसके पुष्प हरापन लिए सफेद होते हैं। फूल मार्च-अप्रैल में आते हैं। इसके फल गोल तथा पकने पर पीले एवं सूखने पर लाली लिए भूरे रंग के हो जाते हैं।

इसके बीजों का तेल साबुन बनाने के लिए बहुत अच्छा माना जाता है। इसके डंठल दाँत साफ करने के काम आते हैं। इसकी लकड़ी अच्छा ईंधन है। इसकी पत्तियाँ चारे के रूप में प्रयोग की जाती हैं।

पूला
(Kydia)

इसका वानस्पतिक नाम 'Kydia calycina' है। यह मुख्यतः महाराष्ट्र, मणिपुर एवं उत्तराखंड में पाया जाता है। इसका नामकरण राष्ट्रीय वानस्पतिक उद्यान कलकत्ता के संस्थापक कर्नल कीड के नाम पर किया गया है। यह एक मध्यम ऊँचाई का पर्णपाती वृक्ष है। यह लगभग 20 मीटर तक ऊँचाई प्राप्त करता है। पत्तियाँ 3 से 10 से.मी. तक लंबी तथा लगभग सात भागों में मुड़ी होती हैं। पुष्प हरापन लिए सफेद एवं 5 से.मी. लंबे होते हैं। फूल अक्टूबर से दिसंबर तक आते हैं।

इसके प्रकाष्ठ का उपयोग पिक्चर फ्रेम बनाने, औरतों के सैंडिल की हील में, माचिस की तीलियों एवं माचिस के बक्से बनाने में किया जाता है। इयका उपयोग पेंसिल निर्माण एवं पैकिंग केस में भी किया जाता है। इसकी पत्तियाँ चारे के रूप में प्रयोग की जाती हैं। इसकी छाल से मजबूत रस्सी बनाई जाती है।

फराश
(Tamarisk)

इसका वानस्पतिक नाम 'Tamarix aphylla' है। यह भारत के सूखे मरुस्थलीय क्षेत्रों में पाया जाता है। इसे रेगिस्तान एवं रेत के टीलों पर उगाया जाता है। यह लगभग 12 मीटर तक की ऊँचाई प्राप्त करता है। नीली एवं मटमैली पत्तियों से लदा इसका छत्र हलका एवं खुला होता है। इसकी पत्तियाँ छोटी 'स्केल' जैसी होती हैं जो पेड़ की पतली डंडियों पर चिपकी रहती हैं। डालियों के सिरे पर फूल के गुच्छे निकलते हैं। यह 3 से 6 मि.मी. लंबे एवं 4 से 5 मि.मी. चौड़े होते हैं। फूल सफेदी लिए गुलाबी होते हैं। फूल जून-जुलाई में आते हैं। फल कैपसूल जैसे 5 मि.मी. लंबे एवं तीन हिस्सों में फटने वाले होते हैं। इसके बीज भूरे तथा छोटे एवं 0.5 मि.मी. लंबे होते हैं तथा हर एक में सफेद बालों का गुच्छा होता है।

इसकी लकड़ी कड़ी और टिकाऊ होती है। यह आग देर से पकड़ती है किंतु अच्छी जलती है। इसकी लकड़ी बढ़ईगीरी, खराद एवं फलों की पेटी बनाने के काम आती है।

फाइकस सेइला

इसका वानस्पतिक नाम 'Ficus tseila' है। यह प्राकृतिक रूप से महाराष्ट्र एवं अन्य दक्षिण भारतीय राज्यों में पाया जाता है। यह एक विशाल पर्णपाती वृक्ष है। तना सफेदी लिए भूरे रंग का होता है। पत्तियाँ 15 से 18 से.मी. लंबी दीर्घवृत्ताकार होती हैं। फूल मई-जून में आते हैं।

इसका प्रकाष्ठ मजबूत एवं टिकाऊ होता है। इसके प्रकाष्ठ का उपयोग कृषि उपकरणों के हैंडिल, हल एवं बैलगाड़ी निर्माण में किया जाता है। पत्तियाँ बकरी के चारे के काम आती हैं। इसे शोभाकार वृक्ष के रूप में भी लगाया जाता है।

फूलों की रानी
(Pride of Burma)

इसका वानस्पतिक नाम 'Amherstia nobilis' है। यह प्राकृतिक रूप से बर्मा में पाया जाता है। इसे भारत में उद्यानों एवं बागों में उगाया जाता है। यह 9 से 12 मीटर तक ऊँचाई प्राप्त करता है। पत्तियाँ लगभग 30 से.मी. लंबी सुंदर होती हैं। पत्तियों का निचला भाग सफेदी लिए होता है। फूल सुनहरे पीले होते हैं तथा जून-जुलाई में आते हैं। फलियाँ 11 से 20 से.मी. लंबी होती हैं। इसका वानस्पतिक नाम बर्मा के तत्कालीन गवर्नर की पत्नी Countess Amherst के नाम पर पड़ा है।

यह विश्व के सबसे अच्छे फूलों में है। इसे शोभाकार वृक्ष के रूप में छाया एवं फूल के लिए उगाया जाता है।

बकुल
(Bullet Tree)

इसका वानस्पतिक नाम 'Mimusops elengi' है। यह पश्चिमी घाट के वन क्षेत्रों एवं अंडमान निकोबार द्वीप में पाया जाता है। यह विशाल पर्णहरित वृक्ष है। यह 16 मीटर तक की ऊँचाई प्राप्त कर लेता है। इसके फूल अप्रैल में एवं फल जून माह में आते हैं। इसकी पत्तियाँ गहरे हरे रंग की 5 से 14 से.मी. लंबी तथा 2.5 से 6 से.मी. तक चौड़ी होती हैं। इसकी छाल गहरे भूरे रंग की होती है तथा फटी होती है। इसकी सैप वुड सफेदी लिए तथा हार्ट वुड लाल रंग की होती है। अनेक स्थानों पर इसे खेतों में उगाया जाता है।

इसके फूलों का प्रयोग परफ्यूम तैयार करने में किया जाता है। इसके फल खाए जाते हैं तथा बीज से तेल निकाला जाता है। इसका उपयोग भवन निर्माण, कैबिनेट निर्माण एवं बैलगाड़ी आदि में किया जाता है। इसका घनत्व 880 कि. ग्रा. प्रति घन मीटर है।

बकैन
(Persian Lilac)

इसका वानस्पतिक नाम 'Melia azadirach' है। यह मुख्यतः कश्मीर की प्रजाति

है। इसका रोपण पूरे देश में किया जाता है। यह हिमालय क्षेत्र में 2,000 मीटर की ऊँचाई तक पाया जाता है। यह विभिन्न प्रकार की भूमि में उगाया जा सकता है। रेतीली दोमट मिट्टी इसके लिए सबसे उपयोगी है। यह मध्यम आकार का वृक्ष है। इसकी ऊँचाई 20 मीटर तक होती है। इसके तने का व्यास 60 से.मी. तक होता है। इसका तना छोटा एवं छत्र फैला होता है। यह छँटाई सहन कर लेता है। इसकी पत्तियाँ नीम जैसी होती हैं। इसका डंठल 20 से 40 से.मी. तक लंबा होता है। पत्तियाँ डंठल के दोनों ओर जोड़े में लगी रहती हैं। पत्तियाँ 2.5 से 5 से.मी. लंबी तथा 1.2 से.मी. चौड़ी होती हैं। पत्तियाँ ऊपर गहरी हरी तथा नीचे हलकी हरी होती हैं। इसकी वृद्धि के लिए प्रकाश की बहुत आवश्यकता होती है। फूलों के गुच्छे 20 से 25 से.मी. तक लम्बे होते हैं। फूल मार्च से मई तक आते हैं। फूल सुंदर और महकदार होते हैं। इसका फल गोल (बैरी) होता है। फल पीला और गूदेदार होता है। इसका व्यास 15 मि.मी. होता है। इसके फल कड़वे, जहरीले एवं नशीले होते हैं।

यह बहुत तेजी से बढ़ता है तथा इसका उपयोग ईंधन हेतु किया जाता है। इसकी लकड़ी से फर्नीचर आदि बनाया जाता है। इसके बीज से तेल निकलता है जो साबुन बनाने तथा जलाने के काम आता है। बालों के तेल में भी इसका प्रयोग किया जाता है। इसकी सूखी पत्तियों का उपयोग कीड़ों से कपड़ों की रक्षा हेतु किया जाता है।

बड़हल
(Bread Fruit Tree)

इसका वानस्पतिक नाम 'Artocarpus incisa' है। इसका वृक्ष विशाल होता है। यह तटीय महाराष्ट्र, कर्नाटक एवं उड़ीसा में पाया जाता है। भारत के मैदानी क्षेत्रों में अनेक स्थानों पर इसे लगाया जाता है। इसकी पत्तियाँ 10 से 45 से.मी. तक लंबी होती हैं। नर एवं मादा फूल अलग-अलग किंतु एक ही वृक्ष पर होते हैं। फूल फरवरी-मार्च में आता है। फल 25 से.मी. तक व्यास के होते हैं।

फूल एवं फल का प्रयोग सब्जी के रूप में किया जाता है तथा पका फल खाने में प्रयोग किया जाता है।

बनखोर, पांगर
(Himlayan Horse Chestnut)

इसका वानस्पतिक नाम 'Aesculus indica' है। यह विशाल पर्णपाती वृक्ष है। यह कश्मीर से नेपाल तक 900 से 3,000 मीटर तक की ऊँचाई तक पाया जाता है। इसकी ऊँचाई 30 मी. तक होती है। इसमें जून से जुलाई तक फूल आते हैं तथा फल अक्टूबर तक पकते हैं।

इसकी छाल भूरी तथा प्रकाष्ठ क्रीमी रंग लिए होता है। इसके प्रकाष्ठ का उपयोग पैकिंग केस तथा चाय के डिब्बे बनाने में किया जाता है। स्थानीय लोग इसके प्रकाष्ठ से दूध, मक्खन एवं घी रखने का पात्र बनाते हैं। बीज को पीसकर आटे के साथ मिलाकर चबाने में प्रयोग किया जाता है। इसका फल बकरियों एवं जानवरों का अच्छा आहार है। इसके काष्ठ का उपयोग काष्ठ के बर्तन बनाने में किया जाता है।

बबूल
(Babul Tree)

इसका वानस्पतिक नाम 'Acacia nilotica या Acacia arabica' है। यह पूरे देश के शुष्क क्षेत्रों में व्यापक रूप से पाया जाता है। यह मुख्यतः गुजरात, राजस्थान, पंजाब, हरियाणा, उत्तर प्रदेश, मध्य प्रदेश एवं महाराष्ट्र में पाया जाता है। यह मध्यम आकार का वृक्ष है। इसकी छाल खुरदरी, कालापन लिए तथा फटी-फटी सी होती है। यह 10 मीटर तक ऊँचाई प्राप्त करता है। इसके काँटे 6 से 8 से.मी. तक लंबे होते हैं। फूल जून से सितंबर तक आते हैं परंतु कभी-कभी फूल दिसंबर-जनवरी में भी देखे जाते हैं। पुष्प चमकीले पीले होते हैं। फलियाँ मई-जून में पकती हैं। बीजों के बीच पिचकी होती है। पकी फलियों का रंग गहरा भूरा होता है।

बबूल की तीन जातियाँ पायी जाती हैं–

(*i*) गोदी या तेलिया

(*ii*) वेदिनी या कौड़िया

(*iii*) रामकाँटा

तेलिया बबूल की मुख्य विशेषता इसका मुकुट जैसा फैलाव है। यह

प्राकृतिक वनों में व्यापक रूप से पाया जाता है। तेलिया की तुलना में वेदिनी आकार में छोटा होता है किंतु इसका मुकुट जैसा फैलाव अधिक फैला लगता है। वेदिनी की छाल तेलिया की तुलना में अधिक खुरदरी होती है तथा छाल में फटन नहीं होती। वृक्ष सफेद मोटे काँटों से भरा होता है। रामकाँटा प्रजाति केवल पश्चिमी उत्तर प्रदेश के मथुरा, आगरा, अलीगढ़ एवं बुलंदशहर जिले में पायी जाती है। इसकी पहचान इसका झाड़ू मार्का छोटे आकार का छत्र तथा इसकी पतली छोटी शाखाओं का ऊपर की ओर उठना है।

बबूल विभिन्न जलवायु में आसानी से उग जाता है किंतु नदी के किनारे की मिट्टी इसके लिए अधिक उपयुक्त है। यह क्षारीय भूमि में उग जाता है किंतु वृद्धि अच्छी नहीं होती। यह नम चिकनी मिट्टी में उग जाता है।

ईंधन तथा कोयला हेतु बबूल असाधारण प्रजाति है। इसकी लकड़ी की कैलोरिफिक क्षमता 4,950 किलो कैलारी प्रति किलोग्राम है। इसकी लकड़ी कड़ी और मजबूत होती है। यह अधिकतर खेती के उपकरणों एवं बैलगाड़ी के पहिए आदि बनाने के काम आती है। इसका घनत्व 835 कि.ग्रा. प्रति घन मीटर है। इसकी छाल चमड़ा छीजने के काम आती है तथा चमड़ा उद्योगों में इसकी बहुत माँग है। इसकी फली और छाल में 12 प्रतिशत तक टेनिन पाया जाता है। गुजरात एवं राजस्थान में इसे लाख के पोषक वृक्ष के रूप में उपयोग किया जाता है। इसके काष्ठ का उपयोग काष्ठ के ठप्पे बनाने में भी किया जाता है। इसके काष्ठ का उपयोग हथियारों के दस्तों में किया जाता है। इससे निकलने वाला गोंद अत्यंत महत्वपूर्ण है जिसका अनेक रूप में प्रयोग होता है।

बरगद
(Banyan Tree)

इसका वानस्पतिक नाम 'Ficus bengalensis' है। यह हिमालय क्षेत्र में 1,000 मीटर की ऊँचाई तक तथा देश के समस्त मैदानी भागों में पाया जाता है। यह सड़कों, मंदिरों, बाग-बगीचे एवं अन्य स्थानों पर अपनी छाया के लिए उगाया जाता है। यद्यपि यह सभी प्रकार की मृदा में उग जाता है किंतु अच्छी वृद्धि के लिए नम दोमट मिट्टी की आवश्यकता होती है। यह कड़ी चिकनी मिट्टी में नहीं होता। यह 20 से 25 मीटर तक ऊँचाई प्राप्त करता है। इसकी शाखाएँ मोटी, मजबूत तथा फैली हुई होती हैं। इन शाखाओं से हवाई जड़ें नीचे आती हैं। यदि

इन हवाई जड़ों को मिट्टी मिल जाए तो ये अलग तने का रूप लेकर वृक्ष को संभालने का कार्य करती हैं। मुख्य तना समय के अनुसार सूख जाता है तथा इसका स्थान नए तने ले लेते हैं। इसकी पत्तियाँ मोटी एवं चौड़ी होती हैं। पत्तियों की लंबाई 6 से 8 से.मी. तथा चौड़ाई 4 से 6 से.मी. तक होती है। वसंत ऋतु में नई पत्तियाँ आती हैं। अप्रैल से जून के बीच फूल एवं फल आते हैं। यह दीर्घायु वृक्ष है।

यह एक असाधारण छायादार वृक्ष है। प्राचीन काल में बरगद के नीचे इकट्ठा होकर गाँव वाले सभा आदि करते थे। इसकी छोटी डंडियाँ हाथी के चारे के काम आती हैं। इसकी जड़ का काढ़ा डाइबिटीज के रोग में लाभप्रद है। इसका दूध शक्तिवर्धक होता है। पर्यावरण शुद्धि की दृष्टि से बरगद का वृक्ष अत्यंत महत्वपूर्ण है।

बहेड़ा
(Beleric Myrobalan)

इसका वानस्पतिक नाम 'Terminalia bellerica' है। यह प्रजाति देश के मैदानी भागों में सर्वत्र पायी जाती है। मुख्यतः यह उप हिमालयन क्षेत्रों (उत्तराखंड के देहरादून एवं उत्तर प्रदेश के सहारनपुर वन क्षेत्र), विंध्य के पठार एवं दक्षिण के पेनिनसुला में पाया जाता है। यह एक विशाल वृक्ष है जिसकी ऊँचाई 35 मीटर तक और औसत गोलाई 3 मीटर होती है। नवंबर में पतझड़ हो जाता है तथा अप्रैल-मई तक नई पत्तियाँ आ जाती हैं। पत्तियों के साथ ही हरियाली लिए सफेद फूल भी आ जाते हैं। फल नवंबर से फरवरी के बीच पकते हैं।

इसका प्रकाष्ठ मध्यम श्रेणी का है तथा पैकिंग केस, प्लाइवुड आदि के निर्माण में प्रयुक्त होता है। इसके फलों में टैनिन पाया जाता है। हड़, बहेड़ा तथा आँवला के फल जिसे अंग्रेजी में माइरोबोलम्स (myrobolams) कहते हैं, टैनिन की दृष्टि से बहुत उपयोगी है। आयुर्वेद की प्रसिद्ध औषधि 'त्रिफला' में इसके फल का सर्वाधिक प्रयोग होता है। यह छाया के लिए सड़कों के किनारे लगागा जाता है। इसकी पत्तियों का चारा अच्छा होता है।

बाकली, धव(धौरा)
(Axle wood)

इसका वानस्पतिक नाम 'Anogeissus latifolia' है। यह मुख्यतः आंध्र प्रदेश, तमिलनाडु, महाराष्ट्र, मध्य प्रदेश, बिहार एवं उत्तर प्रदेश में पाया जाता है। फरवरी में पत्ते गिरते हैं तथा मार्च तक वृक्ष पर्णविहीन रहता है। सितंबर से जनवरी तक फूल आते हैं तथा दिसंबर से मार्च तक फल पकते हैं। इसकी छाल सफेदी लिए भूरे रंग की होती है।

बाकली के नए पत्तों में सबसे अधिक टैनिन (लगभग 55 प्रतिशत) पाया जाता है परंतु नए पत्ते निकलने और वर्षा ऋतु प्रारंभ होने के बीच समय कम रहता है जिससे इसको इकट्ठा करने में कठिनाई होती है।

इसकी लकड़ी बहुत लचकदार तथा मजबूत होती है। इसका घनत्व 930 कि.ग्रा. प्रति घन मीटर है। यह गाड़ी के धुरे तथा विभिन्न उपकरणों की मुट्ठियाँ बनाने के काम आती है। इसीलिए इसे Axle wood कहा गया है। इसे पानी के जहाज निर्माण में भी प्रयोग किया जाता है। इस पर फिनिशिंग अच्छी आती है। यह एक अच्छी ईंधन प्रजाति है। इसका चारकोल भी अच्छा माना जाता है।

बाटल ब्रश
(Bottle Brush)

इसका वानस्पतिक नाम 'Callistemon lanceolatus' है। यह प्राकृतिक रूप से आस्ट्रेलिया में पाया जाता है। अब इसे पूरे भारत में शोभाकार वृक्ष के रूप में उगाया जाता है। यह मध्यम आकार का सदाहरित वृक्ष है जो 10 मीटर तक उँचाई प्राप्त कर लेता है। इसके फल लाल, बेलनाकार एवं ब्रश की तरह होते हैं, इसीलिए इसे बाटल ब्रश कहते हैं। फूल नवंबर से अप्रैल तक आते हैं।

शोभाकारी वृक्ष के रूप में यह अत्यंत महत्वपूर्ण है। इसे उद्यानों, पार्कों एवं घरों के आस-पास शोभाकारी वृक्ष के रूप में उगाया जाता है।

बाटल पाम
(Royal Palm, Bottle Palm)

इसका वानस्पतिक नाम 'Roystonea regia' है। यह पूरे भारत के मैदानी क्षेत्रों एवं उद्यानों में उगाया जाता है। यह एक सीधा एवं सुंदर पाम है। इसकी पत्तियाँ विशाल होती हैं।

यह शोभाकारी वृक्ष के रूप में उद्यानों में लगाया जाता है।

बादाम
(Almond Tree)

इसका वानस्पतिक नाम 'Prunus amygdalus' है। यह उत्तर पश्चिम हिमालय क्षेत्र मुख्यतः कश्मीर में पाया जाता है। यह मध्यम आकार का वृक्ष है। इसकी छाल भूरी, शाखाएँ चिकनी तथा हलके रंग की होती हैं। फूल गुलाबी सफेद होते हैं तथा फरवरी-मार्च में आते हैं।

इसका कच्चा फल खट्टा तथा पकने पर खटमिट्ठा हो जाता है। कच्चे फलों का साग बनाते हैं। फल को तोड़ने पर अंदर बीज निकलता है। यही बीज बाजार में 'बादाम' नाम से बिकते हैं। इसमें विटामिन A, B तथा E मिलता है। इसके तेल का प्रयोग औषधियों में किया जाता है।

बाँस
(Bamboo)

बचपन में खिलौने से लेकर अंत समय में चिता तक मानव बाँस का लगातार प्रयोग करता रहता है। बाँस जैसी विविध उपयोग की दूसरी प्रजाति नहीं है। यह भारतीय जीवन पद्धति का अभिन्न अंग है। अपने उपयोग के कारण ही हमारे देश में इसे 'गरीब आदमी का काष्ठ', 'हरा सोना' एवं 'लोगों का साथी' आदि कहा जाता है। चीन में इसे 'लोगों का मित्र' तथा वियतनाम में 'भाई' कहा जाता है।

यह महत्वपूर्ण प्राकृतिक संसाधन है जो तेजी से बढ़ता है तथा 4-5 वर्षों में ही उपयोग के योग्य हो जाता है। भारत में लगभग 90 लाख हेक्टेयर क्षेत्र में बाँस की लगभग 125 प्रजातियाँ पायी जाती हैं। देश मे बाँस अरुणाचल प्रदेश,

असम, मणिपुर, मेघालय, मिजोरम, नागालैंड, सिक्किम, त्रिपुरा, पश्चिम बंगाल, अंडमान, छत्तीसगढ़ आदि के वन क्षेत्रों में सर्वाधिक पाया जाता है। उपयोगिता के कारण इसे उगाया जाता है। सामान्यतया गाँव में लोग अपने घर के आस-पास काफी मात्रा में बाँस उगाते हैं ताकि वे अपनी प्रतिदिन की अनेक आवश्यकताओं की पूर्ति आसानी से कर सकें। बाँस उष्णकटिबंधीय क्षेत्रों में समुद्र तल से लेकर शीतोष्ण क्षेत्रों में 4,000 मीटर की ऊँचाई तक पाए जाते हैं। यह घास कुल का पौधा है। इस पादप के मुख्यतः तीन भाग होते हैं—भूमि के अंदर का रूपांतरित तना राइजोम, जड़ तथा कांड। बाँस में भी दूसरी घासों की तरह एक जड़ समूह से कई तने निकलते हैं। तने का कुछ हिस्सा जमीन के अंदर रहता है जिसे 'प्रकंद या राइजोम' कहते हैं। हर वर्ष वर्षाकाल में राइजोम से नए कल्ले निकलते हैं। जैसे-जैसे उम्र बढ़ती जाती है, राइजोम बाहर की ओर बढ़ता जाता है और नए कल्ले आते जाते हैं। भूमि के ऊपर के भाग को कांड कहते हैं। सामान्य रूप से यही बाँस कहलाता है। प्रत्येक नाल में ठोस संधि या गाँठ (नोड) तथा खोखली पर्व (इंटरनोड) होती हैं।

बाँस के फूलने का समय नवंबर से फरवरी तक होता है। तदुपरांत बीज पककर अप्रैल से जून तक गिर जाते हैं। पुष्पण व्यवहार के आधार पर बाँस को तीन वर्गों में बाँटा गया है—

(*i*) ऐसे बाँस जो प्रतिवर्ष लगभग इसी अवधि में पुष्पित होते हैं।

(*ii*) ऐसे बाँस जिसमें सामूहिक पुष्पण होता है तथा पुष्पण के बाद इनके पुंज सूख जाते हैं।

(*iii*) ऐसे बाँस जिसमें छिटपुट (स्पेरोडिक) पुष्पण होता है। इन प्रजातियों के पुंज की कुछ नालों में अलग-अलग आयु में पुष्पण एवं बीजीकरण होता है।

बाँस में प्रतिवर्ष फूल नहीं आते। सामान्यतया इसके पूर्ण जीवनकाल (20 से 40 वर्ष) में केवल एक बार ही फूल आता है। क्षेत्र के छोटे-बड़े सभी बाँसों में एक ही समय पर फूल आता है तथा इसे ग्रिगेरियस फ्लावरिंग कहते हैं। फूल आने के बाद बाँस सूख जाता है। बाँस की मुख्य प्रजातियों का पुष्पण चक्र निम्न प्रकार है—

क्रम सं.	प्रजाति का नाम	पुष्पण चक्र (वर्षों में)
1.	बैम्बूसा अत्र	वार्षिक
2.	बैम्बूसा कोपलेंडी	40 वर्ष
3.	बैम्बूसा न्यूटेंस-विधूली बाँस	35 वर्ष
4.	बैम्बूसा पालीमारफा-नारंगी बाँस	35 से 60 वर्ष
5.	बैम्बूसा टुल्डा-नाल बाँस	30 से 40 वर्ष
6.	बैम्बूसा बैम्बोस	32 से 45 वर्ष
7.	बैम्बूसा स्ट्रिआटा	वर्ष 1810 के पश्चात् पुष्पण नहीं पाया गया।
8.	बैम्बूसा अरुनडिनेसिया-कँटीला बाँस	30 से 40 वर्ष
9.	चिमोनोबैम्बुसा फलकेटा	20 से 30 वर्ष
10.	चिमोनोबैम्बुसा जौनसारेनिंसस-सरूरा बाँस	45 से 55 वर्ष
11.	डैंड्राकेलेमस स्ट्रिक्टस-लाठी बाँस	20 से 65 वर्ष
12.	डैंड्राकेलेमस हेमिल्टोनाई-कागजी बाँस	30 से 40 वर्ष
13.	ऑक्सीटेनेंथरा एबिनि	30 वर्ष
14.	मेलोकाना बेसिफेरा-मूली बाँस	45 वर्ष
15.	ओकलेंड्रा ट्रेवनकोरिका-इरूल बाँस	7 वर्ष
16.	ऑक्सीटेनेंथेरा एबिसिनिका	30 वर्ष
17.	फायलोस्टैचिस बैम्बूसायडिस	60 वर्ष
18.	थैमोमोलेमस फलकेनेरी-देवरिगाल	28 से 30 वर्ष
19.	थैमोमोलेमस स्पेथीफ्लोरस	16 से 17 वर्ष
20.	थायोस्टैचिस ओलीवरी	48 से 50 वर्ष

बाँस का विकास अन्य वृक्षों के समान नहीं होता। सबसे पहले भूमिगत गाँठ से राइजोम के द्वारा निकला तना (कल्म) बढ़ता है उसके बाद तेजी से इसकी उँचाई बढ़ती है। वर्षा से पहले बाँस के चारों ओर मिट्‌टी चढ़ाई जाती है। टोकरी बनाने के लिए तीन से चार वर्ष का बाँस उपयोगी होता है। मजबूती के लिए 6 वर्ष का बाँस उपयोगी होता है। अक्टूबर के दूसरे सप्ताह से दिसंबर तक बाँस की कटाई करनी चाहिए।

भारत में पाई जाने वाली बाँस की मुख्य प्रजातियाँ निम्न प्रकार हैं–

1. बैम्बूसा बाल्कुआ–यह हलके भूरे रंग वाला लंबा बाँस है। इसकी ऊँचाई 15 से 23 मीटर तक तथा मोटाई या व्यास 8 से 17 सेमी. तक होता है। इस

बाँस की अंतर्गांठ 20 से 40 सेमी. तक लंबी होती है। हमारे देश में यह बाँस मुख्यतः असम, पश्चिम बंगाल, बिहार, अरुणाचल प्रदेश, पूर्वी उत्तर प्रदेश आदि में पाया जाता है। संश्लेषण करने पर यह बहुत मजबूत और कीट प्रतिरोधी हो जाता है। इस बाँस का उपयोग मुख्यतः निर्माण कार्य,अगरबत्ती की तीलियां आदि बनाने में होता है।

2. बैम्बूसा बैम्बोस–यह गहरे हरे रंग की चमकदार नालों वाला कँटीला बाँस है। इसकी उँचाई 15 से 30 मीटर और व्यास 15 से 18 सेमी. तक होता है। अंतर्गांठ सामान्यतया 20 से 40 सेमी. लंबी होती है। इसमें 30 से 45 वर्षों में व्यापक पुष्पण होता है। यह बाँस भारत के सभी राज्यों में तथा मुख्य रूप से आंध्र प्रदेश, महाराष्ट्र, गुजरात, केरल, तमिलनाडु, मध्य प्रदेश, छत्तीसगढ़ और उड़ीसा में पाया जाता है। इसे प्रायः रैफ्टरों, सीढ़ियों, तंबू के खंभों, ताँगे के शेफ्ट, चटाइयों, टोकरियों आदि के निर्माण में प्रयोग किया जाता है। इसे कागज की लुगदी बनाने में भी प्रयोग किया जाता है। इसके बीज एवं कोमल प्ररोह का उपयोग खाने में भी किया जाता है।

3. बैम्बूसा न्यूटेन्स–इसकी ऊँचाई 6 से 15 मीटर और व्यास 5 से 10 सेमी. तक होता है। अंतर्गांठ सामान्यतया 25 से 45 सेमी. लंबी होती है। इसमें 4 से 14 वर्षों में व्यापक पुष्पण होता है। कभी-कभी छिटपुट पुष्पण भी होता है। यह बाँस यमुना नदी के पूर्वी क्षेत्रों से लेकर अरुणाचल प्रदेश तक लगभग 1,200 मीटर की ऊँचाई तक पाया जाता है। इसे मुख्यतः कागज उद्योग में प्रयोग किया जाता है। इसका उपयोग खंभों के लिए भी किया जाता है।

4. बैम्बूसा पैलिडा–इस बाँस का बीड़ घना होता है। इसकी ऊँचाई 12 से 20 मीटर और व्यास 4 से 7 सेमी. तक होता है। अंतर्गांठ सामान्यतया 45 से 80 सेमी. लंबी होती है। यह बाँस मुख्य रूप से पश्चिम बंगाल, आंध्र प्रदेश, सिक्किम, अरुणाचल प्रदेश, असम, मणिपुर, मेघालय, नागालैंड, त्रिपुरा और उड़ीसा में पाया जाता है। इस बाँस का उपयोग निर्माण और अन्य कार्य जैसे चटाई, टोकरियाँ बनाने आदि में किया जाता है।

5. बैम्बूसा टुल्डा–इस बाँस की नालें प्रायः 7 से 23 मीटर और व्यास 5 से 10 सेमी. तक होता है। अंतर्गांठ सामान्यतया 40 से 70 सेमी. लंबी होती है। प्राकृतिक रूप से यह बाँस पूर्वी भारत में समुद्र तल से 400 मी. की ऊँचाई पर व्यापक रूप से उगता है। यह उत्तर प्रदेश और कर्नाटक में भी उगाया जाता है।

यह अत्यंत उपयोगी बाँस है। इसकी मजबूत नालों के कारण इसे भवन निर्माण कार्य, ढाँचा बनाने एवं छत बनाने के उपयोग में लाया जाता है। इसका उपयोग चटाइयाँ एवं टोकरियाँ बनाने तथा कागज की लुगदी बनाने में किया जाता है।

6. बैम्बूसा वुल्गैरिस–यह मध्यम आकार का एक मजबूत बाँस है। इस बाँस की नालें प्रायः 8 से 20 मीटर और व्यास 4 से 10 सेमी. तक होता है। यह भारत में अनेक स्थानों पर उगाया जाता है। इसका उपयोग कागज बनाने में किया जाता है।

7. डेंड्रोकेलेमस एस्पर–यह एक विदेशी बाँस है। यह बाँस उष्ण कटिबंधीय एशिया तथा मलेशिया, इंडोनेशिया आदि में उगाया जाता है। इसे अब भारत में भी उगाया जाता है। यह बहुत मजबूत बाँस है। इस बाँस की नालें प्रायः 20 से 30 मीटर और व्यास 10 से 20 सेमी. तक होता है। नीचे की अंतर्गांठ 10 से 20 सेमी. तथा ऊपर की अंतर्गांठ 30 से 50 सेमी. लंबी होती है। इसका कोमल प्ररोह पौष्टिक भोज्य पदार्थ है। इसका डिब्बाबंदी (कैनिंग) गुण अच्छा है। इस बाँस की नालें मजबूत होती हैं तथा इसका उपयोग निर्माण कार्यों एवं पुल बनाने में किया जाता है। अंतर्गांठों का एक सिरा बर्तन के रूप में खाना बनाने वाले बर्तन की तरह प्रयोग किया जाता है।

8. डेंड्रोकेलेमस जाईगेंटियस–यह सबसे बड़ा बाँस है। यह बहुत मजबूत बाँस है। इस बाँस की नालें प्रायः 24 से 35 मीटर और व्यास 20 से 30 सेमी. तक होता है। यह म्यांमार मूल का बाँस है। इसे भारत के उत्तर-पूर्वी एवं कभी-कभी अन्य भागों में भी उगाया जाता है। इसका मुलायम प्ररोह अच्छा भोज्य पदार्थ है। इसे भवन निर्माण, पानी की बाल्टियाँ, संदूक, नावों का मस्तूल एवं फूलदान बनाने के काम आता है। इसका उपयोग उत्तम श्रेणी का कागज बनाने में किया जाता है।

9. डेंड्रोकेलेमस हेमिल्टोनाई–यह बड़े आकार का बाँस है। यह प्रजाति मुख्यतः उत्तर-पूर्वी तथा उत्तर-पश्चिमी हिमालय में 600 से 1,200 मी. की ऊँचाई पर पाई जाती है। इस बाँस की नालें प्रायः 25 मीटर तक लंबी और व्यास 10 से 18 सेमी. तक होता है। अंतर्गांठ सामान्यतया 30 से 50 सेमी. लंबी होती है। इसकी नालों की दीवारें पतली होती हैं। इस बाँस का उपयोग निर्माण कार्यों, टोकरियाँ, चटाइयाँ, पानी व दूध के बर्तन तथा रेफ्ट आदि बनाने के काम में होता है।

10. डेंड्रोकेलेमस स्ट्रिक्टस–यह प्रजाति पूरे भारत में 1,000 मी. की ऊँचाई तक पाई जाती है। इसे सामान्यतः मैदानी क्षेत्रों एवं पहाड़ों की तलहटियों में उगाया जाता है। इस बाँस की नालें प्रायः 8 से 16 मीटर तक लंबी और व्यास 2.5 से 8 सेमी. तक होता है। यह लगभग ठोस या अंतर्गांठों युक्त मोटी दीवालों वाला होता है। यह बहुत मजबूत बाँस है। भारतीय बाँसों में यह सर्वाधिक उपयोगी है। इस बाँस का उपयोग बंजर भूमि सुधार कार्यों, निर्माण कार्यों, टोकरियाँ, चटाइयाँ, फर्नीचर, कृषि उपकरण एवं औजारों के हत्थे आदि बनाने के काम में होता है।

11. मैलोकोना बैक्किफेरा–यह सदाबहार बाँस है। इसकी नालें 10 से 12 मीटर और व्यास 3 से 7 सेमी. तक होता है। अंतर्गांठ सामान्यतया 20 से 50 सेमी. लंबी होती है। यह बाँस मुख्य रूप से पश्चिम बंगाल, मिजोरम, अरुणाचल प्रदेश, असम, मणिपुर, मेघालय, नागालैंड, त्रिपुरा और पूर्वी भारत के अन्य मैदानी एवं पहाड़ी क्षेत्रों में पाया जाता है। यह बहुत उपयोगी बाँस है। इस बाँस का उपयोग निर्माण और अन्य कार्य जैसे चटाई, टोकरियाँ, खाद्यान्न के कंटेनर, छाते की डंडियाँ, हैट एवं खिलौने आदि बनाने में किया जाता है।

12. आक्लेंड्रा ट्रेवनकोरिका–इसकी नालें 2 से 6 मीटर और व्यास 2.5 से 5 सेमी. तक होता है। इसकी पतली दीवालों वाली अंतर्गांठें होती हैं। यह बाँस मुख्य रूप से केरल एवं तमिलनाडु के पहाड़ी क्षेत्रों तथा टिन्नीवैली जिले में 1,500 मी. की उँचाई तक पाया जाता है। यह कागज की लुगदी बनाने हेतु सर्वाधिक उपयोगी बाँस है। इसके अतिरिक्त इस बाँस का उपयोग चटाई, टोकरियाँ, अस्थाई झोपड़ियाँ आदि बनाने में किया जाता है। यह जलमार्गों के साथ सबसे अच्छे मृदाबंधक हैं।

जहाँ मजबूती एवं लचीलापन दोनों चाहिए, वहाँ बाँस सर्वाधिक उपयोगी है। इसके सभी उपयोगों का वर्णन संभव नहीं है किंतु कुछ परंपरागत उपयोग निम्न प्रकार हैं–कृषि उपकरण जैसे जुआ आदि, खँटे, तीर, पीठ में लगाने वाले टोकरे, टोकरियाँ, बिछौने, नावें, बोतलें, धनुष, पुल, झाड़ू, ब्रश, टोपी, कुरसियाँ, चिक, चापस्टिक्स, ताबूत, कंघे, कंटेनर्स, भोज्य पदार्थ, कार्डेज, रद्दी की टोकरियाँ, पंखे, बाड़, मछली फँसाने की लग्गी, ध्वज दंड, प्रकाष्ठ को तैराने हेतु सहायक उपकरण, बाँसुरी, फूलदान, भोजन की टोकरियाँ, जलाई लकड़ी, फर्नीचर, हैट, हस्तकला, हुक्के की नली, पतंग, सीढ़ियाँ, लैंप, माचिस की तीलियाँ, चटाइयाँ, संगीत

उपकरण, कील, आभूषण, खंभे, पैन, रेआन पल्प, रूफिंग, स्केफोल्डिंग, स्कूप्स, सीड ड्रिल्स, जूते, शटल, खेल-कूद का सामान, स्प्रेयर, स्टूल्स, स्टिक्स, टेबिल, थैचिंग, दीवारें तथा रेपर्स आदि। बाँस से कागज बनाने हेतु उत्तम लुग्दी तैयार होती है। अचार बनाने के लिए इसके कोपलों का प्रयोग किया जाता है। इसकी पत्तियाँ बहुत अच्छा चारा है।

भारत में बाँस के सामान्य उपयोग की प्रजातियों का विवरण निम्न प्रकार है–

क्रम सं.	उपयोग	प्रजातियाँ
1.	निर्माण	बैम्बूसा पालीमारफा, बैम्बूसा बल्कुआ, बैम्बूसा बेलुमेना, सिफेलोस्ट्रचम परग्रेसिल, डेंड्रोकेलेमस मेम्ब्रेनस, डेंड्रोकेलेमस हेमिल्टोनाई, डेंड्रोकेलेमस जायजेटियस, डेंड्रोकेलेमस लागीस्पेथस, डेंड्रोकेलेमस स्ट्रिक्टरा, जाइजेंटिकोला नाइग्रोसिलिएटा, मेलोकेना बेसीफेरा, निहाऊजिआउआ डलुआ आदि।
2.	छप्पर एवं छत बनाना	बैम्बूसा अरुनडिनेसिया, बैम्बूसा टुल्डा, बैम्बूसा पालीमारफा, डेंड्रोकेलेमस स्ट्रिक्टस, चिमेनोबैम्बूसा फलकेटा, ऑक्सीटेंनथेरा मोनोडेल्फा आदि।
3.	टोकरी बनाना	अरुनडनेरिया इंटरमीडिया, बैम्बूसा न्यूटेंस, बैम्बूसा पैलीडा, बैम्बूसा अरुनडनेसिया, बैम्बूसा खसियाना, चिमेनोबैम्बूसा फलकेटा, डेंड्रोकेलेमस लागीसपेथस, निहाऊजिआउआ हेलफेरी, थैमनोकेलेमस स्पथीफ्लोरस आदि।
4.	चारा	अरुनडनेरिया रेसीमोसा, चिमेनोबैम्बूसा डेंसीफोलिया, डेंड्रोकेलेमस स्ट्रिक्टस, डेन्ड्रोकेलेमस सिक्किमेनसिस, सिफेलोस्ट्रचम परग्रेसिल आदि।
5.	चटाई	अरुनडनेरिया इंटरमीडिया, बैम्बूसा न्यूटेंस, बैम्बूसा तरेया, बैम्बूसा टुल्डा, बैम्बूसा पेलिडा, बैम्बूसा अरुनडनेसिया, बैम्बूसा वेलूमोना, बैम्बूसा हेमिल्टोनाई आदि।
6.	घेरबाड़	सभी प्रजातियाँ।

7.	अंतिम संस्कार	बैम्बूसा अरुनडनेसिया, डेंड्रोकेलेमस स्ट्रिक्टस आदि।
8.	पालना	बैम्बूसा अरुनडनेसिया, डेंड्रोकेलेमस स्ट्रिक्टस आदि।
9.	सीढ़ियाँ	बैम्बूसा अरुनडनेसिया, डेंड्रोकेलेमस स्ट्रिक्टस आदि।
10.	खेती	डेन्ड्रोकेलेमस स्ट्रिक्टस आदि।
11.	खेत के किनारे	बैम्बूसा अरुनडनेसिया आदि।
12.	मेड़ों पर, अवनत क्षेत्रों में, रोपण एवं मृदा संरक्षण, हवा रोक पट्टी आदि।	सभी प्रजातियाँ।

बाँस के विशेष उल्लेखनीय उपयोग निम्न प्रकार हैं–

- **बाँस पारवेक्ट (ब्लॉक फ्लोरिंग)**–पारक्वेट शब्द उस फ्लोरिंग के लिए प्रयुक्त होता है जिसमें 3.81 सेमी. X 6.71 सेमी. की धारियाँ काटकर ज्यामितीय आधार पर रखी जाती है।
- **लेमिनेटेड बाँस**–बाँस नालों को फाड़कर शीटों में उचित बांइडिंग और फिलिंग मैटीरियल के साथ बिछा दिया जाता है। तब इन शीटों को जोड़कर एक-दूसरे के ऊपर रखकर, व्यवस्थित करके संश्लेषण किया जाता है तथा इच्छित आकार में दबाया जाता है। तब इन्हें इच्छित माप और आकार में काटा और छीला जाता है और अंततः अपनी इच्छानुसार अंतिम रूप दिया जाता है।
- **बाँस प्रतिबलित कंक्रीट**–सबसे पहले 1919 में चीन में रेलवे लाइनों पर बाँस प्रतिबलित कंक्रीट पाइलों का उपयोग किया गया था। इसे निर्माण कार्यों में भी उपयोग में लाया जाता है।

  कृत्रिम आकार में मोड़े गए बाँस कम लागत के मकानों, हस्तकलाओं, सजावटी वस्तुओं और कुटीर उद्योगों के लिए बाँस को वर्गाकार, आयताकार और त्रिभुजाकार आकारों में मोड़ा जा सकता है। जापान में कृत्रिम आकार के बाँसों को सफलतापूर्वक उगाया गया है। खोखले ब्लाकों को मोड़ने की तरह उत्पादन सरल है किंतु इससे अभ्यास की आवश्यकता होती है।
- **औषधि**–बाँस की विभिन्न प्रजातियों की नालों की अंतर्गांठों में बँसलोचन या तबाशीर पाया जाता है जो सिल्कामय स्राव है। यह 2 किमी. तक मोटी पर्तों में अंतर्गांठों में मिलता है। इसे शीत टॉनिक तथा कामोत्तेजक के रूप

में प्रयोग किया जाता है। यह दमा, खाँसी और अन्य बीमारियों के इलाज में भी काम आता है।

- **चारकोल**—यह बिजली की बैटरियों में प्रयुक्त होने वाले अन्य कई चारकोलों से बेहतर होती है। भारत में इसे औषधीय उपयोगों में लाया जाता है। आभूषण निर्माता बाँस के चारकोल को प्राथमिकता देते हैं।
- **गंधहरक**—कई एशियाई देशों में मछली के तेल से गंधहरण करने के लिए सूखी, परिपक्व बाँस की पत्तियों को उपयोग में लाया जाता है।
- **भूमि संरक्षण एवं हवा रोधक कार्य**—जटिल प्रकंद पद्धतियों और जड़ों के कारण कई बाँस भूमि संरक्षण के लिए बहुत उपयोगी हैं। बाँस घने पुँज बनाते हैं और इनको अधिक हवा वाले क्षेत्रों में शरण पट्टियाँ और हवा रोधक कार्य में लाया जा सकता है।
- **सौंदर्यपरक**—बाँस की कुछ प्रजातियों ने भूमि पर सजावट के लिए महत्ता हासिल की है तो पीला बाँस, पिचर बाँस आदि कुछ बांस प्रजातियां उच्च कोटि की आभूषणपरक हैं।
- **चारा**—बाँस की पत्तियाँ पालतू जानवरों, घोड़ों और हाथियों के लिए काफी महत्वपूर्ण है। खासकर जब अन्य स्रोतों से चारा उपलब्ध नहीं होता है तो इनका महत्व बहुत बढ़ जाता है। बाँस की पत्तियों में पाचनशील कच्चा प्रोटीन तथा अन्य पोषक तत्व प्रचुर मात्रा में होते हैं। ऐसा माना जाता है कि बैम्बूसा वुल्गेरिस की पत्तियों में उच्च कोटि के पोषक तत्व होते हैं। इन्हें विटामिन 'ए' की कमी को दूर करने के लिए मुर्गियों को भी खिलाया जाता है। डैंड्रोकेलेमस स्ट्रिक्टस की पत्तियाँ और युवा नालें खुरदुरा चारे के लिए उपयोगी होती हैं लेकिन इन्हें फूल आने से पहले ही काट लेना चाहिए क्योंकि फूल आने के बाद इनकी पोषक क्षमता घट जाती है। सामान्यतः बैम्बूसा बैम्बोस, स्किज़ोस्टेकियम केपिटेटम, डेंड्रोकेलेमस हेमिल्टोनाई, डी सिक्किमेंसिस, अरूडिंनेरिया तथा ऑकलेंड्रा प्रजातियों को चारे के उपयोग में लाया जाता है। उत्तर-पश्चिमी हिमालय में ड्रिपेनीस्टैकियम फैल्केटम (अरुडिंनेरिया फैल्केटा) प्रजाति सामान्यतः चारे के लिए प्रयुक्त की जाती है।
- **कागज की लुग्दी**—बाँस को भारत में कागज उद्योग के लिए सबसे महत्वपूर्ण कच्ची सामग्री समझा जाता है। इस समय लुग्दी एवं कागज का

वार्षिक उत्पादन लगभग 5 मिलियन टन है जिसमें से कागज के कारखानों द्वारा किए जाने वाले कच्चे माल की खपत का 20 से 30 प्रतिशत बाँस से प्राप्त होता है। इस उद्देश्य के लिए डेंड्रोकेलेमस स्ट्रिक्टस का उपयोग व्यापक रूप से किया जाता है। सामान्यतः जिन अन्य प्रजातियों को इस उपयोग में लाया जाता है वे इस प्रकार हैं–

बैम्बूसा बैम्बोस, बी. टुल्डा, डेंड्रोकेलेमस हेमिलटोनाई, डी. लौंगिस्पैथस, जाइगेंटोक्लोआ रोस्ट्राटा तथा ऑकलेंड्रा प्रजातियाँ।

बाँज

(Oak Tree, Bluejack oak)

इसका वानस्पतिक नाम 'Quercus incana' है। यह एक विशाल सदाहरित वृक्ष है। यह बाह्य हिमालय क्षेत्रों मुख्यतः हिमाचल प्रदेश एवं उत्तराखंड में पाया जाता है। इसकी छाल गहरी भूरी या कालापन लिए भूरी होती है। पत्तियाँ 10 से 12 से. मी. लंबी एवं 3 से 5 से. मी. चौड़ी होती हैं। पत्तियों की ऊपरी सतह गहरी भूरी तथा निचली सतह सफेदी लिए होती है। फूल अप्रैल-मई में आते हैं।

इसकी छाल गहरी भूरी एवं फटी होती है। अंतः काष्ठ लाली लिए भूरी होती है। इसका उपयोग भवन निर्माण एवं कृषि उपकरणों हेतु किया जाता है। ग्रामीणों द्वारा इसका प्रयोग ईंधन के रूप में किया जाता है। इसका अच्छा चारकोल बनता है। इसके फल भालू एवं बंदरों को विशेष प्रिय हैं।

बिंजई

(Jack, Malaysian Mango)

इसका वानस्पतिक नाम 'Mangifera caesia' है। मलयालम में इसे बिंजई कहा जाता है। इसके वृक्ष मुख्यतः केरल में पाए जाते हैं। महाराष्ट्र एवं तमिलनाडु में भी यह कहीं-कहीं पर मिलता है। यह 30 मीटर तक की ऊँचाई प्राप्त करता है। फूल गुलाबी रंग के तथा 0.7 से. मी. लंबे होते हैं। फल बड़े 10 से 15 से. मी. लंबे तथा 6 से 8 से. मी. चौड़े होते हैं। इसके फल खाए जाते हैं।

प्रकाष्ठ पर फिनिशिंग अच्छी आती है। इसका उपयोग फर्नीचर, नाव बनाने, कुएँ के काम, कैबिनेट निर्माण एवं संगीत उपकरणों में किया जाता है।

बेर
(Plum)

इसका वानस्पतिक नाम 'Zizyphus mauritiana या Zizyphus jujuba' है। यह हिमालय एवं उत्तर पूर्वी भारत के नम क्षेत्रों को छोड़कर पूरे भारत में पाया जाता है। हिमालय क्षेत्र में यह 1,400 मीटर की ऊँचाई तक पाया जाता है। यह अनेक प्रकार की जलवायु एवं मृदा में उग जाता है। गहरी दोमट मिट्टी में इसकी पैदावार अच्छी होती है। यह छोटे आकार का सदापर्णी वृक्ष है। इसकी ऊँचाई 5 मीटर तक होती है। इसमें बहुत काँटे होते हैं। इसकी छाल भूरी और खुरदरी होती है। इसके फूलों एवं फलों के आने का समय जलवायु एवं स्थान के अनुसार भिन्न होता है। फूल अप्रैल से सितंबर तक आते हैं। फूलों का रंग हरियाली लिए पीला होता है। फल फरवरी-मार्च तक पकते हैं तथा पकने के बाद फलों का रंग पीला या लाल हो जाता है।

इसका फल बहुत उपयोगी है तथा खाया जाता है। फलों के लिए इसके बाग लगाए जाते हैं। इसकी लकड़ी कृषि उपकरणों के निर्माण में प्रयोग की जाती है। इसकी पत्तियाँ अच्छा चारा है। आयुर्वेद मे इसका फल रक्तस्तंभक, रक्तशोधक एवं पाचक माना गया है। इसकी छाल अतिसार में लाभदायक है।

बेल
(Bengal Quince)

इसका वानस्पतिक नाम 'Aegle marmelos' है। यह उत्तर भारत के सूखे एवं सम्मिश्र वनों में प्राकृतिक रूप से पाया जाता है। भारत के समस्त मैदानी क्षेत्रों में इसे फल के लिए उगाया जाता है। यह विंध्य क्षेत्र की कंकरीली-पथरीली भूमि में पाया जाता है किंतु यहाँ पर इसकी वृद्धि अच्छी नहीं है। दोमट एवं नम भूमि में इसकी वृद्धि सबसे अच्छी होती है। यह मध्यम आकार का वृक्ष है तथा इसकी ऊँचाई 10 मीटर तक होती है। यह वृक्ष हरा-भरा एवं घनी छाया वाला होता है। शाखाओं पर छोटे-छोटे काँटे होते हैं। यह सूखा एवं पाला सह लेता है। मार्च एवं अप्रैल के महीने में इसमें फूल आते हैं। फूल हरे सफेदी लिए सुगंधित होते हैं। दिसंबर तक बेल का फल अपना आकार ले लेता है तथा अप्रैल में पकने लगता

है। फल गोल होता है तथा इसका व्यास 5 से 10 से. मी. तक होता है। इसका छिलका कड़ा एवं 2 से 3 मि. मी. तक मोटा होता है। पका फल पीलापन लिए हरा होता है।

आयुर्वेदिक चिकित्सा पद्धति में बेल का विशिष्ट स्थान है। पेट की बीमारियों हेतु यह विशेष लाभप्रद है। इसके फल का गूदा दस्त और पेचिश में लाभकारी है। भुना हुआ कच्चा फल अतिसार, रक्तातिसार में उपयोगी है। यदि ज्वर न हो तथा रोगी दुर्बल एवं उसका पाचन खराब हो तब यह विशेष लाभकारी है। इसका पका फल खाया जाता है। फल का अचार एवं मुरब्बा तथा शर्बत बनता है। इसके गूदे का शर्बत बनाया जाता है। इसका मुरब्बा टॉनिक की तरह उपयोग में लाया जाता है। इसे घनी छाया के लिए उगाया जाता है। इसकी पत्तियाँ चारा के रूप में प्रयोग की जाती हैं। इसके पत्ते भगवान शिव को चढ़ाए जाते हैं।

बीजासाल
(Indian Kino Tree)

इसका वानस्पतिक नाम 'Pterocarpus marsupium' है। यह मुख्यतः दक्षिण भारत, गुजरात, बिहार, उत्तर प्रदेश एवं पश्चिमी प्रायद्वीप में पाया जाता है। यह विशाल पर्णपाती वृक्ष है। इसकी छाल पीताभ एवं धूसर रंग की तथा लंबाई में फटी होती है। इसके फूल पीले या सफेद मंजरियों में आते हैं। फूल जुलाई से अक्टूबर तक आते हैं तथा लगभग 1.5 से. मी. लंबे होते हैं।

इसके अंदर का काष्ठ (हार्ट वुड) मजबूत, टिकाऊ तथा रेजिन युक्त होता है। इस पर पालिश अच्छी आती है। इसका घनत्व 675 कि.ग्रा. प्रति घन मीटर होता है। इसका प्रयोग कृषि उपकरणों, दरवाजे, खिड़कियाँ, अच्छे प्रकार के फर्नीचर आदि के निर्माण में किया जाता है। नाव एवं गाड़ियों के पहिए बनाने में इसका प्रयोग किया जाता है। इसकी हार्ट वुड को पानी में डालने पर पानी नीले रंग का हो जाता है। इसका उपयोग कहीं-कहीं पर प्लाइ वुड के निर्माण में भी किया जाता है।

इसके काष्ठ का उपयोग ड्रम तथा डुगडुगी के निर्माण के लिए भी किया जाता है।

भीरा, भीविया

(Satin wood)

इसका वानस्पतिक नाम 'Chloroxylon swietenia' है। यह दक्षिण भारत, असम एवं बंगाल में पाया जाता है। यह मध्यम आकार का पर्णपाती वृक्ष है जो 15 से 20 मीटर तक ऊँचाई प्राप्त करता है। पत्तियाँ एकांतर क्रम में तथा 10 से 20 से.मी. लंबी होती हैं। फूल छोटे क्रीमी सफेद होते हैं।

प्रकाष्ठ पीलापन लिए भूरा होता है। इसका घनत्व 96. कि.ग्रा. प्रति घन मीटर होता है। इसके प्रकाष्ठ का उपयोग कृषि उपकरणों, भवन निर्माण एवं फोटो फ्रेम में प्रयोग किया जाता है।

भोज पत्र

(Himalayan Paper Birch, Indian Paper Birch)

इसका वानस्पतिक नाम 'Betula utilis' है। यह उत्तर पश्चिम हिमालय क्षेत्र एवं टिहरी गढ़वाल क्षेत्र में 4,500 मीटर की ऊँचाई पर पाया जाता है। यह लगभग 20 मीटर की ऊँचाई प्राप्त करता है। इसकी छाल सफेदी लिए हलकी भूरी होती है। इसकी पत्तियाँ 5 से 10 से.मी. लंबी होती हैं। फूल मार्च से मई तक आते हैं तथा फल सितंबर-अक्टूबर में पकते हैं।

इसकी छाल परतों में निकलती जाती है। यह प्राचीन काल में लिखने के लिए कागज का कार्य करती थी। भारत का लगभग पूरा प्राचीन साहित्य भोजपत्र पर ही लिखा गया। इसकी पत्तियाँ जानवरों के चारे के काम आती हैं। इसका प्रकाष्ठ छत निर्माण एवं पुल बनाने के काम आता है। यह एक अच्छी ईंधन प्रजाति है।

मजनू

(Weeping Willow)

इसका वानस्पतिक नाम 'Salix babylonica' है। यह पूरे भारत के उद्यानों में लगाया जाता है। पश्चिमी हिमालय क्षेत्र में यह प्राकृतिक रूप से उगाया जाता है। यह एक छोटे आकार का वृक्ष है। पत्तियाँ 6 से 8 से. मी. लंबी दीर्घवृत्ताकार होती हैं।

यह शोभाकार वृक्ष के रूप में उद्यानों में लगाया जाता है।

महोगनी
(Mahogony Tree)

इसका वानस्पतिक नाम 'Swietenia mahogoni' है। यह प्राकृतिक रूप से अमेरिका एवं वेस्ट इंडीज की प्रजाति है जो अब भारत में व्यापक रूप से उगाई जाती है। इसे सर्वप्रथम वर्ष 1795 में वेस्ट इंडीज से लाकर कलकत्ता के वानस्पतिक उद्यान में उगाया गया। इसे उत्तर प्रदेश, बिहार एवं पश्चिम बंगाल में मुख्य रूप से उगाया जाता है। यह मध्यम आकार का सदाहरित वृक्ष है। इसकी पत्तियाँ 5 से 6 से. मी. तक लंबी होती हैं। इसमें मई से जुलाई तक फूल आते हैं। इसका फल हरापन लिए सफेद होते हैं।

इसके प्रकाष्ठ पर पालिश अच्छी आती है। इसे पानी के जहाज एवं नाव निर्माण में प्रयोग किया जाता है। इसका प्रकाष्ठ फर्नीचर एवं कैबिनेट हेतु भी प्रयुक्त होता है। इसका घनत्व 720 कि. ग्रा. प्रति घन मीटर होता है।

महुआ
(Butter Tree)

इसे बंगला में माहल या मोहवा, गुजराती में मोहुदा या माहुदो अथवा मावडो, कन्नड़ में हाइप्पे या हौंगे, मलयालम में इल्लूपा, मराठी में मोहो या मोहवरा, उड़िया में मड्गी या मोहा, पंजाबी में मोहवा, तमिल में इल्लुपाई या इल्लूपा तथा तेलगू में इप्पा या इप्पी कहते हैं। महुआ और इसके फूलों का वर्णन हमारे देश के प्राचीन साहित्य में पाया जाता है। सुश्रुत में इसके भिन्न-भिन्न भागों की उपयोगिता दी गयी है। महाकवि कालिदास ने रघुवंश के छठे सर्ग में वर्णन किया है कि इंदुमती अपने स्वयंवर के समय महुए के फूलों की माला अपने हाथों में लिए हुए थी और इसी महुए के फूल की माला उसने राजा अज को पहनाकर उन्हें अपने पति के रूप में वरण किया था। इसका वानस्पतिक नाम 'Madhuca indica' है। पर्वतीय क्षेत्रों को छोड़कर यह लगभग पूरे भारत में पाया जाता है। यह महाराष्ट्र, गुजरात एवं उड़ीसा में सर्वाधिक पाया जाता है। यह एक विशाल किंतु धीरे-धीरे बढ़ने वाला वृक्ष है। पहले वर्ष के अंत तक पौधे की लंबाई लगभग 8 सेमी., दूसरे वर्ष के अंत तक लगभग 30 सेमी. तथा तीसरे वर्ष के अंत तक 1.2 मी. तक हो जाती है। इसमें मार्च-अप्रैल में पीले रंग के फूल आने प्रारंभ होते हैं तथा जून से

अगस्त के बीच फल विकसित हो जाते हैं। फलों को दबाकर उनसे बीज निकाल लिया जाता है तथा फिर उसे सुखाया जाता है। महुआ का वृक्ष 10 वर्ष के उपरांत उपज देने लगता है। विभिन्न आयु के वृक्षों से फलों का उत्पाद निम्न प्रकार है–

क्रम संख्या	आयु (वर्ष)	उत्पादन प्रति वृक्ष (किग्रा)
1.	10	10
2.	20	30
3.	30	60
4.	40	60
5.	50	135
6.	60	140

महुआ एक बहुउपयोगी वृक्ष है। जनजातीय समुदाय का एक बड़ा भाग महुआ के फूलों और फलों का संग्रह कर रोजगार प्राप्त करता है। ग्रमीण क्षेत्रों में उन दिनों जब कृषि कार्य का दबाव कम होता है, रोजगार की भीषण समस्या होती है। महुआ का फूल तथा फल गरीबों को भोजन तो देते ही हैं साथ ही मौसमी रोजगार भी उपलब्ध कराते हैं। इसके प्रमुख उपयोग निम्न प्रकार हैं–

काष्ठ–महुआ का काष्ठ व्यापक रूप से प्रयोग नहीं होता क्योंकि इसके फल और फूल इतने अधिक उपयोगी हैं कि उनकी उपयोगिता को देखते हुए इसे काटा नहीं जाता। इसके छोटे वृक्षों से अत्यंत उपयोगी खंभे बनते हैं जो घर बनाने के काम आते हैं। इसकी लकड़ी मजबूत होती है जो भवन निर्माण, दरवाजे, खिड़की, फर्नीचर, देशी बर्तन एवं पहियों की नाभि बनाने के काम आती है। इसकी एक प्रजाति मधुका लौंगीफोलिया का काष्ठ समुद्री जहाज के नौतल और पानी के अंदर के लिए तख्तों की नाभियाँ तथा अच्छी किस्म की काष्ठकील, ठेला, बैलगाड़ी तथा पुल बनाने के काम आता है। दक्षिण भारत में महुआ का काष्ठ चाय की पेटियाँ बनाने के काम आता है।

इसकी छाल में चर्मशोधक टेनिन होता है जो रंगाई के काम आता है।

पत्ती–महुआ की पत्तियों में जानवरों के लिए पोषक तत्व पाए जाते हैं। मध्य प्रदेश, महाराष्ट्र, उत्तर प्रदेश एवं उड़ीसा में चारे के लिए इसके वृक्षों की काँट-छाँट की जाती है। इसकी पत्तियों से पत्तल तथा दोना (अस्थाई प्लेट तथा

कटोरी) बनाया जाता है जिसे आदिवासी एवं गरीब ग्रामीण खाते समय प्रयोग करते हैं।

फूल–इसके फूलों में सुगर, विटामिन एवं कैल्शियम अत्यधिक मात्रा में पाया जाता है। पोषक तत्वों की दृष्टि से इन फूलों में कार्बोहाइड्रेट, प्रोटीन, खनिज एवं विटामिन अधिक मात्रा में होते हैं। महुआ के फूल को सुखाकर एवं आटा बनाकर खाया जाता है। इसका फूल जनजातीय एवं ग्रामीणों का परंपरागत प्रमुख आहार है। आदिवासी क्षेत्रों का यह विशेष भोजन है तथा वे इसे विशेष पसंद करते हैं। इसके फूलों से शराब बनाई जाती है। यह शराब ही वास्तव में भारत की 'बीयर' है।

महुआ के फलों का उपयोग सिरका बनाने के लिए किया जाता है। इसका फूल, जंगली भालू को विशेष पसंद है।

फल–इसके फलों को कच्चा या पकाकर खाया जाता है। अनेक जीव-जंतु जैसे-भेड़, बकरियाँ, बंदर एवं तोते आदि इन फलों को खाते हैं। इसके फलों की लुगदी का उपयोग अल्कोहल बनाने के लिए किया जाता है।

बीज–इसके बीजों से तेल निकलता है जिसका 'घी' की तरह प्रयोग किया जाता है। इसे आदिवासी विशेष पसंद करते हैं। इसके बीजों का तेल साबुन बनाने में उपयोग किया जाता है। इसके तेल का प्रयोग खाना बनाने, चाकलेट बनाने, चिकनाई युक्त ग्रीस बनाने तथा मोमबत्ती बनाने में किया जाता है। जलाने तथा दवाइयों में भी इसका उपयोग किया जाता है।

खली (सीड केक)–तेल निकालने के बाद बीजों की खली का प्रयोग जैविक उर्वरक के रूप में किया जाता है। आदिवासी महुआ के खली के धुएँ से साँप तथा कीटाणु भगाने तथा मछली मारने का काम करते हैं। सैपोलिन नामक विषैले पदार्थ के कारण यह पशुओं को नहीं खिलाई जाती। आयुर्वेद में खुजली एवं सन्निवात में इसकी छाल का उपयोग किया जाता है। इसका तेल वातनाशक होता है।

मंदार
(Indian Coral Tree)

इसका वानस्पतिक नाम 'Erythrina variegata' है। इसे धौलढाक भी कहते हैं। यह पूरे भारत के मैदानी क्षेत्रों में पाया जाता है। यह मध्यम आकार का पर्णपाती

वृक्ष है। इसकी ऊँचाई 15 मीटर तक होती है। अक्टूबर में पतझड़ प्रारंभ हो जाता है तथा नई पत्तियाँ अप्रैल-मई में आना प्रारंभ हो जाती हैं। इसकी शाखाओं के छोर पर गहरे लाल रंग के फूल खिलते हैं। फूल फरवरी-मार्च में आते हैं। फूलों में पाँच पंखुड़ी होती है जिसमें एक हँसिया की तरह होती है।

नीले आकाश के नीचे गहरे लाल रंग के फूलों का गुच्छा अत्यंत मनोरम लगता है। इसकी शाखाओं पर चहचहाती चिड़ियों का संगीत एवं भौरों का गुंजार आकर्षक लगता है। इसकी जड़ें नाइट्रोजन फिक्सेसन का कार्य करती हैं। इसका उपयोग खिलौने बनाने के लिए किया जाता है। इसके वृक्ष का व्यापक उपयोग काली मिर्च, लौंग एवं अंगूर की बेल चढ़ाने हेतु किया जाता है। चाय के बागान एवं पान की खेती में भी इसका उपयोग होता है।

मागनोलिया
(Bull Bay)

इसका वानस्पतिक नाम 'Magnolia grandifolia' है। यह मूलतः अमेरिका का प्राकृतिक वृक्ष है। भारत में इसे सिक्किम में व्यापक रूप से लगाया जाता है। उत्तराखंड में भी अब इसे उगाया जा रहा है। यह मध्यम आकार का वृक्ष है। इसकी पत्तियाँ लगभग 12 से.मी. चौड़ी, चमकीली तथा गहरी हरी होती हैं। फूल लगभग 8 से 10 से.मी. चौड़े, आकर्षक एवं क्रीमी सफेद रंग के होते हैं। फूल अप्रैल से जून तक आते हैं।

अपने कमल जैसे फूलों एवं आकर्षक सुषमा के कारण यह एक प्रमुख शोभाकारी वृक्ष है।

मारी
(Fish Tail Palm, Sago Palm)

इसका वानस्पतिक नाम 'Caryota urens' है। यह मुख्यतः उड़ीसा, आसाम एवं दक्षिण भारत में पायी जाने वाली प्रजाति है। यह बेलनाकार तने वाला सुंदर पाम है जो 12 मीटर तक ऊँचाई प्राप्त करता है। इसका व्यास 30 से.मी. तक होता है। इसकी पत्तियाँ चमकीली गहरी हरी तथा मछली की पूँछ की तरह होती हैं। फूल जनवरी से मार्च तक आते हैं तथा सफेद होते हैं। फल लाल रंग के होते हैं।

इससे प्राप्त फाइबर से रस्सी, मछली पकड़ने का जाल, टोकरी आदि बनाए जाते हैं। तने से ड्रम बनाए जाते हैं।

मैसूरी अंजीर
(Yellow Berry Ficus)

इसका वानस्पतिक नाम 'Ficus mysorensis' है। यह कर्नाटक (मैसूर) का प्राकृतिक वृक्ष है जो लगभग पूरे दक्षिण भारत में पाया जाता है। यह एक विशाल पर्णपाती वृक्ष है। इसकी पत्तियाँ विशाल, 15 से 20 से.मी. लंबी तथा दीर्घवृत्ताकार होती हैं। फूल मार्च-अप्रैल में आते हैं। फल गुलाबी लाल रंग के होते हैं।

इसके प्रकाष्ठ का उपयोग सस्ते फर्नीचर बनाने, बक्से एवं पहिए के निर्माण में किया जाता है।

मंधानी, मुंदानी, मंडानिया
(Red Cedar, Pink Cedar)

इसका वानस्पतिक नाम 'Acrocarpus fraxinifolius' है। यह सिक्किम, असम, पश्चिमी घाट क्षेत्र में पाया जाता है। यह विशाल आकार का पर्णपाती वृक्ष है जो 30 से 60 मीटर तक ऊँचाई प्राप्त करता है। फूल फरवरी-मार्च में आते हैं तथा फल जून में पकते हैं। नई पत्तियाँ गहरी लाल होती हैं जो कुछ समय बाद अपना रंग बदलती हैं।

इसका अंतः काष्ठ हलका लाल तथा कठोर होता है। पश्चिम बंगाल मुख्यतः दार्जिलिंग में इसका प्रयोग चाय के बक्से बनाने में किया जाता है। उक्त के अतिरिक्त इसका प्रयोग फर्नीचर बनाने में भी किया जाता है।

यह एक शोभाकारी वृक्ष है जिसे सड़कों के किनारे लगाया जाता है।

रबर फाइकस
(Indian Rubber Fig)

इसका वानस्पतिक नाम 'Ficus elastica' है। यह एक विशाल सदाहरित वृक्ष है। यह पूर्वी भारत मुख्यतः असम में पाया जाता है। इसकी पत्तियाँ मोटी एवं दीर्घवृत्ताकार होती हैं। इसके तने से हवाई जड़ें लटकती रहती हैं।

इसके तने में घाव कर दूध जैसा पदार्थ निकलता है जिससे भारतीय रबड़ बनती है। यह एक प्रमुख शोभाकार वृक्ष है। इसे प्रायः घरों के अंदर गमलों में लगाया जाता है।

रक्त चंदन
(Red Sanders)

इसका वानस्पतिक नाम 'Pterocarpus santalinus' है। यह महाराष्ट्र, आंध्र प्रदेश, तमिलनाडु एवं कर्नाटक के पहाड़ी क्षेत्रों में पाया जाता है। यह मध्यम आकार का वृक्ष है। इसकी पत्तियाँ चौड़ी, दीर्घ वृत्ताकार तथा 4 से 5 से.मी. लंबी होती हैं। फूल पीले रंग के होते हैं तथा जुलाई से अगस्त तक आते हैं। फलियाँ लगभग 3 से.मी. व्यास की पंखयुक्त होती हैं।

इसका प्रकाष्ठ कठोर एवं टिकाऊ होता है। इस पर दीमक का प्रकोप नहीं होता। इसका उपयोग फर्नीचर निर्माण एवं पिक्चर फ्रेम में किया जाता है। इससे प्राप्त रंग कॉटन एवं सिल्क रँगने के काम आता है। इसका उपयोग परमाणु संयंत्रों में शीतलक (Coolant) के रूप में भी किया जाता है।

रामधन चंपा
(Golden Champa)

इसका वानस्पतिक नाम 'Ochna squarrosa' है। यह पूरे भारत के वानस्पतिक उद्यानों में उगाया जाता है। यह एक छोटा पर्णपाती वृक्ष है। इसकी पत्तियाँ लगभग 12 से.मी. लंबी दीर्घवृत्ताकार होती हैं। इसके फूल सुंदर, पीले तथा 4 से 5 से. मी. आकार के होते हैं। फूल अप्रैल से जून तक आते हैं।

यह एक शोभाकारी वृक्ष है। आदिवासियों (मुख्यतः संथाल) द्वारा इसकी जड़ का उपयोग साँप के काटने पर इलाज हेतु किया जाता है। इसकी छाल के उपयोग से पाचन क्रिया ठीक होती है।

रामफल
(Bullock's Heart, Bull's Heart)

इसका वानस्पतिक नाम 'Anona Reticulata' है। यह एक छोटा अर्ध सदाहरित

या पर्णपाती वृक्ष है। यह आंध्र प्रदेश, तमिलनाडु तथा असम में पाया जाता है। यह 8 से 10 मीटर तक ऊँचाई प्राप्त कर लेता है। पत्तियाँ 10 से 20 से.मी. तक लंबी तथा 7 से.मी. तक चौड़ी होती हैं। इसके पुष्प पीलापन लिए हरे होते हैं। पुष्प फरवरी-मार्च में आते हैं। फल हृदयाकार या गोल होते हैं। इसका आकार 7 से.मी. तक होता है। फल पकने पर भूरे या पीले हो जाते हैं। फलों का प्रयोग खाने के लिए किया जाता है।

रीठा
(Soap Nut Tree)

इसका वानस्पतिक नाम 'Sapindus mukorossi' है। इसके वृक्ष समस्त भारत के मैदानी क्षेत्रों में मिलते हैं। यह एक विशाल पर्णपाती वृक्ष है। इसकी पत्तियाँ संयुक्त एवं शाखाग्र पर समूहबद्ध होती हैं। फूल मंजरियों में लगभग 1 से.मी. व्यास के होते हैं। पुष्प श्वेत या बैगनी रंग के होते हैं तथा मई-जून में आते हैं। फल 2 से 3 खंड युक्त, मांसल, कच्चे में लाली लिए तथा पकने पर चिकना तथा झुर्रीदार होता है।

इसके फलों का उपयोग रेशमी, सूती और कीमती कपड़ों को धोने के लिए किया जाता है। इसके बीजों में सपोनिन (Saponin) अधिक मात्रा में होता है।

रुद्राक्ष
(Utrasum Bead Tree)

इसका वानस्पतिक नाम 'Elaeocarpus ganitrus' है। यह मध्यम आकार का सदाहरित वृक्ष है। यह मुख्यतः आसाम, पश्चिम बंगाल, महाराष्ट्र एवं नेपाल में पाया जाता है। इसकी पत्तियाँ 10 से 15 से.मी. लंबी एवं 4 से 6 से.मी. चौड़ी होती हैं। फूल छोटे एवं सफेद होते हैं तथा जून-जुलाई में आते हैं। फल गोल एवं नीले तथा लगभग 2 से.मी. व्यास के होते हैं। गुठली 4 से 5 खड़ी नालियों से युक्त एवं पृष्ठ पर दानेदार होती है जिसके अंदर बीज होते हैं।

रुद्राक्ष की गुठलियों को साफ कर तथा पालिश कर इसकी माला बनाई

जाती है। माला का उपयोग साधु-संतों एवं फकीरों द्वारा व्यापक रूप से किया जाता है। गुठलियों के बड़े आकार एवं नालियों की कमी एवं अधिकता से इसका मूल्य बढ़ता-घटता है।

रेन ट्री
(Rain Tree)

इसका वानस्पतिक नाम 'Pithecolobium saman' है। यह प्राकृतिक रूप से मध्य अमेरिका एवं वेस्ट इंडीज के आंशिक पर्णपाती वन क्षेत्रों में पाया जाता है। भारत में इसे पश्चिम बंगाल, असम एवं कर्नाटक में व्यापक रूप से उगाया जाता है। जून से अगस्त तक इसमें गुलाबी रंग के फूल आते हैं। इसके फूलों से शहद की बूँद टपकते रहने के कारण इसे रेन ट्री कहा जाता है।

इसकी छाल से टैनिन प्राप्त होता है। इसे सड़कों के किनारे वृक्षारोपण में लगाया जाता है।

रोज़ वुड
(Indian Rose Wood or Black Wood)

यह शीशम की एक अन्य प्रजाति है। इसका वानस्पतिक नाम 'Dalbergia latifolia' है। यह मुख्यतः बिहार, उड़ीसा एवं दक्षिण भारत में पाया जाता है। यह एक पर्णपाती वृक्ष है जो दक्षिण भारत में विशाल आकार का पाया जाता है। यह 20 से 40 मीटर तक ऊँचाई तथा 1.5 से 2.0 मीटर तक गोलाई प्राप्त करता है। इसके फूल सफेद एवं छोटे होते हैं। फलियों (Pods) में 1 से 4 तक बीज होते हैं। इसकी छाल भूरी एवं फटी होती है। अंतः काष्ठ कठोर एवं गहरे बैगनी रंग का होता है।

यह एक महत्वपूर्ण प्रकाष्ठ है जिस पर पालिश अच्छा आता है। श्रेष्ठ प्रकार के फर्नीचर एवं कैबिनेट कार्यों में इसका उपयोग होता है। शोभाकारी कार्विंग (Ornamental carvings) हेतु इसका प्रयोग किया जाता है। इसका घनत्व 850 कि.ग्रा. प्रति घन मीटर होता है। इसके काष्ठ का उपयोग वायलिन बनाने के लिए किया जाता है।

लकुच, बड़हर, देवफल
(Monkey Jack)

इसका वानस्पतिक नाम 'Artocarpus lakoocha' है। यह मुख्यतः सिक्किम, असम एवं पश्चिम बंगाल में पाया जाता है। यह विशाल पर्णपाती वृक्ष है जो 15 मीटर तक ऊँचाई प्राप्त करता है। पत्तियाँ 25 से.मी. तक लंबी एवं 15 से.मी. तक चौड़ी होती हैं। फूल पीले रंग के होते हैं तथा फरवरी-मार्च में आते हैं। इसके फलों की सब्जी बनाई जाती है। पके फल खाए जाते हैं।

इसके प्रकाष्ठ पर अच्छी पालिश आती है और इसका उपयोग फर्नीचर निर्माण में किया जाता है।

लटखन
(Annato)

इसका वानस्पतिक नाम 'Bixa orellanda' है। यह वृक्ष प्राकृतिक रूप से अमेरिका में पाया जाता है। भारत के अनेक भागों में भी इसे सफलतापूर्वक उगाया गया है। यह एक छोटा सदाहरित वृक्ष है। इसकी पत्तियाँ 12 से 15 से.मी. लंबी होती हैं। फूल बड़े एवं 3 से 6 से.मी. व्यास के होते हैं। फूलों का रंग सफेद एवं बैगनीपन लिए होता है। फूल अप्रैल-मई में आते हैं।

इसके फूलों से एक प्रकार का रंग निकाला जाता है। इस रंग को जूतों की पालिश, काटन सिल्क, घी, चीज आदि में प्रयोग किया जाता है।

लसोढ़ा
(Large Sebesten Plum)

इसका वानस्पतिक नाम 'Cordia dichotoma' है। समस्त भारत के उष्ण क्षेत्रों में इसके जंगली एवं लगाए गए वृक्ष पाए जाते हैं। यह मध्यम ऊँचाई का पर्णपाती वृक्ष है। इसका छत्र घना और फैला हुआ होता है। इसकी पत्तियाँ 7.5 से 15 से.मी. लंबी तथा 5 से 10 से.मी. चौड़ी लट्वाकार होती हैं। पत्तियाँ छूने में चमड़े जैसी और किनारे आरी के समान कटे होते हैं। इसके पुष्प सफेद एवं पंचभागी होते हैं। एक ही वृक्ष पर प्रायः एकलिंगी एवं उभयलिंगी, दोनों प्रकार के पुष्प पाए जाते हैं। पुष्प जनवरी से मार्च तक आते हैं। कच्चा फल हरा तथा पकने पर पीलापन लिए सफेद हो जाता है।

इसका प्रकाष्ठ मजबूत एवं हलका होता है तथा नाव बनाने में प्रयुक्त होता है। चाय के बक्से आदि बनाने में भी इसका उपयोग किया जाता है। इसके कच्चे फल का अचार बनाया जाता है। यह बहुत उपयोगी छायादार प्रजाति है।

लाल लसोढ़ा
(Geiger Tree)

इसका वानस्पतिक नाम 'Cordia sebestena' है। यह प्राकृतिक रूप से मध्य अमेरिका में पाया जाने वाला वृक्ष है। भारत में इसे लगभग सर्वत्र उगाया जाता है। यह छोटे आकार का वृक्ष है जो लगभग 10 मीटर तक ऊँचाई प्राप्त करता है। इसकी पत्तियाँ 10 से 15 से.मी. लंबी तथा गहरे हरे रंग की होती हैं। इसके फूल आकर्षक, नारंगी रंग के तथा लगभग 6 से.मी. व्यास के होते हैं। फूल मार्च-अप्रैल में आते हैं।

इसे शोभाकारी वृक्ष के रूप में लगाया जाता है।

लीची
(Litchi)

इसका वानस्पतिक नाम 'Litchi chinensis' है। यह प्राकृतिक रूप से चीन में पाया जाने वाला वृक्ष है। यह वर्ष 1800 के आस-पास भारत में लाया गया। इसे मुख्यतः उत्तराखंड, बिहार एवं पश्चिम बंगाल में लगाया जाता है। यह मध्यम आकार का सदाहरित वृक्ष है। इसकी पत्तियाँ 8 से 10 से.मी. लंबी होती हैं। फूल फरवरी-मार्च में आते हैं। फल का छिलका खुरदरा होता है तथा उसके अंदर गूदा एवं एक बीज होता है। छिलके का रंग भूरे से लाल तक होता है।

लीची ग्रीष्म काल का प्रमुख फल है। इसमें विटामिन एवं सुगर पाया जाता है।

लोकट
(Loquat)

इसका वानस्पतिक नाम 'Eriobotrya japonica' है। यह मूलतः जापानी वृक्ष है जो पूरे भारत के मैदानी क्षेत्रों में उगाया जाता है। यह सदाहरित तथा छोटे आकार

का वृक्ष है जो 4 मीटर तक ऊँचाई प्राप्त करता है। पत्तियाँ दीर्घवृत्ताकार तथा गहरे हरे रंग की होती हैं। फूल सफेद तथा महकदार होते हैं। फूल फरवरी-मार्च में आते हैं। फल 6 से.मी. आकार के पीले अथवा गहरे नारंगी रंग के होते हैं।

इसका फल विटामिन सी का प्रमुख स्रोत है। इसे खाया जाता है तथा जैम बनाने में इसका उपयोग किया जाता है।

विलायती कीकर, दिवाना बबूल
(Scented Babool, Needle Bush)

इसका वानस्पतिक नाम 'Acacia farnesiana' है। यह मूलतः मैक्सिको एवं मध्य अमेरिका का वृक्ष है। यह समस्त भारत के मैदानी क्षेत्रों में उगाया जाता है। यह एक छोटा काँटेदार वृक्ष है। काँटे एक से.मी. तक लंबे सीधे होते हैं। फूल फरवरी-मार्च में आते हैं। फलियाँ लगभग 1 से.मी. लंबी, कठोर एवं पकने पर गहरे भूरे रंग की होती हैं। इसके फूलों से एक विशिष्ट परफ्यूम लिकलता है जिसे Cassie कहते हैं। इसकी फलियों में 23 प्रतिशत तक टेनिन पाया जाता है। इसके बीज से तेल निकलता है जो खाना बनाने के काम आता है। इसका उपयोग ईंधन के लिए भी किया जाता है।

विलायती बबूल
(Prosopis)

इसका वानस्पतिक नाम 'Prosopis juliflora' है। यह मूलतः मध्य एवं दक्षिण अमेरिका की प्रजाति है। यह विश्व के अनेक देशों में व्यापक रूप से उगाई जाती है। भारत में सर्वप्रथम इसका रोपण गुजरात में किया गया। प्रायः देश के सभी स्थानों पर मुख्यतः ऊसर तथा बीहड़ में इसका रोपण किया गया है। यह एक छोटा, मध्यम आकार का सदापर्णी या पर्णपाती वृक्ष है। प्रायः इसका तना छोटा एवं टेढ़ा-मेढ़ा होता है। इसका छत्र खुला, ऊपर से समतल और गोल होता है। इसकी शाखाएँ समतल या भूमि की ओर झुकी होती हैं। इसकी मूसला जड़ें बहुत गहराई तक जाती हैं। सामान्यतया यह वृक्ष एक झाड़ के रूप में मिलता है। कुछ क्षेत्रों में सीधे तने वाले वृक्ष भी मिलते हैं। इसकी छाल भूरी या मटमैले रंग की होती है जिसमें झुर्रियां पड़ी होती हैं। इसकी शाखाओं पर मोटे तथा मजबूत काँटे होते हैं। इसकी पत्तियाँ संयुक्त होती हैं। डंठल 0.5 से 7.5 से.मी. लंबा होता है। पत्तियाँ अंडाकार, पतली

तथा 8 से 23 मि.मी. लंबी एवं 2.5 मि.मी. चौड़ी होती हैं। यह वर्ष में दो बार फूलता है। फूलों के गुच्छे 7 से 15 से.मी. लंबे तथा बेलनाकार होते हैं। फूलों का रंग हरियाली लिए सफेद एवं हलका पीला होता है। इसकी लंबाई 6 से 8 मि.मी. होती है। फली 8 से 25 से.मी. लंबी एवं 9 से 17 मि.मी. चौड़ी होती है। इसकी फली लंबी, सकरी तथा चपटी होती है। इसका गूदा मिठास लिए होता है। इसकी फली नवंबर-दिसंबर तथा बीज मई-जून में पकती है।

विलायती बबूल की सबसे बड़ी विशेषता यह है कि यह अनुर्वरक एवं शुष्क भूमि में भी उग जाती है। यह उन दुर्लभ प्रजातियों में से है जो नमक युक्त एवं क्षारीय मृदा में भी रोपित की जा सकती है। ऊसर तथा बीहड़ क्षेत्र, जहाँ अन्य प्रजातियाँ आसानी से नहीं उग पाती हैं, हेतु यह प्रजाति वरदान है। यह ईंधन तथा चारकोल हेतु अत्यंत महत्वपूर्ण प्रजाति है। यह कापिस अच्छा करता है। इससे 05 वर्ष बाद कापिस द्वारा लगभग 50 टन ईंधन (हरा) प्रतिवर्ष प्रति हेक्टेअर प्राप्त किया जा सकता है। इसकी लकड़ी कड़ी, भारी तथा बराबर गति से धीमी जलकर पर्याप्त गरमी देती है। इसकी लकड़ी, मजबूत तथा टिकाऊ होती है। बाड़, खंभे, दरवाजे, खिड़कियों की चौखट तथा बढ़ईगीरी के छोटे कामों हेतु यह अत्यंत उपयोगी है। इसके फूल शहद प्राप्त करने के साधन हैं। इसकी फली मवेशियों द्वारा खायी जाती है और इसको पीसकर आटा बनाया जाता है, जिसे गरीब लोग खाते हैं। पुराने जोधपुर राज्य में इसे 'रॉयल ट्री' का दर्जा दिया गया था।

बीहड़ क्षेत्र के सुदूरवर्ती गाँवों, जहाँ कृषि एवं अन्य कोई व्यवसाय नहीं है, के गरीब परिवारों की अर्थव्यवस्था विलायती बबूल पर आश्रित है। वे न केवल इससे ईंधन प्राप्त करते हैं बल्कि इसे पास के बाजार में बेचकर कुछ पैसा भी प्राप्त करते हैं जिससे उनकी जीविका चलती है। विलायती बबूल की विशेषता है कि इसे काटने के बाद यह तत्काल वापिस कर जाता है। इसलिए गरीब ग्रामीण इसे काटकर प्रयोग करते रहते हैं।

विलायती बेल
(Calabash)

इसका वानस्पतिक नाम 'Crescentia cujete' है। यह प्राकृतिक रूप से वेस्ट इंडीज का वृक्ष है। इसे लगभग पूरे भारत में उगाया जाता है। यह छोटे आकार का पर्णपाती वृक्ष है जो 4 से 5 मीटर तक ऊँचाई प्राप्त करता है। इसकी पत्तियां

गहरी हरी तथा फूल लाल रंग के लगभग 6 से.मी. लंबे होते हैं। फूल फरवरी-मार्च में आते हैं। फल बेल की तरह कठोर छिलके में होते हैं जो 25 से 30 से.मी. व्यास के होते हैं।

इसके फल के छिलके का उपयोग रसोई बनाने के पात्र (Utensil) के रूप में किया जाता है। फल के छिलके को विभिन्न आकार में ढाला जाता है। इससे प्राप्त सैप का उपयोग सिल्क रंगने में किया जाता है।

शरीफा, सीताफल
(Custard Apple, Sugar Apple)

इसका वानस्पतिक नाम 'Annona squamosa' है। यह पूरे भारत में मुख्यतः आंध्र प्रदेश, तमिलनाडु एवं आसाम में पाया जाता है। यह अर्ध सदाहरित वृक्ष है जो 6 से 8 मीटर तक ऊँचाई प्राप्त करता है। पत्तियाँ 6 से 12 से.मी. लंबी तथा 2 से 5 से.मी. चौड़ी होती हैं। फूल पीलापन लिए हरे होते हैं। फूल जुलाई-अगस्त में आते हैं। फल गोलाकार 6 से 10 से.मी. तक व्यास के होते हैं। इसका फल मीठा होता है। इसमें फ्रक्टोज़ की अधिकता एवं सुगर की कमी होती है। इसके फलों को खाने में बहुत प्रयोग किया जाता है। इसके फलों से पेय पदार्थ भी बनाया जाता है।

शहतूत
(White Mulberry)

इसका वानस्पतिक नाम 'Morus alba' है। यद्यपि शहतूत का मूल निवास चीन माना जाता है किंतु हमारे देश में यह व्यापक रूप से पाया जाता है। यह कश्मीर से सिक्किम तक, पंजाब से पश्चिम बंगाल तक तथा दक्षिण भारत के पठारी भागों में पाया जाता है। अपनी उपयोगिता के कारण इसे जम्मू कश्मीर, हिमाचल प्रदेश, पंजाब, हरियाणा, उत्तर प्रदेश, उत्तराखंड, पश्चिम बंगाल एवं केरल तथा कहीं-कहीं पर दक्षिण भारत में उगाया जाता है। यह विभिन्न प्रकार की मृदा जैसे—बलुई, दोमट, कंकड़ीली एवं पथरीली मृदा में हो जाता है किंतु इसके उत्तम विकास हेतु पर्याप्त आर्द्रता एवं पोषक तत्वों वाली वाली गहरी दोमट मिट्टी चाहिए। यह मध्यम आकार का वृक्ष है। इसकी पत्तियाँ 5 से 15 से.मी. तक लंबी होती हैं।

यह एक बहु उपयोगी प्रजाति है। इसके पत्तों का सबसे महत्वपूर्ण उपयोग रेशम के कीड़े पालने में होता है। खाद एवं पानी की उचित व्यवस्था होने पर एक हेक्टेअर क्षेत्र से एक वर्ष में पाँच बार पत्ते तोड़कर 20 से 30 टन पत्तों की प्राप्ति की जाती है। इसका प्रकाष्ठ नाव, काठ के बर्तन, फर्नीचर एवं मुख्य रूप से खेल के सामान बनाने के काम आता है। इसका प्रकाष्ठ मजबूत, कठोर एवं प्रत्यास्थ (Elastic) होता है। इसका घनत्व 650 कि.ग्रा. प्रति घन मीटर होता है। हॉकी स्टिक बनाने हेतु यह सर्वश्रेष्ठ प्रकाष्ठ है। बैडमिंटन एवं टेनिस के रैकेट भी इससे बनाए जाते हैं। इसके फल खाए जाते हैं तथा उनसे शर्बत, जैम आदि भी बनाया जाता है। पतली टहनियाँ टोकरी बनाने के काम आती हैं। इसकी छाल तथा जड़ में औषधीय गुण होता है।

शिवलिंगी या नागलिंगम
(Cannon Ball Tree)

इसका वानस्पतिक नाम 'Couroupita guianensis' है। यह प्राकृतिक रूप से गुयाना में पाया जाने वाला वृक्ष है। भारत में इसे अधिकतर पश्चिम बंगाल, कर्नाटक एवं महाराष्ट्र में उगाया जाता है। यह एक सदाहरित वृक्ष है जो 15 मीटर तक ऊँचाई प्राप्त करता है। पत्तियाँ 10 से 12 से.मी. लंबी होती हैं। फूल 4 से 5 से.मी. लंबे गुलाबी रंग के होते हैं। फूल मई-जून में आते हैं। फल गोल, कठोर और भूरापन लिए होते हैं। फल 15 से 20 से.मी. व्यास के होते हैं।

यह एक प्रमुख शोभाकारी वृक्ष है। फूलों का प्रयोग शिव मंदिरों में किया जाता है।

शीशम
(Sissoo)

इसका वानस्पतिक नाम 'Dalbergia sissoo' है। यह उष्णकटिबंधीय जलवायु में उत्पन्न होने वाली प्रजाति है। यह अधिकतम 49 डिग्री से.ग्रे. से न्यूनतम -4 डिग्री से.ग्रे. तक तापमान में उगता है। उपहिमालय क्षेत्र में यह 1,500 मीटर तक की ऊँचाई से लेकर गांगेय क्षेत्र तक प्राकृतिक रूप से पाया जाता है। नदी के किनारे के क्षेत्र जहाँ वर्षा का पानी भर जाता है अथवा जिस क्षेत्र को नदी छोड़

देती है, वहाँ पर सबसे पहले शीशम ही उगता है। रेतीली भूमि, जहाँ पानी न रुकता हो और नमी हो, इसके लिए सर्वाधिक अनुकूल होती है। यह कड़ी मटियार भूमि में अच्छा नहीं उग पाता है। बीहड़ की कटी-फटी मृदा में यह अच्छी तरह बढ़ता है। इस प्रजाति की सर्वोत्तम वृद्धि नेपाल के सीमावर्ती तराई क्षेत्र में है। नदी, नालों के किनारे बाढ़ की ताजी रेतीली तथा कंकरीली मिट्टी में यह खैर के साथ मिलता है। पानी के साथ बीज बहकर चला आता है तथा पानी सूखने के बाद शीशम झुंड में उगा मिलता है।

इसके 3 से 4 मी. लंबे पौधे भी सफलता से रोपित किए जा सकते हैं। यह बहुत तेजी से बढ़ने वाली प्रजाति है जो 25 से 30 वर्षों में 10 से 15 मी. तक ऊँचाई हासिल कर लेती है। इसकी छाल रूखी होती है तथा छोटे-छोटे टुकड़ों में उखड़ती रहती है। पत्तियाँ हलके हरे रंग की तथा कंपांउड होती हैं। पत्तियों की लंबाई 2.5 से 7 से.मी. तथा चौड़ाई 2.5 से.मी. होती है। पत्तियाँ गोल या अंडाकार होती हैं तथा सिरा नुकीला होता है। इसके पुष्प मार्च-अप्रैल में आने लगते हैं तथा वृक्ष छोटे-छोटे सफेद पीले फूलों से भर जाता है। इसकी फली जुलाई तक आ जाती है तथा जाड़े तक पक जाती है।

इसका पतझड़ नवंबर से दिसंबर तक हो जाता है तथा मार्च-अप्रैल में नई पत्तियाँ आने लगती हैं। पत्तियाँ पीली होकर नवंबर में गिरने लगती हैं तथा दिसंबर-जनवरी में वृक्ष प्रायः नंगा रहता है। जनवरी के अंत तक नई पत्तियों के निकलने से इसका रंग सुनहरा हो जाता है। इसको धूप की अत्यधिक आवश्यकता होती है। यह कठोर और मजबूत वृक्ष है। यह सूखे और पाले को बर्दाश्त कर लेता है।

सागौन के बाद शीशम भारत का सबसे अच्छा प्रकाष्ठ है। इसकी लकड़ी बहु उपयोगी होती है। इस पर पालिश अच्छी आती है और इसका रेशा महीन होता है। इसकी लकड़ी हर प्रकार के निर्माण कार्य जैसे-दरवाजे, खिड़की के फ्रेम, सभी प्रकार के फर्नीचर जैसे सोफा, मेज, कुर्सी, चारपाई के पाये तथा बिजली के स्विच बोर्ड आदि के निर्माण में प्रयोग की जाती है। रेलगाड़ी एवं मालगाड़ी के डिब्बे बनाने में भी इसका प्रयोग किया जाता है। शीशम की लकड़ी का प्रयोग जहाज एवं खेल के अन्य सामान जैसे बैडमिंटन रैकेट के हैंडिल बनाने के काम आती है। मूर्तिकारी एवं नक्काशी में भी इसकी लकड़ी का प्रयोग किया जाता है। इसकी लकड़ी का उपयोग जलौनी के रूप में भी किया जाता है। इसकी पत्तियों का

उपयोग कहीं-कहीं पर चारे के लिए किया जाता है। इसकी कच्ची लकड़ी पर कीटाणुओं—मुख्यतः घुन का असर बहुत शीघ्र हो जाता है। इसलिए इसकी कच्ची लकड़ी फर्नीचर आदि के लिए ठीक नहीं होती है।

किसानों के लिए इसका रोपण अत्यंत लाभप्रद है। टेरी द्वारा वर्ष—2000 में उत्तर प्रदेश में कराए गए फील्ड सर्वे में पाया गया कि शीशम की कीमत लकड़ी की गुणवत्ता एवं वृक्ष की मोटाई पर निर्भर करती है। दस वर्षों तक छँटाई किए गए वृक्षों से अच्छी इमारती लकड़ी नहीं निकलती है; इसलिए 5 वें एवं 10 वें वर्ष में काटे गए वृक्षों की लकड़ी को जलौनी के रूप में विक्रय किया जाता है। 18 वर्षों बाद एक पेड़ से लगभग 34 घन फुट इमारती लकड़ी निकलती है जिससे औसतन रू. 125 प्रति घन फुट की दर से प्रति वृक्ष रू. 5,000 की आय होती है। 25 वर्ष बाद एक वृक्ष से औसतन 72 घन फुट इमारती लकड़ी निकलती है जिसकी कीमत लगभग 10,000 रू. होती है। इस प्रकार एक एकड़ क्षेत्र में शीशग की खेती से 25 वर्ष बाद लगभग 8,37,800 रू. की आय होती है। यदि शीशम की इमारती लकड़ी के मूल्य में 10 प्रतिशत की वृद्धि मानी जाए तो अगले 25 वर्ष (वर्ष 2025) में यह आय बढ़कर रू. 71,37,544 हो जाएगी।

शीशम की उत्पादकता सुनिश्चित करने के लिए निम्न जोखिम घटक का ध्यान रखना आवश्यक है—

(*i*) शीशम की नई पत्तियाँ पालतू एवं जंगली जानवरों द्वारा खाई जाती हैं। इसलिए प्रारंभ में जानवरों से इसकी सुरक्षा आवश्यक है।

(*ii*) इसे स्थिर जलाशयों के समीप रोपित करने पर यह फंगस जैसे-गेनोर्डमा, यूजेरियम आदि से प्रभावित हो जाता है।

(*iii*) उत्पादकता एवं सफलता के लिए पौधों की किस्म की जानकारी आवश्यक है।

(*iv*) वर्तमान में कई स्थानों पर शीशम के पुराने वृक्षों के सूखने की घटना सामने आ रही है।

(*v*) यह प्रजाति तुलनात्मक रूप से शीघ्र बढ़ने वाली है। इसलिए प्रारंभिक स्थिति में संवर्धन कार्य जैसे—कल्लों का निकलना, छँटाई, विरलन आदि आवश्यक है। कटाई एवं छँटाई की समय-सारणी निम्न प्रकार है—

कटाई वर्ष	वृक्षों की संख्या प्रति एकड़	वृक्षों के बीच की दूरी(मी. में)	काटे गए वृक्षों की संख्या	बचे हुए वृक्षों की संख्या
1	450	3	0	450
6	450	4	200	250
12	250	6	139	111
18	111	9	62	49
25	49	13	49	0

(स्रोतः आई.सी.एफ.आर.ई. प्रकाशन)

इसके प्रकाष्ठ का उपयोग प्लाइवुड निर्माण, हॉकी, बैडमिंटन एवं टेनिस के रैकेट बनाने में तथा हथियार के दस्तों में किया जाता है।

स्प्रूस

(West Himalayan Spruce, Morinda Spruce)

इसका वानस्पतिक नाम 'Picea smithiana' है। यह हिमालय क्षेत्र में 2,400 से 3,600 मीटर की ऊँचाई तक के वन क्षेत्रों में पाया जाता है। यह 40 से 55 मीटर की ऊँचाई तथा 1 से 2 मी. तक व्यास प्राप्त करता है। इसकी पत्तियाँ सुई जैसी तथा 3 से 5 से.मी. तक लंबी होती हैं। इसका फल बेलनाकार शंकु के आकार का तथा 9 से 16 से.मी. लंबा एवं 3 से 4 से.मी. चौड़ा होता है। इसका घनत्व 480 कि.ग्रा. प्रति घन मीटर है। इसका उपयोग जल के अंदर खंभे तथा वायुयान निर्माण में किया जाता है। इसका उपयोग ड्राइंग बोर्ड और प्लेन टेबल निर्माण में किया जाता है।

संतरा, नारंगी

(Orange)

इसका वानस्पतिक नाम 'Citrus reticulata' है। यह प्राकृतिक रूप से दक्षिणी चीन का वृक्ष है। इसे पूरे भारत में उगाया जाता है। इसका वृक्ष छोटा होता है। पत्तियाँ दीर्घवृत्ताकार होती हैं। फूल सफेद रंग के, सुगंधित तथा 3 से.मी. व्यास के होते हैं। फूल अगस्त-सितंबर में आते हैं। फल पीले अथवा नारंगी रंग के होते हैं। भारत में नागपुरी संतरा अत्यंत प्रसिद्ध है।

फल विटामिन ए तथा सी से परिपूर्ण होता है। इससे अनेक प्रकार के जूस बनाए जाते हैं।

सपोत
(White Sapote)

इसका वानस्पतिक नाम 'Casmiroa edulis' है। यह मैक्सिको एवं मध्य अमेरिका में प्राकृतिक रूप से पाया जाने वाला वृक्ष है। भारत में अनेक वानस्पतिक उद्यानों में इसे लगाया गया है। यह लगभग 15 मीटर की ऊँचाई प्राप्त करने वाला सुंदर सदाहरित वृक्ष है। पत्तियाँ 6 से 10 से.मी. तक लंबी तथा 3 से 5 से.मी. तक चौड़ी होती हैं। इसमें फूल सितंबर-अक्टूबर में आते हैं। फूल छोटे तथा हरापन लिए पीले होते हैं। फल 5 से 10 से.मी. व्यास के होते हैं। फल पीले या गुलाबी होते हैं।

इसकी पत्तियों का उपयोग डायरिया में किया जाता है। यह शोभाकारी वृक्ष के रूप में लगाया जाता है।

सफेदा
(Eucalyptus)

यह प्रजाति प्राकृतिक रूप से आस्ट्रेलिया में पायी जाती है। इसकी 500 से अधिक प्रजातियाँ पायी जाती हैं। यूकेलिप्टस ही वह प्रजाति है, जिसका सबसे अधिक रोपण विश्व में किया गया है। भारत में सबसे पुराना यूकेलिप्टस वृक्षारोपण Eucalyptus globulus (Blue gum) प्रजाति नीलगिरि में किया गया था। उसके उपरांत मैसूर के नंदी पहाड़ी में किया गया। मैसूर में लगाई गई अनेक यूकेलिप्टस प्रजातियों में वर्णसंकर हो गया है और नई प्रजातियों को मैसूर हाइब्रिड नाम से जाना जाता है। यद्यपि यूकेलिप्टस आस्ट्रेलिया की प्रजाति है किंतु यह अपने पैतृक देश के बाहर भिन्न-भिन्न जलवायु में सफलता पूर्वक उगाया जा रहा है। इसका कारण इस प्रजाति में जमीन के अंदर पाया जाने वाला एक सुरक्षा प्रदान करने वाला भाग लिगनोट्यूबर है। यदि वृक्ष को कोई हानि हो जाए या आग, सूखा या पाला इत्यादि से वृक्ष में कोई हानि हो जाए तो यह लिगनोट्यूबर नई शाखाएँ बनाता है। इसके अतिरिक्त भी यूकेलिप्टस के वृक्ष में सुरक्षा प्रदान करने वाले कई भाग होते हैं; जैसे—इंडेफिनिट शूट, नैकेड बड और एक्सेसरी बड आदि।

इनके करण यूकेलिप्टस की बढ़त लगातार होती रहती है। यदि इसके सबसे ऊपर की शाखा (लीडिंग शूट) मर भी जाए, तो भी इसकी बढ़त होती रहती है।

भारत में रोपित की जाने वाली यूकेलिप्टस की प्रमुख प्रजातियाँ निम्न प्रकार हैं–

(*i*) Eucalyptus tereticornis (Forest Red Gum, Mysore Gum)
(*ii*) Eucalyptus camaldulensisis (River Red Gum, Red Gum, Murray Red Gum)
(*iii*) Eucalyptus citriodora
(*iv*) Eucalyptus crebra (Narrow leaved Ironbark)
(*v*) Eucalyptus major (Queensland Grey Gum)
(*vi*) Eucalyptus intrrmedia
(*vii*) Eucalyptus polyanthemos (Red Box)
(*viii*) Eucalyptus grandis (Rose Gum, Flooded Gum)
(*ix*) Eucalyptus globulus (Blue gum)

गहरी परत वाली नम मिट्टी सफेदा उगाने के लिए सबसे अच्छी होती है। इस प्रजाति को लगाते समय निम्न बातों का ध्यान रखना आवश्यक है–

(*i*) जिस भूमि को रोपण के लिए चुना गया हो, वहाँ पानी नहीं रुकना चाहिए।
(*ii*) क्षारीय भूमि (ऊसर) में यह प्रजाति सफल नहीं होती।
(*iii*) सूखे क्षेत्र में बिना सिंचाई व्यवस्था के इसका रोपण नहीं करना चाहिए।
(*iv*) पहाड़ी क्षेत्र यूकेलिप्टस के हाइब्रिड के रोपण के लिए अनुपयुक्त है।

यूकेलिप्टस सदापर्णी वृक्ष है। जैसे ही इसकी पुरानी पत्तियाँ गिरती हैं, नई पत्तियाँ आने लगती हैं। यह पूरे वर्ष बढ़ता रहता है। यह 30 मीटर तक ऊँचाई तथा 1 से 2 मीटर व्यास तक का हो जाता है। इसका तना सीधा और मजबूत होता है। पत्तियाँ 10 से 21 से.मी. तक लंबी तथा 12 से 25 मि.मी. तक चौड़ी होती हैं। इसके फूल मार्च-अप्रैल में आते हैं तथा फल लट्टू के आकार के 6 से 9 मि.मी. लंबे तथा 8 से 10 मि.मी. व्यास के होते हैं।

इसे खंभे के रूप में प्रयोग किया जाता है। इसकी लकड़ी अच्छी इमारती लकड़ी है तथा यदि चिरान एवं सीजनिंग ठीक से की जाए तो यह फटती नहीं। प्लाइवुड निर्माण में इसका प्रयोग किया जाता है। इसकी लकड़ी का प्रयोग कागज

एवं रेयान ग्रेड पल्प बनाने के लिए किया जाता है। पार्टिकिल बोर्ड तथा हार्ड बोर्ड बनाने में भी इसका उपयोग किया जाता है। यूकेलिप्टस ग्लोबलस एवं यूकेलिप्टस सिट्रिडोरा से सुगंधित तेल निकाला जाता है। इसका कोयला अच्छा होता है। इससे एसिटिक एसिड भी बनाया जाता है। यह एक अच्छी जलौनी लकड़ी है। इसकी कैलोरिफिक क्षमता 4,880 किलो कैलोरी प्रति कि.ग्रा. है।

सफेद कचनार
(White Orchid Tree)

इसका वानस्पतिक नाम 'Bauhinia alba' है। यह पूरे भारत में उगाया जाता है। यह एक छोटा पर्णपाती वृक्ष है। इसकी पत्तियाँ विशाल और बीच में कटी होती हैं। फूल बड़े एवं सफेद होते हैं तथा उसमें हरी पीली रेखाएँ होती हैं। फूल फरवरी-मार्च में आते हैं। इसे बौद्ध कचनार भी कहा जाता है।

इसे उद्यानों में शोभाकार वृक्ष के रूप में लगाया जाता है।

सफेद सीरस
(Safed Sirus)

इसका वानस्पतिक नाम 'Albizzia procera' है। यह प्रजाति हिमालय की नीची पर्वत श्रेणियों से लेकर दक्षिण भारत तक फैली हुई है। यह नम भूमि में नदी के किनारे या बीहड़ क्षेत्र में पाया जाता है। यद्यपि यह विभिन्न प्रकार की भूमि में उग सकता है किंतु इसके लिए नम रेतीली या रेतीली दोमट भूमि अधिक उपयोगी है। इसका तना गोल, चिकना, छत्र हलका तथा छाल चिकनी, हलकी भूरी या हलकी पीली होती है। यह प्रकाशपेक्षी है तथा इस पर पाले का असर होता है। मई से सितंबर के बीच फूल आते हैं। इसके बाद फली आती है जो जनवरी से मार्च तक पकती है। पकी फली गहरे बादामी रंग की होती है।

इसकी लकड़ी पर अच्छी पालिश आती है तथा इसका प्रयोग फर्नीचर एवं कृषि उपकरणों के निर्माण में किया जाता है। इसके काष्ठ का उपयोग जूतों के साँचे बनाने के लिए किया जाता है। इससे निकलने वाले गोंद का प्रयोग कागज निर्माण में किया जाता है। इसकी पत्तियाँ जानवरों के लिए अच्छा चारा है। यह एक अच्छी ईंधन प्रजाति है।

समुद्र फल, हिज्जल
(Barringtonia)

इसका वानस्पतिक नाम 'Barringtonia acutangula' है। यह भारत के अनेक भागों में मुख्यतः तराई क्षेत्र, बिहार, उड़ीसा, पश्चिम बंगाल, आसाम, मध्य प्रदेश एवं दक्षिण भारत में पाया जाता है। नदियों के किनारे तथा जलमग्न भूमि पर इसके वृक्ष अधिक मिलते हैं। यह मध्यम ऊँचाई का 9 से 12 मी. तक ऊँचा वृक्ष है। इसकी पत्तियाँ सामान्यतः 12.5 से 15 सेमी. लंबी तथा 5 से 7.5 से. मी. तक चौड़ी होती हैं। पुष्प सुंदर तथा लाल रंग के होते हैं। पुष्प फरवरी-मार्च में आते हैं। फल गोल तथा 2.5 से.मी. तक लंबे होते हैं। फल एक बीज वाला तथा पकने पर कठोर होता है।

इसके प्रकाष्ठ का उपयोग नाव बनाने एवं कैबिनेट कार्य में किया जाता है। इसका उपयोग मछली पकड़ने से पूर्व उसे बेहोश करने (Intoxicate) में किया जाता है। छाल का उपयोग टेनिन के रूप में किया जाता है। इसका पीसा हुआ बीज कफ निकालने की दवा के रूप में प्रयोग किया जाता है। इसके पत्ते पुष्टकारी दवा बनाते हैं।

सपोता
(Badminton Ball Tree)

इसका वानस्पतिक नाम 'Parkia biglandulosa' है। यह मुख्यतः असम में पाया जाता है। यह एक विशाल वृक्ष है जिसकी छाल खुरदरी एवं हलकी भूरी होती है। पत्तियाँ पीलापन लिए हरी होती हैं। फूल पीले रंग के होते हैं तथा अप्रैल-मई में आते हैं।

इसका प्रकाष्ठ कठोर एवं टिकाऊ होता है। इसका उपयोग कृषि उपकरणों एवं अन्य औजारों के हत्थे बनाने में किया जाता है। विशाल छत्र के कारण इसे सड़कों के किनारे छाया हेतु लगाया जाता है।

सलाई
(Indian Olibanum)

इसका वानस्पतिक नाम 'Boswellia serrata' है। यह मुख्यतः राजस्थान, मध्य

प्रदेश, उड़ीसा एवं दक्षिण भारत में पाया जाता है। यह मध्यम आकार का पर्णपाती वृक्ष है। इसकी छाल पीलापन लिए भूरी होती है। छाल कागज जैसी परतों में उखड़ती जाती है। पत्तियाँ लगभग 6 से.मी. लंबी एवं 2.5 से.मी. चौड़ी होती हैं। इसके पुष्प छोटे एवं सफेद होते हैं। फूल मार्च-अप्रैल में आते हैं।

इसका प्रकाष्ठ मजबूत एवं टिकाऊ होता है। इसका उपयोग खिलौने बनाने में किया जाता है। सस्ते फर्नीचर एवं पैकिंग केस निर्माण में इसकी लकड़ी का प्रयोग किया जाता है। इसका उपयोग कागज निर्माण में भी किया जाता है। इससे एक प्रकार का गोंद भी निकलता है जिसे सलाई गोंद या लोहबान भी कहते हैं।

सहजन
(Indian Horse- Radish Tree)

इसका वानस्पतिक नाम 'Moringa oleifera' है। समस्त भारत में इसके पौधे स्वयंजात एवं लगाए हुए मिलते हैं। यह मध्यम ऊँचाई का वृक्ष है। दलदल तथा ऊसर भूमि सहजन के लिए उपयुक्त नहीं होती। इसकी बढ़त दोमट, बलुई तथा भाभर भूमि में जिसमें पानी न रुकता हो, उसमें अच्छी होती है। गंगा के मैदानी क्षेत्र, हिमालय की तलहटी एवं दक्षिण भारत में इसे उपयुक्त स्थानों पर उगाया जा सकता है। जंगली वृक्षों के फल-फूल कड़वे होते हैं किंतु लगाए गए वृक्षों की फलियाँ मीठी होती हैं जो खाने में प्रयुक्त होती हैं। इसकी छाल मोटी तथा मुलायम होती है तथा काष्ठ भी कोमल होता है। जब इसके वृक्ष फलियों से लद जाते हैं तो शाखाएँ प्रायः टूट जाती हैं। इसके पत्ते संयुक्त तथा त्रिपक्षवत् होते हैं। पुष्प व्यास में 2.5 सेमी., सुगंधित तथा सफेद रंग के होते हैं। जाड़े के अंत में पुष्प आते हैं तथा गर्मियों में फलियाँ लगती हैं जो 17 से 50 सेमी. तक लंबी होती हैं।

यह गरीबों के लिए बहुत उपयोगी वृक्ष है। इसकी पत्तियाँ पशुओं के लिए पौष्टिक तथा स्वादिष्ट चारा है। इसकी फलियों की सब्जी बनाई जाती है। गरीब ग्रामीण इसकी फलियों का अनेक रूप से खाने में प्रयोग करते हैं। इसके फल से मधुमक्खियाँ उत्तम प्रकार का शहद बनाती हैं। इसकी छाल के रेशों से कागज, चटाई एवं डोरी आदि बनाई जाती है। इसकी जड़ के काढ़े से कुल्ला करने से दाँतों एवं मसूड़ों को लाभ होता है। इसकी पत्तियों में पर्याप्त मात्रा में विटामिन 'ए' होता है जो बच्चों का अंधापन दूर करता है। इसकी लकड़ी से कागज की लुगदी बनाई

जाती है। इससे प्राप्त गोंद का प्रयोग स्थानीय रूप से खाने तथा दवाओं में किया जाता है। इस गोंद को अंग्रेजी में "Hog gum" कहते हैं। यह पानी में घुलनशील है।

साल, साखू
(Sal Tree)

इसका वानस्पतिक नाम 'Shorea robusta' है। इसे संस्कृत में अश्वकर्ण तथा हिंदी में साल, साखू, सखवा आदि कहा जाता है। हिंदू और बौद्ध धर्म में इसका विशेष महत्व है। कहा जाता है कि गौतम बुद्ध के जन्म के समय उनकी माँ महामाया साल के वृक्ष को पकड़े हुए थीं। यह दक्षिण एशिया की प्रमुख प्रकाष्ठ प्रजाति है जो समुद्रतल से 200 से 1,200 मी. की ऊँचाई तक पाया जाता है। यह नम, लोमी एवं अच्छे जल निकास वाली मृदा में अच्छा विकास करता है। भारत में यह यमुना के पूर्व उत्तर प्रदेश के तराई क्षेत्र से बिहार, बंगाल, आसाम, उड़ीसा एवं झारखंड तक पाया जाता है। हरियाणा के मोरनी पहाड़ी एवं केलसर वन क्षेत्र में साल के वन विद्यमान हैं। पूर्वी घाट के वन क्षेत्रों में भी साल के वृक्ष पाए जाते हैं। बिहार के सिंहभूम जिले एवं नेपाल का साल प्रकाष्ठ सबसे अच्छा माना जाता है।

यह धीरे-धीरे बढ़ने वाली प्रजाति है जो 30 से 35 मीटर तक ऊँचाई प्राप्त करता है। इस विशाल वृक्ष के तने का व्यास 2 से 2.5 मी. तक होता है। इसकी यह वृद्धि एवं मोटाई अनुकूल परिस्थितियों में लगभग 100 वर्षों में प्राप्त होती है। इसका तना लगभग बेलनाकार होता है। इसकी पत्तियाँ 10 से 15 से.मी. लंबी तथा 5 से 15 से.मी. चौड़ी होती हैं। नम क्षेत्रों में यह सदाहरित वृक्ष है किंतु शुष्क क्षेत्रों में फरवरी से अप्रैल तक इसकी पत्तियाँ गिरती हैं। अप्रैल-मई में पुनः नवीन पत्तियाँ आती हैं। इसके पुष्प सफेद रंग के होते हैं तथा मार्च-अप्रैल में आते हैं। फल गर्मी में आते हैं तथा जून से जुलाई तक पक जाते हैं। साल प्रकाष्ठ का बाहरी भाग (Sap wood) सफेद रंग लिए हुए, कम मोटाई का होता है तथा कम टिकाऊ होता है। ताजे कटे प्रकाष्ठ का अंदरूनी भाग (Heart wood) पीलापन लिए होता है जो धीरे-धीरे गहरे भूरे रंग में बदल जाता है। इसके प्रकाष्ठ में एक प्रकार का लीसा (Resin) पाया जाता है जो इसके प्रकाष्ठ को प्राकृतिक रूप से अधिक टिकाऊ बनाता है।

साल भारत की प्रमुख प्रकाष्ठ प्रजाति है। इसका घनत्व 3,880 से 1,050 कि.ग्रा. प्रति घन मीटर होता है। जहाँ भार सहन करने की आश्यकता है, वहाँ यह अत्यंत उपयोगी प्रजाति है। रेलवे स्लीपर, बीम, पुलों के निर्माण, ट्रक की बॉडी आदि में इसका व्यापक प्रयोग किया जाता है। जहाँ पर मजबूती की आवश्यकता है तथा पालिश का विशेष महत्व नहीं है, वहाँ यह सर्वोत्तम प्रकाष्ठ है। दरवाजे और खिड़कियों के फ्रेम के निर्माण में इसका प्रयोग होता है।

साल का लीसा धार्मिक उत्सवों में जलाने के काम में लाया जाता है। यह नाव एवं जहाजों के छेद बंद करने (Caulking) हेतु प्रयोग किया जाता है। इसके फल से आटा बनाकर गरीब लोग खाने में प्रयोग करते हैं।

उत्तरी एवं पूर्वी भारत में इसकी पत्तियों का प्रयोग पत्तल तथा दोना के लिए किया जाता है।

साल का सर्वाधिक प्रयोग अंत्येष्टि क्रिया हेतु हवन सामग्री के रूप में किया जाता है। इसका उपयोग मुलायम मोम को कड़ा करने, जूते की पालिश, कार्बन पेपर तथा टाइपराइटर रिबन के लिए किया जाता है।

साल के बीजों में 14 से 20 प्रतिशत तेल निकलता है जो खाने और जलाने के काम आता है। इससे वनस्पति घी भी बनता है।

बिहार के सिंहभूम एवं दून घाटी में साल का प्राकृतिक पुनर्जनन पाया जाता है किंतु देश के अन्य वन क्षेत्रों में इसका पुनर्जनन एक गंभीर समस्या बनता जा रहा है।

सागौन
(Teak Tree)

इसका वानस्पतिक नाम 'Tectona grandis' है। शब्द teak मलयालम शब्द theka या tekka अथवा तमिल शब्द thekkam से आया है। सातवीं शताब्दी के तमिल साहित्य में इसका वर्णन आता है। यह समुद्र तल से 900 मी. की ऊँचाई तक पूरे देश में पाया जाता है। यह 13 से 43 डिग्री से.ग्रे. तापमान के बीच तथा 750 मिली लीटर से 1,500 मिली लीटर वर्षा के क्षेत्र में उगता है। यह बलुई दोमट मिट्टी जिसका पी.एच. 6.5 से 7.5 तक हो, में अच्छी तरह उगता है। इसकी अच्छी वृद्धि हेतु पानी का निकास आवश्यक है। यह एक विशाल पर्णपाती वृक्ष है जो 40 मी. तक ऊँचाई प्राप्त करता है। इसकी छाल

सिलेटी भूरे रंग की होती है। पत्तियाँ अंडाकार अथवा दीर्घवृत्ताकार होती हैं। पत्तियों की लंबाई 15 से 45 से.मी. तथा चौड़ाई 8 से 23 से.मी. होती है। पत्तियाँ नवंबर से मार्च तक गिरती हैं तथा नई पत्तियाँ अप्रैल से जून तक आती हैं। पुष्प सफेद रंग के तथा सुगंधित होते हैं तथा जून से अगस्त तक आते हैं। फल सितंबर से दिसंबर तक आते हैं।

इसकी लकड़ी भारत की सबसे अच्छी लकड़ियों में से एक है। इसकी लकड़ी टिकाऊ, मजबूत, कम वजन की तथा अत्यंत उपयोगी होती है। इसका उपयोग दरवाजों, खिड़कियों के फ्रेम, चारपाई के पाये, सोफा, कुर्सी, मेज एवं अन्य घरेलू उपकरणों के निर्माण में किया जाता है। सागौन की लकड़ी का प्रयोग इसकी गुणवत्ता के कारण जहाज निर्माण एवं रेलगाड़ियों के डिब्बे बनाने में किया जाता है।

कृषि फसलों के साथ अधिक लाभ कमाने के लिए सागौन को उगाया जाता है। अच्छे किस्म की लकड़ी प्राप्त करने के लिए सागौन में छँटाई अथवा विरलन कार्य किया जाता है। इस क्रिया में एक निश्चित अवधि में कुछ वृक्षों को काट दिया जाता है ताकि शेष वृक्षों से इमारती लकड़ी प्राप्त हो सके। विरलन अथवा छँटाई की समय-सारणी निम्न प्रकार है–

कार्य (मद)	वर्ष	कुल वृक्ष प्रति एकड़	कटे वृक्षों की संख्या	बचे वृक्षों की संख्या	कटाई का प्रतिशत
रोपण	1	1200	0	1200	–
पहली कटाई	5	1200	661	539	55
दूसरी कटाई	10	539	283	256	53
तीसरी कटाई	20	256	154	102	60
चौथी कटाई	30	102	56	46	55
अंतिम कटाई	40	46	46	0	–

(स्रोतः आइ.सी.एफ.आर.ई. प्रकाशन)

विरलन से निकले वृक्षों को बाजार में अच्छी कीमत पर बेचा जा सकता है। इससे निश्चित अवधि में आय होती रहती है। सागौन के वृक्ष में इमारती लकड़ी वृक्ष की वृद्धि पर निर्भर करती है। नए वृक्षों में इमारती लकड़ी का प्रतिशत 20 प्रतिशत एवं तैयार वृक्षों में 40 प्रतिशत तक हो सकता है। शेष लकड़ी जलौनी के प्रयोग में आती है।

प्रथम दस वर्षों में जिन वृक्षों को काटते हैं, उनमें अच्छी इमारती लकड़ी नहीं होती। इसलिए पाँचवें और दसवें वर्ष में काटे जाने वाले वृक्षों को बल्ली के रूप में बेचा जाता है। एक बल्ली की कीमत 50 से 250 रू. तक होती है। 20 वर्षों के बाद एक वृक्ष लगभग 3 घन फिट व्यावसायिक लकड़ी देता है। रू. 500-600 प्रति घन फिट की औसत दर से इससे रू. 1,800 मिल जाते हैं। 30 वर्षों में एक सागौन वृक्ष लगभग 14 घन फिट इमारती लकड़ी देता है जिसकी कीमत लगभग रू. 8,000 होती है। 40वें वर्ष की अंतिम कटाई में एक सागौन का वृक्ष 22 घन फिट से अधिक व्यावसायिक लकड़ी देता है जिसकी कीमत 15,000 रू. होती है। इस प्रकार एक एकड़ सागौन से 40 वर्ष में लगभग रू. 15,19,000 की आय होती है। यदि सागौन की लकड़ी में प्रति वर्ष 10 प्रतिशत की वृद्धि मानी जाए तो यह आय बढ़कर रू. 4,11,47,816 तक हो जाएगी।

(स्रोतः टेरी 2000 उ.प्र. फील्ड सर्वे)

इसके काष्ठ का उपयोग शृंगारिक तक्षण तथा टी स्क्वायर, पियानो तथा वायलिन बनाने में किया जाता है।

सागौन प्रजाति की उत्पादकता सुनिश्चित करने हेतु निम्न जोखिम घटक का ध्यान रखना आवश्यक है–

(*i*) इस प्रजाति की पत्तियाँ गर्मियों में झड़ती हैं। इस समय तापक्रम अत्यधिक होता है एवं आर्द्रता कम रहती है। ऐसी स्थिति में इसे अग्नि के प्रकोप से बचाना आवश्यकता है।

(*ii*) अच्छी उत्पादकता हेतु नई किस्मों की जानकारी आवश्यक है।

(*iii*) अच्छे उत्पादन हेतु समय-समय पर छँटाई एवं विरलन कार्य आवश्यक है।

सिरसा, सीरन

(Chinese Albizia, Silk Tree)

इसका वानस्पतिक नाम ‘Albizzia stipulata या Albizzia chinensis’ है। यह एक विशाल पर्णपाती वृक्ष है। यह तेजी से बढ़ने वाली प्रजाति है। यह पश्चिम बंगाल एवं दक्षिण भारत में प्रमुखता से पायी जाती है। फूल अप्रैल-मई में आते हैं।

इसकी छाल एवं अंतः काष्ठ भूरा होता है। इसका उपयोग भवन निर्माण,

फर्नीचर एवं कैबिनेट कार्यों में किया जाता है। बंगाल में इसका उपयोग चाय के बक्से हेतु किया जाता है। यह ईंधन एवं चारकोल हेतु उपयोगी प्रजाति है। इसकी पत्तियों का प्रयोग चारा हेतु किया जाता है। इसे शोभाकारी वृक्ष के रूप में उद्यानों में लगाया जाता है।

सिल्वर ओक
(Silver Oak)

इसका वानस्पतिक नाम 'Grevillea robusta' है। यह प्राकृतिक रूप से आस्ट्रेलिया में पाया जाता है। भारत में इसे मुख्यतः पश्चिम बंगाल एवं दक्षिण भारत में लगाया गया। अब यह लगभग पूरे भारत में उद्यानों एवं सड़कों के किनारे शोभाकारी वृक्ष के रूप में लगाया जाता है। यह लंबा एवं आंशिक रूप से पर्णपाती वृक्ष है। इसकी पत्तियाँ संयुक्त होती हैं। फूल गुलाबी रंग के होते हैं तथा फरवरी-मार्च में आते हैं।

इसका प्रकाष्ठ कठोर एवं टिकाऊ होता है तथा फर्नीचर बनाने के काम आता है। इसे उद्यानों में शोभाकारी वृक्ष के रूप में लगाया जाता है।

सीडा, सेज
(Bentek Tree)

इसका वानस्पतिक नाम 'Lagerstoemia parviflora' है। यह मुख्य रूप से केरल, तमिलनाडु, महाराष्ट्र, कर्नाटक एवं असम आदि में पाया जाता है। यह विशाल पर्णपाती वृक्ष है। इसकी छाल हलकी भूरी एवं पतली होती है। यह प्रकाशपेक्षी वृक्ष है। यह अच्छा कापिसर है। इसके फूल अप्रैल से जून तक आते हैं तथा फल दिसंबर से फरवरी तक पकते हैं।

इसका प्रकाष्ठ मजबूत होता है। इसका घनत्व 675 कि.ग्रा. प्रति घन मीटर है। इसका उपयोग भवन निर्माण, नाव निर्माण एवं फर्नीचर बनाने में किया जाता है। इसका प्रयोग कृषि उपकरणों में भी किया जाता है। इसका चारकोल अच्छा होता है। इसकी छाल का प्रयोग टैनिन के लिए भी किया जाता है।

सुपारी

(Areca Nut Palm, Beetal Nut Palm)

इसका वानस्पतिक नाम 'Areca cathechu' है। यह मलाया का आदिवासी पौधा है। भारत में यह केरल, तमिलनाडु, कर्नाटक, महाराष्ट्र, पश्चिम बंगाल, असम आदि में मुख्य रूप से पाया जाता है। इसके वृक्ष 15 मीटर तक ऊँचाई प्राप्त करते हैं। इसकी पत्तियाँ 120 से 180 से.मी. तक लंबी होती हैं। इनमें अनेक पत्रक होते हैं जो 30 से 90 से.मी. तक लंबे होते हैं। ऊपर की पत्तियों के पत्रक प्रायः जुटे होते हैं। स्त्री पुष्प आधार की ओर तथा संख्या में कम होते हैं। शेष दंड पर नर पुष्प होते हैं। इस पर एक साथ अनेक फल लगते हैं। फल 2.5 से 5 से.मी. तक लंबे, चिकने, कच्चेपन में हरे एवं पकने पर नारंगी रंग के हो जाते हैं। इनका बाहरी आवरण नारियल की भाँति सूत्रमय होता है। इसको हटाने पर सुपारी के बीज मिलते हैं। ताजी सुपारी नशा करती है तथा इसे खाने से सिर में चक्कर आता है। अग्नि के प्रभाव से इसकी विषाक्तता नष्ट हो जाती है।

इसके तने का प्रयोग खंभे के रूप में किया जाता है। पत्तियों का प्रयोग स्थानीय लोग छप्पर निर्माण में करते हैं। भारत में सुपारी का बहुत प्रयोग किया जाता है।

सुंदरी

(Looking Glass Mangrove)

इसका वानस्पतिक नाम 'Heritieria littoralis' है। यह मध्यम आकार का सदाहरित वृक्ष है। यह मुख्यतः पश्चिम बंगाल के सुंदर वन में पाया जाता है, संभवतः इसीलिए इसका नाम सुंदरी पड़ा। यह अंडमान द्वीप समूह में भी पाया जाता है। यह 5 से 15 मीटर तक ऊँचाई प्राप्त कर लेता है। पत्तियाँ दीर्घवृत्ताकार 10 से 20 से.मी. लंबी होती हैं। फूल पीलापन लिए हरे तथा 5 मि.मी. लंबे होते हैं। फूल मई से अगस्त तक आते हैं। फल कड़े एवं चमकदार होते हैं तथा नाव के आकार के होते हैं।

इसकी छाल गहरे भूरे रंग की तथा फटी होती है। सुंदरवन क्षेत्र का यह मुख्य प्रकाष्ठ है। इसका अंतः काष्ठ गहरे लाल रंग का होता है। यह अत्यंत टिकाऊ, अत्यधिक भारी तथा मजबूत होता है। इसका प्रकाष्ठ पानी में डूबता नहीं,

उस पर तैरता रहता है। इसका मुख्य उपयोग नाव निर्माण में किया जाता है। इसके अतिरिक्त भवन निर्माण, टूल हैंडिल आदि में भी इसका उपयोग किया जाता है।

सुबबूल
(Leucaena)

इसका वानस्पतिक नाम 'Leucaena leucocephala' है। यह मूलतः मैक्सिको का वृक्ष है। भारत के विभिन्न प्रदेशों में इसे रोपित किया गया है। यह छोटे आकार का वृक्ष है जिसकी ऊँचाई 6 से 8 मीटर तक होती है। इसकी पत्तियाँ कंपांउड होती हैं। इनका डंठल 8 से 20 से.मी. होता है और उसमें 3 से 10 जोड़े छोटे डंठल होते हैं। किनारे की हर एक्सिस में 10 से 20 जोड़ी पत्तियाँ होती हैं। पत्तियों की लंबाई 8 से 10 मि.मी. तथा चौड़ाई 3 मि.मी. होती है। फूलों के गुच्छे छोटी गेंद की तरह होते हैं जिसमें अनेक फूल होते हैं। खिलने पर इनका व्यास 2 से 2.5 से.मी. तक होता है। इसकी फली की लंबाई 10 से 15 से.मी. तथा चौड़ाई 1.5 से 2 से.मी. तक होती है। फलियाँ सँकरी, चपटी तथा भूरे रंग की होती हैं। इनके ऊपर जंग के रंग के महीन बाल होते हैं।

यह बहुत अच्छी ईंधन प्रजाति है। इसकी कैलोरिफिक क्षमता 4,200 से 4,600 किलो कैलोरी प्रति कि.ग्रा. है। इसका अच्छा कोयला बनता है। इसकी पत्तियाँ अच्छा चारा है। इसकी पत्तियाँ दूध देने वाले जानवरों को खिलाने से उसका दूध बढ़ जाता है। किन्तु इसकी पत्तियों में एक प्रकार का टॉक्सिन होता है जिसे माइमोसिन कहा जाता है। अतः इसकी पत्तियाँ अन्य चारे में मिलाकर जानवरों को दिया जाना चाहिए। सुबबूल का 7 भाग तथा अन्य चारा का 3 भाग मिलाकर जानवरों को दिया जा सकता है। इसकी छँटाई कर 2 से 3 माह में लगातार चारा प्राप्त किया जा सकता है। इसके बीज से एक प्रकार का रंग तथा कॉफी जैसा पेय भी बनाया जाता है।

सेमल
(Silk Cotton Tree)

इसका वानस्पतिक नाम 'Bombax malabaricum' है। इसे संस्कृत साहित्य में चूर्णक तथा शाल्मली भी कहा गया है। यह लगभग पूरे देश में 1,000 मीटर की

ऊँचाई तक पाया जाता है। नदियों के किनारे की कछारी मिट्टी, जिसमें रेत की मात्रा अधिक हो, इसके लिए उपयुक्त है। यह जल भराव वाले क्षेत्रों में नहीं होता। यह बहुत विशाल वृक्ष है। इसकी ऊँचाई 25 से 30 मीटर तक होती है। इसका तना सीधा और गोल होता है। शाखाएँ फैली हुई तने से चक्राकार निकलती हैं। छाल हलकी बैगनी या स्लेटी रंग की होती है। लकड़ी का रंग सफेद या हलका गुलाबी होता है, जो वजन में काफी हलकी तथा अन्य लकड़ियों की तुलना में मुलायम होती है। इसकी डालियों पर छोटे-छोटे नुकीले काँटे होते हैं। इसके फूल लाल तथा 2 से 3 इंच तक लंबे होते हैं। मार्च-अप्रैल में नई पत्तियाँ निकलती हैं। फरवरी से अप्रैल तक इसके चमकीले लाल फूलों की आभा अत्यंत आकर्षक होती है। इसके फल 5 से 6 इंच लंबे काष्ठवत एवं हरे होते हैं।

सेमल की लकड़ी का उपयोग मुख्य रूप से माचिस की तीली एवं डिब्बी बनाने में किया जाता है। इसकी लकड़ी का प्रयोग हलके पैकिंग केस एवं प्लाइवुड के निर्माण में किया जाता है। फलों के भीतर रेशम जैसी रूई एवं काले बीज होते हैं। इसकी रुई तकिया एवं गद्दों में भरी जाती है। इसकी रुई से कम्बल आदि भी बनाए जाते हैं। इसका गोंद औषधि के रूप में प्रयोग किया जाता है। इसके काष्ठ का उपयोग ब्रशों के निर्माण के लिए किया जाता है। इसकी पत्तियाँ चारा के रूप में प्रयोग की जाती हैं। यह एक शोभाकार वृक्ष है।

हलदू
(Haldu)

इसका वानस्पतिक नाम 'Adina cardifolia or Haldina cardifolia' है। इसे कहीं-कहीं पर कदंब भी कहा जाता है। इसके वृक्ष मुख्यतः दक्षिण भारत के पर्णपाती वनों में पाए जाते हैं। इसे पूरे भारत के मैदानी क्षेत्रों में लगाया जाता है। इसका वृक्ष 20 मीटर तक की ऊँचाई प्राप्त करता है। इसका फूल पीले रंग का तथा गेंद के आकार का लगभग 2 से 3 से.मी. परिधि का होता है। फल दिसंबर-जनवरी में आते हैं।

छाल कोमल एवं भूरी होती है। अंतःकाष्ठ पीला होता है। प्रकाष्ठ टिकाऊ होता है तथा इस पर पालिश अच्छी आती है। इसका प्रयोग फर्नीचर, कृषि उपकरण, बंदूक के हत्थे आदि बनाने में किया जाता है। इसके काष्ठ का उपयोग ब्रशों, खिलौने, सिंगार बॉक्स एवं कंघे बनाने के लिए किया जाता है।

हरसिंगार
(Weeping Nyctanthes, Tree of Sorrow, Night Jasmine)

इसे हिंदी में परजाता, पारिजात, हरशृंगार या हरसिंगार; मराठी में पारिजात; गुजराती में हारशणगार; बंगला में तथा संस्कृत में शेफालिका कहते हैं। इसका वानस्पतिक नाम 'Nyctanthes arbortristis' है। यह पूरे भारत में पाया जाता है। इसके छोटे-छोटे पर्णपाती वृक्ष होते हैं जिसकी छाल हरिताभ श्वेत होती है। पत्तियाँ अभिमुख क्रम में स्थित 10 से 12.5 सेमी. लंबी हृदयाकार होती हैं। इसके पुष्प सुगंधित होते हैं तथा गुच्छों में अगस्त से अक्टूबर तक निकलते हैं।

इसके फलों से पीला रंग निकलता है जो रेशमी और सूती कपड़े रंगने के काम आता है। यह एक प्रमुख शोभाकारी वृक्ष है।

हरड़
(Chebulic Myrobalans)

इसका वानस्पतिक नाम 'Terminalia chebula' है। यह समस्त भारत मुख्यतः महाराष्ट्र, पश्चिम बंगाल आदि में 250 से 1,000 मी. की ऊँचाई तक पाया जाता है। यह मध्यम आकार का पर्णपाती वृक्ष है। यह लंबा, सीधा, पुष्ट तथा शाखायुक्त वृक्ष है। इसके पत्ते 7.5 से.मी. से 20 से.मी. तक लंबे तथा अभिमुख क्रम में स्थित होते हैं। पुष्प वसंत ऋतु में आते हैं तथा लंबी मंजरियों में श्वेताभ होते हैं। इसका फल 2.5 से.मी. से 5 से.मी. लंबा तथा कठोर होता है।

इसका प्रकाष्ठ कठोर एवं टिकाऊ होता है तथा इस पर पालिश अच्छा आता है। इसका उपयोग फर्नीचर, कृषि उपकरणों आदि बनाने के काम में होता है। इसके फलों में टैनिन पाया जाता है। यह चमड़ा तथा सूती एवं ऊनी कपड़े रंगने के काम आता है। इसके फल का उपयोग पेट संबंधी बीमारियों में किया जाता है।

हिंगन, हिंगोट, इंगूदी
(Desert Date)

इसका वानस्पतिक नाम 'Balanites roxburghaii या Balanites aegyptiaca'

है। यह भारत के शुष्क प्रदेशों मुख्यतः राजस्थान में पाया जाता है। इसके वृक्ष काँटेदार एवं 3 मीटर से 6 मीटर तक ऊँचे होते हैं। पत्तियाँ 2 से 3 से.मी. लंबी होती हैं। पत्तियों के पार्श्व में मजबूत काँटे होते हैं। फरवरी-मार्च में फूल आते हैं। फूल पीले रंग के तथा सुगंधित होते हैं। फल अंडाकार 2.5 से.मी. से 5 से. मी. लंबे, 3 सेमी. तक चौड़े तथा एकबीजीय होते हैं। फल कच्चेपन में हरे तथा पकने पर हलके भूरे हो जाते हैं।

फल में सैपोनिन होने से इसका उपयोग सिल्क के रेशों को साफ करने के लिए किया जाता है। गुठली में छेद कर अंदर से साफ करके सुँघनी रखने की नसदानी बनाने के लिए इसका उपयोग किया जाता है। यह एक अच्छी ईंधन प्रजाति है।

होपिया
(Kiral boghi, Tirpu Tree)

इसका वानस्पतिक नाम 'Hopea parviflora' है। इसके वृक्ष तमिलनाडु एवं केरल में मिलते हैं। यह विशाल वृक्ष 35 मीटर तक की ऊँचाई प्राप्त कर लेता है। पत्तियाँ 4.5 से 10 से.मी. तक लंबी एवं 1.5 से 3.5 से.मी. तक चौड़ी होती हैं। फल सफेद रंग के होते हैं। इसका प्रकाष्ठ हलका अथवा गहरे भूरे रंग का होता है। यह मजबूत एवं टिकाऊ प्रकाष्ठ है। इसका घनत्व 1010 कि.ग्रा. प्रति घन मीटर है। इस पर दीमक आदि का प्रकोप नहीं होता है। इसका प्रयोग भवन निर्माण, रेलवे स्लीपर निर्माण एवं नाव बनाने में किया जाता है।

यह प्रजाति लुप्तप्राय की श्रेणी में है।

भाग-दो

लघु औद्योगिक वन उपज

अध्याय-1

कत्था
(Katha)

कत्था बनाने हेतु खैर के वृक्ष को गिराकर उसके टुकड़े बना लेते हैं। फिर उसकी छाल तथा कच्ची लकड़ी या सारकाष्ठ को भट्ठी पर लाते हैं। भट्ठी के पास ही खैर काष्ठ की चुन्नी (Chips) बनाते हैं। चुन्नी जितनी छोटी और बारीक हो, उतना अच्छा होता है। साधारणतया चुन्नी लगभग 25 सेमी. लंबी, 5 सेमी. चौड़ी तथा 5 मिमी. मोटी होती हैं। पानी और चुन्नी 3 तथा 1 के अनुपात में हाँड़ी में 1.5 घंटे तक उबाला जाता है। इस प्रकार उबालने के बाद हाँड़ी को उतारकर उसका रस किसी दूसरे बर्तन में छान लिया जाता है। किनारे की दो हाँड़ियों के इस छने हुए रस को बीच की पंक्ति में रखी हाँड़ी में डाल दिया जाता है तथा वहाँ इसे फिर 3 या 4 घंटे तक उबाला जाता है। जब वह पर्याप्त गाढ़ा हो जाता है तो उसे कठौते में डाल दिया जाता है। एक बार उबाली गई चुन्नी में नया पानी मिलाकर फिर उबलने को रख देते हैं। लगभग 4 घंटे बाद उसे छानकर सूखने के लिए फैला देते हैं ताकि वह ईंधन के काम आ सके। दूसरे उबाल का रस बहुत पतला होता है। इसी रस में कुछ पानी मिलाकर नई चुन्नी डालकर फिर उबलने को रख देते हैं। लगभग 4 घंटे तक इसे उबालकर फिर छान लेते हैं। इस प्रकार रस को लगातार गाढ़ा करते रहते हैं। जब कठौते में रस गाढ़ा हो जाता है तो उसे भूमि में बनाए हुए एक गड्ढे में डाल दिया जाता है। गड्ढा खोदने के बाद उसे मिट्टी से लीपा जाता है और फिर उसमें पतली बोरी या टाट लगा देते हैं। इस टाट लगे गड्ढे में गाढ़ा रस डाल दिया जाता है। इससे खैर के गाढ़े रस से कच्छ (Cutch) नामक पदार्थ मिट्टी में चला जाता है तथा रस और गाढ़ा हो जाता है। सूखने के बाद इसे काटकर इकट्ठा किया जाता है।

फैक्टरी में काष्ठ की चुन्नी मशीनों से बनाई जाती है। जैसे-जैसे चुन्नी

बनती जाती है वैसे-वैसे उसे छोटे-छोटे बक्शों में भरकर बड़े- बड़े कढ़ावों में पहुँचा दिया जाता है। सारा कार्य मशीनों से होता है। जिस कढ़ाव में चुन्नी डाली जाती है, उसमें पानी रहता है। उबलने के बाद काष्ठ का रस नल द्वारा दूसरे और फिर तीसरे कढ़ाव में पहुँचाया जाता है। इससे रस गाढ़ा होता जाता है। निश्चित गाढ़ेपन के बाद रस को फिल्टर प्रेस में भेजते हैं जहाँ कत्था और कच्छ अलग हो जाते हैं। इसके बाद कत्थे को एक चर्खी में डालकर ठंडा करते हैं। ऐसा करने से शेष पानी भी उसमें से निकल जाता है। इसके बाद कत्थे को सुखाकर उसकी चौकोर बटियें काट लेते हैं। इस प्रकार कत्थे की प्राप्ति लगभग 4.5% होती है। यदि कच्छ भी अलग एकत्र किया जाता है तो उसकी प्राप्ति 10% तक होती है।

कत्था निर्माण हेतु खैर प्रजाति का उपयोग किया जाता है।

खैर
(Cutch)

इसका वानस्पतिक नाम 'Acacia catechu' है। यह मध्यम आकार का पर्णपाती वृक्ष है। यह उत्तर प्रदेश, मध्य प्रदेश एवं सिक्किम में 1,500 मीटर ऊँचाई तक पाया जाता है। शाखाएँ पतली, काँटों से युक्त, गहरे भूरे या जामुनी रंग की होती हैं। पत्तियाँ 10 सेमी. से 17.5 सेमी. लंबी तथा कंटकित होती हैं। पुष्प पीताभ या क्रीम रंग के गोल मंजरियों में निकलते हैं। फली 5 से 8.5 सेमी. लंबी, चपटी, सीधी, चमकदार तथा गाढ़े भूरे रंग की होती है। पुष्प ग्रीष्म के अंत में तथा फल वर्षा के प्रारंभ में आते हैं। इसका मुख्य उपयोग कत्था निर्माण में किया जाता है।

लाल खैर
(Red Cutch)

इसका वानस्पतिक नाम 'Acacia sundra या Acacia chundra ' है। यह मध्यम आकार का पर्णपाती वृक्ष है। यह 12 से 15 फिट ऊँचाई प्राप्त करता है। इसका प्रकाष्ठ चॉकलेटी रंग का होता है। तमिलनाडु में इस प्रजाति का प्रयोग कत्था निर्माण हेतु किया जाता है।

अध्याय-2

लाख
(Lac)

राजस्व की दृष्टि से लाख लघु वन उपज में अत्यंत महत्वपूर्ण है। यह लैक्कीफर लैक्का (Laccifer lacca) नामक कीड़े से उत्पन्न होता है। लाख का कीड़ा लाल रंग के एक छोटे से लार्वा के रूप में अपना जीवन प्रारंभ करता है। इस कीड़े की प्रत्येक मादा 400 से 1,000 तक लार्वा पैदा करती है। अंडे से निकलने पर लार्वा वृक्षों की शाखाओं पर दूर तक रेंगकर चले जाते हैं तथा नवीन एवं हरी शाखा पर ही रुकते हैं। यदि 3.5 मीटर तक कुछ न मिले तो ये मर जाते हैं। रुकने पर ये अपना कोमल शुंड (Proboscis) नर्म तथा रसीली शाखा में गड़ाकर उसका रस चूसते हैं। इस दशा में वे वहाँ रहने लगते हैं। एक बार बैठ जाने पर मादा तो जीवन पर्यंत वहीं रहती हैं किंतु नर युवा होने पर अपना स्थान छोड़ देते हैं।

लार्वा वृक्ष की शाखाओं पर इतनी घनी दशा में बैठते हैं कि एक वर्ग सेंटीमीटर में इनकी संख्या 150 से 180 तक होती है। इस प्रकार बैठने के कुछ समय बाद इनकी पीठ पर एक चमकदार वस्तु की पतली परत पैदा हो जाती है। धीरे-धीरे यह परत मोटी और कठोर हो जाती है तथा अचल (Immobile) कीड़े के लिए कवच का काम करती है। कीड़ा अंदर ही अंदर इस परत को मोटा करता रहता है। लार्वा अंदर ही अंदर बढ़ते हैं तथा नर एवं मादा कीड़ों में बदल जाते हैं। प्रत्येक पीढ़ी में मादा की संख्या नर से अधिक होती है। युवा होने पर नर कीड़े बाहर निकलते हैं तथा मादा को गर्भवती बनाकर स्वयं मर जाते हैं।

नर कीड़े के निकलने तक तो लाख कम पैदा होता है, परंतु गर्भाधान के बाद मादा की लाख पैदा करने की गति बढ़ जाती है। गर्भ का समय पूरा होने पर मादा अंडे देती है। ये लाख कोश (Lac cell) के अंदर पीछे की ओर एक छोटे से भाग में रखे जाते हैं जो मादा के शरीर के सिकुड़ने से खाली होता है। मादा के शरीर के सिकुड़ने से परत में दरार पड़ जाती है और नारंगी रंग का धब्बा कोश पर बन जाता है। जैसे-जैसे मादा अंडे देती जाती है, दरार और नारंगी रंग का क्षेत्रफल बढ़ता जाता है। अंडा पकने के बाद लार्वा उसमें से निकलता है और दरार के मार्ग से बाहर आ जाता है। इसे अंग्रेजी में स्वार्मिंग (Swarming) कहते हैं।

लाख एकत्रित करने वाले लोग स्वार्मिंग की बड़ी सावधानी से प्रतीक्षा करते हैं क्योंकि इससे लाभ उठाकर वे कीड़ों की नई पीढ़ी को नए वृक्षों पर पहुँचा सकते हैं। इस कार्य को संक्रमण कहते हैं। संक्रमण में लार्वा के निकलने के कई दिन पहले उन शाखाओं को, जिन पर लाख की मोटी स्वस्थ परत हो, 15 सेमी. से 30 सेमी. लंबे टुकड़ों में काट लेते हैं। इनको ब्रूड लाख कहते हैं, क्योंकि इनमें से लार्वा निकलते हैं। इनको पहले से शाखा कटे (Lopped) वृक्षों की नई कोमल शाखाओं में बाँध देते हैं।

लाख दो प्रकार की होती है—रंगिनी और कुसुमी। रंगिनी उपज अनेक पोषक (Host) वृक्षों पर पैदा की जाती है परंतु उसमें पलाश या ढाक तथा बेर प्रमुख हैं। कुसुमी कुसुम नामक वृक्ष पर पैदा की जाती है।

लाख के कीड़े के दो जीवन-चक्र होते हैं। लार्वों के निकलने के समय से लेकर मादा कोश में भरे अंडों से फिर लार्वा के निकलने की तैयारी को एक जीवन-चक्र कहते हैं। दो जीवन-चक्र होने के कारण एक वर्ष में दोनों प्रकार की लाख की दो उपजें होती हैं।

प्रमुख पोषक पौधे

लाख के प्रमुख पोषक पौधे निम्न हैं—

ढाक या पलाश (टेसू)
(Flame of the forest)

इसे संस्कृत में किंशुक तथा हिंदी में ढाक, पलाश, टेसू आदि कहते हैं। इसका वानस्पतिक नाम 'Butea monosperma' है। इसे ढाक भी कहा जाता है। यह

लगभग पूरे भारत में पाया जाता है। इसकी पत्तियाँ दिसंबर-जनवरी में झड़ जाती हैं तथा मार्च-अप्रैल में फूल आने प्रारंभ होते हैं। पत्ती विहीन फूलों से भरा वृक्ष जंगल में आग की लपटों जैसा प्रतीत होता है। इसके फूल आकर्षक होते हैं तथा दूर से सुग्गे की चोंच की तरह होने के कारण इसे किंशुक भी कहा जाता है।

वनस्पति विज्ञान की दृष्टि से एक होने पर भी इसके दो प्रकार पाए जाते हैं—चरका तथा करिया। लाख पैदा करने की दृष्टि से करिया अच्छा माना जाता है।

कुसुम

इसका वानस्पतिक नाम 'Schleichera oleosa' है। यह पर्णपाती वृक्ष है जो 40 मी. तक की ऊँचाई प्राप्त करता है। इस प्रजाति के विशाल वृक्षों का व्यास 2 मी. तक होता है। यह हिमालय की तलहटी से दक्षिण भारत तक पाया जाता है। यह पर्णपाती वृक्ष है। इसकी पत्तियाँ दिसंबर में गिरती हैं। फूल गर्मी के प्रारंभ में आते हैं।

वनस्पति विज्ञान की दृष्टि से एक होने पर भी इसके भी ढ़ाक की तरह दो प्रकार पाए जाते हैं—चरका तथा करिया। लाख पैदा करने की दृष्टि से करिया अच्छा माना जाता है।

बेर

(Indian jujube)

इसका वानस्पतिक नाम 'Zizyphus mauritiana' है। जंगली बेर के वृक्ष की आकृति, ऊँचाई तथा पत्तियों के आकार-प्रकार में भिन्नता पाई जाती है। भारत में यह लगभग सभी स्थानों पर पाया जाता है। स्थान के अनुसार फूल अप्रैल से अक्टूबर तक लगते हैं। फल गोल व गुठलीदार होते हैं।

इस पोषक वृक्ष पर पैदा की गई लाख, गुण की दृष्टि से ढाक से अच्छी होती है।

स्थानीय महत्व के पोषक पौधे

बबूल
(Babool)

इसका वानस्पतिक नाम 'Acacia arabica या Acacia nilotica' है। यह समस्त भारत के मुख्यतः सूखे भागों में पाया जाता है। गुजरात एवं राजस्थान में इसे लाख के पोषक वृक्ष के रूप में उपयोग किया जाता है।

एलबीज़िया ल्यूसिडा
(Albizia Lucida)

इसका वानस्पतिक नाम 'Albizia lucida' है। यह विशाल सदाहरित वृक्ष है। इसमें फूल मई से जून तक आते हैं तथा फलियाँ 15 से 20 सेमी. लंबी होती हैं। असम में इसे लाख के पोषक वृक्ष के रूप में उपयोग किया जाता है।

अरहर
(Pigeon Pea)

इसका वानस्पतिक नाम 'Cajanus cajan' है। यह समस्त भारत के दाल के लिए उगाया जाता है। आसाम में इसे लाख के पोषक वृक्ष के रूप में उपयोग किया जाता है।

विशेष महत्व के पोषक पौधे

खैर
(Cutch)

इसका वानस्पतिक नाम 'Acacia catechu' है। यह मध्यम आकार का पर्णपाती वृक्ष है। शाखाएँ पतली, काँटों से युक्त, गहरे भूरे या जामुनी रंग की होती हैं। यह उत्तर प्रदेश, मध्य प्रदेश एवं सिक्किम में 1500 मीटर ऊँचाई तक पाया जाता है।

इस पर लाख की कार्तिकी या अगहनी उपज अच्छी होती है। बैशाखी या जेठवी उपज इस पर नहीं हो पाती क्योंकि जाड़ों के अंत और गर्मी के प्रारंभ में इसकी शक्ति कम होती है। कुसुम की ब्रूड लाख की डंडी इसको और इसकी ब्रूड लाख की डंडी कुसुम को संक्रमण कर देती है।

बरगद (भंडीर)
(Banyan tree)

इसका वानस्पतिक नाम 'Ficus bengalensis' है। इसका पौराणिक नाम 'न्यग्रोध' है। यह विशाल आकार का दीर्घायु वृक्ष है। इसकी जटा और शाखाएँ मिलकर स्वतंत्र वृक्ष बन जाते हैं। पत्ते चौड़े गोलाकार और मोटापन लिए होते हैं। फल छोटे मध्यम आकार के और पकने पर चमकीले लाल रंग के होते हैं। यह भारत में सर्वत्र पाया जाता है। इसकी हवाई जड़ें धरती तक जाती हैं तथा मिट्टी से मिलकर अलग तने का रूप ले लेती हैं। मुख्य तना धीरे-धीरे सूख जाता है और उसका स्थान अनेक नए तने ले लेते हैं।

इस वृक्ष पर बैसाखी की उपज अच्छी होती है।

पीपल
(Bodhi Tree)

इसका वानस्पतिक नाम 'Ficus religiosa' है। यह अत्यंत धार्मिक महत्व का वृक्ष है। यह पूरे भारत में पाया जाता है। मंदिरों एवं धर्मशालाओं में यह मुख्य रूप से रोपा जाता है। यह विशाल आकार का वृक्ष है। इसकी पत्तियाँ हृदयाकार तथा तीखी नोक वाली, तना चिकना, शाखाएँ भी चिकनी, फल छोटे, गोल और छोटी शाखाओं पर लगते हैं। पीपल रोपित करना अत्यंत धार्मिक कृत्य माना जाता है। यह पर्यावरणीय एवं धार्मिक महत्व की प्रजाति है। यह हिंदू एवं बौद्ध, दोनों धर्मों में पवित्र माना जाता है।

इसके पेड़ का आकार बहुत बड़ा होता है। जाड़े के अंत में थोड़े समय के लिए इसमें पतझड़ हो जाता है। मार्च-अप्रैल में नई पत्तियाँ निकलती है। प्रारंभ में पत्तियों का रंग लाल होता है। छाल भूरी व चिकनी होती है।

इस वृक्ष पर बैसाखी की उपज अच्छी होती है।

सानन
(Sandam)

इसका वानस्पतिक नाम 'Ougeinia oojeinensis' है। यह मध्यम आकार का पर्णपाती वृक्ष है। इसकी छाल भूरे रंग की होती है। फूल हलके गुलाबी रंग के होते हैं। इस वृक्ष पर बैसाखी की उपज अच्छी होती है।

अध्याय-3

ब्रश और झाड़ुओं के दस्ते बनाने का उद्योग

ब्रश कई प्रकार के होते हैं। शृंगार के काम आने वाले ब्रश सुंदर होते हैं। उनका काष्ठ अच्छे वयन वाला और मन को प्रिय लगने वाले रंग का होना चाहिए। पेंट और घरेलू कार्यों में काम आने वाले ब्रशों में मामूली काष्ठ लगता है परंतु इन सबका काष्ठ गाँठहीन, बारीक बनावट वाला और न हटने वाला होना आवश्यक है। इसी प्रकार, झाड़ू भी कई प्रकार की होती हैं। घर में काम आने वाली छोटी झाड़ू से लेकर सड़क या नाले साफ करने वाली बड़ी झाड़ू के बीच में कई प्रकार की अन्य झाड़ू होती हैं। इन उद्योगों में नीचे लिखी प्रजातियों का काष्ठ काम में आता है।

(क) बालों के शृंगारिक ब्रश–

इस प्रकार के ब्रशों के निर्माण में निम्न प्रजातियों का प्रयोग किया जाता है–

डायसपायरस एबीनम

(Ceylon Ebony or Indian Ebony)

यह दक्षिण भारत एवं श्रीलंका में पाया जाता है। इसका वानस्पतिक नाम 'Diospyros ebenum' है। यह विशाल वृक्ष है जो 20 से 25 मी. तक ऊँचाई प्राप्त करता है। इसके पत्ते 6 से 15 सेमी. लंबे तथा 3 से 5 सेमी. चौड़े होते हैं। इसके काष्ठ का उपयोग बालों के शृंगारिक ब्रश के निर्माण के लिए किया जाता है।

शीशम
(Shisoo)

यह लगभग पूरे देश में पाया जाता है। इसका वानस्पतिक नाम 'Dalbergia sissoo' है। यह विशाल वृक्ष है। इसके पत्ते गोल तथा नोकदार होते हैं। इसके फूल बहुत छोटे तथा गुच्छों में होते हैं। इसकी फली लंबी, पतली तथा चिपटी होती है। इसके काष्ठ का उपयोग बालों के शृंगारिक ब्रश के निर्माण के लिए किया जाता है।

चिक्रासी
(Indian Red Wood)

इसका वानस्पतिक नाम 'Chukrasia tabularis' है। यह मध्यम आकार का पर्णपाती वृक्ष है। यह 30 मी. तक की ऊँचाई प्राप्त करता है। इसके काष्ठ का उपयोग बालों के शृंगारिक ब्रश के निर्माण के लिए किया जाता है।

क्लोरोज़ाइलम स्वाईटीनिया

यह क्लोरोज़ाइलोन स्वीटिनीया 'Chloroxylon swietenia' से निकाला जाता है। इसके काष्ठ का उपयोग बालों के शृंगारिक ब्रश के निर्माण के लिए किया जाता है।

(ख) सस्ते ब्रश–

इस प्रकार के ब्रशों के निर्माण में निम्न प्रजातियों का प्रयोग किया जाता है–

तून
(Indian Mahogany or Red Cedar)

इसका वानस्पतिक नाम 'Toona ciliata' है। यह लगभग 45 मीटर तक ऊँचाई प्राप्त करता है। इसके तने का व्यास 2 मीटर तक होता है। पुष्प सफेद एवं 5 से.मी. लंबे होते हैं। इसके काष्ठ का उपयोग ब्रशों के निर्माण के लिए किया जाता है।

हलदू
(Haldu)

इसे कहीं-कहीं पर कदंब भी कहा जाता है। इसके वृक्ष मुख्यतः दक्षिण भारत के पर्णपाती वनों में पाए जाते हैं। इसका वानस्पतिक नाम 'Adina cardifolia or Haldina cardifolia' है। इसका वृक्ष 20 मीटर तक की ऊँचाई प्राप्त करता है। इसका फूल पीले रंग का तथा गेंद के आकार का लगभग 2 से 3 से.मी. परिधि का होता है। इसके काष्ठ का उपयोग ब्रशों के निर्माण के लिए किया जाता है।

बोरंग
(Bhurkut)

इसका वानस्पतिक नाम 'Hymenodictyon exelsum' है। यह प्रायः भारत के सभी राज्यों में पाया जाता है। इसके काष्ठ का उपयोग ब्रशों के निर्माण के लिए किया जाता है।

आम
(Mango Tree)

आम को उड़िया में 'अम्बो', मारवाड़ी में 'अम्बा', तमिल में 'मंगा', तेलगू में 'ममिदी', गुजराती में 'आमरी', बंगला में 'आम', संस्कृत में 'आम्र' तथा कन्नड़ में 'माबू' कहते हैं। इसका वानस्पतिक नाम 'Mangifera indica' है। इसके काष्ठ का उपयोग ब्रशों के निर्माण के लिए किया जाता है।

कंजू या पापड़ी या चिलबिल
(Indian Elm)

इसका वानस्पतिक नाम 'Holoptelea integrifolia' है। यह विशाल पर्णपाती वृक्ष है। इसकी छाल भूरी तथा पत्तियाँ 8 से. 13 से.मी. लंबी तथा 3.2 से 6.3 से.मी. चौड़ी होती हैं। इसके फूल छोटे तथा हरापन लिए पीले होते हैं। इसके काष्ठ का उपयोग ब्रशों के निर्माण के लिए किया जाता है।

(ग) पेंट ब्रश–

इस प्रकार के ब्रशों के निर्माण में निम्न प्रजातियों का प्रयोग किया जाता है–

कैम
(Kaim)

इसे कहीं-कहीं पर फल्दू या कदंब भी कहा जाता है। भारत में इसके वृक्ष मुख्यतः दक्षिण भारत के पर्णपाती वनों में पाए जाते हैं। इसका वानस्पतिक नाम 'Mitragyna parviflora' है। इसका वृक्ष 20 मीटर तक की ऊँचाई प्राप्त करता है। इसका फूल पीले रंग का तथा गेंद के आकार का लगभग 2 से 3 से.मी. परिधि का होता है। इसके काष्ठ का उपयोग ब्रशों के निर्माण के लिए किए जाता है।

सेमल
(Silk Cotton Tree)

इसका वानस्पतिक नाम 'Bombax malabaricum' है। इसे संस्कृत साहित्य में चूर्णक तथा शाल्मली भी कहा गया है। यह लगभग पूरे देश में पाया जाता है। यह बहुत विशाल वृक्ष है। इसकी ऊँचाई 25 से 30 मीटर तक होती है। इसकी डालियों पर छोटे-छोटे नुकीले काँटे होते हैं। इसके फूल लाल तथा 2 से 3 इंच तक लंबे होते हैं। फरवरी से अप्रैल तक इसके चमकीले लाल फूलों की आभा अत्यंत आकर्षक होती है। इसके फल 5 से 6 इंच लंबे काष्ठवत एवं हरे होते हैं। फलों के भीतर रेशम जैसी रूई एवं काले बीज होते हैं। इसके काष्ठ का उपयोग ब्रशों के निर्माण के लिए किया जाता है।

हलदू
(Haldu)

इसका वानस्पतिक नाम 'Adina cardifolia or Haldina cardifolia' है। इसके काष्ठ का उपयोग ब्रशों के निर्माण के लिए किया जाता है।

तून
(Indian Mahogany or Red Cedar)

इसका वानस्पतिक नाम 'Toona ciliata' है। इसके काष्ठ का उपयोग ब्रशों के निर्माण के लिए किया जाता है।

गंभार
(Gambhar)

इसका वानस्पतिक नाम 'Gmelina arborea' है। यह मुख्यतः आसाम, पश्चिम बंगाल, बिहार, झारखंड तथा उड़ीसा में पाया जाता है। इसके काष्ठ का उपयोग ब्रशों के निर्माण के लिए किया जाता है।

धामन
(Dhaman)

इसका वानस्पतिक नाम 'Grewia tiliaefolia' है। यह मध्यम आकार का वृक्ष है। यह हिमालय के निचले भाग से लेकर मध्य भारत, उड़ीसा एवं तमिलनाडु तक पाया जाता है। इसमें सफेद रंग के छोटे-छोटे फूलों के गुच्छे लगते हैं जिनके भीतर पीलापन झलकता है। इसके फल खाने लायक खट्टे होते हैं। इसके काष्ठ का उपयोग ब्रशों के निर्माण के लिए किया जाता है।

झिंगन
(Indian Ash Tree)

इसका वानस्पतिक नाम 'Lannea coromandelica' है। यह मुख्यतः दक्षिण भारत में पाया जाता है। यह 14 मीटर तक की उँचाई प्राप्त करता है। इसकी पत्तियाँ 7 से 18 से.मी. तक लंबी होती हैं। इसमें जनवरी से मार्च तक फूल आते हैं। इसके काष्ठ का उपयोग ब्रशों के निर्माण के लिए किया जाता है।

चंपा
(Champa)

इसका वानस्पतिक नाम 'Michelia champaka' है। यह आसाम, पश्चिमी घाट तथा दक्षिण भारत के वन क्षेत्रों में पाया जाता है। इसके वृक्ष प्रायः वाटिकाओं में रोपित किए जाते हैं। इसके फूल सुगंधित, फीके पीले या नारंगी रंग के होते हैं। इसके काष्ठ का उपयोग ब्रशों के निर्माण के लिए किया जाता है।

(घ) नाली या सड़क साफ करने वाला ब्रश–

इस प्रकार के ब्रशों के निर्माण में आम के प्रकाष्ठ का प्रयोग किया जाता है।

(ङ) घरेलू झाड़ू या ब्रश–

घरेलू झाड़ू या ब्रशों के निर्माण में निम्न प्रजातियों का प्रयोग किया जाता है–

नीम चमेली
(Indian Cork Tree)

इसका वानस्पतिक नाम 'Milingtonia hortensis' है। यह प्रायः भारत के सभी राज्यों में पाया जाता है। यह लगभग 25 मीटर तक उँचाई प्राप्त करता है। इसमें अप्रैल से वर्षा के प्रारंभ तक तथा नवंबर-दिसंबर में चमकीले सफेद रंग के पुष्प आते हैं। इसका उपयोग घरेलू झाड़ू या ब्रशों के निर्माण में किया जाता है।

बोरंग
(Bhurkut)

इसका वानस्पतिक नाम 'Hymenodictyon exelsum' है। यह प्रायः भारत के सभी राज्यों में पाया जाता है। इसका उपयोग घरेलू झाड़ू या ब्रशों के निर्माण में किया जाता है।

कंजू या पापड़ी या चिलबिल
(Indian Elm)

इसका वानस्पतिक नाम 'Holoptelea integrifolia' है। यह विशाल पर्णपाती वृक्ष है। इसकी छाल भूरी तथा पत्तियाँ 8 से. 13 से.मी. लंबी तथा 3.2 से 6.3 से.मी. चौड़ी होती हैं। इसके फूल छोटे तथा हरांपन लिए पीले होते हैं। इसके काष्ठ का उपयोग घरेलू झाड़ू या ब्रशों के निर्माण के लिए किया जाता है।

कैम
(Kaim)

इसे कहीं-कहीं पर फल्दू या कदंब भी कहा जाता है। भारत में इसके वृक्ष मुख्यतः दक्षिण भारत के पर्णपाती वनों में पाए जाते हैं। इसका वानस्पतिक नाम 'Mitragyna parviflora' है। इसका वृक्ष 20 मीटर तक की ऊँचाई प्राप्त करता है। इसका फूल पीले रंग का तथा गेंद के आकार का लगभग 2 से 3 से.मी. परिधि का होता है। इसके काष्ठ का उपयोग घरेलू झाड़ू या ब्रशों के निर्माण में किया जाता है।

अध्याय-4

तक्षकला (Carving) तथा खिलौना उद्योग

तक्षकला (Carving) तथा खिलौना उद्योग में निम्न प्रजातियों का प्रयोग किया जाता है–

(क) शृंगारिक तक्षण (Ornamental Carving)–

शृंगारिक तक्षण में निम्न प्रजातियों का प्रयोग किया जाता है–

चंदन
(Sandalwood)

यह कर्नाटक एवं तमिलनाडु आदि राज्यों में 4,000 फीट की ऊँचाई तक पाया जाता है। इसका वानस्पतिक नाम 'Santalum album' है। इसकी ऊँचाई 20 से 30 फीट तक होती है। यह अर्धपराश्रयी स्वरूप का होता है। यह आस-पास की झाड़ी, घास एवं वृक्षों से कुछ अंशों में पोषक द्रव्यों का शोषण करता है। इसकी छाल काला रंग लिए भूरे रंग की तथा लकड़ी तेल युक्त एवं सार भाग पीलापन लिए भूरे रंग का तथा सुगंधित होता है। इससे प्राप्त होने वाले तेल के कारण यह अत्यंत महँगी तथा महत्वपूर्ण प्रजाति है। इसके काष्ठ का उपयोग शृंगारिक तक्षण में किया जाता है।

अखरोट
(Walnut)

इसका वानस्पतिक नाम 'Juglans regia' है। यह हिमालय के उष्ण भाग में पाया जाता है। कश्मीर में इसकी खेती की जाती है। इसकी छाल धूसर एवं लंबाई में

फटी होती है। पत्ते 12 से 30 से.मी. लंबे होते हैं। पुष्प छोटे एवं पीताभ हरे होते हैं। इसके काष्ठ का उपयोग शृंगारिक तक्षण में किया जाता है।

सागौन
(Teak Tree)

इसका वानस्पतिक नाम 'Tectona grandis' है। यह अधितर मध्य प्रदेश एवं उत्तर प्रदेश में पाया जाता है। यह विशाल पर्णपाती वृक्ष है। इसकी पत्तियाँ 30 सेमी. लंबी तथा 12 से.मी. चौड़ी दीर्घवृत्ताकार होती हैं। इसके पुष्प सफेद रंग के होते हैं। फूल अप्रैल तथा मई में आते हैं। इसके काष्ठ का उपयोग शृंगारिक तक्षण में किया जाता है।

(ख) साधारण कोटि का तक्षण–

इस प्रकार के तक्षण में निम्न प्रजातियों का प्रयोग किया जाता है–

हलदू
(Haldu)

इसका वानस्पतिक नाम 'Adina cardifolia or Haldina cardifolia' है। इसके काष्ठ का उपयोग तक्षण में किया जाता है।

कुरची

इसका वानस्पतिक नाम 'Holarrhena antidysentrica' है। यह मुख्यतः दून घाटी एवं सहारनपुर में पाया जाता है। यह मध्यम आकार का वृक्ष है। इसकी छाल भूरी होती है। पत्तियाँ 10 से 15 से.मी. लंबी होती हैं। फल 3 से 4 से.मी. आकार के क्रीमी अथवा सफेद रंग के होते हैं। फूल मार्च से मई तक आते हैं। फल वर्षाकाल में लगते हैं। इसके काष्ठ का उपयोग तक्षण में किया जाता है।

राइटिया टोमेंटोसा
(Queen Wrightia)

यह थाइलैंड में पाया जाता है। इसका वानस्पतिक नाम 'Wrightia tomentosa' है। यह मध्यम आकार का वृक्ष है। इसके पुष्प सुगंधित एवं सफेद होते हैं। इसके काष्ठ का उपयोग तक्षण में किया जाता है।

कैम
(Kaim)

इसे कहीं-कहीं पर फल्दू या कदंब भी कहा जाता है। भारत में इसके वृक्ष मुख्यतः दक्षिण भारत के पर्णपाती वनों में पाए जाते हैं। इसका वानस्पतिक नाम 'Mitragyna parviflora' है। इसका वृक्ष 20 मीटर तक की ऊँचाई प्राप्त करता है। इसका फूल पीले रंग का तथा गेंद के आकार का लगभग 2 से 3 से.मी. परिधि का होता है। इसके काष्ठ का उपयोग तक्षण में किया जाता है।

(ग) खिलौने

खिलौने बनाने के उद्योग में निम्न प्रजातियों का प्रयोग किया जाता है–

मंदार
(Indian Coral Tree)

इसका वानस्पतिक नाम 'Erythrina variegata' है। इसे धौलढाक भी कहते हैं। इसकी ऊँचाई 15 मीटर तक होती है। इसकी शाखाओं के छोर पर गहरे लाल रंग के फूल खिलते हैं। फलों में पाँच पंखुड़ी होती है जिसमें एक हँसिया की तरह होती है। इसका उपयोग खिलौने बनाने के लिए किया जाता है।

बोरंग
(Bhurkut)

इसका वानस्पतिक नाम 'Hymenodictyon exelsum' है। यह प्रायः भारत के सभी राज्यों में पाया जाता है। इसका उपयोग खिलौने बनाने के लिए किया जाता है।

सानन
(Sandam)

इसका वानस्पतिक नाम 'Ougeinia oojeinensis' है। यह मध्यम आकार का पर्णपाती वृक्ष है। इसकी छाल भूरे रंग की होती है। फूल हलके गुलाबी रंग के होते हैं। इसका उपयोग खिलौने बनाने के लिए किया जाता है।

अध्याय-5

सिंगार बक्स

सिंगार बक्स बनाने के उद्योग में निम्न प्रजातियों का प्रयोग किया जाता है–

बकैन

(Persian Lilac)

इसका वानस्पतिक नाम 'Melia azadarach' है। यह मुख्यतः कश्मीर की प्रजाति है। इसका उत्पादन पूरे देश में किया जाता है। इसकी ऊँचाई 20 मीटर तक होती है। इसके तने का व्यास 60 सेमी. तक होता है। इसके पुष्प 20 से 25 सेमी. तक लंबे होते हैं। इसकी लंबाई 10 मिमी. और चौड़ाई 15 से 19 मिमी. तक होती है। यह तेजी से बढ़ने वाली प्रजाति है। इसका उपयोग सिंगार बक्स बनाने के लिए किया जाता है।

तून

(Indian Mahogany or Red Cedar)

इसका वानस्पतिक नाम 'Toona ciliata' है। यह लगभग 45 मीटर तक ऊँचाई प्राप्त करता है। इसके तने का व्यास 2 मीटर तक होता है। पत्तियाँ 4 से 13 से.मी. तक लंबी होती हैं। पुष्प सफेद एवं 5 से. मी. लंबे होते हैं। इसका उपयोग सिंगार बक्स बनाने के लिए किया जाता है।

मालाबार नीम

(Malabar Neem or Ghora Neem)

इसका वानस्पतिक नाम 'Melia composita' है। यह लगभग 20 से 30 मीटर तक ऊँचाई प्राप्त करता है। इसके तने का व्यास 2 से 2.5 मीटर तक होता है। यह भारत, श्रीलंका एवं भूटान में व्यापक रूप से पाया जाता है। इसका उपयोग सिंगार बक्स बनाने के लिए किया जाता है।

अध्याय-6

खेती के औजार

खेती के औजार बनाने में निम्न प्रजातियों का प्रयोग किया जाता है–

खैर
(Cutch)

इसका वानस्पतिक नाम 'Acacia catechu' है। यह मध्यम आकार का पर्णपाती वृक्ष है। शाखाएँ पतली, काँटों से युक्त, गहरे भूरे या जामुनी रंग की होती हैं। यह उत्तर प्रदेश, मध्य प्रदेश एवं सिक्किम में 1,500 मीटर की ऊँचाई तक पाया जाता है। इसके काष्ठ का उपयोग खेती के औजार बनाने में किया जाता है।

बबूल
(Babool)

इसका वानस्पतिक नाम 'Acacia arabica' है। यह समस्त भारत के मुख्यतः सूखे भागों में पाया जाता है। इसके काष्ठ का उपयोग खेती के औजार बनाने में किया जाता है।

बाकली
(Axlewood)

इसका वानस्पतिक नाम 'Anogeissus latifolia' है। यह वृक्ष समस्त भारत के सूखे पतझड़ वनों में बहुतायत से पाया जाता है। इसके काष्ठ का उपयोग खेती के औजार बनाने में किया जाता है।

बेर
(Indian jujube)

इसका वानस्पतिक नाम 'Zizyphus mauritiana' है। जंगली बेर के वृक्ष की आकृति, ऊँचाई तथा पत्तियों के आकार-प्रकार में भिन्नता पाई जाती है। भारत में यह लगभग सभी स्थानों पर पाया जाता है। स्थान के अनुसार फूल अप्रैल से अक्टूबर तक लगते हैं। फल गोल व गुठलीदार होते हैं। इसका फल खाने के काम आता है। फल को सुखाकर इसका आँटा भी बनाते हैं। इसकी लकड़ी कोयला बनाने के काम आती है। इसके काष्ठ का उपयोग खेती के औजार बनाने में किया जाता है।

शीशम
(Shisoo)

यह लगभग पूरे देश में पाया जाता है। इसका वानस्पतिक नाम 'Dalbergia sissoo' है। यह विशाल वृक्ष है। इसके पत्ते गोल तथा नोकदार होते हैं। इसके फूल बहुत छोटे तथा गुच्छों में होते हैं। इसकी फली लंबी, पतली तथा चिपटी होती है। इसके काष्ठ का उपयोग खेती के औजार बनाने में किया जाता है।

साल
(Shorea)

इसका वानस्पतिक नाम 'Shorea robusta' है। इसे साखू भी कहा जाता है। यह भारत का प्रमुख प्रकाष्ठ वृक्ष है। इसका वृक्ष बहुत विशाल होता है। इसके पत्ते बड़े होते हैं, फूल पीले रंग के झुमकों में वसंत ऋतु में आते हैं और फल छोटे होते हैं। फल वर्षा ऋतु के प्रारंभ में पकते हैं। इसका प्रकाष्ठ बहुत मजबूत एवं उपयोगी होता है। इसके काष्ठ का उपयोग खेती के औजार बनाने में किया जाता है।

अध्याय-7

काष्ठ के बर्तन

काष्ठ के बर्तन बनाने में निम्न प्रजातियों का प्रयोग किया जाता है–

हलदू
(Haldu)

इसे कहीं-कहीं पर कदंब भी कहा जाता है। इसके वृक्ष मुख्यतः दक्षिण भारत के पर्णपाती वनों में पाये जाते हैं। इसका वानस्पतिक नाम 'Adina cardifolia or Haldina cardifolia' है। इसका वृक्ष 20 मीटर तक की ऊँचाई प्राप्त करता है। इसका फूल पीले रंग का तथा गेंद के आकार का लगभग 2 से 3 से.मी. परिधि का होता है। इसके काष्ठ का उपयोग काष्ठ के बर्तन बनाने में किया जाता है।

राइटिया टिंक्टोरिया
(Pale Indigo Plant)

इसका वानस्पतिक नाम 'Wrightia tinctoria' है। यह लगभग पूरे भारत में 1,200 मी. की ऊँचाई तक पाया जाता है। इसके काष्ठ का उपयोग काष्ठ के बर्तन बनाने में किया जाता है।

राइटिया टोमेंटोज़ा

इसका वानस्पतिक नाम 'Wrightia tomentosa' है। यह मुख्यतः थाईलैंड की प्रजाति है। इसका वृक्ष मध्यम आकार का होता है। इसमें सुगंधित सफेद

फूल आते हैं। इसके काष्ठ का उपयोग काष्ठ के बर्तन बनाने में किया जाता है।

एसक्यूलस इंडिका
(Himlayan Horse Chestnut)

इसका वानस्पतिक नाम 'Aesculus indica' है। इसकी ऊँचाई 30 मी. तक होती है। इसमें जून से जुलाई तक फूल आते हैं तथा फल अक्टूबर तक पकते हैं। यह कश्मीर से नेपाल तक 900 से 3,000 मीटर तक की ऊँचाई तक पाया जाता है। इसके काष्ठ का उपयोग काष्ठ के बर्तन बनाने में किया जाता है।

इमली
(Tamarind)

इसका वानस्पतिक नाम 'Tamarindus indica' है। यह हिमालय क्षेत्र के अतिरिक्त पूरे देश में उगाया जाता है। इसकी ऊँचाई 30 से 35 मी. तक होती है तथा इसका तना 06 मी. तक गोलाई प्राप्त करता है। इसकी पत्तियाँ कंपांउड होती हैं जिसमें 10 से 15 तक छोटी पत्तियाँ आती हैं। यह सदापर्णी वृक्ष है। अप्रैल-मई में पतझड़ के साथ नई पत्तियों का आना शुरू हो जाता है। इसमें अप्रैल से मई तक फूल आते हैं। इसके फूल भरे हुए गुच्छों में आते हैं। इसकी फली 06 से 12 सेमी. लंबी तथा 2 से 3 सेमी. तक चौड़ी होती है। कच्चेपन में यह खट्टी होती है तथा नवंबर में पकना शुरू होती है। इसके काष्ठ का उपयोग काष्ठ के बर्तन बनाने में किया जाता है।

कुरची

इसका वानस्पतिक नाम 'Holarrhaena antidysentrica' है। इसके काष्ठ का उपयोग तक्षण में किया जाता है। यह मुख्यतः दून घाटी एवं सहारनपुर में पाया जाता है। यह मध्यम आकार का वृक्ष है। इसकी छाल भूरी होती है। पत्तियाँ 10 से 15 से.मी. लंबी होती हैं। फूल मार्च से मई तक आते हैं। फल 3 से 4 से. मी. आकार के क्रीमी अथवा सफेद रंग के होते हैं। फल वर्षाकाल में लगते हैं। इसके काष्ठ का उपयोग काष्ठ के बर्तन बनाने में किया जाता है।

अमलतास
(Indian Laburnum)

इसका वानस्पतिक नाम 'Cassia fistula' है। यह लगभग पूरे भारत में पाया जाता है। यह मध्यम ऊँचाई का एक प्रमुख शोभाकारी वृक्ष है। गर्मी के आगमन के साथ इसमें फूल आने लगते हैं। माह मई-जून की भीषण गर्मी में यह अपनी सुंदरता बिखेरता रहता है। इसके अंदर की लकड़ी कठोर और मजबूत होती है। इसका उपयोग खेती के उपकरणों जैसे बैलगाड़ी आदि बनाने में किया जाता है। इसकी छाल चमड़ा रँगने के काम आती है। सौंदर्य के अतिरिक्त आयुर्वेदिक चिकित्सा पद्धति में इसका उपयोग ज्वर, अपच एवं लकवे आदि में किया जाता है। अपने फूलों की सुंदरता के कारण इसे सड़कों के किनारे एवं अन्य स्थानों पर रोपित किया जाता है। इसके काष्ठ का उपयोग काष्ठ के बर्तन बनाने में किया जाता है।

शीशम
(Shisoo)

यह लगभग पूरे भारत में पाया जाता है। इसका वानस्पतिक नाम 'Dalbergia sissoo' है। यह विशाल वृक्ष है। इसके पत्ते गोल तथा नोकदार होते हैं। इसके फूल बहुत छोटे तथा गुच्छों में होते हैं। इसकी फली लंबी, पतली तथा चिपटी होती है। इसके काष्ठ का उपयोग काष्ठ के बर्तन बनाने में किया जाता है।

अध्याय-8

काष्ठ के ठप्पे

काष्ठ के ठप्पे बनाने में निम्न प्रजातियों का प्रयोग किया जाता है–

बक्सस सैंपरविरेंस

(Common Box)

इसका वानस्पतिक नाम 'Buxus sampervirens' है। इसकी ऊँचाई 1 से 9 मी. तक होती है। पत्तियाँ 15 से 30 मिमी. तक लंबी एवं 5 से 13 मिमी. तक चौड़ी होती हैं। फूल हरापन लिए पीले रंग के होते हैं। यह प्रजाति काष्ठ के ठप्पे बनाने हेतु सर्वोत्तम मानी जाती है।

कैम

(Kaim)

इसे कहीं-कहीं पर फल्दू या कदंब भी कहा जाता है। भारत में इसके वृक्ष मुख्यतः दक्षिण भारत के पर्णपाती वनों में पाए जाते हैं। इसका वानस्पतिक नाम 'Mitragyna parviflora' है। इसका वृक्ष 20 मीटर तक की ऊँचाई प्राप्त करता है। इसका फूल पीले रंग का तथा गेंद के आकार का लगभग 2 से 3 से.मी. परिधि का होता है। इसके काष्ठ का उपयोग काष्ठ के ठप्पे बनाने में किया जाता है।

शीशम

(Shisoo)

यह लगभग पूरे भारत में पाया जाता है। इसका वानस्पतिक नाम 'Dalbergia sissoo' है। यह विशाल वृक्ष है। इसके पत्ते गोल तथा नोकदार होते हैं। इसके

फूल बहुत छोटे तथा गुच्छों में होते हैं। इसकी फली लंबी, पतली तथा चिपटी होती है। इसके काष्ठ का उपयोग काष्ठ के ठप्पे बनाने में किया जाता है।

बबूल
(Babool)

इसका वानस्पतिक नाम 'Acacia arabica' है। यह समस्त भारत के मुख्यतः सूखे भागों में पाया जाता है। इसके काष्ठ का उपयोग काष्ठ के ठप्पे बनाने में किया जाता है।

अध्याय-9

गणित उपकरण

विभिन्न प्रकार के गणित उपकरणों में प्रयोग की जाने वाली प्रजातियों का विवरण निम्न प्रकार है–

(*i*) उत्तम श्रेणी के

गणित के उत्तम श्रेणी के उपकरण बनाने में निम्न प्रजातियों का प्रयोग किया जाता है–

बक्सस सैंपरविरेंस
(Common Box)

इसका वानस्पतिक नाम 'Buxus sampervirens' है। इसकी ऊँचाई 1 से 9 मी. तक होती है। पत्तियाँ 15 से 30 मिमी. तक लंबी एवं 5 से 13 मिमी. तक चौड़ी होती हैं। फूल हरापन लिए पीले रंग के होते हैं। यह प्रजाति गणित के उत्तम श्रेणी के उपकरण बनाने हेतु सर्वोत्तम मानी जाती है।

(*ii*) साधारण श्रेणी के

गणित के साधारण श्रेणी के उपकरण बनाने में निम्न प्रजातियों का प्रयोग किया जाता है–

हलदू
(Haldu)

इसे कहीं-कहीं पर कदंब भी कहा जाता है। इसके वृक्ष मुख्यतः दक्षिण भारत के पर्णपाती वनों में पाए जाते हैं। इसका वानस्पतिक नाम 'Adina cardifolia or

कबर

शिवलिंगी

मीठा नारंगी

लसोढ़ा

वरूण

कबाब चीनी

वरूण

मूसली काली

गुलमोहर

डायसपायरस एबीनमा

वेस्ट इंडियन लेमन घास

जंगली हल्दी

राज़ धत्तूर

बाँस (ट्रेनड्रोकैलेमस एसपर)

चालता

तेंदू

काण्डू

डिप्टेरोकारपस एलेटेस

काला तेंदू, गाब

फुलवाड़ा या भारतीय मक्खन

डिप्टेरोकारपस कॉसटैटस

डिप्टेरोकारपस इण्डिकस

इलायची

होलौंग

रूद्राक्ष

सफेदा

(यूकेलिप्टस टेरिटीकोरनिस)

सफेदा

(यूकेलिप्टस पॉलीसनथिमॉस)

वनफशा

वैनिला प्लेनिफोलिया

भृंगराज (भँगरैया)

अदरक

डोरेमा अमोनिथेकम

इलियोड्रैनड्रान ग्लौकम

तूतगाँठा

लोकट

मन्दार

आँवला

कंजू या पापड़ी या चिलबिल

कुरची

गारसीनिया मौरैला

खरपट या काकर

मुलेठी

सिल्वर ओक

धामन

यूरोपियन ऐश ट्री

हलदू

सारिवा

सुन्दरी

भारतीय एस्पन

कैथ

हींग

फेरूला गैलबैनीफ्लुआ

अंजीर

रबर फाइकस

तिमला

पीपल

गूलर

रबर फाइकस

Haldina cardifolia' है। इसका वृक्ष 20 मीटर तक की ऊँचाई प्राप्त करता है। इसका फूल पीले रंग का तथा गेंद के आकार का लगभग 2 से 3 से.मी. परिधि का होता है। इसके काष्ठ का उपयोग गणित के साधारण श्रेणी के उपकरण बनाने में किया जाता है।

कंजू या पापड़ी या चिलबिल
(Indian Elm)

इसका वानस्पतिक नाम 'Holoptelea integrifolia' है। यह विशाल पर्णपाती वृक्ष है। इसकी छाल भूरी तथा पत्तियाँ 8 से. 13 से.मी. लंबी तथा 3.2 से 6.3 से.मी. चौड़ी होती हैं। इसके फूल छोटे तथा हरापन लिए पीले होते हैं। इसके काष्ठ का उपयोग गणित के साधारण श्रेणी के उपकरण बनाने में किया जाता है।

तून
(Indian Mahogany or Red Cedar)

इसका वानस्पतिक नाम 'Toona ciliata' है। यह लगभग 45 मीटर तक उँचाई प्राप्त करता है। इसके तने का व्यास 2 मीटर तक होता है। पत्तियाँ 4 से 13 से.मी. तक लंबी होती हैं। पुष्प सफेद एवं 5 से.मी. लंबे होते हैं। इसके काष्ठ का उपयोग गणित के साधारण श्रेणी के उपकरण बनाने में किया जाता है।

कुरची

इसका वानस्पतिक नाम 'Holarrhaena antidysentrica' है। यह मुख्यतः दून घाटी एवं सहारनपुर में पाया जाता है। यह मध्यम आकार का वृक्ष है। इसकी छाल भूरी होती है। पत्तियाँ 10 से 15 से.मी. लंबी होती हैं। फल 3 से 4 से.मी. आकार के क्रीमी अथवा सफेद रंग के होते हैं। फूल मार्च से मई तक आते हैं। फल वर्षाकाल में लगते हैं। इसके काष्ठ का उपयोग गणित के साधारण श्रेणी के उपकरण बनाने में किया जाता है।

(क) ड्राइंग बोर्ड और प्लेन टेबल

ड्राइंग बोर्ड और प्लेन टेबल बनाने में निम्न प्रजातियों का प्रयोग किया जाता है–

कैल
(Blue Pine)

इसे हिमालयन सफेद पाइन भी कहते हैं। इसका वानस्पतिक नाम 'Pinus wallichiana' है। यह भारत में 1,800 से 4,300 मीटर की ऊँचाई तक जम्मू कश्मीर, हिमाचल प्रदेश तथा उत्तराखंड के वन क्षेत्रों में पाया जाता है। यह देवदार, फर एवं स्प्रूस के साथ वन क्षेत्रों में पाया जाता है। यह 30 से 50 मीटर तक की ऊँचाई प्राप्त करता है। इसकी पत्तियाँ 12 से 18 से.मी. तक लंबी होती हैं। इसका फल (Cone) लगभग बेलनाकार तथा 16 से 32 से.मी. लंबा होता है। इसका उपयोग ड्राइंग बोर्ड और प्लेन टेबल निर्माण में किया जाता है।

गंभार
(Gambhar)

इसका वानस्पतिक नाम 'Gmelina arborea' है। यह मुख्यतः आसाम, पश्चिम बंगाल, बिहार, झारखंड तथा उड़ीसा में पाया जाता है। इसका उपयोग ड्राइंग बोर्ड और प्लेन टेबल निर्माण में किया जाता है।

बोरंग
(Bhurkut)

इसका वानस्पतिक नाम 'Hymenodictyon exelsum' है। यह प्रायः भारत के सभी राज्यों में पाया जाता है। इसका उपयोग ड्राइंग बोर्ड और प्लेन टेबल निर्माण में किया जाता है।

नीम चमेली
Indian Cork Tree

इसका वानस्पतिक नाम 'Milingtonia hortensis' है। यह प्रायः भारत के सभी राज्यों में पाया जाता है। यह लगभग 25 मीटर तक ऊँचाई प्राप्त करता है। अप्रैल से वर्षा के प्रारंभ तक तथा नवंबर-दिसंबर में इसमें चमकीले सफेद रंग के पुष्प आते हैं। इसका उपयोग ड्राइंग बोर्ड और प्लेन टेबल निर्माण में किया जाता है।

फर

(West Himalayan Fir)

इसका वानस्पतिक नाम 'Abies pindrow' है। यह हिमालय क्षेत्र में 2,400 से 3,700 मीटर की ऊँचाई तक के वन क्षेत्रों में पाया जाता है। यह देवदार, फर एवं स्प्रूस के साथ वन क्षेत्रों में पाया जाता है। यह 40 से 60 मीटर की ऊँचाई तथा 2 से 2.5 मी. तक व्यास प्राप्त करता है। इसकी पत्तियाँ सुई जैसी तथा 4 से 7 से.मी. तक लंबी होती हैं। इसका फल बेलनाकार शंकु के आकार का तथा 7 से 14 से.मी. लंबा एवं 3 से 4 से.मी. चौड़ा होता है। इसका उपयोग ड्राइंग बोर्ड और प्लेन टेबल निर्माण में किया जाता है।

स्प्रूस

(West Himalayan Spruce)

इसका वानस्पतिक नाम 'Picea smithiana' है। यह हिमालय क्षेत्र में 2,400 से 3,600 मीटर की ऊँचाई तक के वन क्षेत्रों में पाया जाता है। यह 40 से 55 मीटर की उँचाई तथा 1 से 2 मी. तक व्यास प्राप्त करता है। इसकी पत्तियाँ सुई जैसी तथा 3 से 5 से.मी. तक लंबी होती हैं। इसका फल बेलनाकार शंकु के आकार का तथा 9 से 16 से.मी. लंबा एवं 3 से 4 से.मी. चौड़ा होता है। इसका उपयोग ड्राइंग बोर्ड और प्लेन टेबल निर्माण में किया जाता है।

(ख) सेट स्क्वेअर

सेट स्क्वेअर बनाने में निम्न प्रजातियों का प्रयोग किया जाता है–

डायसपायरस एबीनम

(Ceylon Ebony or Indian Ebony)

यह दक्षिण भारत एवं श्रीलंका में पाया जाता है। इसका वानस्पतिक नाम 'Diospyros ebenum' है। यह विशाल वृक्ष है जो 20 से 25 मी. तक ऊँचाई प्राप्त करता है। इसके पत्ते 6 से 15 सेमी. लंबे तथा 3 से 5 सेमी. चौड़े होते हैं। इसके काष्ठ का उपयोग सेट स्क्वेअर के निर्माण के लिए किया जाता है।

शीशम
(Shisoo)

यह लगभग पूरे देश में पाया जाता है। इसका वानस्पतिक नाम 'Dalbergia sissoo' है। यह विशाल वृक्ष है। इसके पत्ते गोल तथा नोकदार होते हैं। इसके फूल बहुत छोटे तथा गुच्छों में होते हैं। इसकी फली लंबी, पतली तथा चिपटी होती है। इसके काष्ठ का उपयोग सेट स्क्वेअर बनाने में किया जाता है।

(ग) स्केल या पैमाना

स्केल या पैमाना बनाने में निम्न प्रजातियों का प्रयोग किया जाता है–

बक्सस सैंपरविरैंस
(Common Box)

इसका वानस्पतिक नाम 'Buxus sampervirens' है। इसकी ऊँचाई 1 से 9 मी. तक होती है। पत्तियाँ 15 से 30 मिमी. तक लंबी एवं 5 से 13 मिमी. तक चौड़ी होती हैं। फूल हरापन लिए पीले रंग के होते हैं। यह प्रजाति स्केल या पैमाना बनाने हेतु सर्वोत्तम मानी जाती है।

एसक्यूलस इंडिका
(Himalayan Horse Chestnut)

इसका वानस्पतिक नाम 'Aesculus indica' है। इसकी ऊँचाई 30 मी. तक होती है। इसमें जून से जुलाई तक फूल आते हैं तथा फल अक्टूबर तक पकते हैं। यह कश्मीर से नेपाल तक 900 से 3,000 मीटर तक की ऊँचाई तक पाया जाता है। इसके काष्ठ का उपयोग स्केल या पैमाना बनाने में किया जाता है।

अखरोट
(Walnut)

इसका वानस्पतिक नाम 'Juglans regia' है। यह हिमालय के उष्ण भाग में पाया जाता है। कश्मीर में इसकी खेती की जाती है। इसकी छाल धूसर एवं लंबाई में

फटी होती है। पत्ते 12 से 30 से.मी. लंबे होते हैं। पुष्प छोटे एवं पीताभ हरे होते हैं। इसके काष्ठ का उपयोग स्केल या पैमाना बनाने में किया जाता है।

राइटिया टोमेंटोसा
(Queen Wrightia)

यह थाइलैंड में पाया जाता हैं। इसका वानस्पतिक नाम 'Wrightia tomentosa' है। यह मध्यम आकार का वृक्ष है। इसके पुष्प सुगंधित एवं सफेद होते हैं। इसके काष्ठ का उपयोग स्केल या पैमाना बनाने में किया जाता है।

(घ) स्कूलों में काम आने वाले साधारण स्केल

स्कूलों में काम आने वाले साधारण स्केल बनाने में निम्न प्रजातियों का प्रयोग किया जाता है–

हलदू
(Haldu)

इसे कहीं-कहीं पर कदंब भी कहा जाता है। इसके वृक्ष मुख्यतः दक्षिण भारत के पर्णपाती वनों में पाए जाते हैं। इसका वानस्पतिक नाम 'Adina cardifolia or Haldina cardifolia' है। इसका वृक्ष 20 मीटर तक की ऊँचाई प्राप्त करता है। इसका फूल पीले रंग का तथा गेंद के आकार का लगभग 2 से 3 से.मी. परिधि का होता है। इसके काष्ठ का उपयोग स्कूलों में काम आने वाले साधारण स्केल बनाने में किया जाता है।

कैम
(Kaim)

इसे कहीं-कहीं पर फल्दू या कदंब भी कहा जाता है। भारत में इसके वृक्ष मुख्यतः दक्षिण भारत के पर्णपाती वनों में पाये जाते हैं। इसका वानस्पतिक नाम 'Mitragyna parviflora' है। इसका वृक्ष 20 मीटर तक की ऊँचाई प्राप्त करता है। इसका फूल पीले रंग का तथा गेंद के आकार का लगभग 2 से 3 से.मी.

परिधि का होता है। इसके काष्ठ का उपयोग स्कूलों में काम आने वाले साधारण स्केल बनाने में किया जाता है।

गंभार
Gambhar

इसका वानस्पतिक नाम 'Gmelina arborea' है। यह मुख्यतः आसाम, पश्चिम बंगाल, बिहार, झारखंड तथा उड़ीसा में पाया जाता है। इसके काष्ठ का उपयोग स्कूलों में काम आने वाले साधारण स्केल बनाने में किया जाता है।

फर
(West Himalayan Fir)

इसका वानस्पतिक नाम 'Abies pindrow' है। यह हिमालय क्षेत्र में 2,400 से 3,700 मीटर की ऊँचाई तक के वन क्षेत्रों में पाया जाता है। यह देवदार, फर एवं स्प्रूस के साथ वन क्षेत्रों में पाया जाता है। इसके काष्ठ का उपयोग स्कूलों में काम आने वाले साधारण स्केल बनाने में किया जाता है।

स्प्रूस
(West Himalayan Spruce)

इसका वानस्पतिक नाम 'Picea smithiana' है। यह हिमालय क्षेत्र में 2,400 से 3,600 मीटर की ऊँचाई तक के वन क्षेत्रों में पाया जाता है। इसके काष्ठ का उपयोग स्कूलों में काम आने वाले साधारण स्केल बनाने में किया जाता है।

बोरंग
(Bhurkut)

इसका वानस्पतिक नाम 'Hymenodictyon exelsum' है। यह प्रायः भारत के सभी राज्यों में पाया जाता है। इसके काष्ठ का उपयोग स्कूलों में काम आने वाले साधारण स्केल बनाने में किया जाता है।

आम
(Mango Tree)

आम को उड़िया में 'अम्बो', मारवाड़ी में 'अम्बा', तमिल में 'मंगा', तेलगू में 'ममिदी', गुजराती में 'आमरी', बंगला में 'आम', संस्कृत में 'आम्र' तथा कन्नड़ में 'माबू' कहते हैं। इसका वानस्पतिक नाम 'Mangifera indica' है। यह भारत

का राष्ट्रीय फल है। इसके काष्ठ का उपयोग स्कूलों में काम आने वाले साधारण स्केल बनाने में किया जाता है।

तून
(Indian Mahogany or Red Cedar)

इसका वानस्पतिक नाम 'Toona ciliata' है। यह लगभग 45 मीटर तक ऊँचाई प्राप्त करता है। इसके तने का व्यास 2 मीटर तक होता है। पत्तियाँ 4 से 13 से.मी. तक लंबी होती हैं। पुष्प सफेद एवं 5 से.मी. लंबे होते हैं। इसके काष्ठ का उपयोग स्कूलों में काम आने वाले साधारण स्केल बनाने में किया जाता है।

(ङ) टी स्क्वेअर

टी स्क्वेअर बनाने में निम्न प्रजातियों का प्रयोग किया जाता है–

सागौन
(Teak Tree)

इसका वानस्पतिक नाम 'Tectona grandis' है। यह अधितर मध्य प्रदेश एवं उत्तर प्रदेश में पाया जाता है। यह विशाल पर्णपाती वृक्ष है। इसकी पत्तियाँ 30 सेमी. लंबी तथा 12 से.मी. चौड़ी दीर्घवृत्ताकार होती हैं। इसके पुष्प सफेद रंग के होते हैं। फूल अप्रैल तथा मई में आते हैं। इसके काष्ठ का उपयोग टी स्क्वेअर बनाने में किया जाता है।

शीशम
(Shisoo)

यह लगभग पूरे भारत में पाया जाता है। इसका वानस्पतिक नाम 'Dalbergia sissoo' है। यह एक विशाल वृक्ष है। इसके पत्ते गोल तथा नोकदार होते हैं। इसके फूल बहुत छोटे तथा गुच्छों में होते हैं। इसकी फली लंबी, पतली तथा चिपटी होती है। इसके काष्ठ का उपयोग टी स्क्वेअर बनाने में किया जाता है।

डलबर्जिया लैटीफोलिया
(Indian Rosewood)

यह शीशम की एक अन्य प्रजाति है। इसके वृक्ष अपेक्षाकृत छोटे तथा श्वेताभ एवं

सुगंधित होते हैं। इसका वानस्पतिक नाम 'Dalbergia latifolia' है। इसके काष्ठ का उपयोग टी स्क्वेअर बनाने में किया जाता है।

बीजासाल
(Indian Kino Tree)

इसका वानस्पतिक नाम 'Pterocarpus marsupium' है। यह मुख्यतः दक्षिण भारत, बिहार एवं पश्चिमी प्रायद्वीप में पाया जाता है। यह एक विशाल वृक्ष है। इसके फूल पीले या सफेद मंजरियों में आते हैं। इसकी छाल पीताभ एवं धूसर रंग की होती है। इसके काष्ठ का उपयोग टी स्क्वेअर बनाने में किया जाता है।

अध्याय-10

वाद्य यंत्र

(क) पियानो केस

पियानो केस बनाने में निम्न प्रजातियों का प्रयोग किया जाता है–

महोगनी
(West Indian Mahogany)

इसका वानस्पतिक नाम 'Swietenia mahogoni' है। इसकी ऊँचाई 30 से 35 मीटर तक होती है। यह अधिकतर सूरीनाम में पाया जाता है। यह भारत में भी उगाया जाता है। इसका फूल हरापन लिए पीला होता है। इसका फल बेलनाकार, भूरा तथा 12 से.मी. तक लंबा होता है। इसके काष्ठ का उपयोग पियानो केस बनाने में किया जाता है।

अखरोट
(Walnut)

इसका वानस्पतिक नाम 'Juglans regia' है। यह हिमालय के उष्ण भाग में पाया जाता है। कश्मीर में इसकी खेती की जाती है। इसकी छाल धूसर एवं लंबाई में फटी होती है। पत्ते 12 से 30 से.मी. लंबे होते हैं। पुष्प छोटे एवं पीताभ हरे होते हैं। इसके काष्ठ का उपयोग पियानो केस बनाने में किया जाता है।

अंडमान पाडौक

(East Indian Mahogany or Andaman Red wood)

इसका वानस्पतिक नाम 'Pterocarpus dalbergioides' है। यह अंडमान में व्यापक रूप से पाया जाता है। इसके काष्ठ का उपयोग पियानो केस बनाने में किया जाता है।

सागौन

(Teak Tree)

इसका वानस्पतिक नाम 'Tectona grandis' है। यह अधितर मध्य प्रदेश एवं उत्तर प्रदेश में पाया जाता है। यह विशाल पर्णपाती वृक्ष है। इसकी पत्तियाँ 30 सेमी. लंबी तथा 12 से.मी. चौड़ी दीर्घवृत्ताकार होती हैं। इसके पुष्प सफेद रंग के होते हैं। फूल अप्रैल तथा मई में आते हैं। इसके काष्ठ का उपयोग पियानो बनाने में किया जाता है।

(ख) वायलिन

वायलिन बनाने में निम्न प्रजातियों का प्रयोग किया जाता है–

फर

(West Himalayan Fir)

इसका वानस्पतिक नाम 'Abies pindrow' है। इसके काष्ठ का उपयोग वायलिन बनाने के लिए किया जाता है।

स्प्रूस

(West Himalayan Spruce)

इसका वानस्पतिक नाम 'Picea smithiana' है। यह हिमालय क्षेत्र में 2,400 से 3,600 मीटर की ऊँचाई तक के वन क्षेत्रों में पाया जाता है। इसके काष्ठ का उपयोग वायलिन बनाने के लिए किया जाता है।

कैल

(Blue Pine)

इसे हिमालयन सफेद पाइन भी कहते हैं। इसका वानस्पतिक नाम 'Pinus wallichiana' है। इसके काष्ठ का उपयोग वायलिन बनाने के लिए किया जाता है।

चीड़
(Chir Pine)

इसका वानस्पतिक नाम 'Pinus roxburghaii' है। यह मुख्यतः हिमालय क्षेत्र में कश्मीर से भूटान तक और शिवालिक पहाड़ियों में 450 से 2,400 मीटर की उँचाई तक पाया जाता है। इसके काष्ठ का उपयोग वायलिन बनाने के लिए किया जाता है।

सागौन
(Teak Tree)

इसका वानस्पतिक नाम 'Tectona grandis' है। यह अधितर मध्य प्रदेश एवं उत्तर प्रदेश में पाया जाता है। यह विशाल पर्णपाती वृक्ष है। इसकी पत्तियाँ 30 से.मी. लंबी तथा 12 से.मी. चौड़ी दीर्घवृत्ताकार होती हैं। इसके पुष्प सफेद रंग के होते हैं। फूल अप्रैल तथा मई में आते हैं। इसके काष्ठ का उपयोग वायलिन बनाने में किया जाता है।

डलबर्जिया लैटीफोलिया
(Indian Rosewood)

यह शीशम की एक अन्य प्रजाति है। इसका वानस्पतिक नाम 'Dalbergia latifolia' है। यह मुख्यतः बिहार, उड़ीसा एवं दक्षिण भारत में पाया जाता है। यह एक विशाल पर्णपाती वृक्ष है। इसके फूल सफेद होते हैं। इसके काष्ठ का उपयोग वायलिन बनाने के लिए किया जाता है।

इबोनी
(Indian Ebony or Ceylon Ebony)

इसका वानस्पतिक नाम 'Diospyros ebenum' है। यह मुख्यतः दक्षिण भारत में पाया जाता है। यह मध्यम आकार का वृक्ष है जो 20 से 25 मी.

तक ऊँचाई प्राप्त करता है। पत्तियाँ 6 से 15 से.मी. लंबी तथा 3 से 5 से. मी. तक चौड़ी होती हैं। इसके काष्ठ का उपयोग वायलिन बनाने के लिए किया जाता है।

(ग) सितार

सितार बनाने में निम्न प्रजातियों का प्रयोग किया जाता है–

सागौन
(Teak Tree)

इसका वानस्पतिक नाम 'Tectona grandis' है। यह अधितर मध्य प्रदेश एवं उत्तर प्रदेश में पाया जाता है। यह विशाल पर्णपाती वृक्ष है। इसकी पत्तियाँ 30 से.मी. लंबी तथा 12 से.मी. चौड़ी दीर्घवृत्ताकार होती हैं। इसके पुष्प सफेद रंग के होते हैं। फूल अप्रैल तथा मई में आते हैं। इसके काष्ठ का उपयोग सितार निर्माण में किया जाता है।

देवदार
(Deodara)

इसका वानस्पतिक नाम 'Cedrus deodara' है। भारत में यह हिमाचल प्रदेश, उत्तराखंड तथा कश्मीर में पाया जाता है। यह 40 से 50 मीटर तक की ऊँचाई तथा 3 मीटर तक व्यास प्राप्त करता है। इसकी पत्तियाँ सुई जैसी तथा 2.5 से 5 से.मी. लंबी होती हैं। इसके काष्ठ का उपयोग सितार के निर्माण के लिए किया जाता है।

शीशम
(Shisoo)

यह लगभग पूरे भारत में पाया जाता है। इसका वानस्पतिक नाम 'Dalbergia sissoo' है। यह एक विशाल वृक्ष है। इसके पत्ते गोल तथा नोकदार होते हैं। इसके फूल बहुत छोटे तथा गुच्छों में होते हैं। इसकी फली लंबी, पतली तथा चिपटी होती है। इसके काष्ठ का उपयोग सितार के निर्माण के लिए किया जाता है।

तून

(Indian Mahogany or Red Cedar)

इसका वानस्पतिक नाम 'Toona ciliata' है। यह लगभग 45 मीटर तक उँचाई प्राप्त करता है। इसके तने का व्यास 2 मीटर तक होता है। पत्तियाँ 4 से 13 से.मी. तक लंबी होती हैं। पुष्प सफेद एवं 5 से.मी. लंबे होते हैं। इसके काष्ठ का उपयोग सितार के निर्माण के लिए किया जाता है।

अखरोट

(Walnut)

इसका वानस्पतिक नाम 'Juglans regia' है। यह हिमालय के उष्ण भाग में पाया जाता है। कश्मीर में इसकी खेती की जाती है। इसकी छाल धूसर एवं लंबाई में फटी होती है। पत्ते 12 से 30 से.मी. लंबे होते हैं। पुष्प छोटे एवं पीताभ हरे होते हैं। इसके काष्ठ का उपयोग सितार के निर्माण के लिए किया जाता है।

(घ) हारमोनियम

हारमोनियम बनाने में निम्न प्रजातियों का प्रयोग किया जाता है–

सागौन

(Teak Tree)

इसका वानस्पतिक नाम 'Tectona grandis' है। यह अधितर मध्य प्रदेश एवं उत्तर प्रदेश में पाया जाता है। यह विशाल पर्णपाती वृक्ष है। इसकी पत्तियाँ 30 सेमी. लंबी तथा 12 से.मी. चौड़ी दीर्घवृत्ताकार होती हैं। इसके पुष्प सफेद रंग के होते हैं। फूल अप्रैल तथा मई में आते हैं। इसके काष्ठ का उपयोग हारमोनियम निर्माण में किया जाता है।

(ङ) ड्रम तथा डुगडुगी

ड्रम तथा डुगडुगी बनाने में निम्न प्रजातियों का प्रयोग किया जाता है–

शीशम

(Shisoo)

यह लगभग पूरे भारत में पाया जाता है। इसका वानस्पतिक नाम 'Dalbergia sissoo' है। यह एक विशाल वृक्ष है। इसके पत्ते गोल तथा नोकदार होते हैं।

इसके फूल बहुत छोटे तथा गुच्छों में होते हैं। इसकी फली लंबी, पतली तथा चिपटी होती है। इसके काष्ठ का उपयोग ड्रम तथा डुगडुगी के निर्माण के लिए किया जाता है।

शिरीष (सीरस)

(East Indian walnut)

यह पूरे भारत में पाया जाता है। इसका वानस्पतिक नाम 'Albizia lebbek' है। यह विशाल वृक्ष है जो लगभग 30 मीटर तक ऊँचाई तथा 1 मीटर तक गोलाई प्राप्त कर लेता है। इसे प्रायः छाया के लिए सड़कों के किनारे लगाया जाता है। अप्रैल-मई में इसमें फूल आते हैं जो हलका पीलापन एवं हरापन लिए सफेद होते हैं। इसकी फलियाँ लगभग 30 सेमी तक लंबी हो जाती हैं। सितंबर के बाद इसके वृक्ष में फलियाँ लटकती दिखती हैं। इसके काष्ठ का उपयोग ड्रम तथा डुगडुगी के निर्माण के लिए किया जाता है।

बीजासाल

(Indian Kino Tree)

इसका वानस्पतिक नाम 'Pterocarpus marsupium' है। यह मुख्यतः दक्षिण भारत, बिहार एवं पश्चिमी प्रायद्वीप में पाया जाता है। यह विशाल वृक्ष है। इसके फूल पीले या सफेद मंजरियों में आते हैं। इसकी छाल पीताभ एवं धूसर रंग की होती है। इसके काष्ठ का उपयोग ड्रम तथा डुगडुगी के निर्माण के लिए किया जाता है।

अध्याय-11

जूतों के साँचे (Shoe lasts) बनाने का उद्योग

जूते बनाने के उद्योग में काष्ठ के साँचों (Shoe lasts) की आवश्यकता पड़ती है। इन साँचों में प्रयोग किया जाने वाला काष्ठ बारीक बनावट वाला (fine textured) और मामूली कठोर (moderately hard) होना चाहिए। वह फटने वाला और टेढ़ा होने वाला नहीं होना चाहिए। उसे लंबे समय तक अपने मौलिक रूप में बने रहने वाला होना चाहिए। उसमें बार-बार कीलों के गाड़े जाने को सहन करने की क्षमता होनी चाहिए। इस उद्योग में प्रयोग की जाने वाली प्रमुख प्रजातियाँ निम्न प्रकार हैं–

हलदू
(Haldu)

इसे कहीं-कहीं पर कदंब भी कहा जाता है। इसके वृक्ष मुख्यतः दक्षिण भारत के पर्णपाती वनों में पाए जाते हैं। इसका वानस्पतिक नाम 'Adina cardifolia or Haldina cardifolia' है। इसका वृक्ष 20 मीटर तक की ऊँचाई प्राप्त करता है। इसका फूल पीले रंग का तथा गेंद के आकार का लगभग 2 से 3 से.मी.. परिधि का होता है। इसके काष्ठ का उपयोग जूतों के साँचे बनाने के लिए किया जाता है।

कैम
(Kaim)

इसे कहीं-कहीं पर फल्दू या कदंब भी कहा जाता है। भारत में इसके वृक्ष मुख्यतः

दक्षिण भारत के पर्णपाती वनों में पाए जाते हैं। इसका वानस्पतिक नाम 'Mitragyna parviflora' है। इसका वृक्ष 20 मीटर तक की ऊँचाई प्राप्त करता है। इसका फूल पीले रंग का तथा गेंद के आकार का लगभग 2 से 3 से.मी. परिधि का होता है। इसके काष्ठ का उपयोग जूतों के साँचे बनाने के लिए किया जाता है।

सफेद सिरस

(Albizzia procera)

यह प्रजाति हिमालय की नीची पर्वत श्रेणियों से लेकर दक्षिण भारत तक पायी जाती है। यह अधिकतर नदी के किनारे नमी वाली भूमि पर या बीहड़ में पाया जाता है। इसका वृक्ष बहुत ऊँचा होता है। इसका तना गोल, चिकना तथा छत्र हलका होता है। इसकी छाल चिकनी, हलकी पीली या भूरी होती है। मई से सितंबर के बीच फूलों का आगमन होता है। फली जनवरी से मार्च तक परिपक्व हो जाती है। इसके काष्ठ का उपयोग जूतों के साँचे बनाने के लिए किया जाता है।

कंजू या पापड़ी या चिलबिल

(Indian Elm)

इसका वानस्पतिक नाम 'Holoptelea integrifolia' है। यह विशाल पर्णपाती वृक्ष है। इसकी छाल भूरी तथा पत्तियाँ 8 से 13 से.मी. लंबी तथा 3.2 से 6.3 से.मी. चौड़ी होती हैं। इसके फूल छोटे तथा हरापन लिए पीले होते हैं। इसके काष्ठ का उपयोग जूतों के साँचे बनाने के लिए किया जाता है।

चिक्रासी

(Indian Red Wood)

इसका वानस्पतिक नाम 'Chukrasia tabularis' है। यह मध्यम आकार का पर्णपाती वृक्ष है। यह 30 मी. तक की ऊँचाई प्राप्त करता है। इसके काष्ठ का उपयोग जूतों के साँचे बनाने के लिए किया जाता है।

चंपा
(Champa)

इसका वानस्पतिक नाम 'Michelia champaka' है। यह आसाम, पश्चिमी घाट तथा दक्षिण भारत के वन क्षेत्रों में पाया जाता है। इसके वृक्ष प्रायः वाटिकाओं में रोपित किए जाते हैं। इसके फूल सुगंधित, फीके पीले या नारंगी रंग के होते हैं। इसके काष्ठ का उपयोग जूतों के साँचे बनाने के लिए किया जाता है।

गंभार
(Gambhar)

इसका वानस्पतिक नाम 'Gmelina arborea' है। यह मुख्यतः आसाम, पश्चिम बंगाल, बिहार, झारखंड तथा उड़ीसा में पाया जाता है। यह तीव्र बढ़ने वाला पर्णपाती वृक्ष है जो लगभग 30 मीटर की ऊँचाई प्राप्त कर लेता है। इसमें फरवरी से अप्रैल तक फूल आते हैं। इसके काष्ठ का उपयोग जूतों के साँचे बनाने के लिए किया जाता है।

किमू

इसका वानस्पतिक नाम 'Morus laevigata' है। यह सिक्किम की तराई में वन्य अवस्था में मिलता है। इसका नेपाली नाम किमू या किंबू है। इसके काष्ठ का उपयोग जूतों के साँचे बनाने के लिए किया जाता है।

अध्याय-12

पेंसिल उद्योग

कागज की भाँति यह भी एक महत्वपूर्ण उद्योग है तथा इसकी आवश्यकता साक्षरता के साथ बढ़ती जा रही है। पेंसिल के लिए प्रयोग किया जाने वाला काष्ठ हलका, हलके गुलाबी रंग का, सीधे रेशे वाला, बारीक तथा समान बनावट वाला (fine and even textured) और गाँठ रहित होना चाहिए। उसे आसानी से छिलना चाहिए तथा मशीनों द्वारा आवश्यक आकृति में आने का गुण उसमें होना चाहिए।

विश्व में सबसे अच्छी पेंसिलें अमेरिका की सीडर (लीबोसीड्रस डिकरेंस) प्रजाति से बनती हैं। इससे कम अच्छी पेंसिलें अफ्रीका की सीडर (ज्यूनीपरस प्रोसेरा) से बनती हैं।

हमारे देश में प्रथम श्रेणी की पेंसिलें निम्न प्रजातियों से बनाई जाती हैं–

जूनीपरस मैक्रोपोडा

(Pashthani Juniper)

इसका वानस्पतिक नाम 'Juniperus macropoda' है। यह हिमालय क्षेत्र में पायी जाने वाली प्रजाति है। इसका उपयोग पेंसिल निर्माण में किया जाता है।

उतीस

(Nepalese Alder)

इसका वानस्पतिक नाम 'Alnus neplalensis' है। यह सम शीतोष्ण (sub tropical) क्षेत्र में पायी जाने वाली प्रजाति है। यह पर्णपाती वृक्ष है जिसकी छाल सुनहरे भूरे रंग की होती है। यह 30 मी. तक की ऊँचाई प्राप्त करता है तथा

इसका व्यास 60 सेमी. तक होता है। पत्तियाँ 07 से 16 सेमी. तक लंबी तथा 5 से 10 सेमी. तक चौड़ी होती है। इसका उपयोग पेंसिल निर्माण में किया जाता है।

हिमालयन साइप्रस
(Himalayan Cypress)

इसका वानस्पतिक नाम 'Cupressus torulosa' है। यह 300 से 1,800 मीटर तक की ऊँचाई पर पाया जाता है। यह सदाहरित कोनिफर वृक्ष है। इसका उपयोग पेंसिल निर्माण में किया जाता है।

देवदार
(Deodara)

इसका वानस्पतिक नाम 'Cedrus deodara' है। भारत में यह हिमाचल प्रदेश, उत्तराखंड तथा कश्मीर में पाया जाता है। यह 40 से 50 मीटर तक की ऊँचाई तथा 3 मीटर तक व्यास प्राप्त करता है। इसकी पत्तियाँ सुई जैसी तथा 2.5 से 5 से.मी. लंबी होती हैं। इसका उपयोग पेंसिल निर्माण में किया जाता है।

हमारे देश में द्वितीय श्रेणी की पेंसिलें निम्न प्रजातियों से बनाई जाती हैं–

बोरंग
(Bhurkut)

इसका वानस्पतिक नाम 'Hymenodictyon exelsum' है। यह प्रायः भारत के सभी राज्यों में पाया जाता है। इसका उपयोग पेंसिल निर्माण में किया जाता है।

कदंब
(Cadamba tree)

कदंब को संस्कृत में कदम्ब, नीप एवं इलिप्रिय आदि कहते हैं। इसे भारत के सभी स्थानों पर उगाया जाता है। इसका वानस्पतिक नाम 'Anthocephalus cadamba' है। यह 40 से 50 फीट तक ऊँचा एक प्रमुख छायादार वृक्ष है। इसके पत्ते लगभग 5 से 8 इंच लंबे होते हैं। पुष्पगुच्छ 1 से 2 इंच के घेरे में गोलाकार पीले रंग के होते हैं। कच्चे फल हरे रंग के तथा पकने पर हलके

नारंगी रंग के हो जाते हैं। इसका रोपण सड़कों के किनारे छायादार एवं शोभाकार वृक्ष के रूप में होता है। इसका उपयोग पेंसिल निर्माण में किया जाता है।

बकोटा
(Sensendok)

इसका वानस्पतिक नाम 'Endospermum malaccense' है। यह अंडमान द्वीप समूह में पाया जाता है। इसका वृक्ष 40 मीटर तक ऊँचाई प्राप्त कर लेता है। इसका तना भूरा तथा चिकना होता है। पत्तियाँ 13 से.मी. तक लंबी होती हैं तथा पुष्प पीले रंग का होता है। इसका उपयोग पेंसिल निर्माण में किया जाता है।

गंभार
(Gambhar)

इसका वानस्पतिक नाम 'Gmelina arborea' है। यह मुख्यतः आसाम, पश्चिम बंगाल, बिहार, झारखंड तथा उड़ीसा में पाया जाता है। इसका उपयोग पेंसिल निर्माण में किया जाता है।

गुटेल

इसका वानस्पतिक नाम 'Trivia nudiflora' है। यह उत्तर प्रदेश एवं अन्य राज्यों में पाया जाता है। इसका उपयोग पेंसिल निर्माण में किया जाता है।

लोफोपैटलम प्रजाति

इसका वानस्पतिक नाम 'Lophopetalum wightianum' है। यह भारत के पश्चिमी समुद्री तट पर पाया जाता है। यह 40 मी. तक लंबा होता है। इसकी छाल पीलापन लिए सफेद होती है। पत्तियाँ 0.8 से 2.5 से.मी. लंबी होती हैं। पुष्प लाल रंग के होते हैं। इसका उपयोग पेंसिल निर्माण में किया जाता है।

छितवन
(Indian Devil Tree)

इसका वानस्पतिक नाम 'Alstonia scholaris' है। यह प्रायः भारत के सभी राज्यों में पाया जाता है। इसकी ऊँचाई 40 मीटर तक होती है। इसकी छाल भूरी होती है। इसमें फूल अक्टूबर में लगते हैं। इसका उपयोग पेंसिल निर्माण में किया जाता है।

पूला
(Kydia)

इसका वानस्पतिक नाम 'Kydia calycina' है। यह मुख्यतः महाराष्ट्र एवं मणिपुर में पाया जाता है। यह लगभग 20 मीटर तक ऊँचाई प्राप्त करता है। पत्तियाँ 3 से 10 से.मी. तक लंबी होती हैं। पुष्प सफेद एवं 5 से.मी. लंबे होते हैं। इसका उपयोग पेंसिल निर्माण में किया जाता है।

कैल
(Blue Pine)

इसे हिमालयन सफेद पाइन भी कहते हैं। इसका वानस्पतिक नाम 'Pinus wallichiana' है। यह भारत में 1,800 से 4,300 मीटर की ऊँचाई तक जम्मू कश्मीर, हिमाचल प्रदेश तथा उत्तराखंड के वन क्षेत्रों में पाया जाता है। यह देवदार, फर एवं स्प्रूस के साथ वन क्षेत्रों में पाया जाता है। यह 30 से 50 मीटर की ऊँचाई प्राप्त करता है। इसकी पत्तियाँ 12 से 18 से.मी. तक लंबी होती हैं। इसका फल (Cone) लगभग बेलनाकार तथा 16 से 32 से.मी. लंबा होता है। इसका उपयोग पेंसिल निर्माण में किया जाता है।

अध्याय-13

कागज उद्योग

कागज पौधों के तंतुयुक्त (fibrous) भाग से बनता है। पौधे कोशिकाओं (cells) से बनते हैं। कोशाभित्ति (cell walls) सैल्यूलोज से बनती हैं। पौधों की कोशिकाएँ धागे जैसी होती हैं। इनकी लंबाई अधिक एवं चौड़ाई कम होती है। इन्हें तंतु (fibres) कहते हैं। ये तंतु पौधों में समूहों में पाए जाते हैं और इन समूहों का वितरण भिन्न-भिन्न प्रकार का पाया जाता है। कहीं-कहीं पर तंतुओं के समूह गट्ठों या पूलों (bundles) के रूप में पौधे के तने या पत्ते के अंदर लंबाई में वितरित रहते हैं और कभी ये तने के तल के नीचे एक वृत्त के आकार में पाए जाते हैं। कुछ वृक्षों के तनों में ये एक केंद्र वाले बहुत से वृत्तों के रूप में इस प्रकार बिखरे रहते हैं कि सारा तना उनसे भरा रहता है। सैल्यूलोज से बने पौधों या वनस्पति के तंतु ही कागज बनाने के काम लाए जाते हैं। भिन्न-भिन्न लंबाई एवं मोटाई के वनस्पति के सूक्ष्म तंतु पानी में भिगोकर जब एक-दूसरे में बुन दिए जाते हैं और इस दशा में एक परत के रूप में फैलाकर और सुखाकर इतना चिकना बना दिए जाते हैं कि उन पर लिखा या छापा जा सके तो वह कागज कहलाता है।

विकास के साथ-साथ कागज की माँग लगातार बढ़ती जा रही है। समाचार पत्र से लेकर किताब, कॉपी, लपेटने वाला कागज एवं अन्य अनेक प्रकार से हम कागज पर निर्भर हैं।

कागज बनाने हेतु कच्चा माल में आर्थिक दृष्टिकोण से निम्न गुण होना चाहिए—

आर्थिक दृष्टिकोण

(*i*) कच्चा माल पर्याप्त मात्रा में उपलब्ध हो तथा वह मिलों को लगातार समान रूप से मिलता रहे।

(*ii*) कच्चे माल की निकासी, संग्रह तथा मिल तक परिवहन सस्ता होना चाहिए अन्यथा कागज बहुत महँगा हो जाएगा।

(*iii*) कच्चे माल से कागज बनाने का व्यय कम होना चाहिए।

तकनीकी दृष्टिकोण

(*i*) कच्चे माल का बिना तंतु वाला भाग सरलता से अलग होना चाहिए।

(*iI*) कच्चे माल के तंतु (fibres) लंबे, मजबूत परंतु मुलायम और कोमल होने चाहिए जिससे उनमें आपस में चिपकने का गुण भी हो।

(*iII*) उसमें सेल्यूलोज (cellulose) की मात्रा बहुत होनी चाहिए जिससे उसकी पल्प सस्ती हो।

(*iv*) उसे गाँठ रहित, सड़न रहित, बिना रेजिन का तथा अन्य दोषों से रहित होना चाहिए।

(*v*) उससे पल्प (pulp) निकालने तथा कागज बनाने में रसायनों तथा बिजली का व्यय कम होना चाहिए।

विभिन्न प्रकार के कागजों हेतु प्रयोग की जाने वाली प्रजातियाँ निम्नवत् हैं–

1. समाचार-पत्रों का कागज–यह कागज सस्ता होना चाहिए। इसके लिए बहुत टिकाउपन आवश्यक नहीं है फिर भी इसे शीघ्र फटना नहीं चाहिए। समाचार पत्रों हेतु प्रयोग किए जाने वाले कागज निर्माण में निम्न प्रजातियाँ उपयोगी हैं–

सिल्वर फर
(Silver Fir)

इसका वानस्पतिक नाम ‘Abies alba’ है। यह यूरोप में पायी जाने वाली प्रजाति है। यह 45 मीटर तक की ऊँचाई प्राप्त करता है। इसका फल बेलनाकार शंकु के आकार का तथा 10 से 15 से.मी. लंबा होता है। इसका उपयोग कागज निर्माण में किया जाता है।

स्प्रूस
(West Himalayan Spruce)

इसका वानस्पतिक नाम 'Picea smithiana' है। यह हिमालय क्षेत्र में 2,400 से 3,600 मीटर की ऊँचाई तक के वन क्षेत्रों में पाया जाता है। यह 40 से 55 मीटर की ऊँचाई तथा 1 से 2 मी. तक व्यास प्राप्त करता है। इसकी पत्तियाँ सुई जैसी तथा 3 से 5 से.मी. तक लंबी होती हैं। इसका फल बेलनाकार शंकु के आकार का तथा 9 से 16 से.मी. लंबा एवं 3 से 4 से.मी. चौड़ा होता है। इसका उपयोग कागज निर्माण में किया जाता है।

चीड़
(Chir Pine)

इसका वानस्पतिक नाम 'Pinus roxburghaii' है। यह मुख्यतः हिमालय क्षेत्र में कश्मीर से भूटान तक और शिवालिक पहाड़ियों में 450 से 2,400 मीटर की उँचाई तक पाया जाता है। इसकी शाखाएँ चक्करदार, छाल गहरी धूसर, सामान्यतः गहरे खाँचे से युक्त तथा खुरदरी होती है। चीड़ की पत्तियाँ सुई की तरह पतली और नुकीली होती हैं। इसमें नर और मादा फूल अलग-अलग होते हैं। नर फूल जनवरी-फरवरी में दिखाई देने लगते हैं। इसका फल शंकु के आकार का होता है। इसका उपयोग कागज निर्माण में किया जाता है।

शहतूत
(White Mulberry)

इसका वानस्पतिक नाम 'Morus alba' है। यह मध्यम आकार का वृक्ष है। यह भारत के उष्ण क्षेत्रों में पाया जाता है। इसका फल खाया जाता है। इसका उपयोग कागज निर्माण में किया जाता है।

सलाई
(Indian Olibanum)

इसका वानस्पतिक नाम 'Boswellia serrata' है। यह मुख्यतः राजस्थान एवं मध्य प्रदेश में पाया जाता है। यह मध्यम आकार का वृक्ष है। इसके पुष्प छोटे एवं सफेद होते हैं। इसका उपयोग कागज निर्माण में किया जाता है।

2. लिखने और छपाई का कागज

चीड़
(Chir Pine)

इसका वानस्पतिक नाम 'Pinus roxburghaii' है। इसका उपयोग कागज निर्माण में किया जाता है।

सिल्वर फर
(Silver Fir)

इसका वानस्पतिक नाम 'Abies alba' है। इसका उपयोग कागज निर्माण में किया जाता है।

स्प्रूस
(West Himalayan Spruce)

इसका वानस्पतिक नाम 'Picea smithiana' है। इसका उपयोग कागज निर्माण में किया जाता है।

सलाई
(Indian Olibanum)

इसका वानस्पतिक नाम 'Boswellia serrata' है। इसका उपयोग कागज निर्माण में किया जाता है।

बाँस
(Bamboo)

हमारे देश में बाँस की अनेक प्रजातियाँ पाई जाती हैं। इनका उपयोग कागज बनाने में व्यापक रूप से किया जाता है।

बाबड़ घास
(Baib grass)

इसका वानस्पतिक नाम 'Eulaliopsis binata' है। यह सब हिमालयन क्षेत्र में उत्तर प्रदेश में पीलीभीत से गोरखपुर तक पायी जाती है। यह बहुवर्षीय घास है,

जिसकी पत्तियाँ 3 फिट लंबी तथा 1 इंच तक चौड़ी होती हैं। पत्तियों का अगला भाग नुकीला होता है। पुष्प सुनहरे पीले रंग के होते हैं। फूल फरवरी से जून तक तथा फल मई से जुलाई तक आते हैं। इनका उपयोग कागज बनाने में व्यापक रूप से किया जाता है।

उल्ला घास
(Ulla grass)

इसका वानस्पतिक नाम 'Themeda arundinacea' है। यह साल के वन क्षेत्रों में पाया जाता है। यह बहुवर्षीय घास है जो 20 फिट तक की ऊँचाई प्राप्त करती है। पत्तियाँ 3 से 6 फिट तक लंबी तथा 0.3 से 0.75 इंच तक चौड़ी होती हैं। फूल वर्षा ऋतु के अंत तक आते हैं। इनका उपयोग कागज बनाने में व्यापक रूप से किया जाता है।

मूँज घास
(Munj grass)

इसका वानस्पतिक नाम 'Saccharum munja' है। यह उत्तर भारत, पंजाब एवं गंगा के ऊपरी मैदानी क्षेत्र में उत्पन्न होता है। यह तृण जाति की वनस्पति है जो नदियों के किनारे गुच्छों में उगती है। इसके पत्ते बहुत पतले तथा 5 से 7 फिट लंबे होते हैं। इसके डंठल के अंत में पीलापन लिए सफेद तथा लाली लिए बैगनी बारीक फूलों का गुच्छा लगता है। इनका उपयोग कागज बनाने में व्यापक रूप से किया जाता है।

3. लपेटने का कागज

आस्ट्रेलिया की अकेसिया प्रजाति इसके लिए अत्यंत उपयोगी है। भारत में प्रयोग में लाई जाने वाली प्रमुख प्रजातियाँ निम्नवत् हैं–

यूकेलिप्टस
(Blue Gum)

यूकेलिप्टस की मुख्यतः दो जातियों से तेल निकाला जाता है। पहली का वानस्पतिक नाम 'Eucalyptus globulus' है। यह मुख्यतः आस्ट्रेलिया में पाया

जाता है। भारत में भी इसे लगाया गया है। इसका वृक्ष सदाहरित होता है। इसके पत्ते 6 से 15 सेमी. लंबे होते हैं। इसके फूल क्रीमी रंग के तथा फल 1.5 से 2.5 सेमी. व्यास के होते हैं। इनका उपयोग कागज बनाने में व्यापक रूप से किया जाता है।

खकसी

इसका वानस्पतिक नाम 'Trema orientalis' है। यह देहरादून एवं सहारनपुर के जंगलों में पाया जाता है। यह छोटे आकार का वृक्ष है जिसकी छाल भूरी तथा पतली होती है। पत्तियाँ 10 से 20 से.मी. लंबी होती हैं। फल फरवरी-मार्च में आते हैं। इसका उपयोग कागज निर्माण में किया जाता है।

4. क्रैफ्ट कागज

चीड़
(Chir Pine)

इसका वानस्पतिक नाम 'Pinus roxburghaii' है। इसका उपयोग कागज निर्माण में किया जाता है।

हमारे देश में बाबड़ घास एवं बाँस ही कागज बनाने के लिए सबसे अच्छा कच्चा माल है। कुछ शंकुधारी वृक्ष जैसे चीड़, फर, स्प्रूस आदि भी उपयोगी हैं किंतु उनके निकालने और परिवहन का व्यय अधिक होने के कारण उनसे कागज निर्माण बहुत महँगा होने के कारण लाभकारी नहीं है।

उक्त वन प्रजातियों के अतिरिक्त गन्ने के फोक, जूट के डंठलों, पुराने कागज तथा चिथड़ों से भी कागज बनाया जाता है।

अध्याय-14

दियासलाई या माचिस उद्योग

यह एक अत्यंत महत्वपूर्ण उद्योग है जिसमें काष्ठ की बहुत खपत है। भारत में अनेक कारखाने इस उद्योग में लगे हैं। दियासलाई में प्रयोग होने वाला काष्ठ सीधे वयन वाला (Straight gvained), मजबूत (Strong), दृढ़ (Tough) परंतु साथ ही हलका (Light), बिना गाँठ वाला, सस्ता और आसानी से मिलने वाला होना चाहिए। इसे नरम होना चाहिए जिसके वीनियर्स (Veneers) बनाए जा सकें। उसमें पैराफीन प्रचूषण (Absorb) करने की क्षमता होनी चाहिए तथा जलने के बाद इसे सुलगना (Glow) नहीं चाहिए। दियासलाई हेतु प्रयोग की जाने वाली विदेशी काष्ठ में एस्पन (पौपुलस ट्रैमुला) तथा जापान का शिनानोकी (टीलिया जैपोनिका) प्रमुख हैं। भारत में दियासलाई उद्योग में प्रयोग की जाने वाली प्रमुख प्रजातियाँ निम्न प्रकार हैं–

लंबापत्ती

इसका वानस्पतिक नाम 'Sideroxylon longipetiolatum' है। यह अंडमान द्वीप समूह में पाया जाता है। दियासलाई उद्योग के लिए यह बहुत अच्छा है परंतु यह बहुत कम मात्रा में पाया जाता है।

बकोटा

(Sensendok)

इसका वानस्पतिक नाम 'Endospermum malaccense' है। यह अंडमान द्वीप समूह में पाया जाता है। इसका वृक्ष 40 मीटर तक ऊँचाई प्राप्त कर लेता है। इसका तना भूरा तथा चिकना होता है। पत्तियाँ 13 से.मी. तक लंबी होती है तथा

पुष्प पीले रंग का होता है। दियासलाई उद्योग के लिए यह बहुत उपयोगी है। इसका प्रयोग माचिस उद्योग में सींक (Splints) तथा डिबिया दोनों के लिए किया जाता है।

सेमल
(Silk Cotton Tree)

इसका वानस्पतिक नाम 'Bombax malabaricum' है। इसे संस्कृत साहित्य में चूर्णक तथा शाल्मली भी कहा गया है। यह लगभग पूरे भारत में पाया जाता है। यह एक बहुत विशाल वृक्ष है। इसकी ऊँचाई 25 से 30 मीटर तक होती है। इसकी डालियों पर छोटे-छोटे नुकीले काँटे होते हैं। इसके फूल लाल तथा 2 से 3 इंच तक लंबे होते हैं। फरवरी से अप्रैल तक इसके चमकीले लाल फूलों की आभा अत्यंत आकर्षक होती है। इसके फल 5 से 6 इंच लंबे काष्ठवत एवं हरे होते हैं। फलों के भीतर रेशम जैसी रूई एवं काले बीज होते हैं। इसकी रूई का प्रयोग तकिया, गद्दे आदि में किया जाता है। सेमल की लकड़ी का उपयोग माचिस उद्योग में किया जाता है।

यह माचिस की डिबिया के लिए बहुत उपयोगी है। सींक के लिए यह उतना अच्छा नहीं माना जाता है।

धूप
(Indian Canarium)

इसका वानस्पतिक नाम 'Canarium euphyllum' है। यह अंडमान द्वीप समूह में पाया जाता है। दियासलाई उद्योग के लिए इसका काष्ठ सेमल से अच्छा माना जाता है। इसका प्रयोग माचिस उद्योग में सींक (Splints) तथा डिबिया दोनों के लिए किया जाता है।

भारतीय एस्पन
(Indian aspen)

इसका वानस्पतिक नाम 'Evodia roxburghina' है। यह भारत के पश्चिमी समुद्री तट पर पाया जाता है। दियासलाई उद्योग के लिए यह बहुत उपयोगी है।

इसका प्रयोग माचिस उद्योग में सींक (Splints) तथा डिबिया दोनों के लिए किया जाता है।

लोफोपैटलम प्रजाति

इसका वानस्पतिक नाम 'Lophopetalum titanium' है। यह भारत के पश्चिमी समुद्री तट पर पाया जाता है। दियासलाई उद्योग के लिए यह बहुत उपयोगी है। इसका प्रयोग माचिस उद्योग में सींक (Splints) तथा डिबिया दोनों के लिए किया जाता है।

सफेद धामन, धूप
(Dhupa)

इसका वानस्पतिक नाम 'Vateria indica' है। यह भारत के पश्चिमी समुद्री तट पर पाया जाता है। इसका वृक्ष 40 से 60 मीटर तक ऊँचाई प्राप्त करता है। इसका तना भूरा चिकना तथा पुष्प सफेद होता है। दियासलाई उद्योग के लिए यह बहुत उपयोगी है। इसका प्रयोग माचिस उद्योग में सींक (Splints) तथा डिबिया दोनों के लिए किया जाता है।

गुटेल

इसका वानस्पतिक नाम 'Trivia nudiflora' है। यह उत्तर प्रदेश एवं अन्य राज्यों में पाया जाता है। इसका उपयोग भी माचिस उद्योग में किया जाता है।

अरू
(Indian tree of Heaven)

इसे महानिंब एवं महारुख आदि भी कहते हैं। इसका वानस्पतिक नाम 'Ailanthus exelsa' है। यह देश में अनेक राज्यों मुख्यतः गुजरात, पंजाब, हरियाणा, उत्तर प्रदेश, बिहार, उड़ीसा तथा दक्षिण भारत में पाया जाता है। यह एक कठोर एवं मजबूत किस्म की प्रजाति है जो उथली एवं सूखी भूमि में भी उगायी जा सकती है। बीज काफी हलके और पंख वाले होते हैं तथा हवा में आसानी से उड़ जाते हैं। इसका उपयोग माचिस उद्योग में किया जाता है।

बोरंग

(Bhurkut)

इसका वानस्पतिक नाम 'Hymenodictyon exelsum' है। यह प्रायः भारत के सभी राज्यों में पाया जाता है। इसका उपयोग भी माचिस उद्योग में किया जाता है।

छितवन

(Indian Devil Tree)

इसका वानस्पतिक नाम 'Alstonia scholaris' है। यह प्रायः भारत के सभी राज्यों में पाया जाता है। इसकी ऊँचाई 40 मीटर तक होती है। इसकी छाल भूरी होती है। इसमें फूल अक्टूबर में लगते हैं। इसका उपयोग भी माचिस उद्योग में किया जाता है।

पौपुलस नाइग्रा

(Black popular)

इसका वानस्पतिक नाम 'Populus nigra' है। इसे मुख्यतः पंजाब में उगाया जाता है। इसका उपयोग भी माचिस उद्योग में किया जाता है।

अध्याय-15

पैकिंग केस उद्योग

यह उद्योग अत्यंत महत्वपूर्ण है क्योंकि फल, चाय एवं अन्य उद्योगों में तैयार किया हुआ माल वितरण के लिए इसी पर निर्भर है। पैकिंग केस हेतु प्रयोग में आने वाला काष्ठ हलका होना चाहिए अर्थात् उसका वजन 350 से 400 किग्रा. प्रति घन मीटर (या 22 से 25 पौंड प्रति घन फुट) होना चाहिए। यह सफेद रंग का और मजबूत होना चाहिए। उसमें कील पकड़ने का गुण भी होना चाहिए। यह सस्ता, अधिक मात्रा में उपलब्ध होने वाला और न ऐंठने वाला होना चाहिए। जिस काष्ठ से गंध (odour) निकलती हो वह इस उद्योग के लिए उपयुक्त नहीं है।

उपयोग एवं मजबूती की दृष्टि से पैकिंग केस 4 प्रकार के होते हैं जो निम्न हैं–

1. प्रथम श्रेणी–यह पैकिंग केस अस्त्र-शस्त्रों तथा बोल्ट जैसे अधिक भारी पदार्थों के लिए उपयोग में लाए जाते हैं। प्रथम श्रेणी के पैकिंग केस मुख्यतः निम्न प्रजातियों के काष्ठ से बनाए जाते हैं–

मंडानिया

(Pink Cedar)

इसका वानस्पतिक नाम 'Acrocarpus fraxinifolius' है। यह 30 से 60 मीटर तक ऊँचा होता है। इसकी पत्तियाँ प्रारंभ में लाल रंग की होती हैं। इसके काष्ठ का उपयोग पैकिंग केस के लिए किया जाता है।

बिशप वुड
(Bishop Wood)

इसका वानस्पतिक नाम 'Bischofia javanica' है। यह 40 मी. तक ऊँचा तथा 2.3 मी. तक मोटा होता है। इसकी छाल चिकनी तथा भूरी होती है। पत्तियाँ 07 से 15 सेमी. तक लंबी तथा 04 से 08 से.मी. तक चौड़ी होती हैं। इसके काष्ठ का उपयोग पैकिंग केस के लिए किया जाता है।

काझी
(Spinous Kino Tree)

इसका वानस्पतिक नाम 'Bridelia retusa' है। यह लगभग पूरे भारत में पाया जाता है। इसमें फूल मई से अगस्त तक आते हैं। इसके काष्ठ का उपयोग पैकिंग केस के लिए किया जाता है।

बहेड़ा
(Beleric myrobalan)

बहेड़ा को मराठी में 'बेहेड़ा', तमिल में 'अक्कदम', तेलगू में 'विभीतकमु', गुजराती में 'बेहेड़ा', बंगला में 'बहेरा', संस्कृत में 'बिभतक', मलयालम में 'थानी', तथा कन्नड़ में 'तारि' कहते हैं। इसका वानस्पतिक नाम 'Terminalia belerica' है। बहेड़े का वृक्ष 25 से 35 मीटर तक ऊँचा होता है। इसके पत्ते अप्रैल में निकलते हैं तथा फरवरी-मार्च में गिर जाते हैं। शुष्क एवं बंजर भूमि को छोड़कर यह प्रायः पूरे भारत में मिलता है। इसके काष्ठ का उपयोग पैकिंग केस के लिए किया जाता है।

जामुन
(Black plum or Java plum)

जामुन को मराठी में 'जामन', तमिल में 'नेरेदम', तेलगू में 'निरीदु', गुजराती में 'जामली', बंगला में 'जाम', संस्कृत में 'जंबु', मलयालम में 'पेरिन्नारल', तथा कन्नड़ में 'नेराले' कहते हैं। इसका वानस्पतिक नाम 'Syzygium cumini' है। जामुन का वृक्ष लगभग पूरे भारत में पाया जाता है। नदी के किनारे, कटाव वाली

भूमि पर, तालाबों के किनारे एवं दलदली भूमि पर इसे उगाया जाता है। यह छाया में भी पनप जाता है। इसके काष्ठ का उपयोग पैकिंग केस के लिए किया जाता है।

2. द्वितीय श्रेणी–यह पैकिंग केस भारी पदार्थों के लिए उपयोग में लाए जाते हैं। द्वितीय श्रेणी के पैकिंग केस मुख्यतः निम्न प्रजातियों के काष्ठ से बनाए जाते हैं–

भूटान पाइन
(Blue Pine)

इसे हिमालयन सफेद पाइन भी कहते हैं। इसका वानस्पतिक नाम 'Pinus wallichiana' है। यह भारत में 1,800 से 4,300 मीटर की ऊँचाई तक जम्मू कश्मीर, हिमाचल प्रदेश तथा उत्तराखंड के वन क्षेत्रों में पाया जाता है। यह देवदार, फर एवं स्प्रूस के साथ वन क्षेत्रों में पाया जाता है। यह 30 से 50 मीटर की ऊँचाई प्राप्त करता है। इसकी पत्तियाँ 12 से 18 से.मी. तक लंबी होती हैं। इसका फल (Cone) लगभग बेलनाकार तथा 16 से 32 से.मी. लंबा होता है। इसके काष्ठ का उपयोग पैकिंग केस के लिए किया जाता है।

आम
(Mango Tree)

आम को उड़िया में 'अम्बो', मारवाड़ी में 'अम्बा', तमिल में 'मंगा', तेलगू में 'ममिदी', गुजराती में 'आमरी', बंगला में 'आम', संस्कृत में 'आम्र' तथा कन्नड़ में 'माबू' कहते हैं। इसका वानस्पतिक नाम 'Mangifera indica' है। इसके काष्ठ का उपयोग पैकिंग केस के लिए किया जाता है।

झिंगन
(Indian Ash Tree)

इसका वानस्पतिक नाम 'Lannea coromandelica' है। यह मुख्यतः दक्षिण भारत में पाया जाता है। यह 14 मीटर तक की ऊँचाई प्राप्त करता है। इसकी पत्तियाँ 7 से 18 से.मी. तक लंबी होती हैं। इसमें जनवरी से मार्च तक फूल आते हैं। इसके काष्ठ का उपयोग पैकिंग केस के लिए किया जाता है।

चीड़
(Chir Pine)

इसका वानस्पतिक नाम 'Pinus roxburghaii' है। यह मुख्यतः हिमालय क्षेत्र में कश्मीर से भूटान तक और शिवालिक पहाड़ियों में 450 से 2,400 मीटर की ऊँचाई तक पाया जाता है। इसकी शाखाएँ चक्करदार, छाल गहरी धूसर, सामान्यतः गहरे खाँचे से युक्त तथा खुरदरी होती है। चीड़ की पत्तियाँ सुई की तरह पतली और नुकीली होती हैं। इसमें नर और मादा फूल अलग-अलग होते हैं। नर फूल जनवरी-फरवरी में दिखाई देने लगते हैं। इसका फल शंकु के आकार का होता है। इसके काष्ठ का उपयोग पैकिंग केस के लिए किया जाता है।

कर्निकारा या कनक चंपा
(Karnikara Tree)

इसका वानस्पतिक नाम 'Pterospermum acerifolium' है। यह मुख्यतः दक्षिणी भारत में पाया जाता है। इसके फूल सफेद तथा प्रकाष्ठ लाली लिए भूरा होता है। इसके काष्ठ का उपयोग पैकिंग केस के लिए किया जाता है।

कंजू या पापड़ी या चिलबिल
(Indian Elm)

इसका वानस्पतिक नाम 'Holoptelea integrifolia' है। यह विशाल पर्णपाती वृक्ष है। इसकी छाल भूरी तथा पत्तियाँ 8 से. 13 से.मी. लंबी तथा 3.2 से 6.3 से.मी. चौड़ी होती हैं। इसके फूल छोटे तथा हरापन लिए पीले होते हैं। इसके काष्ठ का उपयोग पैकिंग केस के लिए किया जाता है।

खरपात या कीकर

इसका वानस्पतिक नाम 'Garuga pinnata' है। यह विशाल पर्णपाती वृक्ष है जो 15 मीटर तक की उँचाई प्राप्त करता है तथा पत्तियाँ 6 से. 15 से.मी. लंबी होती हैं। इसके काष्ठ का उपयोग पैकिंग केस के लिए किया जाता है।

3. तृतीय श्रेणी–यह पैकिंग केस कम मूल्य वाली वस्तुओं के लिए उपयोग में लाए जाते हैं। तृतीय श्रेणी के पैकिंग केस मुख्यतः निम्न प्रजातियों के काष्ठ से बनाए जाते हैं–

फर
(West Himalayan Fir)

इसका वानस्पतिक नाम 'Abies pindrow' है। यह हिमालय क्षेत्र में 2,400 से 3,700 मीटर की ऊँचाई तक के वन क्षेत्रों में पाया जाता है। यह देवदार, फर एवं स्प्रूस के साथ वन क्षेत्रों में पाया जाता है। यह 40 से 60 मीटर की ऊँचाई तथा 2 से 2.5 मी. तक व्यास प्राप्त करता है। इसकी पत्तियाँ सुई जैसी तथा 4 से 7 से.मी. तक लंबी होती हैं। इसका फल बेलनाकार शंकु के आकार का तथा 7 से 14 से.मी. लंबा एवं 3 से 4 से.मी. चौड़ा होता है। इसके काष्ठ का उपयोग पैकिंग केस के लिए किया जाता है।

स्प्रूस
(West Himalayan Spruce)

इसका वानस्पतिक नाम 'Picea smithiana' है। यह हिमालय क्षेत्र में 2,400 से 3,600 मीटर की ऊँचाई तक के वन क्षेत्रों में पाया जाता है। यह 40 से 55 मीटर की ऊँचाई तथा 1 से 2 मी. तक व्यास प्राप्त करता है। इसकी पत्तियाँ सुई जैसी तथा 3 से 5 से.मी. तक लंबी होती हैं। इसका फल बेलनाकार शंकु के आकार का तथा 9 से 16 से.मी. लंबा एवं 3 से 4 से.मी. चौड़ा होता है। इसके काष्ठ का उपयोग पैकिंग केस के लिए किया जाता है।

अरू
(Indian Tree of Heaven)

इसका वानस्पतिक नाम 'Ailenthus excelsa' है। यह पूरे भारत में उत्तर में पंजाब से लेकर दक्षिण में उड़ीसा तथा गुजरात से लेकर बिहार तक पाया जाता है। यह 8 से 25 मीटर की ऊँचाई प्राप्त करता है। इसकी छाल भूरे रंग की, पत्ती का डंठल 30 से 60 से.मी. लंबा होता है। पत्तियाँ 6 से 10 से.मी. तक लंबी होती हैं। पत्ते की कोर आरी जैसी होती है। यह शीघ्र उगने वाली प्रजाति है तथा इसे भरपूर रोशनी की आवश्यकता होती है। इसके काष्ठ का उपयोग पैकिंग केस के लिए किया जाता है।

तून
(Indian Mahogany or Red Cedar)

इसका वानस्पतिक नाम 'Toona ciliata' है। यह लगभग 45 मीटर तक ऊँचाई प्राप्त करता है। इसके तने का व्यास 2 मीटर तक होता है। पत्तियाँ 4 से 13 से.मी. तक लंबी होती हैं। पुष्प सफेद एवं 5 से.मी. लंबे होते हैं। इसके काष्ठ का उपयोग पैकिंग केस के लिए किया जाता है।

4. चतुर्थ श्रेणी–जहाँ हलके पैकिंग केस की आवश्यकता हो, वहाँ पर इनका प्रयोग होता है। चतुर्थ श्रेणी के पैकिंग केस मुख्यतः निम्न प्रजातियों के काष्ठ से बनाए जाते हैं–

पूला
(Kydia)

इसका वानस्पतिक नाम 'Kydia calycina' है। यह मुख्यतः महाराष्ट्र एवं मणिपुर में पाया जाता है। यह लगभग 20 मीटर तक ऊँचाई प्राप्त करता है। पत्तियाँ 3 से 10 से.मी. तक लंबी होती हैं। पुष्प सफेद एवं 5 से.मी. लंबे होते हैं। इसके काष्ठ का उपयोग पैकिंग केस के लिए किया जाता है।

नीम
(Margosa, Neem tree, Indian Lilac)

इसके वृक्ष पूरे भारत में पाए जाते हैं। इसका वानस्पतिक नाम 'Azadirachta Indica' है। इसके वानस्पतिक नाम में Indica इसलिए आया है कि यह भारत में बहुत अधिक पाया जाता है। इसके काष्ठ का उपयोग पैकिंग केस के लिए किया जाता है।

सेमल (चूर्णक या शाल्मली)
(Silk Cotton Tree)

इसका वानस्पतिक नाम 'Bombax malabaricum' है। इसे संस्कृत साहित्य में चूर्णक तथा शाल्मली भी कहा गया है। यह लगभग पूरे भारत में पाया जाता है। यह एक बहुत विशाल वृक्ष है। इसकी ऊँचाई 25 से 30 मीटर तक होती है।

इसकी डालियों पर छोटे-छोटे नुकीले काँटे होते हैं। इसके फूल लाल तथा 2 से 3 इंच तक लंबे होते हैं। फरवरी से अप्रैल तक इसके चमकीले लाल फूलों की आभा अत्यंत आकर्षक होती है। इसके फल 5 से 6 इंच लंबे काष्ठवत एवं हरे होते हैं। फलों के भीतर रेशम जैसी रूई एवं काले बीज होते हैं। इसके काष्ठ का उपयोग पैकिंग केस के लिए किया जाता है।

कातीरा या स्टरकुलिया
(Hairy Sterculia)

इसका वानस्पतिक नाम 'Sterculia vilosa' है। यह भारत में अनेक स्थानों पर पाया जाता है। यह मध्यम आकार का वृक्ष है। पुष्प पीला अथवा लाल होता है तथा दिसंबर से मार्च तक रहता है। इसके काष्ठ का उपयोग पैकिंग केस के लिए किया जाता है।

अध्याय-16

प्लाइवुड उद्योग

प्लाइवुड कृत्रिम काष्ठ है। इसको बनाने के लिए लट्ठों से 1/14 इंच से लेकर 1/4 इंच मोटे विनियर उतार लिए जाते हैं और फिर उनको इस प्रकार चिपकाते हैं कि दो क्रमिक (successive) विनियरों के रेशे या तंतु (fibres) एक-दूसरे के समकोण पर हों। प्लाइवुड में 3, 5, 7, 9 और इस प्रकार 15 प्लाइ तक हो सकते हैं, परंतु साधारणतया 3 प्लाइवाला प्लाइवुड ही अधिक काम में आता है। ठोस काष्ठ की तुलना में प्लाइवुड में निम्न लाभकारी गुण हैं–

1. बराबर मोटाई होने पर प्लाइवुड तख्ते से तिगुना मजबूत होता है।
2. इसमें विमा स्थायित्व (Dimensional stability) बहुत होती है; अर्थात् आर्द्रता आदि के कारण ऐंठन, मुड़ना, टेढ़ा होना आदि दोष नहीं होते।
3. तख्ते फट सकते हैं परंतु प्लाइवुड नहीं फटता।
4. यह बहुत बड़े आकार में मिल सकता है जबकि उतने लंबे और चौड़े तख्ते नहीं मिल सकते।
5. काष्ठ के उपयोग में बचत होती है। ऊपर वाली प्लाइ में मूल्यवान और सुंदर काष्ठ लगाकर अंदर कम मूल्यवाला काष्ठ लगाया जा सकता है।
6. प्लाइवुड को सरलता से जिस रूप में चाहें, बनाया जा सकता है। प्लाइवुड चाय की पेटियों, बहुमूल्य फर्नीचर, रेडियो और टेलीविजन के बाहरी ढाँचों में, मकानों में छतों के नीचे, विभाजक दीवारों के रूप में, दरवाजों तथा खिड़कियों में, खेल के सामानों में, जैसे टेनिस रैकेट, कैरमबोर्डों में, रेलगाड़ियों के डिब्बों में, वायुयानों के भागों में तथा अन्य बहुत से उपयोगों में काम में आता है।

प्लाइवुड में काम आने वाले काष्ठों में नीचे लिखे गुण होने चाहिए–

1. काष्ठ ठोस, रेजिन रहित, कम गाँठ वाला तथा सीधे तंतु या रेशे वाला होना चाहिए।
2. उसमें गुम्मड़ नहीं होने चाहिए और न ही वह अधिक शुंडाकार होना चाहिए, नहीं तो बहुत काष्ठ व्यर्थ हो जाता है।
3. वह कम से कम 2 मीटर लंबे तथा 1.3 मीटर मध्य परिधि वाले लट्ठों के रूप में होना चाहिए।

प्लाइवुड में प्रयोग की जाने वाली मुख्य प्रजाति निम्न प्रकार हैं–

हलदू
(Haldu)

इसे कहीं-कहीं पर कदंब भी कहा जाता है। इसके वृक्ष मुख्यतः दक्षिण भारत के पर्णपाती वनों में पाए जाते हैं। इसका वानस्पतिक नाम 'Adina cardifolia or Haldina cardifolia' है। इसका वृक्ष 20 मीटर तक की ऊँचाई प्राप्त करता है। इसका फूल पीले रंग का तथा गेंद के आकार का लगभग 2 से 3 से.मी. परिधि का होता है। इसके काष्ठ का उपयोग प्लाइवुड के लिए किया जाता है।

शिरीष (सीरस)
(East Indian Walnut)

यह पूरे भारत में पाया जाता है। इसका वानस्पतिक नाम 'Albizia lebbek' है। यह एक विशाल वृक्ष है जो लगभग 30 मीटर तक ऊँचाई तथा 1 मीटर तक गोलाई प्राप्त कर लेता है। इसे प्रायः छाया के लिए सड़कों के किनारे लगाया जाता है। अप्रैल-मई में इसमें फूल आते हैं जो हलका पीलापन एवं हरापन लिए सफेद होते हैं। इसकी फलियाँ लगभग 30 सेमी तक लंबी हो जाती हैं। सितंबर के बाद इसके वृक्ष में फलियाँ लटकती दिखती हैं। इसके काष्ठ का उपयोग प्लाइवुड के लिए किया जाता है।

चिकरासी या महोगनी
(Indian Red Wood, Chittagong Wood or White Cedar)

यह भारत के ट्रॉपिकल वन क्षेत्रों में, 900 से 1,400 मीटर की ऊँचाई तक, 1,800 से 3,800 मिमी. वर्षा के क्षेत्र में पाया जाता है। इसका वानस्पतिक नाम

'Chukrasia tabularis' है। यह मध्यम आकार का वृक्ष है जो लगभग 30 मीटर तक उँचाई प्राप्त कर लेता है। इसके फूल पीले या लाल होते हैं। इसके काष्ठ का उपयोग प्लाइवुड के लिए किया जाता है।

शीशम
(Shisoo)

यह लगभग पूरे भारत में पाया जाता है। इसका वानस्पतिक नाम 'Dalbergia sissoo' है। यह विशाल वृक्ष है। इसके पत्ते गोल तथा नोकदार होते हैं। इसके फूल बहुत छोटे तथा गुच्छों में होते हैं। इसकी फली लंबी, पतली तथा चिपटी होती है। इसके काष्ठ का उपयोग प्लाइवुड के लिए किया जाता है।

होलौंग
(Hollong)

यह पूर्वोत्तर भारत मुख्यतः आसाम तथा अरुणाचल प्रदेश में पाया जाता है। इसका वानस्पतिक नाम 'Dipterocarpus macrocarpus' है। यह मध्यम आकार का वृक्ष है। इसके काष्ठ का उपयोग प्लाइवुड के लिए किया जाता है।

जामुन
(Black plum or Java plum)

इसका वानस्पतिक नाम 'Syzygium cumini' है। जामुन का वृक्ष लगभग पूरे देश में पाया जाता है। नदी के किनारे, कटाव वाली भूमि पर, तालाबों के किनारे एवं दलदली भूमि पर इसे उगाया जाता है। इसके काष्ठ का उपयोग प्लाइवुड के लिए किया जाता है।

गंभार
(Gambhar)

इसका वानस्पतिक नाम 'Gmelina arboria' है। यह मुख्यतः आसाम, पश्चिम बंगाल, बिहार, झारखंड तथा उड़ीसा में पाया जाता है। यह तीव्र बढ़ने वाला पर्णपाती वृक्ष है जो लगभग 30 मीटर की ऊँचाई प्राप्त कर लेता है। इसमें फरवरी

से अप्रैल तक फूल आते हैं। इसके काष्ठ का उपयोग प्लाइवुड के लिए किया जाता है।

बौरंग
(Bhurkut)

इसका वानस्पतिक नाम 'Hymenodictyon exelsum' है। यह एक विशाल पर्णपाती वृक्ष है जो लगभग 20 मीटर तक ऊँचाई प्राप्त करता है। यह पूरे भारत मुख्यतः छत्तीसगढ़ में पाया जाता है। इसके काष्ठ का उपयोग प्लाइवुड के लिए किया जाता है।

मोहिन
(Indian Ash Tree)

इसका वानस्पतिक नाम 'Lannea coromandalica' है। यह भारत में व्यापक रूप से पाया जाता है। यह लगभग 15 मीटर की ऊँचाई प्राप्त कर लेता है। यह एक पर्णपाती वृक्ष है तथा इसके पुष्प हरे पीले रंग के होते हैं। इसके काष्ठ का उपयोग प्लाइवुड के लिए किया जाता है।

आम
(Mango Tree)

इसका वानस्पतिक नाम 'Mangifera indica' है। इसके काष्ठ का उपयोग प्लाइवुड के लिए किया जाता है।

चिलउनी, कनक
(Schima)

इसका वानस्पतिक नाम 'Schima wallichi' है। यह पूर्वी एवं पूर्वोत्तर भारत मुख्यतः पश्चिम बंगाल में पाया जाता है। यह एक विशाल सदाहरित वृक्ष है जो लगभग 45 मीटर की ऊँचाई प्राप्त कर लेता है। इसके पुष्प अप्रैल से जून तक तथा फल मई से जुलाई तक आते हैं। इसके काष्ठ का उपयोग प्लाइवुड के लिए किया जाता है।

हौलोक

(East Indian almond)

इसका वानस्पतिक नाम 'Terminalia myriocarpa' है। यह भारत में प्राकृतिक रूप से पाया जाता है। यह लगभग 25 मीटर की ऊँचाई प्राप्त कर लेता है। इसके पुष्प पीले रंग के होते हैं। इसके काष्ठ का उपयोग प्लाइवुड के लिए किया जाता है।

बीजासाल

(Indian Kino Tree)

इसका वानस्पतिक नाम 'Pterocarpus marsupium' है। यह मुख्यतः दक्षिण भारत, बिहार एवं पश्चिमी प्रायद्वीप में पाया जाता है। यह एक विशाल वृक्ष है। इसके फूल पीले या सफेद मंजरियों में आते हैं। इसकी छाल पीताभ एवं धूसर रंग की होती है। इसके काष्ठ का उपयोग प्लाइवुड के लिए किया जाता है।

कंजू या पापड़ी या चिलबिल

(Indian Elm)

इसका वानस्पतिक नाम 'Holoptelea integrifolia' है। यह विशाल पर्णपाती वृक्ष है। इसकी छाल भूरी तथा पत्तियाँ 8 से. 13 से.मी. लंबी तथा 3.2 से 6.3 से.मी. चौड़ी होती हैं। इसके फूल छोटे तथा हरापन लिए पीले होते हैं। इसके काष्ठ का उपयोग प्लाइवुड के लिए किया जाता है।

अखरोट

(Walnut)

इसका वानस्पतिक नाम 'Juglans regia' है। यह हिमालय के उष्ण भाग में पाया जाता है। कश्मीर में इसकी खेती की जाती है। इसकी छाल धूसर एवं लंबाई में फटी होती है। पत्ते 12 से 30 से.मी. लंबे होते हैं। पुष्प छोटे एवं पीताभ हरे होते हैं। इसके काष्ठ का उपयोग प्लाइवुड के लिए किया जाता है।

एसर

(Maple)

मेपल की अनेक प्रजातियाँ भारत में पायी जाती हैं। इसके काष्ठ का उपयोग प्लाइवुड के लिए किया जाता है।

बहेड़ा

(Beleric myrobalan)

इसका वानस्पतिक नाम 'Terminalia belerica' है। बहेड़े का वृक्ष 25 से 35 मीटर तक ऊँचा होता है। इसके पत्ते अप्रैल में निकलते हैं तथा फरवरी-मार्च में गिर जाते हैं। शुष्क एवं बंजर भूमि को छोड़कर यह प्रायः पूरे भारत में मिलता है। इसके काष्ठ का उपयोग प्लाइवुड के लिए किया जाता है।

अरू

(Indian Tree of Heaven)

इसका वानस्पतिक नाम 'Ailanthus excelsa' है। यह पूरे भारत में उत्तर में पंजाब से लेकर दक्षिण में उड़ीसा तथा गुजरात से लेकर बिहार तक पाया जाता है। यह 8 से 25 मीटर की ऊँचाई प्राप्त करता है। इसकी छाल भूरे रंग की, पत्ती का डंठल 30 से 60 से.मी. लंबा होता है। पत्तियाँ 6 से 10 से.मी. तक लंबी होती हैं। पत्ते की कोर आरी जैसी होती है। यह शीघ्र उगने वाली प्रजाति है तथा इसे भरपूर रोशनी की आवश्यकता होती है। इसके काष्ठ का उपयोग प्लाइवुड के लिए किया जाता है।

छितवन

(Indian Devil Tree)

इसका वानस्पतिक नाम 'Alstonia scholaris' है। यह प्रायः भारत के सभी राज्यों में पाया जाता है। इसकी ऊँचाई 40 मीटर तक होती है। इसकी छाल भूरी होती है। इसमें फूल अक्टूबर में लगते हैं। इसके काष्ठ का उपयोग प्लाइवुड के लिए किया जाता है।

सेमल (चूर्णक या शाल्मली)

(Silk Cotton Tree)

इसका वानस्पतिक नाम 'Bombax malabaricum' है। यह लगभग पूरे भारत में पाया जाता है। यह बहुत विशाल वृक्ष है। इसकी ऊँचाई 25 से 30 मीटर तक होती है। इसकी डालियों पर छोटे-छोटे नुकीले काँटे होते हैं। इसके फूल लाल तथा

2 से 3 इंच तक लंबे होते हैं। फरवरी से अप्रैल तक इसके चमकीले लाल फूलों की आभा अत्यंत आकर्षक होती है। इसके फल 5 से 6 इंच लंबे काष्ठवत एवं हरे होते हैं। फलों के भीतर रेशम जैसी रूई एवं काले बीज होते हैं। इसके काष्ठ का उपयोग प्लाइवुड के लिए किया जाता है।

सलाई
(Indian Olibanum)

इसका वानस्पतिक नाम 'Boswellia serrata' है। यह मुख्यतः राजस्थान एवं मध्य प्रदेश में पाया जाता है। यह मध्यम आकार का वृक्ष है। इसके पुष्प छोटे एवं सफेद होते हैं। इसके काष्ठ का उपयोग प्लाइवुड के लिए किया जाता है।

खरपात
(Grey Downy Balsum)

इसका वानस्पतिक नाम 'Garuga pinnata' है। यह मध्यम आकार का वृक्ष है। इसके पुष्प छोटे तथा क्रीमी सफेद होते हैं। इसके काष्ठ का उपयोग प्लाइवुड के लिए किया जाता है।

सिल्वर ओक
(Silver Oak)

इसका वानस्पतिक नाम 'Grevellea robusta' है। यह मध्यम आकार का वृक्ष है। यह पूरे देश में मुख्यतः आंध्र प्रदेश, कर्नाटक एवं तमिलनाडु के पहाड़ी क्षेत्रों में पाया जाता है। इसके काष्ठ का उपयोग प्लाइवुड के लिए किया जाता है।

अध्याय-17

खेल के सामान का उद्योग

खेल के उद्योग में प्रयोग किया जाने वाला काष्ठ हलका तथा साथ में ही मजबूत होना चाहिए। यह आसानी से मुड़ने या झुकने वाला तथा सीधे तंतु या रेशे वाला होना चाहिए। यह दृढ़ होना चाहिए तथा मशीनों से आवश्यक आकृति में आ जाना चाहिए। इसमें चमकदार पालिश लेने का गुण होना चाहिए। विभिन्न खेलों के सामानों के लिए अलग-अलग प्रजातियाँ उपयोगी हैं।

हॉकी स्टिक

यूरोपियन ऐश ट्री
(European Ash Tree)

इसका वानस्पतिक नाम 'Fraxinus excelsior' है। यह विशाल वृक्ष 40 मीटर तक की उँचाई प्राप्त करता है। विदेशों में मुख्यतः इसी प्रजाति से हॉकी स्टिक बनाई जाती है।

शहतूत
(White Mulberry)

इसका वानस्पतिक नाम 'Morus alba' है। यह मध्यम आकार का वृक्ष है। यह भारत के उष्ण क्षेत्रों में पाया जाता है। इसका फल खाया जाता है। भारत में मुख्य रूप से इसी प्रजाति से हॉकी स्टिक बनाई जाती है।

सेल्टिस

(European Nettle Tree)

इसका वानस्पतिक नाम 'Celtis australis' है। यह मध्यम आकार का वृक्ष 25 मीटर तक की ऊँचाई प्राप्त करता है। यह भारत के हिमालय क्षेत्रों में पाया जाता है। भारत में कहीं-कहीं इस प्रजाति से भी हॉकी स्टिक बनाई जाती है।

शीशम

(Shisoo)

यह लगभग पूरे भारत में पाया जाता है। इसका वानस्पतिक नाम 'Dalbergia sissoo' है। भारत में कहीं-कहीं इस प्रजाति से भी हॉकी स्टिक बनाई जाती है।

टेनिस, बैडमिंटन आदि के रैकेट

यूरोपियन ऐश ट्री

(European Ash Tree)

इसका वानस्पतिक नाम 'Fraxinus excelsior' है। यह विशाल वृक्ष 40 मीटर तक की ऊँचाई प्राप्त करता है। विदेशों में मुख्यतः इसी प्रजाति से टेनिस एवं बैडमिंटन आदि के रैकेट बनाए जाते हैं।

शहतूत

(White Mulberry)

इसका वानस्पतिक नाम 'Morus alba' है। यह मध्यम आकार का वृक्ष है। यह भारत के उष्ण क्षेत्रों में पाया जाता है। इसका फल खाया जाता है। भारत में मुख्य रूप से इसी प्रजाति से टेनिस एवं बैडमिंटन आदि के रैकेट बनाए जाते हैं।

शीशम

(Shisoo)

यह लगभग पूरे देश में पाया जाता है। इसका वानस्पतिक नाम 'Dalbergia sissoo' है। भारत में इस प्रजाति से भी टेनिस एवं बैडमिंटन आदि के रैकेट बनाए जाते हैं।

अखरोट
(Walnut)

इसका वानस्पतिक नाम 'Juglans regia' है। यह हिमालय के उष्ण भाग में पाया जाता है। कश्मीर में इसकी खेती की जाती है। इसकी छाल धूसर एवं लंबाई में फटी होती है। पत्ते 12 से 30 से.मी. लंबे होते हैं। पुष्प छोटे एवं पीताभ हरे होते हैं। भारत में इस प्रजाति से भी टेनिस एवं बैडमिंटन आदि के रैकेट बनाए जाते हैं।

तून
(Indian Mahogany or Red Cedar)

इसका वानस्पतिक नाम 'Toona ciliata' है। यह लगभग 45 मीटर तक ऊँचाई प्राप्त करता है। इसके तने का व्यास 2 मीटर तक होता है। पत्तियाँ 4 से 13 से.मी. तक लंबी होती हैं। पुष्प सफेद एवं 5 से.मी. लंबे होते हैं। भारत में इस प्रजाति से भी टेनिस एवं बैडमिंटन आदि के रैकेट बनाए जाते हैं।

बकैन
(The Bead Tree)

इसका वानस्पतिक नाम 'Melia azedarach' है। यह लगभग 45 मीटर तक ऊँचाई प्राप्त करता है। यह लगभग पूरे भारत में पाया जाता है। इसका वृक्ष नीम से छोटा होता है। पत्ते नीम जैसे होते हैं। इसके पुष्प सुगंधित तथा श्वेत या बैगनी रंग के होते हैं। भारत में इस प्रजाति से भी टेनिस एवं बैडमिंटन आदि के रैकेट बनाए जाते हैं।

क्रिकेट बैट

बैट विलो
(Cricket-bat Willow)

इसका वानस्पतिक नाम 'Salix caerulea' है। यह ब्रिटेन में क्रिकेट बैट के लिए उगाया जाता है। यह तेजी से बढ़ने वाली प्रजाति है। इसकी पत्तियाँ 10 से 11

से.मी. लंबी तथा 1.5 से 2 से.मी. चौड़ी होती हैं। क्रिकेट बैट के लिए यह विश्व का सर्वश्रेष्ठ प्रकाष्ठ है।

सफेद विलो
(White Willow)

इसका वानस्पतिक नाम 'Salix alba' है। यह मुख्यतः यूरोप एवं मध्य एशिया में पाया जाता है। भारत में यह कश्मीर में पाया जाता है। इसका वृक्ष 30 मीटर तक ऊँचाई तथा 1 मी. तक व्यास प्राप्त कर लेता है। इसकी पत्तियाँ 5 से 10 से.मी. लंबी तथा 0.5 से 1.5 से.मी. चौड़ी होती हैं। इसकी छाल भूरी होती है। भारत में क्रिकेट बैट के लिए मुख्यतः इस प्रजाति का काष्ठ प्रयोग किया जाता है।

क्रैक विलो
(Crack Willow)

इसका वानस्पतिक नाम 'Salix fragilis' है। यह मुख्यतः यूरोप एवं एशिया में पाया जाता है। भारत में यह कश्मीर में पाया जाता है। इसका वृक्ष 20 मीटर तक ऊँचाई तथा 1 मी. तक व्यास प्राप्त कर लेता है। इसकी पत्तियाँ 9 से 15 से. मी. लंबी तथा 1.5 से 2.5 से.मी. चौड़ी होती हैं। इसकी छाल भूरी होती है। भारत में क्रिकेट बैट के लिए मुख्यतः इस प्रजाति का काष्ठ प्रयोग किया जाता है।

बौरंग
(Bhurkut)

इसका वानस्पतिक नाम 'Hymenodictyon exelsum' है। यह एक विशाल पर्णपाती वृक्ष है जो लगभग 20 मीटर तक ऊँचाई प्राप्त करता है। भारत में बच्चों के सस्ते क्रिकेट बैट के लिए इस प्रजाति का काष्ठ प्रयोग किया जाता है।

बकैन
(The Bead Tree)

इसका वानस्पतिक नाम 'Melia azedarach' है। यह लगभग 45 मीटर तक ऊँचाई प्राप्त करता है। यह लगभग पूरे भारत में पाया जाता है। इसका वृक्ष नीम

से छोटा होता है। पत्ते नीम जैसे होते हैं। इसके पुष्प सुगंधित तथा श्वेत या बैगनी रंग के होते हैं। भारत में बच्चों के सस्ते क्रिकेट बैट के लिए इस प्रजाति का काष्ठ प्रयोग किया जाता है।

तारचर्बी

(Chinese tallow tree or Chicken tree or Grey Popcorn Tree)

इसका वानस्पतिक नाम 'Sapium sebiferum' है। इसके पुष्प सुगंधित तथा श्वेत रंग के होते हैं। भारत में बच्चों के सस्ते क्रिकेट बैट के लिए इस प्रजाति का काष्ठ प्रयोग किया जाता है।

पापुलस यूफ्रैटिका

(Euphrates Popular)

इसका वानस्पतिक नाम 'Populus euphratica' है। यह लगभग 15 मीटर तक ऊँचाई तथा 2.5 मी. की गोलाई प्राप्त करता है। यह भारत में अनेक स्थानों पर पाया जाता है। यह मध्यम आकार का पर्णपाती वृक्ष है। भारत में बच्चों के सस्ते क्रिकेट बैट के लिए इस प्रजाति का काष्ठ प्रयोग किया जाता है।

क्रिकेट स्टंप और बेल

शहतूत

(White Mulberry)

इसका वानस्पतिक नाम 'Morus alba' है। यह मध्यम आकार का वृक्ष है। यह भारत के उष्ण क्षेत्रों में पाया जाता है। इसका फल खाया जाता है। भारत में मुख्य रूप से इसी प्रजाति से क्रिकेट स्टंप और बेल बनाए जाते हैं।

धामन

(Dhaman)

इसका वानस्पतिक नाम 'Grewia tiliaefolia' है। यह मध्यम आकार का वृक्ष है। यह हिमालय के निचले भाग से लेकर मध्य भारत, उड़ीसा एवं तमिलनाडु तक

पाया जाता है। इसमें सफेद रंग के छोटे-छोटे फूलों के गुच्छे लगते हैं। भारत में इस प्रजाति से भी क्रिकेट स्टंप और बेल बनाए जाते हैं।

खड़िक

इसका वानस्पतिक नाम 'Celtis australis' है। यह मुख्यतः हिमालयन क्षेत्र का वृक्ष है। यह मध्यम आकार का वृक्ष है जो लगभग 20 मीटर तक की ऊँचाई प्राप्त कर लेता है। इसका तना नीलापन लिए सिलेटी रंग का होता है। इसमें मार्च-अप्रैल में फूल आते हैं तथा अक्टूबर-नवंबर तक फल पक जाते हैं। भारत में इस प्रजाति से भी क्रिकेट स्टंप और बेल बनाए जाते हैं।

बिलियर्ड क्यू

केंदू
(Ebony)

इसका वानस्पतिक नाम 'Diospyros melanoxylon' है। यह मध्यम आकार का वृक्ष 25 मीटर तक की ऊँचाई तथा 1.9 मीटर तक की गोलाई प्राप्त करता है। यह भारत के अनेक क्षेत्रों में पाया जाता है। भारत में मुख्य रूप से इसी प्रजाति से बिलियर्ड क्यू बनाए जाते हैं।

धामन
(Dhaman)

इसका वानस्पतिक नाम 'Grewia tiliaefolia' है। यह मध्यम आकार का वृक्ष है। यह हिमालय के निचले भाग से लेकर मध्य भारत, उड़ीसा एवं तमिलनाडु तक पाया जाता है। इसमें सफेद रंग के छोटे-छोटे फूलों के गुच्छे लगते हैं। भारत में मुख्य रूप से इसी प्रजाति से बिलियर्ड क्यू बनाए जाते हैं।

खड़िक

इसका वानस्पतिक नाम 'Celtis australis' है। यह मुख्यतः हिमालयन क्षेत्र का वृक्ष है। यह मध्यम आकार का वृक्ष है जो लगभग 20 मीटर तक की ऊँचाई प्राप्त

कर लेता है। भारत में मुख्य रूप से इसी प्रजाति से बिलियर्ड क्यू बनाए जाते हैं।

गौरीमारा

इसका वानस्पतिक नाम 'Polyalthia fragrans' है। यह भारत के पश्चिमी घाट पर मुख्यतः महाराष्ट्र, कर्नाटक, तमिलनाडु एवं केरल में पाया जाता है। यह मध्यम आकार का वृक्ष है जो लगभग 30 मीटर तक की ऊँचाई प्राप्त कर लेता है। पत्तियाँ 0.4 से 0.8 से.मी. लंबी होती है। इसका फूल हरापन लिए पीला होता है तथा नवंबर से जनवरी तक आता है। भारत में मुख्य रूप से इसी प्रजाति से बिलियर्ड क्यू बनाए जाते हैं।

अध्याय-18

बैटरी सैपरेटर उद्योग

इस उद्योग में काम आने वाला काष्ठ सीधे रेशे वाला, गाँठ रहित और मजबूत होना चाहिए। इनमें टैनिन या रेजिन नहीं होना चाहिए। यदि ये हों तो 1% कास्टिक सोडा के पोल में एक घंटे तक उबालना चाहिए और इसके बाद बैटरी की कोशाओं (cells) में लगाने से पहले पानी में कई बार धोकर साफ कर लेना चाहिए।

सिल्वर फर

(Silver Fir)

इसका वानस्पतिक नाम 'Abies alba' है। यह यूरोप में पायी जाने वाली प्रजाति है। यह 45 मीटर तक की ऊँचाई प्राप्त करता है। इसका फल बेलनाकार शंकु के आकार का तथा 10 से 15 से.मी. लंबा होता है। इसके काष्ठ का उपयोग बैटरी सैपरेटर उद्योग में किया जाता है।

स्प्रूस

(West Himalayan Spruce)

इसका वानस्पतिक नाम 'Picea smithiana' है। यह हिमालय क्षेत्र में 2,400 से 3,600 मीटर की ऊँचाई तक के वन क्षेत्रों में पाया जाता है। यह 40 से 55 मीटर की ऊँचाई तथा 1 से 2 मी. तक व्यास प्राप्त करता है। इसकी पत्तियाँ सुई जैसी तथा 3 से 5 से.मी. तक लंबी होती हैं। इसका फल बेलनाकार शंकु के आकार का तथा 9 से 16 से.मी. लंबा एवं 3 से 4 से.मी. चौड़ा होता है। इसके काष्ठ का उपयोग बैटरी सैपरेटर उद्योग में किया जाता है।

हिमालयन साइप्रस
(Himalayan Cypress)

इसका वानस्पतिक नाम 'Cupressus torulosa' है। यह 300 से 1,800 मीटर तक की ऊँचाई पर पाया जाता है। यह सदाहरित कोनिफर वृक्ष है। इसके काष्ठ का उपयोग बैटरी सैपरेटर उद्योग में किया जाता है।

देवदार
(Deodara)

इसका वानस्पतिक नाम 'Cedrus deodara' है। भारत में यह हिमाचल प्रदेश, उत्तराखंड तथा कश्मीर में पाया जाता है। यह 40 से 50 मीटर तक की ऊँचाई तथा 3 मीटर तक व्यास प्राप्त करता है। इसकी पत्तियाँ सुई जैसी तथा 2.5 से 5 से.मी. लंबी होती हैं। इसके काष्ठ का उपयोग बैटरी सैपरेटर उद्योग में किया जाता है।

चंपा
(Champa)

इसका वानस्पतिक नाम 'Michelia champaka' है। यह आसाम, पश्चिमी घाट तथा दक्षिण भारत के वन क्षेत्रों में पाया जाता है। इसके वृक्ष प्रायः वाटिकाओं में रोपित किए जाते हैं। इसके फूल सुगंधित, फीके पीले या नारंगी रंग के होते हैं। इसके काष्ठ का उपयोग बैटरी सैपरेटर उद्योग में किया जाता है।

हलदू
(Haldu)

इसे कहीं-कहीं पर कदंब भी कहा जाता है। इसके वृक्ष मुख्यतः दक्षिण भारत के पर्णपाती वनों में पाए जाते हैं। इसका वानस्पतिक नाम 'Adina cardifolia or Haldina cardifolia' है। इसका वृक्ष 20 मीटर तक की ऊँचाई प्राप्त करता है। इसका फूल पीले रंग का तथा गेंद के आकार का लगभग 2 से 3 से.मी. परिधि का होता है। इसके काष्ठ का उपयोग बैटरी सैपरेटर उद्योग में किया जाता है।

अध्याय-19

बौबिन उद्योग

बौबिन एक व्यापक शब्द है जिसके द्वारा काष्ठ की उन सब वस्तुओं (जैसे–ट्यूब, स्पूल, रील, पिर्न, स्क्यूअर्स आदि) का बोध होता है जिसका प्रयोग सूती कपड़े, ऊनी कपड़े और जूट बनाने के कारखानों में विभिन्न प्रकार से होता है। इस उद्योग में प्रयोग किए जाने वाले काष्ठ की बनावट बारीक होना चाहिए। साथ ही यह इतना मजबूत होना चाहिए कि तेज गति से चलने वाली मशीनों पर टूट न जाए। इस उद्योग में प्रयोग की जाने वाली प्रमुख प्रजातियाँ निम्न प्रकार हैं–

हलदू
(Haldu)

इसका वानस्पतिक नाम 'Adina cardifolia or Haldina cardifolia' है। इसके काष्ठ का उपयोग बौबिन उद्योग में किया जाता है।

कैम
(Kaim)

इसे कहीं-कहीं पर फल्दू या कदंब भी कहा जाता है। भारत में इसके वृक्ष मुख्यतः दक्षिण भारत के पर्णपाती वनों में पाए जाते हैं। इसका वानस्पतिक नाम 'Mitragyna parviflora' है। इसका वृक्ष 20 मीटर तक की ऊँचाई प्राप्त करता है। इसका फूल पीले रंग का तथा गेंद के आकार का लगभग 2 से 3 से.मी. परिधि का होता है। इसके काष्ठ का उपयोग बौबिन उद्योग में किया जाता है।

कंजू या पापड़ी या चिलबिल

इसका वानस्पतिक नाम 'Holoptelea integrifolia' है। यह विशाल पर्णपाती वृक्ष है। इसकी छाल भूरी तथा पत्तियाँ 8 से 13 से.मी. लंबी तथा 3.2 से 6.3 से.मी. चौड़ी होती हैं। इसके फूल छोटे तथा हरापन लिए पीले होते हैं। इसके काष्ठ का उपयोग बौबिन उद्योग में किया जाता है।

बोरंग

(Bhurkut)

इसका वानस्पतिक नाम 'Hymenodictyon exelsum' है। यह प्रायः भारत के सभी राज्यों में पाया जाता है। इसका उपयोग भी बौबिन उद्योग में किया जाता है।

तून

(Indian Mahogany or Red Cedar)

इसका वानस्पतिक नाम 'Toona ciliata' है। यह लगभग 45 मीटर तक उँचाई प्राप्त करता है। इसके तने का व्यास 2 मीटर तक होता है। पत्तियाँ 4 से 13 से.मी. तक लंबी होती हैं। पुष्प सफेद एवं 5 से.मी. लंबे होते हैं। इसका उपयोग भी बौबिन उद्योग में किया जाता है।

झिंगन

(Indian Ash Tree)

इसका वानस्पतिक नाम 'Lannea coromandelica' है। यह मुख्यतः दक्षिण भारत में पाया जाता है। यह 14 मीटर तक की ऊँचाई प्राप्त करता है। इसकी पत्तियाँ 7 से 18 से.मी. तक लंबी होती हैं। इसमें जनवरी से मार्च तक फूल आते हैं। इसका उपयोग भी बौबिन उद्योग में किया जाता है।

अध्याय-20

हथियारों के दस्ते

अनेक प्रकार के हथियारों में काष्ठ के दस्तों की आवश्यकता पड़ती है। इनमें प्रायः आस-पास पाए जाने वाले प्रकाष्ठ से काम चलाया जाता है। इसके लिए प्रयोग किए जाने वाला प्रकाष्ठ सूक्ष्म वयन (Close grained), दृढ़ (Tough), कठोर (Hard) और न पकने वाला होना चाहिए।

दस्ता बनने के बाद उसका बाहरी भाग चिकना होना चाहिए तथा हथौड़े की चोट से उसे फटना नहीं चाहिए। इस हेतु प्रयोग में आने वाली मुख्य प्रजातियाँ निम्न प्रकार हैं–

बबूल
(Babool)

इसका वानस्पतिक नाम 'Acacia arabica' है। यह समस्त भारत के मुख्यतः सूखे भागों में पाया जाता है। इसके काष्ठ का उपयोग हथियारों के दस्तों में किया जाता है।

धौड़ा, बाकली या घट्टी गोंद

यह ऐनोगैसिस लैटीफोलिया 'Anogeissus latifolia' से निकाला जाता है। यह वृक्ष समस्त भारत के सूखे पतझड़ वनों में बहुतायत से पाया जाता है। इसके काष्ठ का उपयोग हथियारों के दस्तों में किया जाता है।

शीशम
(Shisoo)

यह लगभग पूरे भारत में पाया जाता है। इसका वानस्पतिक नाम 'Dalbergia sissoo' है। यह एक विशाल वृक्ष है। इसके पत्ते गोल तथा नोकदार होते हैं। इसके फूल बहुत छोटे तथा गुच्छों में होते हैं। इसकी फली लंबी, पतली तथा चिपटी होती है। इसके काष्ठ का उपयोग हथियारों के दस्तों में किया जाता है।

होलौंग
(Hollong)

यह पूर्वोत्तर भारत मुख्यतः आसाम तथा अरुणाचल प्रदेश में पाया जाता है। इसका वानस्पतिक नाम 'Dipterocarpus macrocarpus' है। यह मध्यम आकार का वृक्ष है। इसके काष्ठ का उपयोग हथियारों के दस्तों में किया जाता है।

अमलतास
(Indian Laburnum)

इसका वानस्पतिक नाम 'Cassia fistula' है। यह लगभग पूरे भारत में पाया जाता है। इसके काष्ठ का उपयोग हथियारों के दस्तों में किया जाता है।

अध्याय-21

मसाले

मसाले भोजन का प्रमुख अंग हैं। खान-पान में इन मसालों का अनेक रूप से प्रयोग होता है। भारत में मसालों के लिए प्रसिद्ध प्रजातियाँ निम्न हैं–

इलाइची

इलाइची मुख्यतः दो प्रकार की होती है–छोटी इलाइची तथा बड़ी इलाइची। छोटी इलाइची को एला, सूक्ष्मैला, छोटी इलाइची आदि कहा जाता है। इसे अंग्रेजी में Lesser Cardamom dgrs कहते हैं। इसका वानस्पतिक नाम 'Elettaria cardamomum' है। यह पश्चिमी एवं दक्षिणी भारत मुख्यतः कर्नाटक एवं तमिलनाडु के पहाड़ी वन क्षेत्रों में मिलती है। गुजरात एवं अन्य दक्षिणी राज्यों में इसकी खेती भी की जाती है। इसके पौधे 1.20 मीटर से 2.70 मीटर तक ऊँचाई प्राप्त करते हैं। इसकी पत्तियाँ एकांतर क्रम में स्थित 30 से 60 से.मी. तक लंबी तथा लगभग 7.5 से.मी. चौड़ी होती हैं। छोटी इलाइची के लिए नम एवं छायादार स्थान अधिक उपयोगी होता है। यह कुहरा तथा ठंडी समुद्री हवाओं में अधिक बढ़ती है। इसके पत्तों एवं फूल को मसलकर सूँघने पर इलाइची की गंध आती है। छोटी इलाइची का फल कच्चेपन पर हरा, पकने पर पीला एवं सूखने पर सफेद हो जाता है। इसके बीजों से एक मनोरम सुगंध आती है। इसे खाने के बाद मुँह में ठंढक सी प्रतीत होती है।

बड़ी इलाइची को बृहदेला, स्थूला, बड़ी इलाइची आदि कहा जाता है। इसे अंग्रेजी में 'The Greater Cardamom' कहते हैं। इसका वानस्पतिक नाम 'Amomum subulatum' है। यह पूर्वोत्तर भारत मुख्यतः आसाम एवं पश्चिम बंगाल के दलदल अथवा नम वन क्षेत्रों में मिलती है। इन स्थानों पर इसकी खेती

भी की जाती है। यह दक्षिण भारत के समुद्र तट के समीपवर्ती क्षेत्रों में भी कहीं-कहीं पर पायी जाती है। इसके पौधे 60 से.मी. से 120 से.मी. तक ऊँचाई प्राप्त करते हैं। इसकी पत्तियाँ 30 से 60 से.मी. तक लंबी तथा 7.5 से 10 से. मीं. तक चौड़ी होती हैं। पत्तियों को मसलने पर बड़ी इलाइची की विशिष्ट सुगंध आती है। इसके पुष्प सफेद या पीले रंग के होते हैं। इसका फल ललाई लिए भूरा होता है। बीज छोटी इलाइची की तरह किंतु उससे बड़े होते हैं।

पीपल

पीपल को पिप्पली, पीपल, पीपर आदि कहा जाता है। इसे अंग्रेजी में 'Long Pepper' कहते हैं। इसका वानस्पतिक नाम 'Piper longum' है। यह पूर्वोत्तर एवं दक्षिणी भारत के वन क्षेत्रों में मिलती है। इन राज्यों में इसकी खेती भी की जाती है। यह छायादार एवं नम स्थान पर पायी जाती है। इसकी कोमल बेल होती है। इसकी पत्तियाँ एकांतर क्रम में स्थित 5 से 7.5 से.मी. तक लंबी तथा 3.75 से 7.5 से.मी. तक चौड़ी होती हैं।

बाजार में बड़ी तथा छोटी–दो प्रकार की पिप्पली मिलती है। छोटी पिप्पली देशी होती है तथा आसाम एवं पश्चिम बंगाल में पायी जाने वाली लताओं से एकत्रित की जाती है। बड़ी पिप्पली सिंगापुर तथा श्रीलंका आदि से आती है। छोटी पिप्पली की फली 2.5 से.मी. से 3.75 से.मी. तक लंबी होती है। बड़ी पिप्पली की फली इससे बड़ी होती है। ताजे पीपर में कोई गंध नहीं होती किंतु सूखने के बाद इससे एक विशेष प्रकार की गंध आने लगती है।

काली मिर्च

इसे काली मिर्च या गोल मिर्च आदि कहा जाता है। इसे अंग्रेजी में 'Black Pepper' कहते हैं। इसका वानस्पतिक नाम 'Piper nigrum' है। इसकी आरोही लताएँ होती हैं जिसके नीचे का भाग काष्ठीय होता है। पूर्वोत्तर एवं दक्षिणी भारत में इसकी खेती की जाती है। इसकी पत्तियाँ 10 से 18 से.मी. तक लंबी तथा 5 से 12 से.मी. तक चौड़ी होती हैं।

बाजार में मिलने वाली काली मिर्च इसके सुखाए हुए अपक्व फल होते हैं जो कालापन लिए भूरे रंग के होते हैं। इसका बाहरी भाग बहुत झुर्रीदार होता है। यह सुगंधित एवं स्वाद में तीक्ष्ण होता है।

तेजपात

इसे तेजपात, तेजपत्ता या तमालपत्र आदि कहा जाता है। इसे अंग्रेजी में 'Indian Cinnamon' कहते हैं। इसका वानस्पतिक नाम 'Cinnamomum tamala' है। उत्तराखंड के गढ़वाल एवं कुमायूँ तथा पूर्वोत्तर के सिलहट एवं खसिया पहाड़ियों के वन क्षेत्रों में इसके जंगली वृक्ष मिलते हैं। इन राज्यों में इसकी खेती भी की जाती है। इसकी पत्तियाँ एकांतर क्रम में स्थित 10 से 15 से.मी. तक लंबी तथा 3.75 से 6.25 से.मी. चौड़ी होती हैं। इसकी नवीन पत्तियाँ कुछ गुलाबी रंग लिए रहती हैं।

इसके सुखाए हुए पत्ते बाजार में तेजपात नाम से बिकते हैं। गरम मसाले में इसकी काफी खपत होती है। इसकी टहनियों की छाल का देशी दालचीनी के रूप में उपयोग किया जाता है।

दालचीनी

इसे दालचीनी, तज, दारचीनी आदि कहा जाता है। इसे अंग्रेजी में 'Cinnamon Bark' कहते हैं। इसका वानस्पतिक नाम 'Cinnamomum zeylanicum' है। यह मूलतः श्रीलंका का वृक्ष है। दक्षिणी भारत के वन क्षेत्रों में भी यह पाया जाता है। श्रीलंका की दालचीनी सर्वोत्तम मानी जाती है जिसे सिंहली दालचीनी कहते हैं। इसकी पत्तियाँ 7.5 से 20 से.मी. तक लंबी तथा 3.75 से 7.5 से.मी. चौड़ी होती हैं। इसके पुष्प गहरे बैगनी रंग के होते हैं।

इसके लगाए हुए 1से 2 वर्ष के पौधों को जड़ के पास से काट दिया जाता है, जहाँ से अनेक नई शाखाएँ निकलती हैं। इन्हीं शाखाओं को सुखाकर दालचीनी के रूप में प्रयोग किया जाता है। इसी से एक तेल निकाला जाता है जिसे दालचीनी का तेल कहते हैं।

अजवाइन

इसे अजवाइन, जवाइन, उग्रगंधा एवं यमानिका आदि कहा जाता है। इसे अंग्रेजी में 'King's Cumin' कहते हैं। इसका वानस्पतिक नाम 'Trachyspermum ammi' है। भारत के अनेक राज्यों मुख्यतः पंजाब, राजस्थान एवं पश्चिम बंगाल आदि में इसकी खेती भी की जाती है। इसकी डालियों पर छत्रक आते हैं जिन

पर सफेद फूल लगते हैं। जब छत्ते पक जाते हैं तब उनमें अजवाइन उत्पन्न होती हैं। इसको पीटने से छोटे-छोटे दाने निकलते हैं। इन्ही कों अजवाइन कहते हैं। इसमें जंगली पुदीने की भाँति तेज गंध आती है। भारत में इसे प्रायः धनिया के साथ बोया जाता है।

जायफल

इसे जायफल, जावित्री आदि कहा जाता है। इसे अंग्रेजी में 'Mace, Nutmeg' कहते हैं। इसका वानस्पतिक नाम 'Myristica fragrans' है। यह मलक्का द्वीप का आदिवासी पौधा है। इसके बीजों की सुखाई हुई गिरी 'जायफल' तथा बीजों पर की बाह्यवृद्धि 'जावित्री' नाम से बाजार में मिलती है। इसकी पत्तियाँ 5 से 10 से.मी. तक लंबी तथा सुगंधित होती हैं। इसके पुष्प पीले रंग के होते हैं। फल छोटे अमरूद की भाँति तथा पकने पर पीताभ वर्ण के होते हैं। फल फटने पर बीज बाहर निकल आता है। बीज पर लाल रंग का जालीदार बाह्यवृद्धि या एरिल चढ़ी होती है। जावित्री को अलग करने पर गुठलीनुमा बीज प्राप्त होता है जिसके कड़े आवरण को तोड़कर अंदर की गुठली प्राप्त की जाती है। इसे सुखाकर एकत्रित किया जाता है। यही जायफल कहलाता है।

कबाबचीनी

इसे कंकोल, कबाबचीनी या शीतलचीनी आदि कहा जाता है। इसे अंग्रेजी में 'Cubebs' कहते हैं। इसका वानस्पतिक नाम 'Cubebae fructus' है। यह मूलतः सुमात्रा, जावा तथा मलाया आदि का वृक्ष है। भारत में कहीं-कहीं इसकी खेती की जाती है। यह बहुवर्षायु आरोही लता है। इसके सुखाए हुए फल कबाबचीनी के रूप में प्रयोग किए जाते हैं। फलों का संग्रह फल के पूर्णतः प्रगल्भ हो जाने के बाद किंतु पकने से पूर्व किया जाता है।

केसर

इसे कुंकुम, केशर, केसर आदि कहा जाता है। इसे अंग्रेजी में 'Saffron' कहते हैं। इसका वानस्पतिक नाम 'Crocus sativus' है। यह मूलतः दक्षिण यूरोप का वृक्ष है। भारत के जम्मू कश्मीर प्रांत में इसकी खेती की जाती है। इसके पौधे कांडरहित

तथा छोटे होते हैं। इसका भौमिक कांड बहुवर्षायु होता है तथा इसी से प्रतिवर्ष पौधे निकलते हैं। इसकी पत्तियाँ जड़ से निकलती हैं तथा पतली एवं लंबी होती हैं। इसके पुष्प बैगनी रंग के होते हैं तथा शरद ऋतु में आते हैं। पुंकेसर 3 तथा पीले रंग के होते हैं। स्त्री-केसर या योनिसूत्र 3 भागों में विभक्त हो जाता है तथा प्रत्येक के ऊपर रक्ताभ सूत्रकार योनिछत्र होता है। यही व्यावसायिक केसर है।

लौंग

इसे लौंग, लवंग या देवकुसुम आदि कहा जाता है। इसे अंग्रेजी में 'Cloves' कहते हैं। इसका वानस्पतिक नाम 'Eugenia caryophyllus' है। यह मूलतः मलक्का द्वीप का पौधा है। इसके छोटे आकार के सदाहरित वृक्ष होते हैं जो पूरे वर्ष फूलते रहते हैं। वृक्ष का घेरा नीचे अधिक तथा ऊपर कम होता जाता है। इसकी पत्तियाँ 10 से.मी. तक लंबी तथा 5 से.मी. तक चौड़ी होती हैं। पत्तियों को गसलकर सूँघने पर सुगंध आती है। पुष्प बैगनी रंग के, छोटे तथा सुगंधित होते हैं। व्यावसायिक लौंग वास्तव में इस वृक्ष की कलिका होती है जिसे खिलने से पहले तोड़कर सुखा लिया जाता है। कलिकाएँ प्रारंभ में सफेद, बाद में हरी एवं अंत में लाल हो जाती हैं। इसी समय इनका संग्रह कर खुली हवा में सुखाया जाता है। सूखने के बाद कलिकाओं को तोड़कर अलग कर लिया जाता है तथा डंठल का भाग एकत्रित कर लिया जाता है। यही व्यावसायिक लौंग है।

हल्दी
(Termeric)

इसे हरिद्रा, हरदी, हल्दी आदि कहा जाता है। इसे अंग्रेजी में 'Turmeric' कहतें हैं। इसका वानस्पतिक नाम 'Curcuma domestica' है। यह मूलतः श्रीलंका का पौधा है। भारत के अनेक राज्यों मुख्यतः बिहार, तमिलनाडु, पश्चिम बंगाल एवं महाराष्ट्र में इसकी खेती की जाती है। यह बहुवर्षायु कोमलकांडीय पौधा है। इसकी पत्तियाँ 30 से 45 से.मी. तक लंबी होती हैं। इसके पुष्प पीले रंग के होते हैं। जब नीचे की पत्तियाँ सूखकर पीली पड़ जाती हैं तब कंद खोदकर अलग कर लिए जाते हैं। यही व्यावसायिक हल्दी है।

अध्याय-22

गोंद, लीसा, तेलयुक्त लीसा तथा गोंदयुक्त लीसा

सामान्यतया चिकने तथा चिपकने वाले पदार्थ को गोंद कहा जाता है। वृक्षों से प्राप्त होने वाले गोंद वनों से तरल रूप में निकलकर पारदर्शक रूप में छोटे- छोटे टुकड़ों में हवा में सूखकर जम जाता है। ये पदार्थ पादपीय पालीसैक्राइड्स, चीनी तथा कार्बोहाइड्रेट्स और उनके मिले-जुले पदार्थों की तरह होते हैं। वृक्षों के अंदरूनी तंतुओं के फटने पर गोंद बनता है जबकि सैल्यूलोज दूसरे रूप में बदल जाता है तथा इस प्रक्रिया को 'गमोसिस' कहते हैं। गोंद पानी में घुलनशील होते हैं तथा पानी सोखकर फूल जाते हैं। गोंद कार्बनिक विलायकों जैसे-एल्कोहल तथा ईथर में अघुलनशील होते हैं। गर्म करने पर गोंद बिना पिघले डिकंपोज हो जाते हैं तथा चीनी की तरह जलते हैं। जो गोंद पानी में घुलते नहीं परंतु पानी सोख लेते हैं, उन घोलों को 'जर' कहते हैं। गोंद को तीन भागों में बाँटा जा सकता है—प्राकृतिक, परिष्कृत तथा कृत्रिम। प्राकृतिक गोंद में वृक्षों से निकले गोंद, गोंदीय बीज आदि सम्मिलित हैं। परिष्कृत गोंद में सेल्यूलोज के पदार्थ, परिष्कृत पदार्थ तथा माइक्रोबियल फरमनटेशन गोंद सम्मिलित हैं। कृत्रिम गोंद में विनाइल तथा इथलीन पालीमर्स आते हैं।

लीसा देखने में गोंद की तरह होता है किंतु यह पानी में नहीं घुलता तथा मुलायम नहीं होता। लीसा कार्बनिक विलायकों जैसे—अल्कोहल, ईथर एवं कार्बन डाई सल्फाइड आदि में आसानी से घुल जाता है। लीसा को गर्म करने पर वह पिघल जाता है तथा धुएँ के साथ लपटें देता है। गोंद की भाँति लीसा भी वृक्षों के टिपान से प्राप्त होता है।

वर्गीकरण

जिस लीसा के साथ गोंद भी मिला होता है उसे गोंदीय लीसा या गम रेजिन कहते हैं; जैसे-हींग, गिर आदि।

जिस लीसा के साथ वाष्पशील तेल मिला होता है उसे तेलीय लीसा या ओलियो रेजिन कहते हैं; जैसे-चीड़ीय लीसा आदि।

जिस तेलीय लीसा के साथ थोड़ा गोंद भी मिला होता है उसे तेल-युक्त गोंदीय लीसा कहते हैं; जैसे-सलाई पेड़ों का तेलयुक्त गोंदीय लीसा आदि।

विभिन्न प्रजातियों से निकलने वाले गोंद–

बबूल
(Babool)

इसका वानस्पतिक नाम 'Acacia arabica' है। यह समस्त भारत में मुख्यतः सूखे भागों में पाया जाता है। इसके गोंद का एकत्रीकरण उत्तर प्रदेश, गुजरात, राजस्थान तथा मध्य प्रदेश में किया जाता है। इस गोंद को सामान्यतया बिना घाव बनाए टिपान किया जाता है और जो गोंद गर्मी के महीनों (मार्च-मई) में निकलता है उसे एकत्र कर लिया जाता है। इससे निकलने वाला गोंद गोल तथा लंबे अश्रुओं के रूप में (लंबाई एक सेमी तक) निकलता है जिसका रंग भूसे के रंग से लाली लिए गहरे भूरे रंग का होता है।

यह गोंद अत्यंत महत्वपूर्ण है जिसे बबूल गोंद कहते हैं। असली अरेबिक गोंद अकेसिया सेनेगल (Acacia senegal) नामक प्रजाति से निकलता है जिसका प्रयोग औषधि निर्माण में किया जाता है। इस गोंद को चिकनाहट तथा चिपकाने हेतु प्रयोग किया जाता है। इस गोंद का प्रयोग खाद्य पदार्थ, औषधि एवं सौंदर्य प्रसाधन निर्माण में किया जाता है। यह टाइपिंग पेपर, कार्बन पेपर, फोटोग्राफी पेपर तथा एल्युमिनियम के ऊपर लगाकर उसे पानी तथा अन्य तरल पदार्थ में खराब होने से रोकता है। इसे चिपकाने, पेंट तथा रोशनाई करने एवं कागज तथा कपड़े की छपाई करने में प्रयोग किया जाता है। तेल के कुएँ की खुदाई, चीनी मिट्टी के बर्तनों को चमक प्रदान करने, दीमक की दवा बनाने तथा गाड़ियों के शीशों की चमक कम करने में इसका प्रयोग किया जाता है।

बाजार में इसे प्रायः खैर गोंद एवं अन्य गोंदों के साथ मिलाकर बेचा जाता है।

खैर
(Cutch)

खैर को उड़िया में 'खोइल', तमिल में 'कारंगल्ली', तेलगू में 'काचू', गुजराती में 'खेर, खेदेरियो', बंगला में 'खायेर', संस्कृत में 'खदिर', मलयालम में 'खदिरम', तथा कन्नड़ में 'काचू' कहते हैं। इसका वानस्पतिक नाम 'Acacia catechu' है। यह मध्यम आकार का पर्णपाती वृक्ष है। शाखाएँ पतली, काँटों से युक्त, गहरे भूरे या जामुनी रंग की होती हैं। यह उत्तर प्रदेश, मध्य प्रदेश एवं सिक्किम में 1,500 मीटर की ऊँचाई तक पाया जाता है। पान हेतु इसका सर्वाधिक प्रयोग होता है। यह चमड़ा एवं कपड़ा रंगने तथा रंग बनाने के काम आता है। इसकी लकड़ी अत्यंत कठोर मानी जाती है।

इसका गोंद प्राकृतिक रूप से निकले अश्रुओं की तरह जमा होता है जो लगभग 3 सेमी तक होता है। यह पीले से गहरे आसमानी एवं कभी-कभी काले रंग का होता है। सूखे मौसम में जब इसकी पत्तियाँ झड़ने लगते हैं तब इसका गोंद निकाला जाता है। कृत्रिम रूप से घाव बनाकर इसका उत्पादन बढ़ाया जा सकता है। इस गोंद का प्रयोग बबूल गोंद की भाँति ही किया जाता है।

अकेसिया मोडेस्टा (Acacia Modesta) तथा अकेसिया ल्यूकोफ्लुआ (Acacia leucophioea) का वृक्ष भारत के गर्म भागों में पाया जाता है तथा इसके गोंद का प्रयोग औषधि निर्माण एवं छपाई में किया जाता है।

शुद्ध अरेबिक गोंद
(Gum Arabic Tree)

यह अकेसिया सेनेगल 'Acacia senegal' से निकाला जाता है। यह वृक्ष उ. अफ्रीका में विशेषकर सूडान में बहुतायत से पाया जाता है, जहाँ से विश्व की औद्योगिक आवश्यकताओं की पूर्ति के लिए अफ्रीका इस गोंद का निर्यात करता है। अफ्रीका की आर्थिक दशा को सुधारने में इस गोंद का बहुत योगदान है। इस गोंद को सैनेगल, सूडान अथवा कार्डोफन गोंद कहते हैं। भारत में यह पेड़ 3 से 4 मीटर की ऊँचाई तथा 30 से 60 सेमी. गोलाई तक बढ़ता है। यह गुजरात, राजस्थान, पंजाब तथा हिमाचल प्रदेश के सूखे भागों में पाया जाता है। 06 वर्ष के वृक्षों से अक्टूबर से मई तक गोंद का टिपान किया जाता है। इसका प्रयोग

कपड़ा तथा नक्शे को छापने, लेप तथा चिकनाहट वाले पदार्थ बनाने, कन्फेक्शनरी, पॉलिश एवं खाद्य पदार्थों में किया जाता है।

धौड़ा, बाकली या घट्टी गोंद

यह ऐनोगैसिस लैटीफोलिया 'Anogeissus latifolia' से निकाला जाता है। यह वृक्ष समस्त भारत के सूखे पतझड़ वनों में बहुतायत से पाया जाता है। इस वृक्ष से गर्मी में प्राकृतिक रूप से निकलने वाले गोंद को एकत्रित किया जाता है। कीड़ों द्वारा बनाए गए घाव से यह गोंद निकाला जाता है। यह गोंद गोलाई लिए हुए अश्रुओं की भाँति बाहर से अपारदर्शक तथा अंदर से पारदर्शक तथा टैनिन युक्त होकर भूरा या काला हो जाता है। इसका प्रयोग बबूल गोंद के स्थान पर किया जाता है तथा कपड़ा छपाई, कागज को चमकाना तथा औषधि निर्माण में किया जाता है। इसका प्रयोग पेट्रोलियम उद्योग द्वारा तेल के कुएँ खोदकर कीचड़ बिठाने के लिए किया जाता है। इसका प्रयोग विस्फोटक पदार्थ के निर्माण में भी होता है जिससे वे नमी से मुक्त रह सकें। इसके अतिरिक्त इसका उपयोग खाद्य पदार्थों एवं चीनी मिट्टी के बर्तनों के निर्माण में किया जाता है।

सेमला गोंद

यह बॉहिनीया रेटूसा 'Bauhinia retusa' से निकाला जाता है। Bauhinia retusa को अंग्रेजी में Mountain Ebony कहते हैं। यह वृक्ष भारत के सूखे भागों में बहुतायत से पाया जाता है। इसके गोंद का टिपान शिवालिक क्षेत्र में किया जाता है। इसका प्रयोग बबूल के गोंद की भाँति किया जाता है। इस गोंद का उपयोग खाद्य पदार्थ, कपड़ा व कागज को चमकाने तथा छतों के निर्माण में पानी रोकने के लिए किया जाता है।

मस्कैट गोंद

यह प्रोसोपिस ज्यूलीफ्लोरा 'Prosopis juliflora', प्रोसोपिस स्पाइसीजैरा 'Prosopis spicigera' एवं प्रोसोपिस साइनेरेरिया 'Prosopis cineraria' से निकाला जाता है। यह भारत के गर्म भागों में पाया जाता है। इसके गोंद का प्रयोग कन्फेक्शनरी तथा चीनी मिट्टी के बर्तन के निर्माण में होता है।

झींगन गोंद

यह लैनिया कोरोमैनडेलिका 'Lannea coromandelica' से निकाला जाता है। यह समस्त भारत के सूखे पतझड़ वनों में तथा हिमालय के निचले तृतीय भाग में 1,500 मीटर की ऊँचाई तक पाया जाता है। छाल के घावों से लसदार गोंद मार्च के महीने से निकलने लगता है तथा इसका टिपान मई-जून तक घाव बनाकर किया जाता है। इसका गोंद छोटे-छोटे रंगीन टुकड़ों में होता है। यह गोंद पानी में अच्छी प्रकार से घुलता है तथा पतला लसदार घोल बनाता है। इसके गोंद का प्रयोग कन्फेक्शनरी, कपड़े की छपाई तथा कपड़े और कागज के निर्माण में होता है। इससे निम्न श्रेणी की वार्निश भी बनायी जाती है।

सैजन गोंद

यह मौरिंगा ओलिएफैरा 'Moringa oleifera' से निकाला जाता है। यह लगभग समस्त भारत में पाया जाता है। इस गोंद का प्रयोग स्थानीय रूप से खाने तथा दवाओं में किया जाता है। इस गोंद को अंग्रेजी में "Hog gum" कहते हैं। यह पानी में घुलनशील है।

सेमल गोंद
(Shalmali)

यह सलमेलिया मालाबारिका 'Salmalia malabarica' से निकाला जाता है। यह समस्त भारत में पाया जाता है। इसके गोंद का प्रयोग औषधियों में किया जाता है। इसका गोंद पानी में कम घुलनशील है बल्कि पानी सोखता है। अतः इसे कतीरा गोंद की श्रेणी में रखा जाता है।

बंगाल काइनो गोंद

यह ब्यूटिया मोनोस्परमा 'Butea monosperma' से निकाला जाता है। यह समस्त भारत में पाया जाता है। इसका गोंद प्राकृतिक या कृत्रिम घाव बनाकर निकाला जाता है जो मटर के दाने के आकार का होता है। इसका रंग लाल होता है तथा इसका प्रयोग औषधि निर्माण में किया जाता है।

बीजासाल या मालाबार काइनो गोंद

यह टैरोकारपस मार्सूपियम 'Pterocarpus marsupium' से निकाला जाता है। इसका वृक्ष मध्य तथा दक्षिणी भारत में पाया जाता है। इसके वृक्ष से लाल रंग का तीखा गोंद निकलता है। इसका गोंद टिपान करके फरवरी के अंत तक निकाला जाता है। इसके गोंद में लगभग 70 प्रतिशत टैनिक एसिड होता है। यह एक मुख्य औषधीय गोंद है जिसका प्रयोग दस्त, पेचिश और अन्य रोगों के उपचार में किया जाता है।

काला सीरीस गोंद

यह अल्बीजिया लेबेक 'Albizia lebbeck' से निकाला जाता है। इसके वृक्ष से लाल भूरे रंग का गोंद निकलता है जिसे बबूल गोंद के साथ मिलाकर बेचा जाता है। यह गोंद पानी में कम घुलनशील है और कतीरा गोंद की भाँति अधिक पानी सोखकर घोल बनाता है। इसे कतीरा श्रेणी का गोंद कहा जाता है।

अल्बीजिया आडोरेटिसिमा 'Albizia odoratissima' से गहरे भूरे रंग का गोंद निकलता है।

इसकी एक अन्य प्रजाति सफेद सीरस अर्थात् अल्बीजिया प्रोसेरा 'Albizia procera' से निकलने वाले गोंद का प्रयोग कागज निर्माण में किया जाता है।

सुबबूल गोंद

यह ल्यूसेना ल्यूकोसैफेला 'Leucaena leucocephala' से निकाला जाता है। इसका रोपण समस्त भारत में ईंधन एवं चारा के लिए किया जा रहा है। इसके वृक्षों से प्राकृतिक रूप से गोंद निकलता है।

काजू गोंद

यह एनाकारडियम ओकसिडैनटेल 'Anacardium occidentale' से निकाला जाता है। इससे पीले तथा लाल रंग का गोंद निकलता है जो पानी में कम घुलनशील होता है। यह पानी सोखकर जैली की तरह फूल जाता है। यह कीड़ों का अवरोधक है। इसका प्रयोग किताबों की जिल्द बनाने तथा औषधि निर्माण में किया जाता है।

नीम गोंद

यह एजाडिरैक्टा इंडिका 'Azadirachta indica' से निकाला जाता है। यह चमकीले आसमानी रंग का होता है तथा इसका प्रयोग औषधि निर्माण में किया जाता है।

कचनार गोंद

यह बाहिनिया परपूरिया 'Bauhinia purpuria', बाहिनिया रैसीमोसा 'Bauhinia racemosa' तथा बाहिनिया वैरीगेटा 'Bauhinia varigata' से निकाला जाता है। इसके गोंद का प्रयोग स्थानीय रूप से किया जाता है।

क्लोरोजाइलोन गोंद
(Bhutkes)

यह क्लोरोजाइलोन स्वीटिनीया 'Chloroxylon swietenia' से निकाला जाता है। इससे रंगहीन तथा लाल भूरे रंग का गोंद निकलता है तथा इसका प्रयोग स्थानीय रूप से किया जाता है।

इलियोडैनड्रान गोंद

यह इलियोडैनड्रान ग्लोकम 'Eleodendron glaucum' से निकाला जाता है। इससे आसमानी तथा लाल-भूरे रंग का गोंद निकलता है जो पानी में आसानी से घुल जाता है और पीला तथा साफ चिपकाने हेतु घोल बनाता है।

फैरोनिया गोंद (कैथ गोंद)

यह फैरोनिया लिमोनिया 'Feronia limonia' से निकाला जाता है। इससे बबूल की तरह का गोंद निकलता है। इसे अच्छा गोंद माना जाता है। यह हलके पीले या लाल रंग का होता है जो पानी में घुलकर एक लसलसा घोल बनाता है। इसका प्रयोग बबूल के गोंद की भाँति है।

आम का गोंद

यह मैंगीफेरा इंडिका 'Mangifera indica' से निकाला जाता है। इससे लाल भूरे

रंग का गोंद निकलता है तथा इसका प्रयोग बबूल के गोंद में मिलावट के लिए किया जाता है।

चिरौंजी का गोंद

यह बुकनैनिया लैनजन 'Buchanania lanzan' से निकाला जाता है। इसका प्रयोग स्थानीय रूप से खाने तथा दवाओं में किया जाता है।

पिथेसिलोबियम गोंद

यह पिथेसिलोबियम डल्से 'Pithecellobium dulce' से निकाला जाता है। यह तने से निकलता है तथा इसका प्रयोग स्थानीय रूप से किया जाता है।

स्पौनडियस गोंद

यह स्पौनडियस पिनेटा 'Spondias pinnata' से निकाला जाता है। इसकी छाल से बकटाह स्वाद का गोंद निकलता है जो स्थानीय रूप से खाने में प्रयुक्त होता है।

ढैंचा गोंद

यह सिसबैनिया जाति 'Sesbania spp.' से निकाला जाता है। इससे निकाले जाने वाले गोंद का प्रयोग स्थानीय रूप से किया जाता है।

बहेड़ा गोंद

यह टरमीनेलिया बेलेरिका 'Terminalia ballirica' से निकाला जाता है। यह गोंद पानी में अघुलनशील है। इस गोंद में कैल्सियम कार्बोनेट पाया जाता है तथा इसका प्रयोग स्थानीय रूप से किया जाता है।

असना गोंद
(Indian Laurel)

इसका वानस्पतिक नाम टरमीनेलिया टोमेनटोसा 'Terminalia tomentosa' है। यह एक विशाल पर्णपाती वृक्ष है। इसकी छाल लगभग 2.5 से.मी. मोटी कालापन

लिए भूरी होती है। यह लगभग पूरे भारत में 1,000 मीटर की ऊँचाई तक पाया जाता है। यह वृक्ष 40 मीटर तक ऊँचाई प्राप्त करता है। इसकी पत्तियाँ 15 सेमी तक लंबी होती हैं जो प्रायः चारे के लिए काटी जाती हैं।

इसकी छाल से चरपरा गोंद निकलता है। इससे प्राप्त गोंद धूनी के रूप में जलाया जाता है तथा सौंदर्य प्रसाधनों के निर्माण में प्रयोग किया जाता है।

कराया, कुल्लु या कतौरा गोंद

यह स्टरकूलिया यूरेंस 'Sterculia urens' से निकाला जाता है। इसका वृक्ष समस्त भारत के उष्ण वनों में पाया जाता है। यह मुख्य रूप से मध्य प्रदेश, आंध्र प्रदेश, महाराष्ट्र, उड़ीसा, बिहार, तमिलनाडु तथा कर्नाटक में पाया जाता है। इससे बहुत ही औद्योगिक महत्व का गोंद निकाला जाता है जिसे कराया, कुल्लु या कतौरा गोंद कहते हैं।

इसके वृक्षों पर कृत्रिम रूप से घाव बनाया जाता है जिससे गोंद निकलता है। इसकी छाल स्टरकुलिया विलोसा की तुलना में कम मोटी होती है। इस पर घाव इतना ही गहरा बनाया जाता है जिससे केवल छाल ही निकले तथा कैमबियम अथवा उससे नीचे की लकड़ी न निकले। टिपान मार्च-अप्रैल से जून तक किया जाता है तथा उसी समय सर्वाधिक गोंद प्राप्त होता है। वर्षा प्रारंभ होने से पूर्व ही टिपान बंद कर दिया जाता है क्योंकि वर्षाकाल में प्राप्त गोंद काला होता है तथा उसमें कीड़े या फफूँदी लग जाती है।

कराया गोंद सफेद, गुलाबी या भूरे काले रंग का होता है। इसका उपयोग औद्योगिक रूप से खाद्य पदार्थ–आइसक्रीम, सौंदर्य प्रसाधन, औषधि, कागज, कपड़ा, लिनोलियम, रबर तथा ड्राई रौल बेटरी आदि के निर्माण में प्रयोग किया जाता है।

कराया या गुदाला गोंद

यह स्टरकूलिया विलोसा 'Sterculia villosa' से निकाला जाता है। इसके वृक्ष शिवालिक क्षेत्र में बहुतायत से पाए जाते हैं। इसके वृक्षों में कृत्रिम घाव बनाकर गोंद का टिपान किया जाता है। इसका प्रयोग स्टरकुलिया यूरेंस की भाँति है।

कॉकलोसपरमम गोंद

यह कॉकलोसपरमम रिलिजियोसम 'Cochlospermum religiosum' से निकाला जाता है। इस प्रजाति को अंग्रेजी में Yellow Silk Cotton कहते हैं। यह वृक्ष भारत के अनेक भागों में पाया जाता है। यह 7.5 मीटर तक ऊँचाई प्राप्त करने वाला पर्णपाती वृक्ष है जिससे कराया गोंद की भाँति ही गोंद निकाला जाता है जिसे 'हॉग गम' कहते हैं। इसे प्राकृतिक रूप से निकले हुए पदार्थ के रूप में एकत्रित किया जाता है तथा कृत्रिम रूप से घाव बनाकर भी निकाला जाता है।

इसका प्रयोग कराया गोंद की भाँति ही किया जाता है। इसका प्रमुख उपयोग कपड़ा रँगाई, चमड़े की धुलाई तथा औषधि के रूप में किया जाता है।

एल्बीजिया गोंद

यह एल्बीजिया चाइनैनसिस 'Albizzia stipulata या Albizzia chinensis' से निकाला जाता है। इस प्रजाति को अंग्रेजी में Chinese albizia या Silk Tree तथा हिंदी में सीरन कहते हैं। यह एक पर्णपाती वृक्ष है जो 30 मीटर तक ऊँचाई प्राप्त कर लेता है। इसके पुष्प पीलापन लिए सफेद होते हैं। यह पानी में अघुलनशील गोंद है। इसका प्रयोग कागज के निर्माण तथा कागज चिपकाने में किया जाता है।

अध्याय-23

कड़ा लीसा या हार्ड रेजिंस

कड़े लीसे के अंतर्गत डमर, रोजिन तथा शैलाक आदि भारत में पाए जाते हैं। कोपाल, कौरी लीसा, अंबर तथा सैंडरक आदि भारत में नहीं पाए जाते। यह अधिकतर कठोर, थोड़ा पारदर्शक तथा आसानी से टूटने वाले होते हैं। इससे बहुत अच्छी प्रकार की वार्निश बनती है। इसका प्रयोग पेंट, प्लास्टिक, लिनोलियम, रोशनाई तथा औषधि निर्माण में किया जाता है।

कोपाल

यह ट्रोपिकल अमेरिका तथा अफ्रीका के कोपायफैरा 'Copaifera' तथा ट्रैकीलोबियम प्रजाति 'Trachylobium spp.' तथा दक्षिण अमरीका की हाइमीनिया प्रजाति तथा मनीला एवं ईस्ट इंडीज की इरेथस प्रजाति से निकाला जाता है। कुछ कोपाल फॉसिल के रूप में जमीन से खोदकर निकाले जाते हैं जो बहुत कड़े होते हैं तथा बहुत ऊँचे तापमान पर पिघलते हैं। इसके अंदर तेल बिलकुल नहीं होता। इससे बहुत अच्छे प्रकार की वार्निश बनती है जो बाहरी वातावरण में भी खराब नहीं होती।

कौरी लीसा

यह न्यूजीलैंड के अगैथिस आस्ट्रेलिस 'Agathis australis' से निकाला जाता है। यह मुख्यतः फॉसिल तथा सेमी फॉसिल के रूप में पाया जाता है। यह लीसा प्राकृतिक रूप से कड़ा तथा बहुत मूल्यवान होता है।

अंबर
(Amber)

यह एक फॉसिल लीसा के रूप में वाल्टिक सागर के तटीय भागों में पाई जाने वाली पाइनस सक्सीनिफेरा 'Pinus succinifera' प्रजाति से निकले फॉसिल के रूप में धरती से उपलब्ध होता है। अंबर बहुत ही कड़ा तथा कठिनाई से टूटने वाला पदार्थ है। इसके बड़े टुकड़ों का प्रयोग जेवर निर्माण, माला, फैन्सी वस्तुओं तथा सिगार होल्डर के निर्माण में किया जाता है। इसके छोटे टुकड़ों का प्रयोग वार्निश के रूप में किया जाता है।

सैंडरक

यह उत्तरी अफ्रीका के कैलिट्रिस क्वाड्रीवालिस 'Callitris quadrivalis' तथा आस्ट्रेलिया की कैलीट्रीस जातियों से निकल कर फॉसिल के रूप में जमीन से प्राप्त होता है। यह थोड़ा मुलायम परंतु कड़ाई लिए सफेद पीले रंग का लीसा है। इसका प्रयोग स्पिरिट, वार्निश, निगेटिवस् एवं चमड़ा तथा धातु पर वार्निश करने के लिए किया जाता है।

मैस्टिक

यह भूमध्य सागरीय क्षेत्रों के पिस्टेशिया लेनटिसकस 'Pistacia lentiscus' जाति से निकाला जाता है। भारत के गिलगिट कश्मीर क्षेत्र में पायी जाने वाली पिस्टेशिया काबूलिका 'Pistacia cabulica', जिसे अंग्रेजी में Mastic कहते हैं, नामक जाति से बाम्बे मैस्टिक प्राप्त होता है। यह बहुत ही मूल्यवान उच्च कोटि का लीसा है जिसका प्रयोग धातु, तेलीय एवं पानी से बने हुए रंग, जिससे तसवीरें बनाई जाती हैं, में किया जाता है।

रोजिन (कोलोफनी)

यह पाइनस की पादप जातियों से प्राप्त लीसे से तारपीन का आसवन करके अलग करने के बाद निकाला जाता है। पाइन रेजिन के भार का 76 प्रतिशत तक रोजिन निकलता है। भारत की प्रमुख प्रजातियाँ जिनके लीसा से रोजिन निकलता है निम्न हैं–चीड़ या पाइनस रॉक्सबरघाई 'Pinus roxburghii', पाइनस वैलीचीयना 'Pinus wallichiana' तथा खासी चीड़ या पाइनस केसिया 'Pinus kesiya'।

इन वृक्षों का टिपान औद्योगिक रूप से किया जाता है। रोजिन के उत्पादन का अधिकांश भाग कागज निर्माण में प्रयुक्त होता है। इसके अतिरिक्त इसका प्रयोग पेंट वार्निश, साबुन निर्माण, बेंजोइन, अगरबत्ती, फिनाइल, चूड़ियों, जूट बैग तथा रोशनाई आदि में किया जाता है।

डमर

डमर वे पदार्थ हैं जो तारपीन, कोलतार हाइड्रो-कार्बन घोलक में आसानी से घुल जाते हैं। इस प्रकार ये कोपाल से भिन्न होते हैं। यह हलके रंग के, कड़े तथा पारदर्शक होते हैं।

काला डमर या धूप
(Black dammar)

यह कैनेरियम स्ट्रिक्टम 'Canarium strictum' से निकाला जाता है। ये पश्चिमी घाट के वनों में 1,500 मी. तक पाया जाता है। यह अंडमान तथा निकोबार में पाया जाता है इससे भी काला डमर निकाला जाता है। इसे पेड़ों से निकालने के लिए सीधे खड़े हुए घाव 1.8 मी. ऊँचाई तक तने के ऊपर बनाए जाते हैं। उसके बाद पेड़ के नीचे चारों तरफ जमीन पर आग लगा दी जाती है इस प्रकार करने से लगभग 2 वर्ष बाद डमर बहना शुरू हो जाता है जो कि साल में 6 महीने, नवंबर से अप्रैल तक दस वर्षों तक बहता रहता है जिसे एकत्रित कर लिया जाता है। डमर निकलने पर एक काले रंग का चमकदार लीसा निकलकर हवा में जाता है। यह डमर सरलता से हलके रंग के पाउडर के रूप में पीसा जाता है। इसका उपयोग वार्निश तथा बोतल को सील करने में किया जाता है। इसे नाव के छेदों तथा प्लास्टर बनाने में गुरगुंडी के स्थान पर प्रयोग किया जाता है।

राक डमर या थींगन
(White thingan)

यह होपिया ओडोरेटा 'Hopea odorata' से निकाला जाता है। यह वृक्ष 45 मीटर तक की ऊँचाई प्राप्त करता है तथा अंडमान द्वीप समूह में पाया जाता है। इसे पश्चिमी तट तथा पश्चिम बंगाल के वनों में भी उगाया जाता है। सामान्यतया इससे प्राकृतिक रूप से निकला हुआ लीसा एकत्रित किया जाता है। इसके तने

पर घाव लगाने पर इससे एक सुगंधित लीसा निकलता है जो हवा में सूखकर पीले रंग का छोटी गाठों के रूप में प्राप्त होता है। यह भुरभुरा होकर टूटता है तथा चमकदार होता है एवं बहुत कड़ा होता है। इसलिए इसे राक डमर कहते हैं। यह तारपीन में घुलनशील होता है। इसका प्रयोग पेंट तथा वार्निश के निर्माण में किया जाता है। इससे तसवीरें पेंट की जाती हैं। इसका प्रयोग नावों के छेदों को भरने तथा औषधि निर्माण में किया जाता है।

साल डमर, राल या लाल चूना

यह शोरिया रोबस्टा 'Shorea robusta' से निकाला जाता है। सामान्यतया प्राकृतिक रूप से निकले साल डमर को ही एकत्रित किया जाता है। यह कभी-कभी बड़े-बड़े टुकड़ों के रूप में पाया जाता है। दार्जिलिंग वन क्षेत्र में पेड़ के नीचे से खोदकर राल के 500 से 600 घन सेमी आकार के टुकड़े निकाले जाते हैं। साल डमर हलके पीले रंग का, अपारदर्शक तथा थोड़ी सुगंध लिए होता है। इराका प्रयोग सुगंधित धूनी के लिए किया जाता है। इसका सर्वाधिक प्रयोग अंत्येष्टि क्रिया हेतु हवन सामग्री के रूप में किया जाता है। इसका उपयोग मुलायम मोम को कड़ा करने, जूते की पालिश, कार्बन पेपर तथा टाइपराइटर रिबन के लिए किया जाता है।

सफेद डमर, पाइनी रेजिन, भारतीय कोपाल या सफेद धामन, धूप
(Dhupa)

यह वैटिरिया इंडिका 'Vateria indica' से निकाला जाता है। यह सुंदर वृक्ष नम सदाबहार वनों में तथा मुख्यतः पश्चिमी घाट पर पाया जाता है। इससे निम्न तीन श्रेणी का लीसा निकलता है–

(*i*) यह पाइनी लीसा नारंगी अथवा पीले रंग का तथा चमकदार होता है और अंबर से मिला होता है।

(*ii*) यह छोटे-छोटे टुकड़ों वाला पाइनी लीसा है जो चमकदार हलके हरे, पीले या सफेद रंग का होता है।

(*iii*) यह गहरे रंग का पाइनी लीसा है जो वृक्ष के सड़े भाग के अंदर पाया जाता

है। यह सफेद डमर गर्म करने पर मोम तथा तेल के साथ एक उच्च कोटि का लीसीय मलहम बनाता है। इसका प्रयोग सुगंधित धूनी के लिए किया जाता है। इसे नारियल तेल में मिलाकर वार्निश बनाई जाती है।

तेलीय लीसा या ओलियो रेजिन

तेलीय लीसा में वाष्पशील तेल की मात्रा अधिक होती है। यह थोड़ा मुलायम या तरल रूप में पाया जाता है। इसमें एक विशेष सुगंध पाई जाती है। प्रमुख तेलीय लीसा निम्नवत् हैं–

पाइनस जातियों का तेलीय लीसा

यह मुख्यतः पाइनस राक्सबरगाई (Pinus roxburghii), पाइनस वैलीचियाना (Pinus wallichiana) तथा पाइनस केसिया (Pinus kesiya) से निकाला जाता है। इन प्रजातियों से उत्तराखंड, हिमाचल प्रदेश, जम्मू-कश्मीर तथा मेघालय आदि प्रांतों में लीसा टिपान किया जाता है। इस तेलीय लीसा से दो मुख्य औद्योगिक पदार्थ रोजिन तथा तारपीन बनाया जाता है। लीसा से भारत का लगभग 75 प्रतिशत रोजिन तथा 17 प्रतिशत तारपीन निकलता है। इससे वाष्पशील तेल के रूप में तारपीन अलग हो जाता है तथा कड़े लीसे के रूप में रोजिन प्राप्त होता है। तारपीन का प्रयोग कपूर व अन्य सुगंधित रसायनों के निर्माण में किया जाता है। यह बूट पालिश, पेंट, वार्निश तथा औषधि निर्माण में प्रयोग किया जाता है।

पाइनस जिरारडियाना (Pinus gerardiana)

Chilgoza Pine

यह लगभग 2,500 से 3,000 मीटर की उँचाई पर पाया जाता है। इससे भी तेलीय लीसा का टिपान किया जाता है।

पेरू बाल्सम

(Balsum of Peru)

मध्य अमेरिका में माइरोजाइलोन पेरेरी (Myroxylon pereirae) से पेरू बाल्सम प्राप्त होता है जिसका प्रयोग सुगंधित तेलों तथा औषधियों में किया जाता है।

टोलू बाल्सम
(Tolu Balsum Tree)

वेनेजुएला, पेरू तथा कोलंबिया में माइरोजाइलोन बाल्सेमम (Myroxylon balsamum) से टोलू बाल्सम प्राप्त होता है जिसका प्रयोग भी सुगंधित तेलों तथा औषधियों में किया जाता है।

स्टाइरेक्स

सुमात्रा तथा इंडोनेशिया में स्टाइरेक्स पेरेलेलोन्यूरम (Styrax paralleloneurum), स्टाइरेक्स बैनजोइन (Styrax benzoin) जिसे अंग्रेजी में Loban, Gum Benjamin Tree कहते हैं, तथा स्टाइरेक्स टॉंकीनैंसिस (Styrax tonkinensis) जिसे अंग्रेजी में Siam Benzoin कहते हैं से सुमात्रा बैंनजोइन या लोबान प्राप्त होता है जिसका प्रयोग भी सुगंध के लिए तथा औषधियों में किया जाता है।

कनाडा बाल्सम

उत्तरी अमेरिका में एबीज बाल्सेमिया (Abies balsamea) से कनाडा बाल्सम प्राप्त होता है जिसका प्रयोग सुगंधित तेलों तथा औषधियों में किया जाता है।

स्टोरैक्स
(Oriental Sweet Gum or Turkish Gum)

तुर्की में ल्यूक्वीडैंबर ओरियंटेलिस (Liquidambar orientalis) से स्टोरैक्स प्राप्त होता है। यह गाढ़ा, चिपचिपा तथा तरल बाल्सम के रूप में होता है जिसका प्रयोग सुगंध के लिए तथा औषधियों में किया जाता है।

लैंकर

यह वार्निश चीन तथा जापान में रस वरनीसीफ्लुआ (Rhus verniciflua) जिसे अंग्रेजी में Chinese Lacquer Tree कहते हैं, से प्राप्त होती है। प्राकृतिक रूप से निकला लैंकर एकत्रित करके तरल रूप में संग्रहण किया जाता है तथा इसे बिना किसी घोलक के सीधे वार्निश के रूप में प्रयोग किया जाता है।

कोपायवा या कोपाल
(Capaiba Balsum)

दक्षिणी अमेरिका में कोपायफेरा आफीसिनैलिस (Copaifera officinalis) से यह तेलीय लीसा प्राप्त होता है। यह गाढ़ा, चिपचिपा तथा तरल बाल्सम के रूप में होता है जिसका प्रयोग सुगंध के लिए तथा औषधियों में किया जाता है।

कोपायफेरा जाति से मिलता बाल्सम या तेलीय लीसा भारत में किंगगियोडैनड्रान पिनैटम (Kingiodendron pinnatum) से निकलता है जिसे पाइनी कहते हैं। यह वृक्ष पश्चिमी घाट के सदाबहार वनों में कर्नाटक से केरल तक पाया जाता है।

एमी
(Elemi)

फ़िलीपाइंस द्वीप समूह में कनैरियम ल्यूजोनिकम (Canarium luzonicum) से यह तेलीय लीसा प्राप्त होता है। इसका प्रयोग जलाकर रोशनी देने, नाव के छेदों को बंद करने, नक्शों की छपाई की रोशनाई, सीमेंट निर्माण तथा वार्निश को कड़ा करने में किया जाता है।

सलाई लीसा

भारत में सलाई (Boswellia serrata) से यह तेलीय लीसा प्राप्त होता है। इसका प्रयोग धूप निर्माण में किया जाता है।

अन्य लीसा

अन्य प्रकार के महत्वपूर्ण लीसा निम्न प्रकार हैं–

गुरजन तेल

डिप्टेरोकारपस टरबीनैटस (Dipterocarpus turbinatus) से औद्योगिक रूप से महत्वपूर्ण गुरजन तेल निकलता है। इसके अतिरिक्त डिप्टेरोकारपस इंडिकस (Dipterocarpus indicus) या Indian Gurjan, डिप्टेरोकारपस टुबरकुलेटस (Dipterocarpus tuberculatus), डिप्टेरोकारपस अलेटस (Dipterocarpus alatus) या Chheuteal, डिप्टेरोकारपस कॉंसटैटस (Dipterocarpus costatus) तथा डिप्टेरोकारपस मैक्रोकारपस (Dipter ocarpus macrocarpus) से भी स्थानीय रूप से गुरजन तेल निकाला जाता है।

डिप्टेरोकारपस टरबीनैटस का वृक्ष आसाम, पश्चिम बंगाल तथा अंडमान द्वीप के नम उष्णकटिबंधीय वनों में 35 से 45 मीटर की ऊँचाई तक पाया जाता है। इसे पश्चिम बंगाल का गुरजन तेल या बर्मा कैनन तेल कहते हैं। यह लीसा गाढ़ा, अपारदर्शक तथा भूरे रंग का होता है। इसका प्रयोग कोपायवा की तरह होता है। इसका उपयोग नक्शे की छपाई की रोशनाई बनाने, वार्निश तथा औषधि निर्माण में किया जाता है। इसका उपयोग लोहे पर वार्निश के रूप में प्रयोग किया जाता है ताकि लोहा न कटे।

एलेंथस मालाबारिका (Ailanthus malabarica) तथा एलेंथस ग्लैंडूलोजा (Ailanthus glandulosa)

एलेंथस मालाबारिका को अंग्रेजी में White Bean कहते हैं। यह लगभग 30 मीटर तक ऊँचाई प्राप्त करता है तथा इसका व्यास 1.2 मीटर होता है। एलेंथस ग्लैंडूलोजा को अंग्रेजी में Chinese Sumac या Paradise Tree कहते हैं। इसका उपयोग होमियोपैथी औषधि में व्यापक रूप से किया जाता है। इन दोनों जातियों की खेती भारत में मुख्यतः माचिस बनाने के लिए की जाती है। इन वृक्षों से मत्तीपाल नामक लीसा निकाला जाता है। इसका उपयोग सुगंध प्रदान करने के लिए किया जाता है।

पोडोफाइलम हैंगजैनड्रम (Podophyllum hexandrum) के कंद से एक प्रकार का लीसा निकलता है।

काजू, जिसका वानस्पतिक नाम **एनाकार्डियम आक्सीडेंटेल (Anacardium occidentale)** है, के फल के बाहरी भाग से एक प्रकार का लीसा निकलता है जिसका प्रयोग स्थानीय रूप से किया जाता है।

आइपोमिया ओरिजाबैनसिस (Ipomoea orizabensis) से एक प्रकार का लीसा निकलता है जिसे स्काइमनी या आइपोमिया लीसा कहते हैं।

हार्डविकिया बाइनैटा (Hardwickia binnata) या अंजन का वृक्ष कर्नाटक, केरल तथा तमिलनाडु में पाया जाता है। इससे गहरे लाल रंग का तेलीय लीसा प्राप्त होता है। यह लकड़ी को टिकाऊ बनाता है इसलिए इसका प्रयोग दरवाजे, खिड़की तथा अन्य वस्तुओं पर पेंट करने के लिए किया जाता है।

गोंदीय लीसा या गम रेजिन

गोंदीय लीसे में गोंद तथा लीसा प्राकृतिक रूप से मिले होते हैं। गोंदीय लीसा पेड़ से गाढ़े दुधिये पदार्थ के रूप में निकलता है और छोटे-छोटे आकार में सूखने पर एकत्र किया जाता है। इन्हें कृत्रिम रूप से टिपॉन करके भी निकाला जाता है। ये अधिकांश सूखे भागों में अंबेलीफैरी व बरसेरेसी की पादप जातियों से प्राप्त होता है। हींग, गैलबैनम तथा अमोनिकम अंबेलीफैरी कुल की जातियाँ ईरान तथा अफगानिस्तान के मैदानी भागों में पाई जाती है। सूखे मौसम में ये मैदानी भाग बिलकुल वीरान से होते हैं और थोड़ी वर्षा होते ही गोंदीय लीसा का उत्पादन करने वाली पादप जातियाँ मोटे तने पैदा करती हैं। जब ये पादप पूर्ण रूप से बढ़ जाते हैं तो लगभग 2 मी. की ऊँचाई के होते हैं। इसके अतिरिक्त गैलबैनम, गैमबॉग डिकमाली गोंद और अन्य महत्वपूर्ण गोंदीय लीसा है। कभी-कभी इनमें बहुत थोड़ा वाष्पशील तेल भी होता है।

(*i*) **असाफोटिडा या हींग**–यह अफगानिस्तान तथा ईरान में पाई जाने वाली बहुवर्षीय प्रजाति Asafoetida या फेरुला असाफोटिडा (Ferula assa-foetida) से निकलता है। इस पादप की गूदेदार जड़ के बाहरी भाग से दूधिया पदार्थ बरसात के मौसम में निकलता है जबकि इसमें चीरा लगा दिया जाता है। हींग में बहुत तेज सुगंध होती है क्योंकि इसके अंदर सल्फर के कण वाष्पशील तेल में घुले रहते हैं। इस गोंद को समस्त पूर्वी देशों में चटनी अथवा अन्य खाद्य पदार्थ व औषधियों में प्रयोग करते हैं इसमें बहुत से औषधीय गुण होते हैं। इसका प्रयोग खाँसी, दमा तथा पेट के उपचार के लिए किया जाता है।

(*ii*) **गैलबैनम**–ये उत्तर पश्चिम एशिया के Galbanum या फेरुआ गैलबैनीफ्लुआ (Ferula galbaniflua) जाति के तने के निचले भाग की बहुवर्षीय शाख से निकलता है। इसमें बहुत तेज सुगंध होती है और इसे औषधि के रूप में प्रयुक्त किया जाता है।

(*iii*) **गैमबॉग**–यह गारसीनिया मौरैला (Garcinia morella) या Sri Lanka Gamboj Tree जाति से भारत में निकाला जाता है। यह श्याम तथा इंडो चायना में Indian Gamboj Tree या गारसीनिया हैनबोराई (Garcinia hanburyi) से निकलता है। यह गोंदीय लीसा थोड़ा सख्त, पीले रंग का होता है। इसका प्रयोग सुनहरे रंग के लैकर में किया जाता है तथा इससे

पानी वाले रंग बनाए जाते हैं व इसका प्रयोग औषधि में भी होता है।

(*iv*) **डिकमाली गोंद**–ये गोंदीय लीसा गार्डीनिया गमीफैरा (Gardina gummiferra) तथा गार्डीनिया ल्यूसीफैरा (Gardina lucifera) की कलियों तथा छोटे तनों से निकलता है। इसका प्रयोग औषधि निर्माण में किया जाता है।

(*v*) **अमोनियेकम**–यह डोरेमा अमोनियेकम (Dorema ammoniacum) जाति से ईरान, दक्षिण साइबेरिया तथा पश्चिम एशिया के अन्य रेगिस्तानी भागों से मिलता है। यह एक लंबा, मजबूत एवं खोखले तने वाला बहुवर्षीय पादप है। इसके तने तथा फूल निकलने वाली शाखाओं से दूधिया रस निकलता है जो सूखने पर एकत्रित किया जाता है। यह गोंदीय लीसा कीड़े के द्वारा बने घावों से निकलता है। इसका प्रयोग रक्त प्रवाह को गति प्रदान करने की औषधि निर्माण तथा सुगंधियों में होता है।

वाष्पशील-तेलयुक्त गोंदीय लीसा या गम

ओलियो रेजिन–यह वे पदार्थ होते हैं जिसमें गोंद तथा लीसा के अतिरिक्त वाष्पशील तेल भी मिले रहते हैं जिसमें मिर तथा फ्रैंकिसैंस सम्मिलित हैं।

(*i*) **मिर**–मिर एक बहुत महत्वपूर्ण पदार्थ है जो आदि काल से प्रयोग किया जा रहा है। यह मुख्यतः दो रूप में पाया जाता है। पहला हैरोबल मिर अभी सीनियर सोमाली लैंड तथा अरब में कॉमीफोरा मिर (Commiphora myrrha) या Common myrrh जाति के बड़े झाड़ या छोटे पेड़ के तनों से प्राकृतिक रूप से या घाव बनाकर निकलता है। ये हलके पीले रंग से धीरे-धीरे सूखकर भूरा या काला हो जाता है। इसका प्रयोग सुगंधियों तथा टॉनिक व अन्य औषधि निर्माण में किया जाता है। इसे कभी-कभी दंत-मंजन बनाने में भी प्रयोग किया जाता है।

मिर का दूसरा रूप बीस्साबोल मिर या मीठा मिर कहलाता है जो अरब में कॉमीफोरा इरीथ्रीया (Commiphora erythraea) जाति की झाड़ या छोटे पेड़ से प्राप्त होता है। इसका प्रयोग आदि काल से ही सुगंधियों, धूनी तथा मृत शरीर को सुरक्षित रखने में किया जाता है। ये बहुत मूल्यवान मिर होता है और इसका प्रयोग अभी भी धार्मिक रीति-रिवाजों में किया जाता है। इससे चीन में अभी भी अगरबत्ती बनाते हैं।

भारत में मिर कॉमीफोरा वाइटाइ (Commiphora wightii) अथवा कॉमीफोरा मुकुल या Mukul Myrrh Tree या गुगुल, बाल्समो-डैनड्रान, मुकुल आदि की जाति के छोटे पेड़ों से प्राप्त होता है। यह राजस्थान तथा कर्नाटक के पथरीले सूखे भागों में पाया जाता है। इससे एक सुरभित वाष्पशील तेलयुक्त गोंदीय लीसा निकलता है जिसे भारतीय मीर, भारतीय डेल्यिम अथवा गुगुल गोंद कहते हैं। ये सोमाली लैंड तथा अरब के कॉमीफोरा मौलमौल (Commiphora molmol) तथा अन्य जातियों के मिर के स्थान पर भी प्रयोग किया जाता है।

गुगुल ठंडे महीनों में प्राप्त होता है। इसे प्राप्त करने के लिए तने पर 7-10 तिरछे घाव एक चाकू से बनाते हैं और घाव बनाते ही पीले रंग का दूधिया रस निकलने लगता है जो कि धीरे-धीरे गाढ़े रंग में जम जाता है, इस पदार्थ को सूखने पर एकत्रित कर लिया जाता है। गुगुल का प्रयोग धूनी, सुगंधियों तथा औषधि निर्माण में किया जाता है।

अन्य प्रकार की भारतीय जातियाँ जिनसे इसी प्रकार का गुगुल निकलता है, वे निम्न हैं–

कॉमीफोरा राक्सबरगाई (Commiphora roxburghii), कॉमीफोरा बैराई (Commiphora berryi) तथा कॉमीफोरा काडेटा (Commiphora caudata) या Hill Mango.

फ्रैंकिसैंस या भारतीय औलिबेनम–यह पदार्थ बासवेलिया की जातियों से निकलता है। बासवेलिया कारट्रियाई (Boswellia carteri) तथा बासवेलिया फ्रेरियना (Boswellia frereana) जिसे अंग्रेजी में Maydi कहते हैं, अफ्रीका तथा अरब क्षेत्र की दो महत्वपूर्ण जातियाँ हैं। भारत में बासवेलिया सिरैटा (Boswellia serrata) प्रजाति से एक सुरभित वाष्पशील तेलयुक्त गोंदीय लीसा निकलता है जिसे सलाई गोंद या भारतीय औलिबैनम कहते हैं।

अध्याय-24

तेल प्रदान करने वाले वृक्ष तथा पौधे

चंदन

(Sandal wood)

यह कर्नाटक एवं तमिलनाडु आदि राज्यों में 4,000 फीट की ऊँचाई तक पाया जाता है। इसका वानस्पतिक नाम 'Santalum album' है। इसकी उँचाई 20 से 30 फीट तक होती है। यह अर्धपराश्रयी स्वरूप का होता है। यह आस-पास की झाड़ी, घास एवं वृक्षों से कुछ अंशों में पोषक द्रव्यों का शोषण करता है। इसकी छाल काला रंग लिए भूरे रंग की तथा लकड़ी तेलयुक्त एवं सार भाग पीलापन लिए भूरे रंग का तथा सुगंधित होता है। इससे प्राप्त होने वाले तेल के कारण यह अत्यंत महँगी तथा महत्वपूर्ण प्रजाति है।

पहाड़ी तथा लाल भूमि में उत्पन्न वृक्षों में तेल अधिक पाया जाता है। उपजाऊ भूमि के वृक्षों में तेल की मात्रा कम होती है। इसके वृक्षों को अन्य स्थानों पर भी रोपित करने का प्रयत्न किया गया परंतु उसमें सफलता बहुत कम मिली। इसके वृक्ष 18 से 20 वर्षों में परिपक्व होते हैं तथा इसमें काष्ठसार सतह से 05 सेमी. अंदर तक विकसित हो जाता है। इसी अवस्था में वृक्षों को काटा जाता है। बाहर की छाल एवं बाहरी रस काष्ठ तथा डालियाँ जो गंधहीन होती हैं उन्हें फेंक दिया जाता है। अंदर के काष्ठसार (heart wood) को लगभग 75 सेमी. लंबे टुकड़ों में काटकर बंद गोदामों में सूखने के लिए रख दिया जाता है।

जिन स्थानों से इन वृक्षों का पातन करना होता है, उनका पहले निरीक्षण कर कोलतार का घेरा लगा दिया जाता है तथा एक क्रम संख्या लिख दी जाती है। हीर या पक्का काष्ठ (Heart wood) का अनुमान लगाने के बाद वृक्ष एक

निश्चित क्रम में गिराए जाते हैं और उनकी जड़ें भी खोद ली जाती हैं। कोई ऐसी जड़ जिसमें 50 पैसे के सिक्के के बराबर पक्का काष्ठ हो, जमीन में नहीं छोड़ी जाती। वृक्ष के गिर जाने के बाद शाखाएँ आरी से काट दी जाती हैं और इनको भी एक क्रम संख्या दे दी जाती है जिससे बाद में डिपो में उनको जोड़कर वृक्ष का ढाँचा बनाया जा सके। जिन शाखाओं में पक्का या हीर काष्ठ नहीं होता, उनको काटकर फेंक देते हैं। तने की शाखाओं के समान जड़ों की शाखाओं पर भी क्रम संख्या लिख दी जाती है। इसके बाद शाखाओं और जड़ों के टुकड़े काट लिए जाते हैं और उन पर भी क्रम से संख्या लिख दी जाती है। इसी प्रकार तने के भी लट्ठे बना लिए जाते हैं। इस काष्ठ को मामूली तौर पर कुल्हाड़ी या बिल-हुक से जंगल में ही छील देते हैं। इस दशा में यह डिपो में लाया जाता है जहाँ वृक्ष का ढाँचा बनाकर देखा जाता है कि कोई काष्ठ चोरी या खोया तो नहीं गया। डिपो में काष्ठ के ये टुकड़े ऐसी सफाई के साथ छीले जाते हैं कि पक्का या हीर काष्ठ तो न जाए परंतु रस काष्ठ सब निकल जाए। इसके बाद इन पर वृक्ष संख्या तथा अपनी क्रम संख्या लोहे के ठप्पों से ठोक कर बनायी जाती है। इस दशा में उनका वजन डिपो रजिस्टरों में लिख दिया जाता है।

मद्रास में तो कुछ पक्का या हीर काष्ठ बाजार में भी बेचा जाता है ताकि वह घिसकर लेप के रूप में या पूजा आदि के काम में लाया जा सके परंतु मैसूर में सब पक्के काष्ठ का तेल निकाला जाता है। चंदन के काष्ठ से तेल आसवन द्वारा निकाला जाता है। इस तेल को निकालने के लिए मैसूर और बंगलौर में आधुनिक फैक्टरियाँ हैं परंतु मद्रास के कुछ भागों में यह काम स्थानीय रूप से होता है।

चंदन के काष्ठ से नक्काशी वाली सुंदर संदूकचियाँ बनायी जाती है। हिंदू इसका लेप पूजा के समय माथे पर लगाते हैं और हवन तथा मुर्दों के दाह संस्कार में इस काष्ठ को जलाते हैं। पारसी, अरब तथा चीनी भी इसे धूप के रूप में जलाते हैं। चंदन का तेल इत्र, दवाइयों तथा साबुन उद्योग में काम में आता है।

अगर

(Eagle Wood, Aloe Wood)

इसे हिंदी में अगर या काला अगर, बंगला में अगरुचंदन, मराठी में अगर एवं गुजराती में अगर कहते हैं। इसका वानस्पतिक नाम 'Aquilaria agallocha' है।

यह पूर्वी भारत मुख्यतः सिक्किम, पश्चिम बंगाल, अरुणाचल प्रदेश तथा आसाम में पाया जाता है। इसका वृक्ष विशाल तथा लकड़ी मुलायम एवं पीलापन लिए सफेद होती है। इसके पुष्प सफेद रंग के होते हैं तथा गुच्छों में आते हैं। फल अंडाकार एवं मृदु रोम से भरे होते हैं।

इसके काष्ठ से आसवन (distillation) द्वारा 0.09 से 2.19 प्रतिशत तक तेल निकाला जाता है। इसका प्रयोग दवाओं, सुगंध प्रदान करने तथा इत्र आदि बनाने के काम आता है। वाष्पशील तेलों को अवाष्पशील बनाने में भी इसका प्रयोग किया जाता है।

देवदार
(Himalayan cedar)

इसे हिंदी में देवदार, बंगला में देवदारु, पंजाबी में केलु एवं तेलगू में देवदारि चेट्टु कहते हैं। इसका वानस्पतिक नाम 'Cedrus deodara' है। गढ़वाल एवं जौनसार में लगभग 2,000 मीटर से अधिक ऊँचाई पर इसके वृक्ष पाए जाते हैं। इसके वृक्ष अत्यंत विशाल एवं दीर्घजीवी होते हैं। इसकी शाखाएँ सीधी फैली हुई तथा शाखाग्र कुछ नीचे की ओर झुके होते हैं। पत्तियाँ सुई जैसी 5 से 8 सेमी. तक लंबी होती हैं। देवदार की लकड़ी सुगंधयुक्त पीलापन लिए बादामी रंग की होती है।

देवदार के काष्ठ या बुरादे से आसवन (distillation) द्वारा तेल निकाला जाता है जिसका उपयोग दुर्गंध भगाने तथा साबुन को सुगंध प्रदान करनें में किया जाता है। इससे निकलने वाले तेल को केलोन का तेल कहा जाता है।

चीनिया कपूर, कपूर
(Camphor Tree)

इसे हिंदी में चीनिया कपूर, बंगला में चीनेर कपूर एवं गुजराती में चिनाई कपूर कहते हैं। इसका वानस्पतिक नाम 'Cinnamomum camphora' है। यह मुख्यतः चीन में पाया जाता है। भारत में देहरादून, पश्चिम बंगाल एवं तमिलनाडु में इसे लगाया गया है। दक्षिण की जलवायु इसके लिए अधिक उपयुक्त है। इसका वृक्ष 20 से 30 मीटर ऊँचा एवं सदाहरित होता है। इसके पत्ते अंडाकार,

चिकने, चमकीले तथा पीलापन लिए हरे होते हैं। छाल बाहर से खुरदरी एवं अंदर से चिकनी होती है। फूल छोटे तथा पीलापन लिए सफेद होते हैं। फल मटर के समान आकार के गहरे हरे रंग के होते हैं। बीज छोटे तथा कपूर की गंधयुक्त होते हैं।

इसके वृक्षों के पत्तों से आसवन (distillation) द्वारा तेल निकाला जाता है। इससे कपूर भी बनाया जाता है। इसका प्रयोग दवाइयों, इत्रों, कीटनाशकों तथा सेल्यूलाइड बनाने में किया जाता है।

कूपर तुलसी

(African Blue Basil)

इसका वानस्पतिक नाम 'Ocimum kilimandscharicum' है। इसकी पत्तियों से प्राकृतिक कपूर या कपूर का तेल प्राप्त होता है। इसका प्रयोग औषधियों, रोगाणुनाशक पदार्थों तथा दंत लेपों में मुख्य रूप से किया जाता है। यह जंगलों में आसानी से मिल जाता है।

आसिमम बेसिलिकम

(Sweet Basil)

यह तुलसी की दूसरी जाति है। इसका वानस्पतिक नाम 'Ocimum basilicum' है। यह प्रायः जोते बोये खेतों में स्वयंजात पाई जाती है। इसके बीज लवाबी होते हैं जो पानी में भिगोने पा फूलकर चिपचिपे हो जाते हैं। इसकी पत्तियों से 0.5 प्रतिशत तक तेल प्राप्त होता है। इसका प्रयोग खाद्य पदार्थों को सुगंध प्रदान करने में मुख्य रूप से किया जाता है। भारत के कई भागों में इसकी खेती की जाती है।

आसिमम अमेरिकानम

(Lime, Hoary Basil)

यह भी तुलसी की एक प्रजाति है। इसका वानस्पतिक नाम 'Ocimum amaricanum' है। इसकी पत्तियों से 7 प्रतिशत तक तेल प्राप्त होता है। इसका प्रयोग साबुन तथा सौंदर्य प्रसाधन में मुख्य रूप से किया जाता है।

राम तुलसी

(Clove Basil, African Basil)

यह भी तुलसी की एक प्रजाति है। इसका वानस्पतिक नाम 'Ocimum gratissium' है। इसके पौधे गाँवों के आस-पास परती जमीन पर पाए जाते हैं। इसकी पत्तियों से 0.1 प्रतिशत तक तेल प्राप्त होता है। इसका प्रयोग कफ निकालने तथा रोगाणुनाशक के रूप में मुख्य रूप से किया जाता है।

तुलसी

(Holy Basil)

इसका वानस्पतिक नाम 'Ocimum sanctum' है। यह समस्त भारत के बगीचों, मंदिरों एवं घरों में लगायी जाती है। इसके कोमलकांडीय छोटे पौधे होते हैं। पत्तियाँ सुगंधित होती हैं। यह दो प्रकार की होती है–श्वेत एवं कृष्ण। जिसके पत्ते हरे सफेदी लिए होते हैं, उसे सफेद तुलसी एवं जिसके पत्ते एवं डालियाँ कालपन लिए हरी होती हैं उसे काली तुलसी कहते हैं। पुष्प मंजरी शाखाओं के अगले भाग पर निकलती है जो 12.5 से 15 से.मी. तक लंबी होती है। इसकी पत्तियों से 0.7 प्रतिशत तक तेल प्राप्त होता है। इसका प्रयोग औषधियों में किया जाता है। कृष्ण तुलसी औषधीय दृष्टि से अधिक लाभकारी है।

यूकेलिप्टस

(Blue Gum)

यूकेलिप्टस की मुख्यतः दो जातियों से तेल निकाला जाता है। पहली का वानस्पतिक नाम 'Eucalyptus globulus' है। यह मुख्यतः आस्ट्रेलिया में पाया जाता है। भारत में भी इसे लगाया गया है। इसका वृक्ष सदाहरित होता है। इसके पत्ते 6 से 15 सेमी. लंबे होते हैं। इसके फूल क्रीमी रंग के तथा फल 1.5 से 2.5 सेमी. व्यास के होते हैं। इसके वृक्षों के पत्तों से आसवन (distillation) द्वारा तेल निकाला जाता है जिसमें सिनियोल पाया जाता है। यह तेल स्वच्छ, हलका, पीलापन लिए तथा उड़नशील होता है। इसमें कपूर जैसी गंध एवं स्वाद होता है। यह तेल इत्र एवं साबुन बनाने के काम आता है।

दूसरी का वानस्पतिक नाम 'Eucalyptus citridora' है। यह मुख्यतः उत्तरी भारत तथा कर्नाटक में उगाया गया है। इसके वृक्षों के पत्तों से आसवन (distillation) द्वारा तेल निकाला जाता है, 80 प्रतिशत तक सिट्रोनेलाल पाया जाता है। इसका प्रयोग सुगंधित पदार्थों के उद्योगों में किया जाता है।

पिपरमिंट
(Peppermint)

इसका वानस्पतिक नाम 'Mentha piperata' है। यह प्राकृतिक रूप से यूरोप में पाया जाता है। इसे कश्मीर, उत्तराखंड एवं तमिलनाडु में उगाया जाता है। इसका पौधा 30 से 90 सेमी. तक ऊँचा होता है। पत्तियाँ 4 से 9 सेमी लंबी तथा 1.5 से 4 सेमी. तक चौड़ी होती हैं। इसमें ग्रीष्म ऋतु में फूल आते हैं।

इसके पत्तों से मेंथाल निकाला जाता है, जो पत्तों में 50 प्रतिशत तक पाया जाता है। इसका प्रयोग औषधियों को सुगंधित करने के लिए किया जाता है। मेंथाल तेल निकाल लेने के बाद शेष तेल दाँत साफ करने के लेप (Tooth paste) में प्रयोग किया जाता है।

पुदीना तेल
(Corn Mint or Wild Mint)

यह पुदीना की तीन चार प्रजाति से निकाला जाता है। इसका वानस्पतिक नाम 'Mentha arvensis' है। इसके पौधे के पूरे भाग से 0.5 प्रतिशत तक 'जापानी मिंट तेल' प्राप्त होता है। इससे मेंथाल अलग किया जाता है जिसका प्रयोग अनेक पेय पदार्थों, दंत लेपों तथा औषधियों में किया जाता है। इसकी खेती अधिकांशतः उत्तर प्रदेश, पंजाब तथा जम्मू कश्मीर में की जाती है।

मेंथा स्पाइकेटा
(Spearmint)

यह भी पुदीना की एक मुख्य प्रजाति है। इसका वानस्पतिक नाम 'Mentha spicata' है। इसके पौधे के पूरे भाग से 0.4 प्रतिशत तक तेल प्राप्त होता है। इसका प्रयोग पुदीनहरा तथा अन्य औषधियों में किया जाता है।

दालचिनी या तेजपात का तेल

इसका वानस्पतिक नाम 'Cinnamomum zeylanicum' है। इसके वृक्ष की पत्तियों तथा छाल से दालचिनी का तेल प्राप्त होता है। इसकी पत्तियों से 0.5 से 1 प्रतिशत तक तथा छाल से 0.2 से 1 प्रतिशत तक तेल निकलता है। यह मुख्य रूप से श्रीलंका का वृक्ष है तथा दक्षिणी भारत में समुद्र तटों पर पाया जाता है। इसके तेल में यूजीनाल होता है। इसका प्रयोग खाद्य पदार्थों को सुगंध प्रदान करने तथा दवाओं में होता है।

सिनेमोमम सेसीडोडाफने तथा सिनेमोमम तमाला

(Cinnamomum cecidodaphne and Cinnamomum tamala)

यह प्रजातियाँ मुख्यतः पूर्वी भारत के आसाम, सिक्किम तथा मणिपुर राज्यों में 1,000 से 2,400 मीटर की ऊँचाई तक पायी जाती हैं। इनकी पत्तियों से तेल निकाला जाता है।

मेंहदी का तेल

मेंहदी का वानस्पतिक नाम 'Lawsonia inermis' है। इसे हिना तेल भी कहते हैं। इसकी पत्तियों से तेल प्राप्त होता है। इसकी पत्तियों से 0.01 से 0.02 प्रतिशत तक तेल निकलता है। इसे इत्र में प्रयोग किया जाता है। इसे मुख्य रूप से हरियाणा, गुजरात तथा राजस्थान में उगाया जाता है।

पचौली तेल

(Pachouli)

यह तेल पोगोस्टेमान प्रजाति से निकलता है। इसका वानस्पतिक नाम 'Pogostemon cablin' है। इसकी पत्तियों से तेल प्राप्त होता है। इसकी पत्तियों से 3 से 3.5 प्रतिशत तक तेल निकलता है। इसे उच्च स्तरीय इत्र एवं सौंदर्य प्रसाधन में प्रयोग किया जाता है। इसे पूर्वी, पश्चिमी तथा दक्षिणी भारत में उगाया जाता है।

जेरानियम तेल

यह तेल पेलारगोनियम की दो प्रजातियों से निकलता है। इनका वानस्पतिक नाम 'Pelargonium graveolens (अंग्रेजी नाम Rose Geranium)तथा Pelargonium capitatum (अंग्रेजी नाम Rose-scented Pelargonium)' है। इसकी पत्तियों से तेल प्राप्त होता है। इसकी पत्तियों से 0.15 से 0.20 प्रतिशत तक तेल निकलता है। इसे उच्च स्तरीय इत्र एवं सौंदर्य प्रसाधन में प्रयोग किया जाता है। यह पौधा पूर्वी अफ्रीका से लाया गया था तथा इसे दक्षिणी भारत में उगाया जाता है।

बेलारी पत्ती का तेल

यह तेल नियोलिटसिया प्रजाति से निकलता है। इनका वानस्पतिक नाम 'Neolitsea zeylanicia' है। इसकी पत्तियों से तेल प्राप्त होता है। इसकी पत्तियों से 0.05 से 0.22 प्रतिशत तक तेल निकलता है। इसकी सुगंध कच्चे आम जैसी होती है। यह पौधा पश्चिमी घाट, नीलगिरी तथा दक्षिणी भारत के अन्य भागों में पाया जाता है।

दवाना तेल
(Davana)

यह तेल आर्टीमीजिया प्रजाति से निकलता है। इनका वानस्पतिक नाम 'Artemisia pallens' है। इसकी पत्तियों तथा फलों से तेल प्राप्त होता है। इसकी पत्तियों तथा फलों से 0.15 से 0.5 प्रतिशत तक तेल निकलता है। इसे उच्च स्तरीय इत्र निर्माण में प्रयोग किया जाता है। यह पौधा जाड़ों की फसल के रूप में कर्नाटक, आंध्र प्रदेश तथा केरल में उगाया जाता है।

केवड़े का तेल

यह तेल पैंडेनस टेक्टोरिस 'Pandanus tectorius' की झाड़ी से निकलता है। इसके फूलों तथा पत्तियों से तेल प्राप्त होता है। इसके फूलों तथा पत्तियों से 0.1 से 0.3 प्रतिशत तक तेल निकलता है। इससे इत्र तथा केवड़ा जल बनाया जाता है जिसका प्रयोग त्योहारों एवं विवाहोत्सव में किया जाता है। यह पौधा

दलदली भूमि में उगाया जाता है। भारत के कुल उत्पादन का लगभग 90 प्रतिशत उड़ीसा से प्राप्त होता है।

गुलाब का तेल

यह तेल रोजा डमासेना 'Rosa damasena' की झाड़ी से निकलता है। इसके फूलों से तेल प्राप्त होता है। इसके फूलों से 0.01 से 0.03 प्रतिशत तक तेल निकलता है। इससे उच्च स्तरीय इत्र बनाया जाता है तथा पेय पदार्थों, खाने तथा तंबाकू को सुगंधित करने में इसका प्रयोग किया जाता है। इसका प्रयोग आँख धोने के पानी में भी किया जाता है। यह मुख्यतः उत्तर प्रदेश में उगाया जाता है।

चमेली का तेल

इसे जैसमिन तेल भी कहते हैं। यह तेल जैसमिनम आफिसिनेल 'Jasminum officinale' की झाड़ी से निकलता है। इसके फूलों से तेल प्राप्त होता है। इसके फूलों से 0.22 से 0.26 प्रतिशत तक तेल निकलता है। इसका प्रयोग उच्च स्तरीय इत्र में किया जाता है। इसे मुख्यतः उत्तरी भारत तथा कर्नाटक में उगाया जाता है।

यांग-यांग तेल

यह तेल कनेंगा ओडोरेटा 'Cananga odorata' से निकलता है। इसे अंग्रेजी में Ylang- ylang कहते हैं। इसके फूलों से तेल प्राप्त होता है। इसके फूलों से 0.4 से 2.25 प्रतिशत तक तेल निकलता है। इसका प्रयोग उच्च स्तरीय इत्र तथा सौंदर्य प्रसाधनों के निर्माण में किया जाता है। इससे प्राप्त सस्ती श्रेणी के तेल को साबुन निर्माण में भी प्रयोग किया जाता है। इस प्रजाति को भारत में प्रथम बार 1797 में उगाया गया था।

फ्रेंच लैवेंडर का तेल

(Common Lavender or English Lavender)

यह तेल लैवेंडूला अंगस्टीफोलिया 'Lavandula angustifolia' से निकलता है। इसके ताजे फूलों से तेल प्राप्त होता है। इसके ताजे फूलों से 0.7 से 0.9 प्रतिशत तक तेल निकलता है। यह अत्यंत उच्च स्तरीय इत्र है। यह मुख्य रूप से फ्रांस

तथा इटली में पाया जाता है। भारत में कश्मीर तथा उत्तराखंड के चकराता क्षेत्र में इसकी खेती का प्रयास किया जा रहा है।

इसकी एक अन्य प्रजाति लैवेंडूला लैटीफोलिया 'Lavandula latifolia' (जिसे अंग्रेजी में Spike Lavender कहते हैं) के फूलों से भी तेल निकाला जाता है।

लिनालो तेल

(Torote Copal)

यह तेल बरसेरा पेनिसिलेटा 'Bursera penicillata' से निकलता है। इसके छोटे पेड़ों के फलों की भूसी तथा लकड़ी के आसवन से तेल प्राप्त होता है। इससे 10 से 14 प्रतिशत तक तेल निकलता है। इसका प्रयोग अत्यंत उच्च स्तरीय इत्रों, सौंदर्य प्रसाधनों तथा साबुन निर्माण में किया जाता है। यह मुख्य रूप से मेक्सिको में पाया जाता है। भारत के दक्षिणी भागों मुख्यतः कर्नाटक में इसकी खेती की जा रही है।

नटमेग, मेस या जायफल का तेल

मिरिस्टिगा फ्रैगरेंस 'Mrristiga fragrans' के फलों से नटमेग तेल 5 से 16 प्रतिशत तथा फल की भूसी से मेस तेल 4 से 15 प्रतिशत तक निकलता है। यह मुख्य रूप से इंडोनेशिया तथा वेस्टइंडीज में पाया जाता है। भारत में केरल तथा नीलगिरि क्षेत्र में इसकी खेती का प्रयास किया जा रहा है।

मूलीलम तेल

जैंथोजाइलम लिमोनेला 'Zanthoxylum limonella' के फलों से 3 से 5.8 प्रतिशत तक तेल निकलता है। इसका प्रयोग सुगंध तथा दवाओं के उत्पादन में होता है। यह भारत में कर्नाटक, केरल, कश्मीर तथा मेघालय में पाया जाता है।

कड़वे नारंगी का तेल

(Bitter Orange)

साइट्रस ओरेनशियम 'Citrus aurantium' के फलों के छिलके से 1.6 से 2.5 प्रतिशत तक तेल निकलता है। इसका प्रयोग पेय, कन्फेक्शनरी, बेकरी,

सौंदर्य प्रसाधनों तथा इत्र के उत्पादन में होता है। यह मुख्यतः आंध्र प्रदेश में पाया जाता है तथा पंजाब, उत्तर प्रदेश, असम, जम्मू कश्मीर तथा हिमाचल प्रदेश में भी उगाया जा सकता है। इसके फल से बरगेमट तेल तथा पत्तियों से पेटिटग्रेन तेल निकलता है।

मीठे नारंगी का तेल
(Sweet Orange)

यह मुख्यतः आंध्र प्रदेश या महाराष्ट्र में पाया जाता है। यह 9 मीटर तक ऊँचाई प्राप्त करता है। साइट्रस साइनेनसिस 'Citrus sinensis' के फलों के छिलके से 0.11 से 0.58 प्रतिशत तक तेल निकलता है। इसका प्रयोग पेय, कन्फेक्शनरी, बेकरी, सौंदर्य प्रसाधनों तथा इत्र के उत्पादन में होता है। उक्त के अतिरिक्त इसका प्रयोग दवाओं में भी होता है।

इसकी एक अन्य प्रजाति साइट्रस नाइग्रम 'Citrus nigrum' के फलों से 0.1 प्रतिशत तक तेल निकलता है। इसकी खेती आसाम, मध्य प्रदेश, पंजाब, कर्नाटक तथा सिक्किम में की जाती है।

पीपली का तेल

पाइपर नाइग्रम 'Piper nigrum' के फलों से 1 से 3.5 प्रतिशत तक तेल निकलता है। इसका प्रयोग खाद्य पदार्थ तथा पेय को सुगंध प्रदान करने में होता है। यह मुख्यतः मालाबार में पाया जाता है।

कैरावे या जीरे का तेल

कैरम कारवी 'Carum carvi' शाक के ताजे फलों से 3.7 प्रतिशत तक तेल निकलता है। इसे अंग्रेजी में Black Caraway तथा हिंदी में कृष्ण जीरा कहते हैं। यह जम्मू कश्मीर, उत्तराखंड एवं हिमाचल प्रदेश में उगाया जाता है। यह 30 से 60 से.मी. तक ऊँचाई प्राप्त करता है। इससे कारवोन नामक तत्व निकाला जाता है जिसे पैर के उपचार हेतु प्रयोग किया जाता है। इसका प्रयोग दवाइयों को सुगंध प्रदान करने, चटनी, अचार, कन्फेक्शनरी, बेकरी तथा अन्य खाद्य पदार्थ में किया जाता है। इसकी खेती कश्मीर में की जाती है।

कैरम परसीकम 'Carum persicum' जिसे बनियम परसीकम 'Bunium persicum' या Black cumin भी कहते हैं, के बीजों व कंद से 2 प्रतिशत तक तेल निकलता है। इसका प्रयोग दवाइयों को सुगंध प्रदान करने, चटनी, अचार, कन्फेक्शनरी, बेकरी तथा अन्य खाद्य पदार्थ में किया जाता है। इसकी खेती कश्मीर में की जाती है। गर्म कपड़ों में कीड़े लगने से बचाने के लिए इसका प्रयोग किया जाता हैं। यह कश्मीर तथा उत्तराखंड में 1,500 से 3,000 मीटर की ऊँचाई पर पाया जाता है।

सिलेरी बीज का तेल

ऐपियम ग्रेवियोलेंस 'Apium graveolens' को अंग्रेजी Celery कहते हैं। इसका पौधा लगभग 1 मीटर ऊँचाई प्राप्त करता है। इसकी पत्तियाँ 3 से 6 से. मी. लंबी तथा 2 से 4 से.मी. चौड़ी होती हैं। इसके फूल क्रीमी सफेद होते हैं। इसके बीज से 2.3 प्रतिशत तक तेल निकलता है। इसका प्रयोग दवाओं के निर्माण में, सुगंध प्रदान करने तथा इत्र निर्माण करने में होता है। यह मुख्यतः पंजाब में उगाया जाता है।

जीरा
(Cummin)

इसका वानस्पतिक नाम क्यूमिनम साइमीनम 'Cuminum cyminum' है। यह प्रतिवर्ष खेतों में बोया जाता है। इसकी शाखाएँ पतली होती हैं। पत्ते पतले लंबे तथा एक साथ 2 या 3 होते हैं। इसमें बारीक सफेद फूलों के छत्ते लगते हैं। इसके फलों से 3 से 7 प्रतिशत तक तेल निकलता है। इसका प्रयोग खाद्य पदार्थ तथा कन्फेक्शनरी को सुगंध प्रदान करने में होता है।

दिल तेल

अनेथम ग्रेवियोलेंस 'Anethum graveolens' के बीज से 3 से 3.5 तथा पत्ती से 0.06 से 1.5 प्रतिशत तक तेल निकलता है। इसका प्रयोग खाद्य पदार्थ को सुगंध प्रदान करने में होता है। यह यूरोपीय शाक है तथा प्रयोगात्मक रूप में भारत में इसकी खेती की जा रही है। Anethum graveolens को अंग्रेजी में Dill

कहते हैं। यह 40 से 60 से.मी. आकार का पौधा है। इसकी पत्तियाँ 10 से 20 से.मी. लंबी होती हैं। इसके पुष्प सफेद या पीले होते हैं।

भारतीय दिल तेल

अनेथम सोआ 'Anethum sowa' भारतीय शाक है। इसे हिंदी में सोया या सोआ तथा अंग्रेजी में Indian Dill कहते हैं। पूरे भारत में इसकी खेती की जाती है। यह 30 से 90 से.मी. ऊँचाई प्राप्त करने वाला पौधा है। इसके पत्ते कई भागों में बँटे हुए तथा कोमल होते हैं। फूल छत्राकार एवं पीले होते हैं। फल अंडाकार एवं चिपटे होते हैं। इसके पत्तों से तेल निकाला जाता है। इसके पत्ते तथा जड़ को पीसकर जोड़ों की सूजन पर बाँधने से आराम मिलता है। इसका बीज चबाने से साँस की गंध दूर होती है।

तोमर बीज का तेल

जेंथोजाइलम एकैंथोपोडियम 'Zanthoxylum acanthopodium', जिसे अंग्रेजी में Candolle कहते हैं, के पके फलों से 1.5 प्रतिशत तक तेल निकलता है। इसका प्रयोग पेट के विकार दूर करने में किया जाता है। यह हिमालय में कुमाऊँ (उत्तराखंड) से सिक्किम तक 2,000 मीटर की ऊँचाई तक पाया जाता है।

इलायची का तेल

इलेटेरिया कार्डेमोमम 'Elettaria cardamomum' के फलों से 3 से 7 प्रतिशत तक तेल निकलता है। इसका प्रयोग करी, केक, पेय तथा मसाले में होता है। यह पेट के विकार को दूर करने में प्रयोग किया जाता है।

कस्तूरी भिंडी का तेल

ऐबेलमाष्कस मौसकेटस 'Abelmoschus moschatus' के बीज से तेल निकलता है। इसका अंग्रेजी नाम Musk mallow तथा हिंदी नाम कस्तूरी दाना है। इसकी खेती भिंडी की तरह की जाती है।

वैनिला तेल
(Flat-leaved Vanilla)

वैनिला प्लेनिफोलिया 'Vanilla planifolia' एक आरकिड है जिसके फलों या फलियों को आसवन योग्य बनाकर तेल निकाला जाता है। इसका उपयोग कुल्फी, चाकलेट, पेयों, मिठाइयों, केक तथा पुडिंग को सुरभित बनाने में किया जाता है।

सौंफ, अजवाइन, धनिया तथा अन्य मसालों का तेल

इनकी बड़े पैमाने पर खेती की जाती है। इनका उपयोग मसालों में तो किया ही जाता है, इनसे तेल भी निकाला जाता है। अजवाइन ट्रेकीस्परमम आमी (Trachyspermum ammi) थाइमाल का प्राकृतिक स्रोत है। अनीसे तेल पिम्पीनेला अनीसम (Pimpinella anisum) या Anise से मिलता है जिसका भारत आयात करता है।

पामारोजा या रोशा घास का तेल

सिंबोपोगन मार्टिनि (Cymbopogon martinii), जिसे अंग्रेजी में Palmarosa grass कहते हैं, जाति की दो किस्मों–पहली मोतिया तथा दूसरी सोफिया से यह तेल निकाला जाता है।

मोतिया किस्म की घास का तेल अच्छा होता है क्योंकि इसके अंदर जेरेनियाल नामक तत्व लगभग 90 प्रतिशत तक पाया जाता है। यह मध्य प्रदेश, महाराष्ट्र, आंध्र प्रदेश तथा कर्नाटक में जंगली रूप से पाया जाता है। इसी तत्त्व के कारण इसके तेल को बड़े पैमाने पर सुगंध के लिए प्रयोग किया जाता है। इसकी सुगंध गुलाब जैसी होती है। इसकी पत्तियों तथा फूलों से तेल निकाला जाता है। इस तेल का प्रयोग सुगंध, साबुन एवं सौंदर्य प्रसाधन में किया जाता है।

सोफिया किस्म की घास से निकाले गए तेल को जिंजर तेल कहते हैं। यह मध्य प्रदेश, आंध्र प्रदेश, कर्नाटक तथा उत्तर प्रदेश के वनों में पाया जाता है। यह पत्तियों से निकाला जाता है। इसके अंदर 40 प्रतिशत तक जेरेनियाल होता है। इसका प्रयोग अधिकतर साबुन को सुगंधित करने में किया जाता है।

लेमन, नींबू घास या खट्टी घास का तेल

यह दो जातियों से प्राप्त होता है। पहली जाति सिंबोपोगन साइट्रेटस (Cymbopogon citratus) है, इसे अंग्रेजी में Lemon Grass, Oil Grass or West Indian Lemon Grass कहते हैं। यह कर्नाटक के वनों में पाया जाता है तथा महाराष्ट्र, गुजरात एवं पंजाब आदि में इसकी खेती की जाती है। इसकी पत्तियों तथा फूलों के आसवन से तेल निकलता है जिसमें मुख्यतः साइट्राल पाया जाता है। इस तेल का प्रयोग साबुन, सौंदर्य प्रसाधन, शर्बत तथा खाद्य पदार्थों को सुगंधित करने के लिए किया जाता है।

लेमन घास की दूसरी जाति सिंबोपोगन फ्लैक्सुओसस (Cymbopogon flexuosus) है, इसे अंग्रेजी में East Indian Lemon Grass or Malabar Grass कहते हैं। यह मुख्यतः केरल तथा उत्तराखंड के कुमाऊँ क्षेत्र के वनों में पाया जाता है तथा इसकी खेती भी की जाती है। इसकी पत्तियों तथा फूलों के आसवन से तेल निकलता है जिसमें मुख्यतः साइट्राल पाया जाता है। इस तेल का प्रयोग साबुन, सौंदर्य प्रसाधन, शर्बत तथा खाद्य पदार्थों को सुगंधित करने के लिए किया जाता है।

सिट्रोनेला तेल

यह दो जातियों से प्राप्त होता है। पहली जाति सिंबोपोगन नारडस (Cymbopogon nardus) है, जिसे Citronella Grass कहते हैं। भारत के कई भागों में इस घास को उगाकर तेल निकाला जाता है। इसकी पत्तियों से तेल निकलता है जिसमें सिट्रोनेला तथा जिरेनियाल पाया जाता है। इसका प्रयोग साबुन को सुगंधित बनाने तथा मच्छर भगाने के तेल के लिए किया जाता है।

दूसरी जाति सिंबोपोगन विंटरयांस (Cymbopogon winteriens) है, जिसे जावा सिट्रोनेला घास कहते हैं। इसकी खेती पूर्वी भारत के कई भागों जैसे–आसाम, अरुणाचल प्रदेश, नागालैंड एवं मेघालय आदि में की जाती है। इसकी पत्तियों से तेल निकलता है जिसमें सिट्रोनेला तथा जिरेनियाल पाया जाता है। इसका प्रयोग मुख्यतः साबुन को सुगंधित बनाने के लिए किया जाता है।

इंची या कैंची घास

इसका वानस्पतिक नाम Cymbopogon winteriens है। यह तमिलनाडु, कर्नाटक

तथा गुजरात में पायी जाती है। इसकी पत्तियों से तेल निकाला जाता है। इसका प्रयोग जिंजर घास के तेल की तरह होता है।

सिंबोपोगन कोलोरेटस

इसका वानस्पतिक नाम Cymbopogon coloratus है। इसे अंग्रेजी में Boda Grass कहते हैं। यह पूरे कर्नाटक में पायी जाती है। इसकी पत्तियों से तेल निकाला जाता है जिसमें सिट्रोनेला तथा जिरेनियाल पाया जाता है। इसका प्रयोग मुख्यतः साबुन को सुगंधित बनाने के लिए किया जाता है।

करनकुशा

इसका वानस्पतिक नाम Cymbopogon jwarancusa है। इसे अंग्रेजी में Iwarancusa Grass कहते हैं। यह हिमालय क्षेत्र में कश्मीर से आसाम तक 3,500 मीटर की ऊँचाई तक तथा महाराष्ट्र में पाया जाता है। इसकी पत्तियों से तेल निकाला जाता है जिसमें पिपरीटोन पाया जाता है।

कुष्ठ
(Costus)

इसे हिंदी में कुष्ठ या कूट कड़आ, बंगला में कुड़, पंजाबी में कुठ तथा गुजराती में कठ या उलपेट कहते हैं। इसका वानस्पतिक नाम 'Sausserea lappa' है। यह कश्मीर तथा पंजाब में 2,400 से 3,600 मी. की ऊँचाई तक पाया जाता है। माँग अधिक होने के कारण कश्मीर में इसकी खेती भी की जाती है।

इसका क्षुप बहुवर्षायु, ऊँचा, अत्यंत सघन एवं दृढ़ होता है और प्रतिवर्ष पुरानी जड़ से उगता है। इसकी पत्तियाँ 60 सेमी से 120 सेमी तक लंबी तथा त्रिकोणाकार या हृदयाकार होती हैं। इसके पुष्प पुष्पवृंतरहित, गोलाकार तथा नीले रंग के होते हैं। इसमें रालीय तत्व पोडोफाइलिन पाया जाता है। इसकी जड़ से बनायी जाने वाली औषधि रेचक (Purgative)का काम करती है।

इसकी जड़ से तेल निकाला जाता है जो सुगंध बनाने तथा चर्मरोगों की दवा के काम आता है। इसका तेल शक्तिवर्धक होता है। यह पेट तथा त्वचा के रोगों हेतु प्रयोग किया जाता है।

तगर

(Indian Valerian Rhizome)

इसे हिंदी में तगर या सुगंध वाला, बंगला में तगर पादुका, मराठी में तगर मूल तथा गुजराती में तगर गंठोडा कहते हैं। इसका वानस्पतिक नाम 'Valeriana wallichii' है। इसका पौधा रोमश एवं बहुवर्षीय होता है। इसके पत्ते लट्वाकार होते हैं। फूल गुलाबीपन लिए सफेद होते हैं।

इसकी जड़ से एक वाष्पशील तेल निकाला जाता है। वसंत ऋतु में एकत्रित की गयी ताजी जड़ों में इसकी मात्रा अधिक पायी जाती है। इसके तेल को वैलेरियन तेल कहते हैं जो सुगंध बनाने तथा मुख्यतः तंबाकू को सुगंधित करने के काम आता है।

केवड़ा

(Screw Pine)

इसे हिंदी में केवड़ा, बंगला में केया, मराठी में केवड़ा तथा गुजराती में केवड़ो कहते हैं। इसका वानस्पतिक नाम 'Pandanus odoratissimus' है। भारत में यह दोनों समुद्री किनारों तथा अंडमान में व्यापक रूप से पाया जाता है। इसे बागों में भी लगाया जाता है। इसका छोटा वृक्ष लगभग 3 से 4 फिट ऊँचा होता है। तने से वायवीय मूल निकलकर उसे सहारा देते हुए भूमि में घुसे होते हैं। पत्ते चमकीले हरे तथा 1 से 2.5 मी. लंबे पतले एवं काँटों से युक्त होते हैं। पत्रों से ढके पुष्प आते हैं जो सुगंधित एवं श्वेत वर्ण के होते हैं।

इससे केवड़ा इत्र तथा केवड़ा जल बनाया जाता है। इसका तेल सुगंध में प्रमुख रूप से प्रयोग किया जाता है।

खस

(Vetiver Grass)

इसका वानस्पतिक नाम 'Vetiveria zizanioldes' है। इसके जड़ों में 0.3 से 1 प्रतिशत तक तेल पाया जाता है। इसका प्रयोग इत्र निर्माण तथा खाद्य पदार्थों को सुगंध प्रदान करने में किया जाता है। इसकी जड़ों से बनाई गई चटाइयाँ गर्मी में खिड़कियों एवं दरवाजों को ठंडा बनाए रखने में प्रयोग की जाती हैं। यह मुख्यतः राजस्थान में उगाया जाता है। इसके अतिरिक्त यह उत्तर प्रदेश, पंजाब, बिहार, उड़ीसा, आंध्र प्रदेश तथा केरल में भी उगाया जाता है।

नागरमोथा
(Cypriol)

इसका वानस्पतिक नाम 'Cyperus scariosus' है। इसके कंदों में 0.5 से 1 प्रतिशत तक तेल पाया जाता है। इसके तेल का प्रयोग इत्र निर्माण तथा दवाओं में किया जाता है। यह भारत के नम स्थानों पर पाया जाता है।

इसकी एक अन्य प्रजाति Coco Grass, जिसका वानस्पतिक नाम साइप्रस रोटंडस 'Cyperus rotundus' है, के प्रकंदों से मोथा तेल निकलता है जिसे साबुन तथा कीट अपवारक के निर्माण में प्रयोग किया जाता है।

कैलामस या स्वीट फलैग तेल

इसका वानस्पतिक नाम 'Acorus calamus' है। इस शाक की जड़ों में 1.5 से 3.5 प्रतिशत तक तेल पाया जाता है। इसका प्रयोग दवाओं तथा पेय पदार्थों को सुगंध प्रदान करने तथा इत्र निर्माण में किया जाता है। यह नम भागों तथा हिमालय के ढालों पर 1,500 मीटर की ऊँचाई तक पाया जाता है।

अदरक का तेल
(Ginger)

इसका वानस्पतिक नाम 'Zingiber officinale' है। इसके राइजोम या कंद में 1.5 से 3.0 प्रतिशत तक तेल पाया जाता है। इसका प्रयोग दवाओं तथा खाद्य पदार्थों को सुगंध प्रदान करने में किया जाता है। इसकी खेती समस्त भारत में की जाती है।

वन हलदी का तेल
(Wild Turmeric)

इसका वानस्पतिक नाम 'Curcuma aromatica' है। यह प्रायः पूरे देश में पाया जाता है। इसका पौधा वर्षजीवी होता है। गरमी में इसका पौधा सूख जाता है किंतु भूमि में इसकी गाँठें जीवित रहती हैं। पत्ते जब कोमल होते हैं तब उसके बीच का भाग जामुनी रंग का हो जाता है। जड़ के नीचे कालापन लिए पीले रंग का कंद होता है। इसके कंद में 6 प्रतिशत तक तेल पाया जाता है। इसका प्रयोग शक्तिवर्धक के रूप में तथा पेट की बीमारी में किया जाता है। यह जंगली रूप

से भारत में पाया जाता है। बंगाल तथा केरल में इसकी खेती की जाती है। यह रंगने के काम आता है।

वैलेरियन तेल

इसका वानस्पतिक नाम 'Valeriana wallichii' है। इसकी जड़ों में तेल पाया जाता है। भारत में वैलैरियन तेल वैलैरियाना आफिसिनैलिस (Valeriana officinalis), जिसे अंग्रेजी मे Garden Valerian कहते हैं, से निकाला जाता है। यह अत्यंत सुगंधित तेल है।

जटामासी तेल
(Spikenard)

इसका वानस्पतिक नाम 'Nardostachys jatamansi' है। इसकी जड़ों में तेल पाया जाता है। इसका प्रयोग दवाओं के निर्माण में किया जाता है।

लौंग का तेल

इसका वानस्पतिक नाम 'Syzygium aromaticum' है। इसकी कलियों में 14 से 23 प्रतिशत एवं तने, पत्तियों तथा जड़ों में 4 से 6 प्रतिशत तक तेल पाया जाता है। भारत इस तेल का आयात करता है।

रोजमेरी तेल
(Rosemary)

इसका वानस्पतिक नाम 'Rosmarinus officinalis' है। इसकी पत्तियों, टहनी तथा फूलों में 0.4 से 0.8 प्रतिशत तक तेल पाया जाता है। इसका प्रयोग दवाओं, खाद्य पदार्थ, साबुन तथा इत्र निर्माण में किया जाता है।

महुआ
(Butter tree)

इसका वानस्पतिक नाम 'Madhuca indica' है। इसके बीजों में 46 से 48 प्रतिशत तक तेल पाया जाता है जिसका 'घी' की तरह प्रयोग किया जाता है।

इसे आदिवासी विशेष पसंद करते हैं। इसके बीजों का तेल साबुन बनाने में उपयोग किया जाता है। इसके तेल का प्रयोग खाना बनाने, चाकलेट बनाने, चिकनाई युक्त ग्रीस बनाने तथा मोमबत्ती बनाने में किया जाता है। जलाने तथा दवाइयों में भी इसका उपयोग किया जाता है।

चिउरा
(Phulwara)

इसे हिंदी में चिउरा तथा बंगला में गोफल कहते हैं। इसका वानस्पतिक नाम 'Bassia butyracea' है। भारत में यह दोनों समुद्री किनारों तथा अंडमान में व्यापक रूप से पाया जाता है। हिमालय की पहाड़ियों पर 300 से 1,500 मीटर की ऊँचाई तक इसके वृक्ष पाए जाते हैं। बिहार में उत्तरी चंपारन में इसके वृक्ष काफी संख्या में पाए जाते हैं।

इसके बीजों से फुलवारा नामक तेल निकाला जाता है। इसका तेल घी की भाँति सफेद एवं गाढ़ा होता है। यह तेल दवाइयों तथा साबुन उद्योग में प्रयोग होता है। इसे घी में मिलावट करने, चाकलेट निर्माण तथा कोकोआ बटर के बदले में भी काम आता है। इससे बनाया गया मरहम गठिया दर्द में प्रयोग किया जाता है। यह जलाया भी जाता है तथा इसकी खली खाद के रूप में प्रयोग की जाती है।

कुसुम
(Ceylon Oak)

इसे हिंदी में कोशंभ, कुसुम या कोसम, मलयालम में पुपम, मराठी में कोसिंब तथा गुजराती में कोसुंव कहते हैं। यह उत्तर प्रदेश, मध्य प्रदेश, बिहार, पश्चिम बंगाल, आसाम, उड़ीसा तथा आंध्र प्रदेश में पाया जाता है। इसका वानस्पतिक नाम 'Scheichera trijuga' है। यह उत्तर भारत के शिवालिक पर्वत श्रेणी, मध्य भारत तथा दक्षिण भारत में पाया जाता है। इसका वृक्ष विशाल तथा छायादार होता है। इसके फूल मंजरी में आते हैं तथा पीलापन लिए हरे रंग के होते हैं। इसकी छाल मोटी, मुलायम, बाहर से धूसर, खुरदरी तथा भीतर से फीके लाल रंग की होती है।

इसके बीजों से 26 से 38 प्रतिशत तक तेल निकलता है जिसे मकासर

तेल कहते हैं। इसे खुजली में लगाया जाता है। इसका उपयोग साबुन बनाने, खाने एवं जलाने में किया जाता है। इसे बालों में लगाने पर बाल साफ तथा लंबे होते हैं।

साल
(Shorea)

इसका वानस्पतिक नाम 'Shorea robusta' है। इसे साखू भी कहा जाता है। यह उत्तर प्रदेश, मध्य प्रदेश, बिहार, उड़ीसा, पश्चिम बंगाल, आसाम तथा त्रिपुरा में पाया जाता है। इसके बीजों में 14 से 20 प्रतिशत तक तेल निकलता है जो खाने और जलाने के काम आता है। इससे वनस्पति घी भी बनता है।

करंज या कंजी (नक्तमाल)
(Indian Beech, Smooth leaved Pongamia)

इसे संस्कृत में करञ्ज, नक्तमाल या उदकीर्य तथा हिंदी में करंज, किरमाल, कंजी या पापर कहते हैं। इसका वानस्पतिक नाम 'Pongamia glabra या Pongamia pinnata' है। यह लगभग पूरे भारत में पाया जाता है। इसे सड़कों के किनारे, बगीचों में लगाया जाता है। यह नदी तथा समुद्री किनारों पर बहुत पाया जाता है। इसका वृक्ष सदा हरा-भरा रहता है। इसकी शाखाएँ लटकी होती हैं। इसके पत्ते 8 से 14 इंच तक लंबे होते हैं। इसके फूल गुलाबी तथा आसमानी छाया लिए श्वेत गुच्छों में होते हैं। इसकी फलियाँ चिकनी, चिपटी, कठोर, एक बीज युक्त एवं सेम जैसी होती हैं।

इसके बीजों में 30 से 40 प्रतिशत तक तेल पाया जाता है। इसके तेल का चर्म रोग की दवा में उपयोग किया जाता है। यह साबुन उद्योग एवं जलाने के भी काम आता है। इसकी खली धान की खेती में खाद के रूप में उपयोग की जाती है।

कोकम
(Kokam Butter Tree)

इसे हिंदी में कोकम, मराठी में असमूल, गुजराती में कोकम तथा कन्नड़ में मुनिंग कहते हैं। इसका वानस्पतिक नाम 'Garcinia indica' है। यह दक्षिण भारत में

पाया जाता है। इसका वृक्ष छोटा तथा शाखाएँ झुकी होती हैं। पत्ते अंडाकार, आयताकार या भालाकार होते हैं। फल गोल तथा जामुनी लाल रंग के होते हैं जिसमें 5 से 8 तक बीज होते हैं।

इसके बीजों से निकलने वाले तेल को मैंगोस्टीन तेल कहते हैं जो मोम जैसा जम जाता है। वर्षा ऋतु या जाड़े में हाथ-पैर फटने पर इसका जेल गरम करके लगाया जाता है। खटाई के लिए भी इसका उपयोग किया जाता है। इसके तेल से मरहम एवं पौष्टिक दवाइयाँ बनाई जाती हैं।

जंगली अखरोट

(Candlenut, Candleberry)

इसका वानस्पतिक नाम 'Aleurites montana' है। यह मुख्यतः दक्षिण भारत में पाया जाता है। इसका वृक्ष लगभग 5 मीटर लंबा, शाखायुक्त तथा पर्णपाती होता है। इसकी पत्तियाँ 12 सेमी. तक लंबी तथा 10 सेमी. चौड़ी होती हैं। इसके बीज से तेल प्राप्त होता है। इसका तेल पेंट, वार्निश, लिनोलियम (linoleum), मोमजामा (oil cloth) आदि के निर्माण में काम आता है। यह वस्त्रों को जलरोधी (water-proofing) बनाने के काम भी आता है।

बकायन

(Persian Lilac, The Bead Tree)

इसे हिंदी में बकैनया महानीम, बंगला में महानिम, मराठी में बकाणनिंब, गुजराती में बकानलिंबडो तथा पंजाबी में देक कहते हैं। इसका वानस्पतिक नाम 'Melia azadarach' है। भारत के लगभग सभी प्रदेशों में इसका वृक्ष पाया जाता है। इसका वृक्ष सुंदर एवं मध्यम आकार का होता है। इसके पत्ते नीम जैसे किंतु कुछ कम मुड़े तथा कम लंबे होते हैं। इसके पुष्प सुगंधित, श्वेत अथवा बैगनी रंग के होते हैं। फल लगभग 2.5 सेमी. तक लंबे होते हैं।

इसका तेल साबुन बनाने तथा सिर में लगाने के तेल बनाने के उद्योग में प्रयोग किया जाता है।

पीलु

(Kokam Butter Tree)

इसे हिंदी में कोकम, मराठी में असमूल, गुजराती में कोकम तथा कन्नड़ में मुनिंग

कहते हैं। इसका वानस्पतिक नाम 'Salvadora percica' है। यह मुख्यतः राजस्थान, पंजाब तथा हरियाणा में पाया जाता है। इसका वृक्ष छोटा एवं सदा हरा- भरा रहता है। पत्ते विपरीत एवं दोनों सिरों पर गोल होते हैं। इसके पुष्प हरापन लिए सफेद होते हैं। इसके फल गोल तथा पकने पर लाल हो जाते हैं।

इसके बीजों का तेल साबुन बनाने के लिए बहुत अच्छा माना जाता है।

नीम (निंब)

(Margosa, Neem tree, Indian Lilac)

इसे हिंदी में नीव या नीम, बंगला में निम, मराठी में कडूनिब, गुजराती में नीबड़ो, पंजाबी में निंब, संस्कृत में निम्ब तथा फारसी में आजाद दरख्ते हिंद कहते हैं। इसके वृक्ष पूरे भारत में पाए जाते हैं। इसका वानस्पतिक नाम 'Azadirachta Indica' है।

इसके बीजों से 40 से 45 प्रतिशत तक तेल निकलता है जिसका प्रयोग चर्मरोग तथा अन्य औषधियों में किया जाता है। इसके अतिरिक्त इससे निकाला गया तेल अन्य तेलों के साथ मिलाकर कपड़ा धोने के साबुन बनाने के काम आता है। इसकी खली पान की खेती में खाद के काम आती है।

कबीला

(Kamala)

इसे हिंदी में कबीला, कमीला या कांबीला, बंगला में कमिला, मराठी में कपिला, गुजराती में कपीलो, पंजाबी में कमल तथा फारसी में कमीलह कहते हैं। इसका वानस्पतिक नाम 'Mallotus philippinensis' है। यह भारत के उष्ण क्षेत्रों में पाया जाता है। इसका वृक्ष सदाहरित तथा मध्यम आकार का होता है। इसकी छाल खाकी रंग की भीतर से फटी तथा अंदर से लाल होती है। इसके पत्ते 10 से 20 सेमी. तक लंबे, अंडाकार एवं नोकदार होते हैं। फूल छोटे तथा भूरे रंग के होते हैं। फूल सितंबर-अक्टूबर तथा फल नवंबर में आते हैं तथा ग्रीष्म ऋतु में पकते हैं। फल छोटे तथा भूरापन लिए लाल रंग के होते हैं।

इसके बीजों से निकाला गया तेल शीघ्र सूखने वाले पेंट और वार्निश बनाने के काम आता है। इसका उपयोग मुख्यतः सिल्क की रँगाई में होता है।

नागचंपा
(Ballnut)

इसका वानस्पतिक नाम 'Calophyllum inophyllum' है। यह महाराष्ट्र, केरल तथा तमिलनाडु में पाया जाता है। यह धीरे बढ़ने वाली प्रजाति है। यह अनुकूल परिस्थिति में 25 मीटर तक ऊँचाई प्राप्त कर लेती है। इसमें लगभग हर समय फूल आते रहते हैं। इसके बीज से 55 से 70 प्रतिशत तक तेल निकलता है जिसका प्रयोग साबुन बनाने, चिकनाई पैदा करने, जलाने तथा गठिया के उपचार में किया जाता है।

नाहोस नागकेसर

इसका वानस्पतिक नाम 'Mesua ferra' है। यह आसाम, कर्नाटक तथा केरल में पाया जाता है। इसके बीज से 40 से 45 प्रतिशत तक तेल निकलता है जिसका प्रयोग साबुन बनाने, औषधि निर्माण, रोशनी एवं मशीनों को चिकना करने में किया जाता है।

काहू या जैतून
(Wild Olive or Indian Olive)

इसका वानस्पतिक नाम 'Olea cuspidata' है। यह हिमाचल प्रदेश के कुल्लू, मंडी, चंबा, शिमला तथा सोलन में 1,000 से 1,300 मीटर की ऊँचाई तक अच्छी भूमि में पाया जाता है। यह अत्यंत ठंडे स्थानों पर होता है। इसकी कलियों और फूलों को जाड़े में औसत तापक्रम 10 डिग्री से.ग्रे. तथा अच्छे फल का तापक्रम 15 से 20 डिग्री से.ग्रे. होना चाहिए। इसे धूप की अत्यंत आवश्यकता होती है। इसके एक वृक्ष से 30 से 35 किलो फल ओलिव तेल निकालने के लिए प्राप्त हो जाता है। यह तेल प्रमुख खाद्य तेलों में से एक है तथा इसमें कोलेस्ट्राल नहीं पाया जाता। इससे सुगंधित साबुन बनाया जाता है तथा औषधियों में भी इसका प्रयोग किया जाता है।

सफेद धामन, धूप
(Dhupa)

इसका वानस्पतिक नाम 'Vateria indica' है। यह मुख्य रूप से कर्नाटक तथा

केरल में पाया जाता है। इसके बीज में 20 से 77 प्रतिशत तक तेल पाया जाता है। इसका उपयोग मोमबत्ती तथा साबुन बनाने के लिए किया जाता है।

चौलमोगरा
(Chaulmoogra)

इसका वानस्पतिक नाम 'Hydnocarpus wightiana या Hydnocarpus laurifolia' है। यह मुख्य रूप से महाराष्ट्र, राजस्थान एवं उत्तर प्रदेश में पाया जाता है। इसकी पत्तियाँ 12 से 25 से.मी. लंबी दीर्घवृत्ताकार होती हैं। फूल सफेद 2 से 3 से.मी. व्यास के होते हैं। फूल मार्च-अप्रैल तक आते हैं। फल भूरे तथा 6 से 12 से.मी. व्यास के होते हैं। इसके बीज में 60 से 64 प्रतिशत तक तेल पाया जाता है। इसका उपयोग कुष्ठ रोग तथा गठिया में इलाज के लिए किया जाता है।

हर्रा
(Pithraj Tree)

इसका वानस्पतिक नाम 'Aphanamixis polystachya' है। यह मुख्य रूप से पूर्वी उत्तर प्रदेश, बिहार, पश्चिम बंगाल, असम, कर्नाटक, केरल एवं अंडमान द्वीप समूह में पाया जाता है। इसके बीज में 45 से 47 प्रतिशत तक तेल पाया जाता है। इसका उपयोग प्रकाश करने तथा गठिया में इलाज के लिए किया जाता है।

रतन जोत

इसका वानस्पतिक नाम 'Jatropha curcas' है। यह संपूर्ण भारत एवं मुख्य रूप से अंडमान द्वीप समूह में पाया जाता है। इसके बीज में 30 से 40 प्रतिशत तक तेल पाया जाता है। इसका उपयोग प्रकाश करने, साबुन, मोमबत्ती बनाने, चर्मरोगों में तथा गठिया में इलाज के लिए किया जाता है।

चिरौंजी

इसका वानस्पतिक नाम 'Buchanania latifolia' है। यह संपूर्ण भारत के

शुष्क पर्णपाती वनों में पाया जाता है। इसके बीज में 50 से 52 प्रतिशत तक तेल पाया जाता है। इसका उपयोग आयुर्वेदिक औषधि निर्माण के लिए किया जाता है।

मालकंगनी
(Black Oil Plant)

इसका वानस्पतिक नाम 'Celastrus paniculatus' है। यह मुख्य रूप से उत्तर प्रदेश एवं मध्य प्रदेश में पाया जाता है। इसके बीज में 35 से 50 प्रतिशत तक तेल पाया जाता है। इसका उपयोग प्रकाश हेतु एवं बेरीबेरी के उपचार के लिए किया जाता है।

आँवला

इसका वानस्पतिक नाम 'Emblica officinalis' है। संपूर्ण भारत के पर्णपाती वनों में मिश्रित रूप से इसके वृक्ष पाए जाते हैं। इसके बीज में 16 से 20 प्रतिशत तक तेल पाया जाता है। इसका उपयोग केश तेल के रूप में एवं केश वृद्धि के लिए किया जाता है।

मौलश्री

इसका वानस्पतिक नाम 'Mimusops elengi' है। यह मुख्य रूप से महाराष्ट्र, केरल, तमिलनाडु तथा अंडमान में पाया जाता है। इसके बीज में 16 से 25 प्रतिशत तक तेल पाया जाता है। इसका उपयोग खाना बनाने, रोशनी प्राप्त करने तथा औषधि के लिए किया जाता है।

चिलगोजा
(Chilgoza Pine)

इसका वानस्पतिक नाम 'Pinus gerardiana' है। यह मुख्य रूप से जम्मू कश्मीर तथा हिमाचल प्रदेश में पाया जाता है। इसमें 50 से 55 प्रतिशत तक तेल पाया जाता है। इसका उपयोग मुख्यतः औषधि के लिए किया जाता है।

खुमानी

इसका वानस्पतिक नाम 'Prunus Armeniaca' है। यह मुख्य रूप से जम्मू कश्मीर तथा हिमाचल प्रदेश में पाया जाता है। इसके बीज में 40 से 45 प्रतिशत तक तेल पाया जाता है। इसका उपयोग मुख्यतः औषधि तथा सौंदर्य प्रसाधन के लिए किया जाता है।

भेकल
(Himalayan Cherry)

इसका वानस्पतिक नाम 'Prinsepia Utilis' है। यह मुख्य रूप से जम्मू कश्मीर, हिमाचल प्रदेश तथा तमिलनाडु में पाया जाता है। यह एक पर्णपाती झाड़ी है जो 3.5 मीटर तक ऊँचाई प्राप्त करती है। इसके बीज में 37 से 40 प्रतिशत तक तेल पाया जाता है। इसका उपयोग मुख्यतः खाना बनाने, साबुन बनाने, रोशनी करने तथा औषधि के लिए किया जाता है।

पीसा

इसका वानस्पतिक नाम 'Actinodaphne Hookeri' है। इसे अंग्रेजी में Pisa कहते हैं। यह मुख्य रूप से कर्नाटक तथा महाराष्ट्र में पाया जाता है। इसके बीज में 48 प्रतिशत तक तेल पाया जाता है। इसका उपयोग मुख्यतः साबुन बनाने के लिए किया जाता है।

तुग
(Candle Nut, Indian Walnut, Varnish Tree, Kukui Nut Tree)

इसका वानस्पतिक नाम 'Aleurites moluccana' है। यह चीन का देशज है जहाँ इसे चायना वुड आयल कहते हैं। इसे भारत में भी उगाया जाता है। यह 15 से 25 मीटर तक ऊँचाई प्राप्त करता है। इसके फलों में 60 प्रतिशत तक शीघ्र सूखने वाला तेल पाया जाता है। इसका उपयोग मुख्यतः पेंट तथा वार्निश के लिए किया जाता है। इसका प्रयोग आयल क्लाथ छपने वाली रोशनाई तथा बिजली के इंसुलेटर के निर्माण में भी किया जाता है।

फुलवाड़ा या भारतीय मक्खन
(Chura)

इसका वानस्पतिक नाम 'Diploknema Butyracea' है। यह मुख्य रूप से हिमालय के निचले तटीय भागों में पाया जाता है। इसके बीजों में 42 से 47 प्रतिशत तक तेल पाया जाता है। इसे फुलवाड़ा मक्खन कहते हैं। इसका प्रयोग घी की मिलावट, कोकवा बटर तथा चॉकलेट निर्माण में किया जाता है। इसका उपयोग मुख्यतः साबुन तथा मोमबत्ती बनाने के लिए भी किया जाता है।

रोहनी

इसका वानस्पतिक नाम 'Mallotus Philippensis' है। यह समस्त भारत में पाया जाता है। इसके बीज में 35 प्रतिशत तक तेल पाया जाता है। इसका उपयोग मुख्यतः तुग आयल के स्थान पर प्रयोग किया जाता है। इस तेल से दाढ़ी के बाल चिपकाने का पदार्थ तैयार किया जाता है। इसकी खली का प्रयोग खाद के रूप में किया जाता है।

पलास

इसका वानस्पतिक नाम 'Butea frondosa' है। यह पूरे भारत मुख्य रूप से मध्य प्रदेश में पाया जाता है। इसके बीज से घानी द्वारा 8 प्रतिशत तक तेल पाया जाता है। यह तेल मूँगफली के तेल की तरह होता है। इसका उपयोग मुख्यतः साबुन बनाने तथा औषधि के लिए किया जाता है। इसकी खली का प्रयोग खाद तथा चिपकाने वाली वस्तु के निर्माण में किया जाता है।

चिरंदी
(Nees)

इसका वानस्पतिक नाम 'Neolitsea Umbrosa' है। यह हिमालय क्षेत्र मुख्यतः खासी तथा मणिपुर की पहाड़ियों पर पाया जाता है। इसके फल में 40 प्रतिशत तक तेल पाया जाता है। इसका उपयोग मुख्यतः साबुन बनाने तथा चर्मरोग के उपचार के लिए किया जाता है।

भिलाँवा

इसका वानस्पतिक नाम 'Semecarpus Anacardium' है। यह हिमालय के निचले तटीय भागों मुख्यतः आसाम में पाया जाता है। इसके बीज में 28 से 36 प्रतिशत तक तेल पाया जाता है। इसका उपयोग मुख्यतः औषधि निर्माण के लिए किया जाता है। इसके बीज से एक तरल पदार्थ निकलता है जिसे वार्निश, पेंट तथा अन्य वाटरप्रूफ इंसुलेटर के रूप में प्रयोग किया जाता है।

सीताफल या शरीफा

(Sugar Apple, Custard Apple)

इसका वानस्पतिक नाम 'Annona Squamosa' है। यह भारत के उष्ण क्षेत्रों मुख्य रूप से आंध्र प्रदेश में पाया जाता है। इसके बीज में 30 प्रतिशत तक तेल पाया जाता है। इसका उपयोग मुख्यतः औषधि निर्माण के लिए किया जाता है।

ताड़ीय तेल या वसा

ताड़ीय तेल अनेक प्रजातियों से प्राप्त होता है जिसमें मुख्य रूप से भारत में पाया जाने वाला नारियल Coconut (Cocus Nucifera) तथा पाम आयल Oil Palm (Elaeis guineenis) हैं। इससे प्राप्त ताड़ीय तेल का उपयोग मुख्य रूप से खाद्य तेल में किया जाता है। इससे साबुन तथा मोमबत्ती भी बनायी जाती है।

नारियल

(Coconut)

नारियल को मराठी में 'नारल', तमिल में 'तेन्नमारम', तेलगू में 'नारिकेलमु', गुजराती में 'नारियल', बंगला में 'नारिकेल', संस्कृत में 'नारिकेल', मलयालम में 'तेंगा', तथा कन्नड़ में 'टेंगू' कहते हैं। इसका वानस्पतिक नाम 'Cocos nucifera' है। यह समुद्र तट के आस-पास मुख्यतः केरल, आंध्र प्रदेश, पश्चिम बंगाल, तमिलनाडु एवं दमन दीव में बहुतायत में पाया जाता है। इसका फल ऊँचाई पर गुच्छों में मजबूत डंठल के साथ लगता है। कच्चा फल हरा, बाहरी भाग चिकना एवं अंदर की गिरी मजबूत कवच से सुरक्षित रहती है। पानी सूखने के साथ गिरी परिपक्व हो जाती है तथा छिलका उतारकर नारियल के गोले के रूप में प्रयुक्त होती है। इसके फल की गिरी में 65 प्रतिशत तक तेल पाया जाता है।

पाम आयल

(Oil Palm Tree)

इसका वानस्पतिक नाम 'Elaeis Guineenis' है। यह अफ्रीका का देशज है तथा इसे भारत में अब व्यापक रूप से उगाया जाता है। यह मुख्य रूप से पश्चिम बंगाल, महाराष्ट्र, कर्नाटक तथा अंडमान निकोबार में उगाया जाता है। यह 10 से 20 मीटर तक ऊँचाई प्राप्त करता है। यह उन स्थानों पर आसानी से उगाया जा सकता है जहाँ वर्षा 120 से 150 सेमी. तक वार्षिक होती हो। सूखा इसके लिए बहुत हानिप्रद है। इसे सदा नम जलवायु आवश्यक है। इसके पेड़ तीसरे या चौथे साल फल देने लगते हैं। इसके फल में 56 प्रतिशत तक तेल पाया जाता है।

मोम

मोम के पिघलने का तापमान वसा से अधिक होता है और मोम अधिकतर वसा से अधिक गाढ़ा और सख्त होता है। मोम पत्तियों तथा फूलों के ऊपरी तंतुओं में पाया जाता है और पानी इनके एक ओर से दूसरी ओर नहीं जा सकता। मोम कभी खराब नहीं होता। औद्योगिक महत्व के कुछ प्रमुख मोम निम्न प्रकार हैं–

1. **कार्नूबा मोम**–यह दक्षिण अमेरिका के ताड़ीय मोम जाति कोपरनीसिया सैरीफेरा (Copernicia cerifera) से निकलता है। इस प्रजाति को अंग्रेजी में Carauba या Palm wax कहा जाता है।
2. **कैनडेलीला मोम**–यह अमेरिकी मरुस्थल झाड़ी Candelilla या यूफोरबीया एंटीसीफीलिटिका (Euphorbia antisyphilitica) से निकलता है। यह भारत में भी उगाया जाता है।
3. **मिरटिल मोम**–यह मिरिका प्रजाति (Myrica spp.) से निकलता है।
4. **फाइटेलेफस प्रजाति** (Phytelephas spp.)–यह ताड़ीय जाति का पादप है जिससे वनस्पति आइवरी निकलती है जो कड़े मोम की भाँति होती है।

इसके अतिरिक्त कुछ ऐसे वृक्ष भारत में पाए जाते हैं जिनके बीज से जलाने वाला मोम प्राप्त होता है। इस प्रकार के प्रमुख वृक्ष निम्न हैं–

1. **चाइनीज टैलो वृक्ष (Chinese Tallow Tree)**–इसका वानस्पतिक नाम 'Sapium sebiferum' है। यह उत्तर भारत में बहुतायत से पाया

जाता है। इसके बीज से सफेद मोम निकलता है। चीन में इससे मोमबत्ती बनाते हैं।

2. **रस सक्सडेनिया वृक्ष**–इसका वानस्पतिक नाम 'Rhus succedanea' तथा अंग्रेजी नाम Wax Tree है। यह छोटा वृक्ष हिमालय क्षेत्र में पाया जाता है। इसके बीजों से मोम निकलता है। इस मोम को बकैन के बीजों के तेल में मिलाकर एक प्रकार का मोम बनता है जिससे मोमबत्ती बनायी जाती है।

अध्याय-25

टेनिन प्रदान करने वाले वृक्ष

हमारे देश में विदेशी मुद्रा की दृष्टि से चमड़ा उद्योग अत्यंत महत्वपूर्ण है। वृक्षों से प्राप्त टैनिन चमड़ा रंगने के काम आता है। टैनिन वह पदार्थ है जिससे रंगने पर कच्चा चमड़ा पक्का हो जाता है अर्थात् वह मुलायम और मजबूत हो जाता है और शीघ्र नष्ट नहीं होता। टैनिन वृक्षों की छाल, फलों अथवा पत्तों आदि से प्राप्त किया जाता है।

बबूल
(Babool)

इसे हिंदी में बबूर, बबूल या कीकर, बंगला में बाबला, मराठी में वाभूल एवं गुजराती में बावल कहते हैं। इसका वानस्पतिक नाम 'Acacia arabica' है। इसका वृक्ष मध्यम आकार का कंटक युक्त होता है। इसकी छाल खाकी रंग की फटी सी तथा भीतर से लाल दिखाई देती है। इसकी छाल गहरे भूरे या काले रंग की होती है। पुष्प चमकीले पीले तथा गोल होते हैं।

इसकी छाल में 12 से 20 प्रतिशत तक टेनिन होता है। इससे बनाया गया चमड़ा मजबूत और टिकाऊ होता है तथा उसमें कड़ापन और गहरा रंग आ जाता है।

अर्जुन
(Arjuna tree)

इसे संस्कृत में ककुभ एवं हिंदी में अर्जुन कहते हैं। इसका वानस्पतिक नाम

'Terminalia arjuna' है। यह नदियों के किनारे, कटाव वाली भूमि पर प्रमुख रूप से पाया जाता है। जल भराव वाले क्षेत्र हेतु यह बहुत उपयोगी है। मध्यम श्रेणी की उसरीली भूमि में भी यह उगाया जा सकता है।

इसकी छाल में 20 से 24 प्रतिशत तक टैनिन होता है। इस टैनिन से बना चमड़ा, जूतों के उपरी चमड़े तथा तलों (soles) के लिए बहुत उपयोगी है।

तरवार
(Tannre's Cassia)

इसे संस्कृत में चर्मरंगा, हिंदी में तरवार एवं गुजराती में आवल कहते हैं। इसका वानस्पतिक नाम 'Acacia auriculata' है। यह भारत के उष्ण क्षेत्रों मुख्यतः महाराष्ट्र, गुजरात, राजस्थान एवं मध्य प्रदेश में पाया जाता है। इसका वृक्ष 1 से 2.5 मी. तक ऊँचा होता है। इसके फूल चमकीले, पीले होते हैं तथा फलियों में 6 से 8 तक बीज होते हैं।

इसकी छाल व्यापार में अवाराम छाल के नाम से प्रसिद्ध है। इसमें 15 से 23 प्रतिशत तक टैनिन होता है। इससे बनाया गया चमड़ा हलके पीले रंग का होता है।

आस्ट्रेलियन अकेसिया
(Black wattle)

इसका वानस्पतिक नाम 'Acacia mollissima' अथवा 'Acacia mearnsii' है। इसका वृक्ष 20 मीटर तक ऊँचा होता है। इसके फूल क्रीमी रंग के अथवा पीले होते हैं।

इसकी छाल के टैनिन में पकाया गया चमड़ा गुलाबी रंग का होता है। यह रंग हवा या धूप के प्रभाव में गहरा हो जाता है। हड़, बहेड़ा आदि के टैनिन के साथ इससे बिस्कुट के रंग का चमड़ा बनता है।

साल
(Shorea)

इसका वानस्पतिक नाम 'Shorea robusta' है। इसे साखू भी कहा जाता है। यह भारत का प्रमुख प्रकाष्ठ वृक्ष है। इसका वृक्ष बहुत विशाल होता है। इसके

पत्ते बड़े होते हैं, फूल पीले रंग के झुमकों में वसंत ऋतु में आते हैं और फल छोटे होते हैं। फल वर्षा ऋतु के प्रारंभ में पकते हैं।

इसकी छाल में 03 से 09 प्रतिशत तक टैनिन होता है।

अमलतास
(Indian Laburnum)

इसका वानस्पतिक नाम 'Cassia fistula' है। यह लगभग पूरे भारत में पाया जाता है। यह मध्यम ऊँचाई का एक प्रमुख शोभाकारी वृक्ष है। गर्मी के आगमन के साथ इसमें फूल आने लगते हैं। माह मई-जून की भीषण गर्मी में यह अपनी सुंदरता बिखेरता रहता है। इसके अंदर की लकड़ी कठोर और मजबूत होती है। इसका उपयोग खेती के उपकरणों जैसे बैलगाड़ी आदि बनाने में किया जाता है।

इसकी छाल में 10 से 12 प्रतिशत तक टैनिन होता है। इसकी छाल चमड़ा रंगने के काम आती है। इससे बने टैनिन की माँग बहुत अधिक है।

बहेड़ा
(Beleric myrobalan)

बहेड़ा को मराठी में 'बेहेड़ा', तमिल में 'अक्कदम', तेलगू में 'विभीतकमु', गुजराती में 'बेहेड़ा', बंगला में 'बहेरा', संस्कृत में 'बिभतक', मलयालम में 'थानी', तथा कन्नड़ में 'तारि' कहते हैं। इसका वानस्पतिक नाम 'Terminalia belerica' है। बहेड़े का वृक्ष 25 से 35 मीटर तक ऊँचा होता है। इसके पत्ते अप्रैल में निकलते हैं तथा फरवरी-मार्च में गिर जाते हैं। शुष्क एवं बंजर भूमि को छोड़कर यह प्रायः पूरे भारत में मिलता है। आयुर्वेद की प्रसिद्ध औषधि 'त्रिफला' में इसका सर्वाधिक प्रयोग होता है।

इसके फलों में टैनिन पाया जाता है। हड़, बहेड़ा तथा आँवला के फल जिसे अंग्रेजी में माइरोबोलम्स (myrobolams) कहते हैं, टैनिन की दृष्टि से बहुत उपयोगी है।

आँवला
(Indian Gooseberry)

यह उत्तर भारत के प्रायः सभी क्षेत्रों में पाया जाता है। यह वन क्षेत्रों में जंगली रूप में पाया जाता है तथा इसे खेतों में भी उगाते हैं। इसका वानस्पतिक नाम

'Emblica officinalis' है। यह विटामिन सी का भंडार है। इसके पत्ते छोटे होते हैं तथा फूल हरापन लिए पीले रंग के गुच्छों में होता है। वसंत ऋतु में इसके पत्ते झड़ जाते हैं तथा उसी समय फूल आते हैं। फल डालियों से सटे हुए गोल एवं चमकदार होते हैं। कच्चे फल हरे एवं पकने पर हलका पीलापन लिए हरे रंग के हो जाते हैं।

इसके फलों में टैनिन पाया जाता है। हड़, बहेड़ा तथा आँवला के फल जिसे अंग्रेजी में माइरोबोलम्स (myrobolams) कहते हैं, टैनिन की दृष्टि से बहुत उपयोगी है।

हरड़
(Chebulic Myrobalans)

इसे हिंदी में हड़, हर्रे या हरड़, पंजाबी में हर, मराठी में हरड़ा, गुजराती में हरड़ें तथा बंगला में हर्तकी कहते हैं। इसका वानस्पतिक नाम 'Terminalia chebula' है। यह समस्त भारत मुख्यतः महाराष्ट्र, पश्चिम बंगाल आदि में 250 से 1,000 मी. की ऊँचाई तक पाया जाता है। यह लंबा, सीधा, पुष्ट तथा शाखायुक्त वृक्ष है। इसके पत्ते 7.5 सेमी. से 20 सेमी. तक लंबे तथा अभिमुख क्रम से स्थित होते हैं। पुष्प वसंत ऋतु में आते हैं तथा लंबी मंजरियों में श्वेताभ होते हैं। इसका फल 2.5 सेमी. से 5 सेमी. लंबा तथा कठोर होता है।

इसके फलों में टैनिन पाया जाता है। हड़, बहेड़ा तथा आँवला के फल जिसे अंग्रेजी में माइरोबोलम्स (myrobolams) कहते हैं, टैनिन की दृष्टि से बहुत उपयोगी है। इन तीनों फलों में हरड़ की बहुत माँग है। इसका निर्यात यूरोप को होता है। यूरोप में हरड़ की कई किस्में प्रसिद्ध हैं। इसमें तमिलनाडु के बिमलीपट्टम में पायी जाने वाली हरड़ भिमली तथा महाराष्ट्र के कोल्हापुर में पायी जाने वाली हरड़ राजपुरी विशेष प्रसिद्ध है। सूखी हरड़ में 25 से 40 प्रतिशत तक टैनिन होता है। हरड़ का फल कभी-कभी सुखाकर पूरा निर्यात किया जाता है और कभी गुठली निकालकर। यूरोप में खरीददार गुठली निकालकर कूटे हुए गूदे को अधिक पसंद नहीं करते क्योंकि इसमें मिलावट का डर रहता है। माइरोबोलम्स के टैनिन चमड़े में बहुत धीरे प्रविष्ट (penetrate) होते हैं। इस कारण इसे सदैव किसी और टैनिन के साथ मिलाकर उपयोग में लाए जाते हैं।

बाकली, धव (धौरा)
(Axle wood)

इसे बाकली भी कहते हैं। इसका वानस्पतिक नाम 'Anogeissus latifolia' है। फरवरी में इसके पत्ते गिरते हैं तथा मार्च तक वृक्ष पर्णविहीन रहता है। सितंबर से जनवरी तक इसमें फूल आते हैं तथा दिसंबर से मार्च तक इसके फल पकते हैं। इसकी लकड़ी बहुत लचकदार तथा मजबूत होती है। यह गाड़ी के धुरे तथा विभिन्न उपकरणों की मुट्ठियाँ बनाने के काम आती है। इसीलिए इसे Axle wood कहा गया है।

बाकली के नए पत्तों में सबसे अधिक टैनिन (लगभग 55 प्रतिशत) पाया जाता है परंतु नए पत्ते निकलने और वर्षा ऋतु प्रारंभ होने के बीच समय कम रहता है जिससे इसको इकट्ठा करने में कठिनाई होती है।

करौंदा
(Karanda)

इसे हिंदी में करोंदा या करौंदा, बंगला में करमचा, मराठी में करवंद तथा गुजराती में करमदां कहते हैं। इसका वानस्पतिक नाम 'Carissa carandas' है। यह छोटा, झाड़ीदार तथा सदा हरा-भरा रहने वाला वृक्ष है। इसके फल सफेद रंग के होते हैं तथा उनसे सुगंध आती है। इसके फल सफेदी लिए लाल रंग के होते हैं।

करौंदे के पत्ते में टैनिन पाया जाता है। इसके टैनिन से चमड़े में कुछ हरा रंग आ जाता है। इसको नष्ट करने हेतु करौंदे के पत्तों के साथ आँवले की शाखाओं की छाल प्रयोग में लायी जाती है।

अध्याय-26

रंग प्रदान करने वाली प्रजातियाँ

नील

(Indigo)

इसे हिंदी में नीली, बंगला में नील, मराठी में गुली एवं गुजराती में गली कहते हैं। इसका वानस्पतिक नाम 'Indigofera tinctonia' है। इसका पौधा 1 मी. से 1.8 मी. तक ऊँचा होता है। शाखाएँ पतली, दुर्बल, कोणदार, अल्परोमयुक्त एवं फैली होती हैं। इसके पत्ते कालापन लिए हरे रंग के होते हैं। तोड़ने से इसके पत्ते सीधे टूटते हैं। इसके पुष्प हलके नीले गुलाबी रंग के होते हैं। रंग देने वाली वनस्पतियों में इसके पत्ते सर्वश्रेष्ठ हैं किंतु संश्लिष्ट (Synthetic) रंगों के बन जाने से इसकी खेती बंद कर दी गयी है।

मेंहदी

(Henna)

इसे हिंदी में मेंहदी कहते हैं। इसका वानस्पतिक नाम 'Lawsonia inermis' है। इस प्रजाति से हिना नामक नारंगी रंग मिलता है। यह रंग चमड़ा, कपड़ा तथा बालों के रंगने के काम आता है। भारत में औरतें इस प्रजाति के पत्तों का लेप अपने हाथों एवं पैरों को रंगने हेतु लगाती हैं।

रोहिनी, कबीला

(Indigo)

इसे हिंदी में रोहिनी, कबीला या कांबीला, बंगला में कमिला, मराठी में शेंद्रि

कपिला एवं गुजराती में कपीलो कहते हैं। इसका वानस्पतिक नाम 'Mallotus philippinensis' है। इसका वृक्ष मध्यम आकार का होता है। इसकी छाल खाकी रंग की फटी सी तथा भीतर से लाल दिखाई देती है। इसके पत्ते गूलर के पत्तों के समान अंडाकार एवं नोकदार होते हैं। नवंबर-दिसंबर में फूल आते हैं तथा गर्मी में फल पकते हैं। इसके फलों से सिंदूरी रंग मिलता है। इसके फलों के ऊपर लाल रंग का पाउडर होता है जिसे कमेला पाउडर कहते हैं। इसी से रंग निकलता है। पके फलों को हाथ या कपड़े से रगड़ने पर कमेला पाउडर छूट जाता है और इसे इकट्ठा कर लिया जाता है। इससे रेशम की रंगाई होती है। कुछ मिलाकर इसे चमकीले एवं गहरे लाल रंग का बनाया जाता है।

पलाश (टेसू)

(Flame of the Forest)

इसे संस्कृत में किंशुक तथा हिंदी में ढाक, पलाश, टेसू आदि कहते हैं। इसका वानस्पतिक नाम 'Butea monosperma' है।

इसके फूलों से नारंगी रंग मिलता है। चूना, फिटकरी या अन्य कोई क्षार मिलाने से यह रंग चमकदार और पक्का हो जाता है। यह रंग साड़ियाँ रंगने के काम आता है। होली खेलने हेतु इसका रंग सर्वाधिक उपयोगी है। रासायनिक रंगों की तुलना में होली में इसका प्रयोग स्वास्थ्य के लिए लाभकारी है।

हरसिंगार

(Weeping Nyctanthes or Night Jasmine)

इसे हिंदी में परजाता, पारिजात, हरश्रृंगार या हरसिंगार मराठी में पारिजात, गुजराती में हारशणगार, बंगला में शेफालिका तथा संस्कृत में शेफालिका कहते हैं। इसका वानस्पतिक नाम 'Nyctanthes arbortristis' है। इसके छोटे-छोटे पर्णपाती वृक्ष होते हैं जिसकी छाल हरिताभ श्वेत होती है। पत्तियाँ अभिमुख क्रम में स्थित 10 से 12.5 सेमी. लंबी हृदयाकार होती हैं। इसके पुष्प सुगंधित होते हैं तथा गुच्छों में अगस्त से अक्टूबर तक निकलते हैं। इसके फलों से पीला रंग निकलता है जो रेशमी और सूती कपड़े रंगने के काम आता है।

कटहल
(Jackfruit)

इसका वानस्पतिक नाम 'Artocarpus heterophyllus' है। यह वृक्ष अपने फल के लिए व्यापक रूप से लगाया जाता है। इसके काष्ठ को पीसकर उबालने से पीला रंग निकलता है जो बौद्ध भिक्षुओं के कपड़ों को रंगने के काम आता है।

खैर
(Cutch)

खैर को उड़िया में 'खोइल', तमिल में 'कारंगल्ली', तेलगू में 'काचू', गुजराती में 'खेर, खेदेरियो', बंगला में 'खायेर', संस्कृत में 'खदिर', मलयालम में 'खदिरम', तथा कन्नड़ में 'काचू' कहते हैं। इसका वानस्पतिक नाम 'Acacia catechu' है। यह मध्यम आकार का पर्णपाती वृक्ष है। शाखाएँ पतली, काँटों से युक्त, गहरे भूरे या जामुनी रंग की होती हैं। यह उत्तर प्रदेश, मध्य प्रदेश एवं सिक्किम में 1,500 मीटर की ऊँचाई तक पाया जाता है। इसके काष्ठ के टुकड़ों को उबालने से कच (Cutch) निकलता है। यह चमड़ा, कपड़ा तथा कैनवस रंगने एवं रंग बनाने के काम आता है।

अखरोट
(Walnut)

इसे हिंदी में अखरोट, अक्षोट या पहाड़ी पीलु, बंगला में अखरोट, पंजाबी में अखरोट एवं मराठी में अक्रोड कहते हैं। इसका वानस्पतिक नाम 'Juglans regia' है। यह हिमालय के उष्ण भागों मुख्यतः कश्मीर में उगाया जाता है। इसका वृक्ष ऊँचा होता है तथा छाल धूसर एवं लंबाई में फटी होती है। पुष्प छोटे, पीलापन लिए हरे एवं एकलिंगी होते हैं।

इसकी छाल ओंठों को लाल करने में प्रयोग की जाती है। इसके हरे फल के छिलके बाल रंगने में प्रयोग किए जाते हैं।

अध्याय-27

वनौषधियाँ

धरती पर चार लाख से भी अधिक वनस्पतियाँ पाई जाती हैं। धरती पर पाया जाने वाला कोई भी पौधा या वनस्पति अनुपयोगी नहीं है। यदि हम उसके उपयोग को समझ नहीं पाए हैं तो यह हमारी अज्ञानता है। प्राचीन काल में हमारे मनीषियों ने वनस्पतियों के गुणों को पहचानकर आयुर्वेद का विकास किया। आज के भौतिकवादी युग में शीघ्र लाभ पहुँचाने वाली एलोपैथी दवाओं का तेजी से विकास हुआ है। वर्तमान युग में एलोपैथी के महत्व को नकारा नहीं जा सकता किंतु एलोपैथी के भयानक कुप्रभाव (साइड इफेक्ट) अब सामने आने लगे हैं। वनस्पतियों से प्राप्त औषधियों का कोई साइड इफेक्ट नहीं होता। ऐसी स्थिति में प्राचीन आयुर्वेदिक ज्ञान की महत्ता पुनः बढ़ जाती है। धीरे-धीरे समाज में एलोपैथी के स्थान पर प्राकृतिक चिकित्सा के प्रति रुझान बढ़ रहा है।

हमारे देश में वनवासियों एवं आदिवासियों द्वारा अपनी चिकित्सा हेतु अभी भी पारंपरिक वनस्पतियों का उपयोग किया जाता है। वनवासियों के पास जड़ी-बूटियों एवं वनौषधियों के संबंध में अपार ज्ञान का भंडार है। यह ज्ञान लिपिबद्ध न होकर परंपरागत है जिसे वे अपने उपयोग में लाकर लाभ प्राप्त करते हैं। इन वनस्पतियों से वनवासी अपनी चिकित्सा तो करते ही हैं साथ ही आस-पास के क्षेत्रों में इसे बेचकर जीविकोपार्जन भी करते हैं।

विकास की एकांगी भगदौड़ में हमें इस पारंपरिक ज्ञान की सुरक्षा सुनिश्चित करना होगा। इसकी महत्ता के दृष्टिगत अनुसूचित जनजाति और अन्य परंपरागत वन निवासी (वन अधिकारों की मान्यता) अधिनियम-2006 में वनवासियों के इस पारंपरिक ज्ञान एवं जैव विविधता के संरक्षण का अधिकार प्रदान किया गया है।

अरंड

(Caster Seed)

इसे संस्कृत में एरण्ड, गन्धर्वहस्त, हिंदी में अरंड, अरंडी एवं रेंडी, बंगला में भेरेड, मराठी में ऐंडीचें एवं गुजराती में एरंडी कहते हैं। इसका वानस्पतिक नाम 'Ricinus communis' है। यह समस्त भारत में पाया जाता है। इसकी खेती भी की जाती है। इसका वृक्ष 2.4 मी. से 4.5 मी. तक ऊँचा, पतला, लंबा और स्निग्ध होता है। इसके पत्ते चौड़े तथा पाँच से सात फाँकयुक्त होते हैं। पुष्प एकलिंगी एवं रक्तबैगनी होता है। इसके फल बड़े-बड़े गुच्छों में कंटकयुक्त होते हैं। इसके बीजों से कैस्टर आयल निकलता है जो रेचक है। यह एक उत्तम वातनाशक औषधि है।

आम

(Mango Tree)

आम को उड़िया में 'अंबो', मारवाड़ी में 'अंबा', तमिल में 'मंगा', तेलगू में 'ममिदी', गुजराती में 'आमरी', बंगला में 'आम', संस्कृत में 'आम्र' तथा कन्नड़ में 'माबू' कहते हैं। इसका वानस्पतिक नाम 'Mangifera indica' है। यह भारत का राष्ट्रीय फल है। आम पूरे भारत में पाया जाता है। अपने रंग-रूप, आकार-प्रकार एवं मिठास के कारण इसे 'फलों का राजा' कहा जाता है। इसके फल में विटामिन ए तथा विटामिन सी भरपूर मात्रा में पाया जाता है। मीठे एवं स्वादिष्ट फलों के साथ यह शीतल छाया भी प्रदान करता है। आम के पकने का समय जून से अगस्त तक है।

अपने गुणों के कारण आम को फलों का राजा कहा गया है। इसके फल से चटनी, अचार एवं मुरब्बा बनाया जाता है। इसके कच्चे फल को गरम राख में दबाकर मुलायम बनाकर पीने से लू नहीं लगती। आम की गुठली का रस नाक में टपकाने से नकसीर बंद हो जाती है।

अर्जुन

(Arjun Tree)

इसे हिंदी में अर्जुन, कोह, कहुआ या ककुभ, बंगला में अर्जुन, पंजाबी में जुमरा तथा मराठी में अर्जुनसादडा कहते हैं। इसका वानस्पतिक नाम 'Terminalia arjuna' है। यह समस्त भारत मुख्यतः हिमालय की तराई, मध्य भारत, महाराष्ट्र एवं तमिलनाडु के जंगलों में प्राकृतिक रूप से पाया जाता है। इसे सड़कों के किनारे भी लगाया जाता है। यह 18 से 25 मीटर ऊँचा विशाल वृक्ष है। इसकी छाल बाहर से श्वेताभ तथा अंदर से चिकनी, मोटी एवं हलके गुलाबी रंग की होती है जो परतों में निकलती हैं। इसकी पत्तियाँ लगभग अभिमुख 7.5 से 20 सेमी. तक लंबी, आयताकार या अंडाकार होती हैं। पुष्प पीताभ तथा फल देखने में कमरख की तरह होते हैं। इसकी छाल हृदय रोग के लिए उत्तम औषधि है। यह हृदय की तीव्र धड़कन को शांत करती तथा हृदय को विश्राम प्रदान करती है। इसकी छाल से हृदय रोग, अतिसार एवं पेचिश की औषधि बनती है।

अमलतास
(Indian Laburnum)

इसका वानस्पतिक नाम 'Cassia fistula' है। यह लगभग पूरे भारत में पाया जाता है। यह मध्यम ऊँचाई का एक प्रमुख शोभाकारी वृक्ष है। गर्मी के आगमन के साथ इसमें फूल आने लगते हैं। माह मई-जून की भीषण गर्मी में यह अपनी सुंदरता बिखेरता रहता है। इसके अंदर की लकड़ी कठोर और मजबूत होती है। इसका उपयोग खेती के उपकरणों जैसे बैलगाड़ी आदि बनाने में किया जाता है। इसकी छाल चमड़ा रंगने के काम आती है। सौंदर्य के अतिरिक्त आयुर्वेदिक चिकित्सा पद्धति में इसका उपयोग ज्वर, अपच एवं लकवे आदि में किया जाता है। इसकी जड़ का काढ़ा कालमेह ज्वर के लिए उपयोग में लाया जाता है। इसका गूदा रेचक का कार्य करता है।

अशोक
(Ashok Tree)

अशोक को उड़िया में 'ओशोको', तमिल में 'असोगाम', तेलगू में 'कंकेली', गुजराती में 'अशोपालावा', बंगला में 'असोक', संस्कृत में 'असोक', मलयालम में 'असोकम', तथा कन्नड़ में 'अक्सुंकर' कहते हैं। इसका वानस्पतिक नाम 'Saraca indica' है। संस्कृत विद्वान इसे 'हेमपुष्प' नाम से भी जानते हैं। अशोक सदाबहार वृक्ष है। यह समस्त भारत में पाया जाता है। इसका वृक्ष बड़ा सीधा एवं झोपड़ाकार होता है तथा यह पूरे वर्ष भर हरा-भरा रहता है। इसकी

पतली-पतली टहनियों पर 3 से 6 जोड़े पत्ते रहते हैं। इसकी नई टहनियाँ नीचे की ओर झुकी होती हैं। नयी टहनियों के पत्ते ताँबे जैसे सुंदर लाल दिखते हैं। पुष्प सघन गुच्छों में आते हैं जो सुंदर नारंगी रंग के होते हैं। भारत के मैदानी भागों, पहाड़ी क्षेत्रों, घाटियों, नदियों के किनारे एवं राजमार्गों के किनारे खाली भूमि पर यह पाया जाता है। यह एक प्रमुख शोभाकारी वृक्ष है। इसकी छाल का काढ़ा स्त्रियों के रोगों में लाभकारी है।

अपामार्ग (लटजीरा)

(Prickly- chaff Flower)

इसे हिंदी में अपामार्ग, लटजीरा या चिरचिरा, मराठी में आघाड़ा, बंगाली में आपांग तथा गुजराती में अघेड़ो कहते हैं। इसका वानस्पतिक नाम 'Achyranthes aspera' है। यह लगभग पूरे भारत में खाली भूमि पर स्वतः उगा पाया जाता है। झारखंड में इसका अधिक प्रयोग किया जाता है। इसकी पत्तियाँ साधारण होती हैं, जो छोटे पर्णवृंत द्वारा मुख्य तना एवं शाखाओं पर लगी होती हैं। पत्तियों की लंबाई 2.5 से 12.5 सेमी तक होती है। तने पर श्वेत रंग के छोटे-छोटे रोम होते हैं जबकि तने के जोड़ फूले रहते हैं तथा इनका रंग बैगनी होता है। इसकी मुख्य जड़ 5 से 15 सेमी. तक लंबी होती है तथा इसकी मुख्य मूसला जड़ पर द्वितीयक रेशेदार जड़ें लगी रहती हैं। इसके पुष्प श्वेत रंग के होते हैं। इसके पुष्पित होने का समय अगस्त से फरवरी तक है। फल अक्टूबर से मार्च तक रहते हैं। इसका बीज तथा जड़ें औषधि के रूप में प्रयोग की जाती हैं।

पागल कुत्ते के काटने पर काटे गए स्थान पर इसकी जड़ का लेप लगाने से तथा जड़ को पीसकर पीड़ित को पिलाने में यह लाभकारी होता है तथा दाँतों के दर्द में, आँख के सूजन को कम करने में, पेट दर्द, अपच आदि में भी यह लाभकारी होता है।

अश्वगंधा

(Winter Cherry)

इसे हिंदी में अश्वगंधा या असगंध, गुजराती में आसंध, बंगाली में अश्वगंधा तथा फारसी में बेहमनवरी कहते हैं। इसका वानस्पतिक नाम 'Withania sommifera' है। यह सामान्य रूप से सड़कों के किनारे आसानी से उगा पाया जाता है। इसका

क्षुप बैगन के पौधे के समान घना होता है। नागौर का असगंध सबसे अच्छा माना जाता है। इसके पौधे सीधे गुल्मक तथा शाखा बहुल होते हैं। असगंध का पूरा पौधा सूक्ष्म सफेद रोम से आवृत होता है। ताजे पौधे को मसलकर सूँघने में घोड़े के मूत्र के समान गंध आती है, इसलिए इसे अश्वगंध कहा जाता है। इसकी ताजी जड़ में उक्त गंध अधिक पायी जाती है।

इसकी पत्तियाँ साधारण, वृंतयुक्त तथा तने पर एकांतर क्रम में लगी होती हैं। पत्तियाँ आकार में लट्वाकार या अंडाकार होती हैं तथा किनारा चिकना होता है। पत्तियों की लंबाई 5 से 10 सेमी तक होती है।

तना सीधा, शाखान्वित तथा श्वेत रंग के रोम से ढका होता है। इसकी मुख्य जड़ 15 से 30 सेमी. तक लंबी होती है। जड़ का रंग हलका मटमैला होता है।

इसके पुष्प हरापन लिए पीले रंग के होते हैं। इसके पुष्पित होने का समय सितंबर से अक्टूबर तक है। फल अक्टूबर से मार्च तक रहते हैं।

इसकी जड़ें औषधि के रूप में प्रयोग की जाती हैं। इसकी जड़ का पाक कायाकल्प योग कहलाता है। यह क्षय रोग की दुर्बलता, थायरायड की वृद्धि को कम करने, जोड़ों के दर्द तथा हीमोग्लोबिन की कमी में लाभकारी है।

अरुसा
(Malabar Nut)

इसे हिंदी में रुसा, अरुसा या अडूसा; गुजराती में अरडुसो; बंगाली में वासक; पंजाबी में भेकर तथा फारसी में वाँस कहते हैं। इसका वानस्पतिक नाम 'Adhatoda vasica' है। यह सामान्य रूप से अनुपजाऊ भूमि पर एवं सड़कों के किनारे उगा पाया जाता है। इसका क्षुप 2 मीटर तक ऊँचा होता है। इस पौधे से एक विशेष प्रकार की दुर्गंध आती है।

इसकी पत्तियाँ साधारण तथा वृंतयुक्त होती हैं। पत्तियाँ आकार में भालाकार होती हैं तथा किनारा चिकना तथा लहरदार होता है। पत्तियों की लंबाई 10 से 20 सेमी तक होती है।

तना सीधा, शाखान्वित तथा गाँठों पर फूला हुआ होता है। इसकी मुख्य जड़ 30 सेमी. तक लंबी होती है। अधिकांश शाखाएँ तने एवं जड़ के जुड़ाव वाले स्थान से निकलती हैं।

इसके पुष्प सफेद रंग के होते हैं। इसके पुष्पित होने का समय दिसंबर से जनवरी तक है। फल फरवरी से मई तक रहते हैं।

इसकी पत्तियों में क्षार वैसेनिन पाया जाता है। यह खाँसी, दमा, क्षय रोग, मलेरिया एवं चर्मरोगों में लाभकारी है। बच्चों को काली खाँसी आने पर इसकी जड़ की छाल का काढ़ा लाभप्रद है। इसके पत्तों और छाल से एक शर्बत बनाया जाता है जो बाजारों में वैसिका शर्बत के नाम से बिकता है। यह खाँसी और दमा में लाभकारी है।

आँवला
(Indian Gooseberry)

यह उत्तर भारत के प्रायः सभी क्षेत्रों में पाया जाता है। यह वन क्षेत्रों में जंगली रूप में पाया जाता है तथा इसे खेतों में भी उगाते हैं। इसका वानस्पतिक नाम 'Emblica officinalis' है। यह विटामिन सी का भंडार है। इसके पत्ते छोटे होते हैं तथा फूल हरापन लिए पीले रंग के गुच्छों में होता है। वसंत ऋतु में इसके पत्ते झड़ जाते हैं तथा उसी समय फूल आते हैं। फल डालियों से सटे हुए गोल एवं चमकदार होते हैं। कच्चे फल हरे एवं पकने पर हलका पीलापन लिए हरे रंग के हो जाते हैं। इसका मुरब्बा एवं अचार आदि बनाया जाता है। आजकल इसके फलों के लड्डू एवं बर्फी भी बनायी जाती है। आँवले तथा हल्दी का चूर्ण मधुमेह में (भोजन के उपरांत लेने पर) लाभकारी है। यह प्रमेह, योनिदाह, शुक्रवृद्धि, ज्वर, रक्त प्रदर और मूर्छा आदि में लाभकारी है। त्रिफला में भी इसका उपयोग किया जाता है।

इमली
(Tamarind)

इसे हिंदी में अम्लिका, चिञ्चा या इमली; मराठी में चिंच; बंगला में तेतुल, मलयालम में कोलपति तथा गुजराती में आँवली कहते हैं। इसका वानस्पतिक नाम 'Tamarindus indica' है। यह समस्त भारत में पाया जाता है। मध्य एवं दक्षिण भारत में इसके जंगली वृक्ष पाए जाते हैं। सघन छाया के कारण इसे सड़कों के किनारे लगाया जाता है। इसके वृक्ष बहुत विशाल होते हैं। इसके पत्र-सपत्रक, 10 से 20 युग्म, पत्रक अभिमुख क्रम में स्थित तथा 5 से 12.5 सेमी लंबे होते हैं।

पुष्प गुच्छबद्ध होकर नीचे को लटकते रहते हैं। पुष्प पीताभ वर्ण के लाल धारियों से युक्त होते हैं। फली 7.5 सेमी. से 22 सेमी. लंबी तथा 2 से 2.5 सेमी. चौड़ी होती है। पुष्प ग्रीष्म ऋतु में आते हैं तथा फल जाड़े के अंत में पकते हैं। कच्ची अवस्था में इसका गूदा हरिताभ एवं अत्यंत खट्टा तथा पकने पर यह लालिमा लिए भूरे रंग का हो जाता है। इसकी पत्तियों का काढ़ा रक्तशोधक है और ताजा रस बुखार एवं मूत्र की जलन दूर करता है।

कबर

(The Edible Capper or Caper Plant)

इसे हिंदी में कबर, कब्र या बेर; पंजाबी में कबार; मराठी में कबर एवं फारसी में कबर कहते हैं। इसका वानस्पतिक नाम 'Capparis spinosa' है। यह मुख्य रूप से पश्चिमी एवं दक्षिणी भारत के पथरीली भूमि पर पाया जाता है। इसकी झाड़ियाँ ताक्ष्ण कंटक युक्त होती हैं। इसके फलों के प्रयोग से पेट के कीड़े मर जाते हैं और फालिज तिल्ली रोग ठीक हो जाता है।

कचनार

(Orchid tree)

कोविदार को हिंदी में कचनार कहते हैं। इसका वानस्पतिक नाम 'Bauhinia variegata' है। यह लगभग 10 से 12 मीटर तक ऊँचा होता है। फरवरी से अप्रैल तक यह लगभग पर्णविहीन रहता है तथा इसी समय फूल भी आते हैं। इसके फूल सफेद, गुलाबी अथवा चमकीले बैगनी रंग के होते हैं। इसके पत्ते लगभग 7-8 सेमी लंबे, उतने ही चौड़े तथा द्विखंडित होते हैं। इसकी फली चिपटी तथा लगभग 30 सेमी तक लंबी होती है। इसकी छाल के काढ़े में सोंठ मिलाकर पीने से कंठमाला: तथा खूनी बवासीर में लाभ होता है। इसके फलों का काढ़ा खाँसी, खूनी बवासीर आदि में लाभकारी है। इसके बीजों का तेल आँत के कीड़े मारता है।

कदंब (नीप)

(Cadamba tree)

कदंब को संस्कृत में कदम्ब, नीप एवं इलिप्रिय आदि कहते हैं। इसे भारत में सभी

स्थानों पर उगाया जाता है। इसका वानस्पतिक नाम 'Anthocephalus cadamba' है। यह 40 से 50 फीट तक ऊँचा एक प्रमुख छायादार वृक्ष है। इसके पत्ते लगभग 5 से 8 इंच लंबे होते हैं। पुष्पगुच्छ 1 से 2 इंच के घेरे में गोलाकार पीले रंग के होते हैं। कच्चे फल हरे रंग के तथा पकने पर हलके नारंगी रंग के हो जाते हैं। इसका रोपण सड़कों के किनारे छायादार एवं शोभाकार वृक्ष के रूप में होता है। इस प्रजाति के पेड़ों की कथा भगवान श्रीकृष्ण से जुड़ी है। इसकी छाल का काढ़ा बुखार और मुँह के छालों में लाभप्रद है।

करंज
(Bonduc Nut or Fever Nut)

इसे हिंदी में करंज, पूति करंज या लता करंज; गुजराती में कांक; बंगाली में नाटा करंजा तथा मराठी में गजर घोटा कहते हैं। इसका वानस्पतिक नाम 'Caesalpinia bonducella' है। यह देश के उष्ण भागों में पाया जाता है। यह 2 से 2.5 मी. तक लंबा होता है।

इसकी पत्तियाँ संयुक्त होती हैं। एक अक्ष पर 6-8 जोड़े द्वितीयक अक्ष होते हैं जिसमें प्रत्येक अक्ष पर 6 से 10 जोड़ी छोटे पत्रक लगे होते हैं। पत्रक लंबे, चपटे, पतले तथा झिल्लीदार होते हैं तथा इनका अग्रभाग स्पष्ट एवं नुकीला होता है। पत्रक विपरीत क्रम में लगे होते हैं।

तना सीधा एवं काष्ठीय होता है। इसके पुष्प पीले रंग के होते हैं।

इसके पुष्पित होने का समय अगस्त-सितंबर है तथा फल नवंबर से फरवरी तक रहते हैं।

इसके बीजों में बांडुसिन नामक कड़ुवा ग्लूकोसाइड पाया जाता है तथा बीज से हलके पीले रंग का दुर्गंधयुक्त तेल निकलता है। बीज से प्राप्त तेल आमवात तथा संधिवात में लाभकारी है। मलेरिया तथा अजीर्ण में बीज का चूर्ण लाभप्रद है। पत्तों का रस फाइलेरिया में लाभप्रद है। यह पेट दर्द एवं सूजन में भी लाभकारी है।

करंज
(Indian Beech, Smooth leaved Pongamia)

इसे संस्कृत में करञ्ज, नक्तमाल या उदकीर्य तथा हिंदी में करंज, किरमाल या पापर कहते हैं। इसका वानस्पतिक नाम 'Pongamia glabra' है। यह लगभग

पूरे भारत में पाया जाता है। इसे सड़कों के किनारे तथा बगीचों में लगाया जाता है। यह नदी तथा समुद्री किनारों पर बहुतायत से पाया जाता है। इसका वृक्ष सदा हरा-भरा रहता है। इसकी शाखाएँ लटकी होती हैं। इसके पत्ते 8 से 14 इंच तक लंबे होते हैं। इसके फूल गुलाबी तथा आसमानी छाया लिए श्वेत गुच्छों में होते हैं। इसकी फलियाँ चिकनी, चिपटी, कठोर, एक बीज युक्त एवं सेम जैसी होती हैं। इसके बीजों का तेल जलाने के काम आता है। इसके बीजों का तेल चर्मरोगों तथा गठिया में लाभकारी है।

काली खुरासानी अजवाइन
(Henbane)

इसे हिंदी में काली खुरासानी अजवाइन; अरबी में बंज सीकरान तथा फारसी में बंग या बंक कहते हैं। इसका वानस्पतिक नाम 'Hyoscyamus niger' है। भारत में यह कश्मीर से गढ़वाल तक 1,500 से 3,300 मी. की ऊँचाई तक पाई जाती है। इसके पत्तों से बनी औषधि दमा और काली खाँसी में लाभकारी है।

किरमाला
(Wormseed)

इसे हिंदी में किरमानी, अजवाइन, किरमाला, छुहार जवाइन या चौहार, मराठी में किरमणिओंवा तथा गुजराती में छुवारो कहते हैं। इसका वानस्पतिक नाम 'Artemisia maritima' है। यह कश्मीर से कुमायूँ तक 2,000 से 3,300 मी. की ऊँचाई तक पाया जाता है। इसका पौधा 1.2 मी. तक ऊँचा होता है जिससे अनेक शाखाएँ, प्रशाखाएँ निकलती हैं। इसकी पत्तियाँ 1.25 सेमी. से 5 सेमी. तक लंबी श्वेताभ तथा द्विपक्षवत् खंडित होती हैं। पुष्प पीले रंग के होते हैं। इसके पत्तों और फूलों से सैंटोनिन नामक दवा बनाई जाती है। यह दवा पेट के कीड़े मारने के काम आती है। यह दवा मलसर्प के लिए अधिक प्रभावशाली और सूत्रकृमि के लिए कम प्रभावी है।

कुटकी, कुरची
(Black Hellebore)

इसे हिंदी में कटुका, कटुकी, तिक्ता, मत्स्यरोहिणी या कुटकी; बंगला में बट्की;

गुजराती में कड़ू तथा मराठी में कालीकुटकी कहते हैं। इसका वानस्पतिक नाम 'Picrorrhiza kurrooa' है। यह हिमालय पर्वतश्रेणी में 2,500 से 4,500 मीटर की ऊँचाई तक कश्मीर से सिक्किम तक पाया जाता है। अमृतसर कुटकी की प्रधान मंडी है। इसके पौधे छोटे होते हैं। पत्तियाँ 5 से 10 सेमी. तक लंबी होती हैं। सुखाया हुआ भौमिककांड औषधि के रूप में प्रयोग किया जाता है। इसमें 26.6 प्रतिशत तक पिक्रोर्हाइजिन नामक तिक्त, क्रिस्टलाइन ग्लाइकोसाइड पाया जाता है। इसकी जड़ से पुष्टकारी औषधि बनायी जाती है। इसे ज्वर हटाने में भी प्रयोग किया जाता है। लंबे समय तक चलते रहने वाले विषम ज्वर में यह बहुत प्रभावी है।

कुटज
(Tellicherry Bark)

इसे संस्कृत में कुटज, कौट, वत्सक, गिरिमल्लिका, कलिंग, इन्द्र एवं हिंदी में कूड़ा, कोरयाँ, कुरैयाँ आदि कहते हैं। इसका वानस्पतिक नाम 'Holarrhena antidysenterica' है। यह आर्द्र भूमि को छोड़कर भारत के लगभग सभी भागों में पाया जाता है। इसका वृक्ष 20 फीट तक ऊँचा होता है। इसकी छाल खुरदरी तथा भूरे रंग की होती है। इसकी लकड़ी हलकी पीली और कोमल होती है। इसके पत्ते 10 से 15 से.मी. तक लंबे, चौड़े एवं नुकीले होते हैं। इसमें क्रीमी अथवा श्वेत फूल आते हैं। फूल मार्च से मई तक तथा फल वर्षाकाल में आते हैं। इसकी दो-दो फलियाँ एक साथ असंयुक्त होती हैं। जीर्ण ज्वर में इसकी छाल रातभर जल में भिगोकर प्रातः छानकर सेवन करने से लाभ होता है। अतिसार में छाल का रस मधु के साथ सेवन से लाभ होता है। कुष्ठ रोग में इसकी छाल को जल में पीसकर लेपन करने से लाभ होता है। यह पेचिश में लाभप्रद है।

कुचिला
(Vomit Nut or Dog Poison)

इसे संस्कृत में कारस्कर, काकपीलु; हिंदी में कुचला, कुचिला एवं कुपील; बंगला में कुँचिला; मराठी में काजरा एवं गुजराती में झेरकोचला कहते हैं। इसका वानस्पतिक नाम 'Strychnos nux-vomica' है। यह भारत के उष्ण प्रदेशों में मुख्यतः बंगाल, बिहार, तमिलनाडु एवं उड़ीसा आदि में पाया जाता है। इसके वृक्ष

मध्यम आकार के होते हैं। पत्तियाँ अभिमुख एवं लट्वाकार तथा 7.5 इसे 15 सेमी. तक लंबी होती हैं। इसके पुष्प हरा रंग लिए श्वेतवर्ण की होती हैं। इसके बीज से स्ट्रिकनीन नामक औषधि निकाली जाती है जो एक विष है तथा इसका प्रयोग पुष्टकारी औषधियों में किया जाता है। इसके बीज से होमियोपैथिक की नक्स वोमिका औषधि बनाई जाती है।

कुष्ठ
(Costus)

इसे हिंदी में कुष्ठ या कूट कड़ुआ; बंगला में कुड़; पंजाबी में कुठ तथा गुजराती में कठ या उलपेट कहते हैं। इसका वानस्पतिक नाम 'Sausserea lappa' है। यह कश्मीर तथा पंजाब में 2,400 से 3,600 मी. की ऊँचाई तक पाया जाता है। माँग अधिक होने के कारण कश्मीर में इसकी खेती भी की जाती है।

इसका क्षुप बहुवर्षायु, ऊँचा, अत्यंत सघन एवं दृढ़ होता है और प्रतिवर्ष पुरानी जड़ से उगता है। इसकी पत्तियाँ 60 सेमी से 120 सेमी तक लंबी तथा त्रिकोणाकार या हृदयाकार होती हैं। इसके पुष्प पुष्पवृंतरहित, गोलाकार तथा नीले रंग के होते हैं। इसमें रालीय तत्त्व पोडोफाइलिन पाया जाता है। इसकी जड़ से बनायी जाने वाली औषधि रेचक (Purgative)का काम करती है। इसकी जड़ से बनायी गयी औषधि उद्दीपक के रूप में तथा दमा, खाँसी, बुखार आदि में काम आती है। इसकी जड़ के चूर्ण से ऐसा मरहम भी बनाया जाता है जो नासूर के लिए लाभदायक है। कश्मीर के शाल व्यापारी शाल की कीड़ों से रक्षा के लिए इसे प्रयोग करते हैं।

केंवाच
(Cowitch)

इसे हिंदी में कवाँच, कौंच, कपिकच्छु; मराठी में खाजकुहिली एवं बंगला में आलकुशी कहते हैं। इसका वानस्पतिक नाम 'Mucuna prurita' है। समस्त भारत के मैदानी जंगलों एवं अन्य क्षेत्रों में इसकी लताएँ पाई जाती हैं। इन लताओं का जीवनकाल एक वर्ष का होता है। यह वर्षा ऋतु में उत्पन्न होती हैं तथा शरद एवं हेमंत ऋतु में इसमें पुष्प एवं फल लगते हैं। पत्तियाँ संयुक्त, त्रिपत्रक एवं 7.5 से 20 सेमी. तक लंबी लट्वाकार होती हैं। मंजरी झुकी हुई 10 से 20 सेमी.

तक लंबी तथा फली 5 से 7.5 सेमी. लंबी आगे मुड़ी हुई S के आकार की होती है। इसके बीज की मींग का चूर्ण श्वेत प्रदर (Leucorrhea) में लाभप्रद है।

कंघी (अतिबला)
(Indian Mallow)

इसे हिंदी में कंघी, ककही या अतिबला, पंजाबी में पीली बूटी तथा गुजराती में डाबली कहते हैं। इसका वानस्पतिक नाम 'Abutilon indicum' है। यह लगभग पूरे देश में अनुपजाऊ भूमि पर पाया जाता है। इसकी पत्तियाँ साधारण, वृंतयुक्त होती हैं, जो आकार में हृदयाकार होती हैं। पत्तियों की लंबाई 2.5 से 7.5 सेमी तक होती है। तने पर श्वेत रंग के मखमली रोम होते हैं तथा छाल हटाने पर लसलसा पदार्थ निकलता है। इसकी मुख्य जड़ 15 से 35 सेमी. तक लंबी होती है तथा जड़ का रंग हलका मटमैला होता है। इसके पुष्प पीले नारंगी रंग के होते हैं। इसके पुष्पित होने का समय अक्टूबर से मार्च तक है तथा फल दिसंबर से मार्च तक रहते हैं।

इसका पत्ता पीड़ानाशक, बीज रेचक तथा जड़ मूत्र संबंधी विकारों को दूर करती है। दाँत के दर्द में यह विशेष लाभदायक है।

कंटकारी
(Kantkari)

इसे हिंदी में कंटकारी, कंटकारिका या व्याघ्री; पंजाबी में कंडियारी; बंगाली में कंटकारी; गुजराती में भोयरिंगड़ी तथा मराठी में रिंगनी कहते हैं। इसका वानस्पतिक नाम 'Solanum surrattense' है। यह अधिकतर रेतीली भूमि पर पाया जाने वाला पौधा है जिस पर पीले रंग के तीक्ष्ण काँटे होते हैं।

इसकी पत्तियाँ साधारण, आयताकार या अंडाकार होती हैं तथा किनारा कटा-फटा रहता है। पत्तियाँ 5 से 10 सेमी तक लंबी होती हैं।

मुख्य तना लंबाई में छोटा होता है, इससे शाखाएँ भूमि के समांतर फैली रहती हैं। जड़ 10 से 20 सेमी. लंबी मटमैले रंग की होती है तथा इस पर द्वितीयक जड़ें लगी रहती हैं। इसके पुष्प बैगनी या गहरे नीले रंग के होते हैं। इसके पुष्पित होने का समय नवंबर से अप्रैल तक है तथा फल दिसंबर से मई तक आते हैं तथा पक कर गिरते रहते हैं।

इस पौधे की जड़ में सोलेकार्पिडिन नामक क्षाराभ पाया जाता है। यह उल्टी रोकने, ज्वर कम करने, खाँसी, मूत्राशय की पथरी एवं स्त्रियों के सुजाक रोग में लाभकारी है।

खरेंटी
(Country mallow)

इसे हिंदी में बला, बरियारा, बरियाल; तेलगू में मुत्तुव; कन्नड़ में किसंगी; मराठी में चिकणा; पंजाबी में खरैहटी; बंगाली में बेडेला तथा गुजराती में बलदाणा, बल अथवा बला कहते हैं। इसका वानस्पतिक नाम 'Sida cardifolia' है। यह समस्त भारत के जंगलों तथा आस-पास की परती भूमि पर पाया जाता है। यह एक क्षुप 'Shurb' है जिसकी ऊँचाई 60 से 120 सेमी. होती है। पत्तियों का किऩारा आधार की ओर चिकना होता है तथा अग्र भाग पर तेज, छोटे दाँत के आकार के उभार होते हैं। पत्तियाँ लट्वाकार होती हैं तथा दोनों सतहों पर छोटे कोमल रोम पाए जाते हैं। इसके पुष्पों का रंग पीला होता है तथा प्रत्येक पुष्प में 5 बाह्य दल होते हैं। इसके पुष्पित होने का समय अक्टूबर-नवंबर है तथा फल दिसंबर-जनवरी में पक कर तैयार हो जाते हैं।

इस पौधे के पंचांग में फाइटोस्टेराल, राल, म्यूसिन तथा पोटैशियम नाइट्रेट पाया जाता है। इस पौधे का जड़, तना, पत्ती, फल तथा फूल सभी औषधि के रूप में प्रयुक्त होते हैं। यह हृदय विकार, फाइलेरिया, घाव भरने एवं पेट दर्द में लाभप्रद है।

गुड़मार
(Gymnema)

इसे संस्कृत में मेषशृंगी तथा बंगला में मेड़ासिंगी कहते हैं। इसका वानस्पतिक नाम 'Gymnema sylvestre' है। गुड़मार की अनेक शाखाओं वाली चक्रारोही लताएँ होती हैं जो ऊँचे वृक्षों का सहारा मिलने पर काफी ऊँचाई तक चढ़ जाती हैं। शाखाएँ रोमश तथा प्रायः पीताभ होती हैं। पत्तियाँ 2.5 से 5 से.मी. तक लंबी एवं 1.25 से 2.60 से.मी. तक़ चौड़ी होती हैं। पत्तियों का आकार लट्वाकार, अंडाकार, आगे नुकीली तथा आधार की ओर गोलाकार होती हैं। पत्तियाँ रोमश होती हैं तथा शिराओं पर रोम अधिक स्पष्ट होते हैं। शरद् ऋतु में पुष्प तथा वसंत

ऋतु में फल लगते हैं। इसकी पत्तियों को चबाने से जीभ की स्वाद ग्रहण करने की शक्ति नष्ट हो जाती है तथा 1 या 2 घंटे तक कोई भी स्वाद मालूम नहीं पड़ता। इसीलिए इसे गुड़मार या मधुनाशिनी कहते हैं।

मधुमेह में गुड़मार की पत्तियों का प्रयोग बहुत प्रसिद्ध है। इसके प्रयोग से यकृत की क्रिया में सुधार होता है तथा मधुजन संचय की शक्ति बढ़ जाती है जिससे रक्तगत शर्करा की मात्रा कम हो जाती है। अग्न्याशय, अधिवृक्क एवं अवटुग्रंथियों के स्राव में भी यह सहायता करता है, जिससे अप्रत्यक्ष रूप से यकृत में मधु या ग्लूकोज़ को मधुजन या ग्लाइकोजन के रूप में संचित करने की शक्ति बढ़ती है।

गिरिपर्पट

(Indian Podophyllum)

इसे हिंदी में गिरिपर्पट या रिखपित्ता तथा पंजाबी में बनककड़ी कहते हैं। इसका वानस्पतिक नाम 'Podophyllum hexandrum' है। यह हिमालय की भीतरी पर्वत श्रेणियों में सिक्किम से कश्मीर तक पाया जाता है। इसका राइजोम हिमाचल प्रदेश के बाजारों में बेचा जाता है।

इसकी पत्तियाँ व्यास में 15 सेमी तथा आकार में गोलाकार होती हैं। इसके छोटे-छोटे मांसल पौधे होते हैं। इसका वायव्य भाग सूख जाता है किंतु मूल स्तंभ भूमि के अंदर फैलता रहता है। इसके पुष्प बड़े तथा प्रायः सफेद या कभी-कभी गुलाबी रंग के होते हैं। गुण पर्पट की भाँति होने तथा पहाड़ों पर पैदा होने के कारण इसे गिरिपर्पट तथा फल वनभंटा जैसे होने के कारण वनवृंताक तथा फल खाद्य होने के कारण इसे वनककड़ी आदि कहा जाता है।

इसमें रालीय तत्व पोडोफाइलिन पाया जाता है। इसकी जड़ से बनायी जाने वाली औषधि रेचक (Purgative) का काम करती है।

गोखरू बड़ा

(Large Caltrops)

इसे हिंदी में विलायती गोखरू, हस्तिचिंघाड़; मराठी में मोंठें गोखरू; पंजाबी में पिलक; बंगाली में बड़ गोखरि तथा गुजराती में उभा गोखरू कहते हैं। इसका वानस्पतिक नाम 'Pedalium murex' है। यह दक्षिण भारत में विशेष रूप से

समुद्र तट पर मिलता है। यह बलुई भूमि पर भी पाया जाता है। इसकी पत्तियाँ साधारण तथा अंडाकार होती हैं। पत्तियों की लंबाई 6 सेमी. तक होती है। इसके पुष्प पीले रंग के होते हैं। इसके पुष्पित होने का समय जुलाई माह का अंत है तथा फल अगस्त से अक्टूबर तक रहते हैं। इसका फल एवं पत्तियाँ औषधि के रूप में प्रयोग की जाती हैं।

इस पौधे का फल क्षाराभ तथा वसा युक्त होता है। यह यकृत वृद्धि, प्लीहा वृद्धि, धातु दौर्बल्य आदि में लाभकारी है।

गोखरू छोटा
(Small Caltrops)

इसे हिंदी में छोटा गोखरू; मराठी में काटे गोखरू; बंगाली में गोक्षुर तथा गुजराती में बेठा गोखरू कहते हैं। इसका वानस्पतिक नाम 'Tribulus terrestris' है। यह सामान्यतया बलुई भूमि पर भी पाया जाता है। इसकी पत्तियाँ संयुक्त होती हैं। पत्तियों की लंबाई 4 से 9 सेमी तक होती है। इसकी जड़ मूसला होती है तथा इसमें से गन्ने के समान सुगंध आती है। इसके पुष्प पीले रंग के होते हैं। इसके पुष्पित होने का समय अगस्त से फरवरी तक है तथा फल अक्टूबर से मार्च तक रहते हैं। इसका फल औषधि के रूप में प्रयोग किया जाता हैं।

इसके फल के चूर्ण में अधिक मात्रा में नाइट्रेट पाया जाता है। यह वृक्कों के सूजन, पथरी एवं पेट रोग आदि में लाभकारी है।

घुंघची
(Indian or Wild Liquorice)

इसे हिंदी में गंजा, घूँची या घुंघची; पंजाबी में रत्ती; मराठी में गंज; गुजराती में चणोठी तथा बंगला में कुँचा कहते हैं। इसका वानस्पतिक नाम 'Abrus precatorius' है। यह समस्त भारत में पायी जाने वाली स्वयंजात आरोही लता है। इसकी पत्तियाँ युग्मपक्षाकार 5 से 7.5 सेमी. तक लंबी होती हैं। पुष्प सफेद या हलके लाल रंग के होते हैं। पहली वर्षा का जल पड़ते ही पुरानी जड़ से लता उत्पन्न होती है। फलियाँ 2.5 से 4.25 सेमी. चौड़ी एवं आयताकार होती हैं तथा प्रत्येक फली में 2 से 6 तक अंडाकार तथा गोल चमकीले बीज होते हैं। इसका फल रेचक, पुष्टकारी एवं कामोद्दीपक है।

चिरौंजी
(The Cuddapah Almond)

इसका वानस्पतिक नाम 'Buchanania latifolia' है। पौराणिक साहित्य में इसे प्रियाल कहा गया है। यह विंध्याचल क्षेत्र में व्यापक रूप से पाई जाती है। यह हिमालय की उपघाटियों में लगभग 900 मीटर की ऊँचाई तक पाई जाती है। इसकी छाल मगर की खाल की तरह होती है। इसमें हरे रंग के फूल जनवरी में आना प्रारंभ होते हैं तथा अप्रैल-मई में फल पकने लगते हैं। इसके अंदर का बीज अत्यंत कड़ा होता है। इस कड़े बीज के अंदर का भाग छोटा चिपटा और गोल होता है। यही भाग चिरौंजी कहलाता है। इसके बीजों का मींग खाने से कब्ज समाप्त होता है, प्यास कम लगती है और शरीर पुष्ट होता है। यह खाँसी में लाभकारी है। इसका तेल बाल काला करने में प्रयोग किया जाता है। त्वचा के रोगों में इसका उबटन लगाते हैं।

चिरायता
(Chirata or Chirayata)

इसे हिंदी में चिरायता, चिराता, किराततिक्त या भूनिंब; बंगला में चिरेता; मराठी में किराइत तथा गुजराती में करियातुं कहते हैं। इसका वानस्पतिक नाम 'Swertia chirata' है। हिमालय की पर्वत श्रेणियों में यह 1,200 से 3,000 मी. की ऊँचाई तक पाया जाता है। इसके पौधे 60 से 90 सेमी. ऊँचे तथा एकवर्षीय होते हैं। इसकी पत्तियाँ चौड़ी, भालाकार तथा 10 सेमी. तक लंबी होती हैं। इसके पुष्प हरिताभ-पीतवर्ण तथा बैगनी आभा युक्त होते हैं। इससे ज्वर हटाने की तथा पुष्टकारी औषधि बनाई जाती है।

छितवन
(Ditabark Tree)

इसे संस्कृत में सप्तपर्ण एवं हिंदी में सतौना या छतिवन भी कहते हैं। इसका वानस्पतिक नाम 'Alstonia scholaris' है। यह पश्चिमी समुद्र के तटीय वनों में अधिक पाया जाता है। इसका वृक्ष विशाल, सदाहरित एवं सीधा होता है। इसकी नवीन छाल भूरे रंग की तथा पुरानी छाल खुरदरी एवं फटी होती है। इसकी छाल पर प्रायः अनेक गोल सफेद धब्बे पाए जाते हैं। इसकी छाल दीता नाम से प्रसिद्ध है और यह पुराने अतिसार तथा पेचिश में लाभकारी है।

ढेरा

(Sage Leaved Alangium)

इसे हिंदी में अंकोल, अंकोट, ढेरा या दीर्घकील; बंगला में आंकोड़; मराठी में आंकुल तथा गुजराती में ओंक्ला कहते हैं। इसका वानस्पतिक नाम 'Alangium lamarckii (Alangium salvifolium)' है। यह हिमालय की तराई, उत्तर प्रदेश, बिहार, बंगाल, राजस्थान एवं दक्षिण भारत में पाया जाता है। इसका वृक्ष 3 से 6 मी. तक ऊँचा होता है। यह प्रायः वनों या शुष्क भूमि में पाया जाता है। इसका प्रधान कांड लगभग 60 सेमी तक मोटा होता है। पत्तियाँ एकदलपत्र वाली एकांतर क्रम में स्थित होती हैं। जनवरी से मार्च-अप्रैल तक यह फूलता रहता है। फल अप्रैल से जुलाई-अगस्त तक आते रहते हैं। पुष्प 1.5 से 2 सेमी लंबे, सुगंधित तथा सफेद रंग के होते हैं।

यह रक्तचाप को कम करता है। इसकी जड़ की छाल दस्तावर होती है जो पेट के कीड़ों को नष्ट करती है। यह पागल कुत्ते या अन्य जहरीले जानवरों के काटने पर उपचार के लिए लाभदायी है।

तूतगाँठा

(Ephedra, Ma-Huang)

इसे हिंदी में टूटगंठा, तूतगाँठा या सोम; पंजाबी में असमानियाँ तथा बंगला में सोमकल्पलता कहते हैं। इसका वानस्पतिक नाम 'Ephedra gerardiana' है। हिमालय पर्वत श्रेणी पर 2,000 से 4,800 मीटर की ऊँचाई तक इसके स्वयंजात पौधे पाए जाते हैं। मुख्य रूप से चंबा, कुल्लु, लद्‌दाख तथा चकराता आदि में इसके पौधे पाए जाते हैं। इसके पौधे छोटे तथा झाड़ीनुमा होते हैं। कांड पतला, कड़ा और पर्वों पर कुछ मोटा या ग्रंथिल सा होता है। फल लट्टूवाकार, मांसल, लाल और दो काले बीजों से युक्त होता है। इसके पत्तों एवं तने से इफिड्रीन नामक औषधि बनती है जो दमा और पुरानी खाँसी में बहुत लाभ पहुँचाती है।

तेजपत्ता

(Indian Cinnamon)

इसे हिंदी में तेजपत्र, तेजपात या तमालपत्र तथा अरबी में साज़जे हिंदी कहते हैं। इसका वानस्पतिक नाम 'Cinnamomum tamala' है। यह समशीतोष्ण हिमालय

क्षेत्र मुख्यतः गढ़वाल, कुमायूँ, सिलहट एवं खासी पहाड़ियों पर पाया जाता है। इसके सुखाए पत्ते बाजार में तेजपात नाम से मिलते हैं। गरम मसाले में इसके पत्तों का अत्यधिक प्रयोग होता है। इसके वृक्ष मध्यम ऊँचाई के होते हैं। इसकी छाल पतली तथा गाढ़े-भूरे रंग की होती हैं इसकी पत्तियाँ एकांतर एवं अभिमुख दोनों ही क्रम से स्थित होती हैं। नवीन पत्तियाँ गुलाबी रंग लिए होती हैं। यह श्वास रोग, उदर विकार, अतिसार एवं अजीर्ण में लाभकारी है। इसके हरे पत्तों से तेल निकाला जाता है जो खाने से शक्ति प्रदान करता है।

दारुहल्दी
(Indian Berberry)

इसे हिंदी में दारुहल्दी, दारुहरिद्रा, कटंगटेरी, पचंपचा या दार्वी; बंगला में दारुहरिद्रा; मराठी में दारुहलद तथा गुजराती में दारुहलदर कहते हैं। इसका वानस्पतिक नाम 'Berberis aristata' है। हिमालय क्षेत्र में 1,800 से 3,100 मीटर की ऊँचाई पर इसकी स्वयं उगी झाड़ियाँ पायी जाती है। यह बिहार, पारसनाथ एवं नीलगिरि क्षेत्र में भी पायी जाती है। बाजार में इसका काष्ठ एवं मूल (जो पीले रंग का होता है) दारुहल्दी नाम से तथा फल जरिष्क या झरिष्क नाम से मिलता है। इसके 1.5 मी. से 5.5 मी. तक ऊँचाई के कँटीले क्षुप होते हैं। इसके कांड स्कंध 20 सेमी. तक मोटे होते हैं। शाखाएँ-प्रशाखाएँ संख्या में अधिक तथा श्वेताभ या पीताभ रंग की होती हैं। पत्तियाँ 5 से 7.5 सेमी. लंबी, मोटी, मजबूत तथा तीक्ष्ण काँटों से युक्त होती हैं। पुष्प हलके पीले रंग के होते हैं।

इसका प्रयोग मुख्यतः नेत्र, कर्ण और मुख संबंधी रोगों को दूर करने में किया जाता है। यह मलेरिया, कुपाचन, चर्मरोग, हैजा आदि में भी लाभकारी है।

दुधलत
(Rape seed plant or Winter cherry)

इसे हिंदी में दुधलत, मलयालम में पालवल्लि तथा तमिल में परवल्लि कहते हैं। इसका वानस्पतिक नाम 'Ichnocarpus frutesceus' है। यह प्रायः समस्त भारत में पाया जाता है। इसकी लताएँ प्रायः छोटे वृक्षों या गुल्मों के ऊपर फैली होती हैं। इसकी शाखाएँ मुरचई रंग की होती हैं जिनको तोड़ने पर दूध निकलता

है। इसकी पत्तियाँ अंडाकार या चौड़ाई लिए आयताकार होती हैं। इसमें छोटे- छोटे फूलों की सफेद पतली मंजरियाँ होती हैं। किसान लोग इसके तने का उपयोग बोझा बाँधने हेतु करते हैं।

इसकी जड़ का काढ़ा मूत्रवर्धक, रक्तशोधक, पुष्टकारी और लाभदायी होता है।

धतूरा
(Datura)

इसे हिंदी में कनक, धत्तूर, उन्मत्तक या धतूर, बंगला में धूतूरा, मराठी में धोत्र तथा गुजराती में धत्तूरो कहते हैं। इसका वानस्पतिक नाम 'Datura innoxa' है। समस्त भारत में इसके स्वयंजात क्षुप पाए जाते हैं। यह 60 से 150 सेमी. तक ऊँचे होते हैं। पत्तियाँ लट्वाकार या भालाकार होती हैं। पुष्प 15 से 18 सेमी. तक लंबे नलिकाकार होते हैं। फल गोल 8 सेमी. तक व्यास के होते हैं। इसकी एक प्रजाति राजधत्तूर (Datura stramonium) हिमालय क्षेत्र में कश्मीर से सिक्किम तक 2,700 मी. की ऊँचाई तक पाई जाती है। इसी को कृष्ण धत्तूर भी कहा जाता है। इसके पत्तों से स्ट्रामोनियम नामक औषधि बनती है जो दमा में लाभकारी है।

नीम (निंब)
(Margosa, Neem tree, Indian Lilac)

इसे हिंदी में नीव या नीम; बंगला में निम; मराठी में कडूनिब; गुजराती में नीबड़ो; पंजाबी में निंब; संस्कृत में निम्ब तथा फारसी में आजाद दरख्ते हिंद कहते हैं। इसके वृक्ष पूरे देश में पाए जाते हैं। इसका वानस्पतिक नाम 'Azadirachta Indica' है। इसके वानस्पतिक नाम में Indica इसलिए आया है कि यह भारत में बहुत अधिक पाया जाता है। यह 40 से 50 फीट ऊँचा, अनेक शाखाओं-प्रशाखाओं से युक्त, सघन एवं छायादार होता है। वसंत ऋतु में पुराने पत्ते गिर जाते हैं और नए पत्ते निकलने के साथ सफेद रंग के फूलों के गुच्छे निकलते हैं। फल खिरनी के समान होते हैं जिसमें एक बीज होता है। इसे ग्रामीण क्षेत्रों में घरों के आस-पास बहुतायत से लगाया जाता है। अपने चिकित्सीय गुणों के कारण इसे घर का वैद्य कहा जाता है। इसके फलों से मारगोसा आयल प्राप्त किया जाता है।

नीम में कीट नाशन क्षमता होती है। इसकी पत्तियों और बीज से एक कीटनाशक 'अजेडिरैक्टीन' निकाला जाता है। इसके पत्ते पुस्तकों और कपड़ों को कीड़ों आदि से सुरक्षित रखने के काम में प्रयोग किए जाते हैं। इसकी छाल पुष्टकारी होती है। इसकी दातून दाँत के लिए लाभकारी है। इसका प्रयोग अनेक औषधियों एवं दंतमंजन बनाने में किया जाता है।

पलाश (टेसू)
(Flame of the forest)

इसे संस्कृत में किंशुक तथा हिंदी में ढाक, पलाश, टेसू आदि कहते हैं। इसका वानस्पतिक नाम 'Butea monosperma' है। यह लगभग पूरे भारत में पाया जाता है। इसकी पत्तियाँ दिसंबर-जनवरी में झड़ जाती हैं तथा मार्च-अप्रैल में फूल आने प्रारंभ होते हैं। पत्ती विहीन फूलों से भरा वृक्ष जंगल में आग की लपटों जैसा प्रतीत होता है। इसके फूल आकर्षक होते हैं तथा दूर से सुग्गे की चोंच की तरह होने के कारण इसे किंशुक भी कहा जाता है। इसके बीजों से पुष्टकारी तथा तथा बुखार को दूर करने वाली दवा बनाई जाती है। इससे बनी दवा दमा तथा साँप के काटने पर लाभकारी है।

पातालगरुड़ी
(Broom Creeper)

इसे हिंदी में पातालगरुड़ी, छिलहिंट, जलजमनी या महामूल तथा मलयालम में पाणलवेरु कहते हैं। इसका वानस्पतिक नाम 'Cocculus hirsutus or Cocculus villosus' है। यह भारत के उष्ण एवं समशीतोष्ण क्षेत्रों में झाड़ियों या भूमि पर फैली पायी जाती है। यह एक लता है जिसके कांड पतले एवं मुलायम होते हैं। नीचे की पत्तियाँ लट्वाकार, 7.5 सेमी. तक लंबी तथा 5 सेमी. तक चौड़ी होती हैं। ऊपर की पत्तियाँ क्रमशः छोटी एवं आयताकार होती हैं। इसके पुष्प छोटे तथा हरे रंग के होते हैं। फल कच्चे हरे तथा पकने पर काले बैगनी रंग के हो जाते हैं। इसकी जड़ें 3 मी. से 6 मी. तक लंबी होती हैं जो बहुत गहराई तक जाती हैं। इसका बीज 20 वर्ष तक जमीन में पड़े रहने पर भी जमीन में उगने की क्षमता रखता है। इसकी पत्तियों को जल में मसलने पर जल जम जाता है, इसलिए इसका नाम जलजमनी पड़ा। यह जरा

को जमाने वाली अनेक औषधियों में प्रयोग की जाती है। यह सुजाक रोग हेतु भी लाभप्रद है।

पाषाण भेद
(Indian Rock foil)

इसे हिंदी में पाषाण भेद, सिलफड़ा या पथरचूर, तथा मराठी में पषानभेद कहते हैं। इसका वानस्पतिक नाम 'Bergenia ligulata or Saxifraga ligulata' है। लैटिन भाषा में Saxum का अर्थ पत्थर तथा Frango का अर्थ भेदन करना है। समशीतोष्ण (Temperate) हिमालय क्षेत्र में कश्मीर से भूटान तक इसके पौधे पर्वतों की ढालों पर तथा पत्थरों की दरारों से निकले मिलते हैं। इसके बहुवर्षायु छोटे- छोटे पौधे होते हैं तथा चट्टानों के बीच से इनका कांड निकला होता है। इसके मूलस्तंभ रक्ताभ तथा भीतर सफेद होता है। इसकी पत्तियाँ लट्वाकार, 2.5 सेमी. से 15 सेमी. तक लंबी, मांसल, चिकनी तथा कभी-कभी मृदुरोमश होती हैं। पुष्प सफेद, गुलाबी या हलके जामुनी रंग के होते हैं। औषधि निर्माण में इसके मूलस्तंभ या भौमिककांड का प्रयोग होता है। बाजार में यह पाखानभेद नाम से मिलता है। इसकी जड़ का चूर्ण शहद में मिलाकर बच्चों के मसूढ़ों पर लेप करने से दाँत निकलने में कठिनाई नहीं होती। इसकी जड़ से बनाई जाने वाली औषधि सर्दी में होने वाले दर्द, गुर्दे के दर्द एवं पथरी में लाभप्रद है।

पित्त पापड़ा
(Fine Leaved Fumitarie)

इसे हिंदी में पर्पट या पित्त पापड़ा; बंगाली में वनशुल्फा; गुजराती में पित्त पापड़ा तथा फारसी में शाहतर कहते हैं। इसका वानस्पतिक नाम 'Fumaria indica' है। यह अधिकतर खंडहरों तथा बेकार पड़ी भूमि पर पाया जाने वाला पौधा है।

इसकी पत्तियाँ साधारण तथा वृंत युक्त होती हैं तथा तने और शाखाओं पर एकांतर क्रम में लगी होती हैं।

मुख्य तना सीधा तथा शाखान्वित होता है। तने को दबाने से जल जैसा पतला द्रव निकलता है। जड़ 5 से 12 सेमी. लंबी मटमैले रंग की होती है तथा इस पर धागे के समान पतली द्वितीयक जड़ें लगी रहती हैं। इसके पुष्प हरे रंग

के होते हैं। इसके पुष्पित होने का समय दिसंबर-जनवरी है तथा फल जनवरी-फरवरी में आते हैं।

इस पौधे के पंचांग में यूमेरिक अम्ल तथा फ्यूमेरिक नामक क्षाराभ की उपस्थिति पायी गयी है। यह कफ नाश करने, ज्वर कम करने, यकृत पीड़ी, खुजली, खाज, दाद तथा कुष्ठ रोग में लाभकारी है।

पिप्पली
(Long Pepper)

इसे संस्कृत में पिप्पली; हिंदी में पीपर, पीपल, पिप्पली, बड़ी पीपल या बड़ी पीपर; गुजराती में लिंडी पीपल तथा फारसी में पिलपिल दराज कहते हैं। इसका वानस्पतिक नाम 'Piper longum' है। यह लता जाति की वनौषधि है। यह दाक्षिण एवं पूर्वी भारत में पायी जाती है। यह अधिकतर नम एवं छायादार स्थान पर पाया जाने वाला पौधा है।

इसकी बेल अन्य लताओं की भाँति अधिक न बढ़कर थोड़ी दूर में फैलती है। इसकी जड़ कुछ मोटी और खड़ी होती है। इसके पत्ते पान के पत्ते जैसे तथा कोमल होते हैं। इसकी पत्तियाँ साधारण तथा पर्णवृंत युक्त तथा एकांतर क्रम में लगी होती हैं। पत्तियाँ 5 से 10 सेमी. लंबी तथा 3 से 7 सेमी तक चौड़ी होती हैं। मुख्य तना काष्ठीय तथा गोल होता है। तने की संधियों से पत्तियाँ एवं नीचे की ओर को अपस्थानिक जड़ें निकलती हैं। जड़ 15 सेमी. तक लंबी होती हैं। इसके पुष्पित होने का समय सितंबर-नवंबर है तथा फल दिसंबर-मार्च तक आते हैं।

इस पौधे की जड़ में पाइपरीन नामक क्षाराभ होता है। यह जीर्ण ज्वर, हिचकी खाँसी, दमा, प्लीहा वृद्धि, बवासीर, प्रसूति ज्वर एवं बच्चों के दाँत निकलने में लाभकारी है।

पुनर्नवा
(Hog Weed)

इसे हिंदी में पुनर्नवा या लाल पुनर्नवा, पंजाबी में खट्टन, बंगाली में पुनर्नवा तथा मराठी में पुनर्नवा कहते हैं। इसका वानस्पतिक नाम 'Boerhaavia diffusa' है। यह भारत के उष्ण भूमि पर पाया जाने वाला पौधा है जो भूमि पर फैलकर बढ़ता

है। यह ग्रीष्मकाल में सूख जाता है तथा वर्षा ऋतु में पुनः नया जीवन प्राप्त कर लेता है। इसी गुण के कारण इसे पुनर्नवा नाम दिया गया है। इसकी शाखाएँ तीन मीटर लंबाई तक भूमि पर फैली होती हैं।

इसकी पत्तियाँ साधारण, पर्णवृंत तथा विपरीत क्रम पर लगी होती हैं। पत्तियाँ 2 से 4 सेमी तक लंबी, हृदयाकार अथवा गोलाकार होती हैं।

तना तथा शाखाएँ शाकीय एवं लालिमा युक्त होती हैं। जड़ 20 से 40 सेमी. लंबी हलके मटमैले रंग की होती है। यह सामान्यतः उंगली के बराबर मोटी तथा गूदेदार होती है। इसके पुष्प लाल या गुलाबी रंग के होते हैं। इसके पुष्पित होने का समय अक्टूबर से नवंबर तक है तथा फल नवंबर से मार्च तक आते हैं।

इस पौधे की जड़ में पुनर्नवान नामक क्षाराभ पाया जाता है। यह सूजन को कम करने, नेत्र रोगों में, पीलिया एवं महिलाओं के रक्तप्रदर में लाभकारी है। इसके पंचांग का क्वाथ एक बलवर्धक टॉनिक है।

पुत्रंजीव, कुमारबीज, जलपित्री
(Wild Olive Tree)

इसका वानस्पतिक नाम 'Putranjiva roxburghii' है। इसका वृक्ष सदाहरित तथा मध्यम कद का होता है। इसकी शाखाएँ कमजोर होती हैं तथा नीचे की ओर झुकी रहती हैं। इसके पुष्प एकलिंगी तथा हरे रंग के होते हैं। यह गर्भ धारण में लाभकारी है। यह वीर्यवर्धक एवं हाथीपगा में उपयोगी है।

पुदीना
(Mentha)

इसे हिंदी में पुदीना, बंगला में पुदिना, फारसी में पूदिन तथा गुजराती में फुदीनो कहते हैं। इसका वानस्पतिक नाम 'Mentha sativa' है। यह समस्त भारत में लगाया जाता है। यह भूमि पर फैलने वाला सुगंधित क्षुप है। इसकी अनेक जंगली जातियाँ पायी जाती हैं। इसकी पत्तियाँ भालाकार तथा आगे नुकीली होती हैं।

मुख के छाले, पेचिश, पेटदर्द एवं भूख न लगने पर इसका प्रयोग लाभकारी है।

बछनाग (वत्सनाभ)

(Aconitum)

इसे हिंदी में वत्सनाभ, अतिविषा, महौषधि या शृंगीविष; बंगला में मीठे विष, पंजाबी में मीठातेलिया तथा गुजराती में बछनाग कहते हैं। इसका वानस्पतिक नाम 'Aconitum ferox' है। यह सिक्किम से लेकर उत्तर-पश्चिम हिमालय तक 2,500 मीटर के ऊपर के क्षेत्रों मे पाया जाता है। एकोनाइट की अनेक प्रजातियाँ पायी जाती हैं जिसमें कुछ विषैली होती हैं तथा कुछ विषैली नहीं होतीं। इसके पुष्प बड़े आकर्षक होते हैं। फूलों को सूँघने से भी कभी-कभी बेहोशी आ जाती है। इसकी जड़ें अत्यधिक विषैली होती हैं तथा औषधि हेतु इन्हीं जड़ों का संग्रह किया जाता है।

इसका क्षुप छोटा तथा 3 से 4 फीट ऊँचा होता है। इसके कंदमूल के पास के पत्ते पंचपत्री एवं गोल तथा कांड के अग्र ओर के पत्ते छोटे एवं दंतुर होते हैं। इसके पुष्प नीले या हरे नीले रंग के होते हैं।

इसके कंद में वसा, एकोनाइट अम्ल, टैनिक अम्ल, क्षाराभ, पामीटिक अम्ल, गोंद आदि पाए जाते हैं। इसकी जड़ पुष्टकारी एवं सभी प्रकार के ज्वर में लाभकारी है।

बहेड़ा

(Beleric myrobalan)

बहेड़ा को मराठी में 'बेहेड़ा'; तमिल में 'अक्कदम'; तेलगू में 'विभीतकमु'; गुजराती में 'बेहेड़ा'; बंगला में 'बहेरा'; संस्कृत में 'बिभतक'; मलयालम में 'थानी' तथा कन्नड़ में 'तारि' कहते हैं। इसका वानस्पतिक नाम 'Terminalia belerica' है। बहेड़े का वृक्ष 25 से 35 मीटर तक ऊँचा होता है। इसके पत्ते अप्रैल में निकलते हैं तथा फरवरी-मार्च में गिर जाते हैं। शुष्क एवं बंजर भूमि को छोड़कर यह प्रायः पूरे भारत में मिलता है। आयुर्वेद की प्रसिद्ध औषधि 'त्रिफला' में इसके फल का सर्वाधिक प्रयोग होता है।

बरगद (भंडीर)

(Banyan tree)

बरगद को कन्नड़ में 'गोडिमर'; गुजराती में 'वड '; तमिल में 'आलमर'; तेलगू

में 'वटीु'; बँगला में 'बड़गाछ'; मराठी में 'वडा'; मलयालम में 'वाटाम' तथा संस्कृत में 'वट' कहते हैं। इसका वानस्पतिक नाम 'Ficus bengalensis' है। इसका पौराणिक नाम 'न्यग्रोध' है। यह विशाल आकार का दीर्घायु वृक्ष है। इसकी जटा और शाखाएँ मिलकर स्वतंत्र वृक्ष बन जाते हैं। पत्ते चौड़े गोलाकार और मोटापन लिए होते हैं। फल छोटे मध्यम आकार के और पकने पर चमकीले लाल रंग के होते हैं। यह भारत में सर्वत्र पाया जाता है। इसकी हवाई जड़ें धरती तक जाती हैं तथा मिट्टी से मिलकर अलग तने का रूप ले लेती हैं। मुख्य तना धीरे-धीरे सूख जाता है और उसका स्थान अनेक नए तने ले लेते हैं। इसकी जड़ का काढ़ा डाइबिटीज के रोग में लाभप्रद है। इसका दूध शक्तिवर्धक होता है।

ब्राह्मी

(Indian Penny-Wort)

इसे हिंदी में ब्राह्मी, मांडूकी या मंडूकपर्णी; मराठी में ब्राह्मी; बंगला में थुल-कुडी तथा गुजराती में ब्राह्मी कहते हैं। इसका वानस्पतिक नाम 'Hydrocotyle asiatica' है। यह मुख्यतः तराई क्षेत्र एवं बिहार में नदी-नालों एवं नहरों के किनारे पायी जाती है। इसके छोटे-छोटे छत्तेदार विसर्पी पौधे होते हैं, जिसकी प्रत्येक ग्रंथि पर अनेक मूल तथा फल-फूल लगते हैं। इसकी पत्तियाँ गोलाकार-वृक्काकार, व्यास में 1.25 से 6.25 सेमी. होती हैं। पुष्प वृंतरहित लाल रंग के होते हैं जो 3 से 6 के गुच्छों में होते हैं। फल लगभग 8 मिमी. लंबे होते हैं। दिमाग की शक्ति बढ़ाने के लिए इसकी पत्तियों का सेवन बादाम के साथ किया जाता है।

बीजासाल

(Indian Kino-Tree)

इसे हिंदी में बिजयसार, बिजासार, बीजासाल, असन, बीजक या प्रियक; बंगला में पियासाल; मराठी में बिवला, तथा गुजराती में बीयो कहते हैं। इसका वानस्पतिक नाम 'Pterocarpus marsupium' है। इसके वृक्ष दक्षिण भारत के पश्चिमी भाग के वन क्षेत्रों में बहुतायत से मिलते हैं। इसके वृक्ष ऊँचे तथा पतझड़ करने वाले होते हैं जिनका कांडस्कंध मोटा एवं कुछ टेढ़ा-मेढ़ा होता है। इससे शाखाएँ निकलकर चारों ओर फैली होती हैं। इसकी पत्तियाँ पक्षवत् 5 से 7 पत्रकों

से युक्त होती हैं जो रूप में आयताकार या अंडाकार 6.25 से 12.5 सेमी. लंबी होती हैं। इसमें फूल जाड़े के प्रारंभ में आते हैं जो श्वेताभ पीतवर्ण के होते हैं। जाड़े के अंत तक इसमें फल आता है। पानी भरे बर्तन में इसकी लकड़ी 24 घंटे रखने से वह नीला हो जाता है। यह पानी डायबिटीज के रोग में लाभकारी होता है।

बेल
(Bael tree)

बेल को मराठी में 'बेल', तमिल में 'बिल्दम', तेलगू में 'मारेडू', गुजराती में 'बिल', बंगला में 'बेल', संस्कृत में 'बिल्व', मलयालम में 'विल्वम' तथा कन्नड़ में 'बिलपने' कहते हैं। इसका वानस्पतिक नाम 'Aegle marmelos' है। यह लगभग पूरे भारत में पाया जाता है। इसका विशेष धार्मिक महत्व है इसलिए यह मंदिरों के पास लगाया जाता है। इनका खोल कड़ा तथा पकने पर हरा एवं सुनहरा पीला हो जाता है। आयुर्वेदिक चिकित्सा पद्धति में बेल का विशिष्ट स्थान है। पेट की बीमारियों हेतु यह विशेष लाभप्रद है। इसके फल का गूदा दस्त और पेचिश में लाभकारी है। भुना हुआ कच्चा फल अतिसार तथा रक्तातिसार में उपयोगी है। यदि ज्वर न हो तथा रोगी दुर्बल एवं उसका पाचन खराब हो तब यह विशेष लाभकारी है।

भरभंडा
(Maxican Poppy or Prickly Poppy)

इसे हिंदी में शियाल काँटा, भरभंडा, सुवर्णक्षीरी या कटुपर्णी; गुजराती में दारूजी; बंगाली में शिमाल कांटा तथा मराठी में कांटे धोत्रा कहते हैं। इसका वानस्पतिक नाम 'Argemone maxicana' है। यह देश के अनुपयोगी भूमि पर उगा पाया जाता है। यह 1 मी. तक लंबा होता है।

इसकी पत्तियाँ सामान्य तथा एकांतर क्रम पर लगी होती हैं। पत्तियाँ 7 से 17 सेमी तक लंबी, पर्णवृंत विहीन तथा अनुपर्ण विहीन होती हैं।

तना सीधा एवं शाखान्वित होता है। तने पर पतले रंग की हरी छाल पाई जाती है। तने को तोड़ने पर हलके पीले रंग का विशेष प्रकार की गंध युक्त तरल पदार्थ निकलता है। इसके पुष्प पीले रंग के होते हैं। इसके पुष्पित होने का समय अक्टूबर से मई तक है तथा इन्हीं फूलों से फल बनकर वहीं भूमि पर गिरते रहते हैं।

इस पौधे के फल तथा पत्तियों में बरबेरीन तथा प्रोटोपाइन क्षाराभ पाए जाते हैं। इस पौधे के बीज विरेचक, कुष्ठ रोग नाशक तथा कृमिनाशक हैं। यह कुष्ठ रोग, दाद, खुजली, आमातिसार तथा बिच्छू काटने पर लाभकारी है। सरसों के तेल के साथ इसका प्रयोग हानिकारक है।

भृंगराज (भँगरैया)
(Trailing Eclipta)

इसे हिंदी में भँगरैया; मराठी में माका; बंगाली में भीमराज तथा गुजराती में भांगरो कहते हैं। इसका वानस्पतिक नाम 'Eclipta alba' है। भौंरे के समान शोभायमान केशों को जन्म देने के कारण इसे भृंगराज कहा जाता है। यह सामान्यतया नम भूमि या जलाशयों के किनारे पाया जाता है। ऐसे स्थान जहाँ पानी का सोता बहता है, यह बारह मास पाया जाता है। इसकी पत्तियाँ सामान्य तथा विपरीत क्रम में लगी होती हैं। पत्तियों की लंबाई 5 से 6 सेमी तक होती है। तना गोल तथा हरे रंग का होता है। इसकी मुख्य जड़ 5 से 8 सेमी. तक लंबी होती है तथा तने की संधियों से भी पतली अपस्थानिक जड़ें निकल आती हैं। इसके पुष्प श्वेत रंग के होते हैं। इसके पुष्पित होने का समय अगस्त से फरवरी तक है तथा फल अक्टूबर से मार्च तक रहते हैं। इसका बीज तथा जड़ें औषधि के रूप में प्रयोग की जाती हैं।

इस पौधे में एक्लिप्टीन नामक रसायन मिलता है। यह त्वचा संबंधी रोग, खुजली, कुष्ठ आदि में लाभकारी है।

भिलावा
(The Marking-nut Tree)

इसे हिंदी में भल्लातक, भिलावा या भिलावा; पंजाबी में भेला; मराठी में बिब्बा, गुजराती में भिलामां तथा फारसी में लादुर कहते हैं। इसका वानस्पतिक नाम 'Semecarpus anacardium' है। यह भारत के गर्म भागों में पाया जाता है। इसका वृक्ष 30 से 40 फीट तक ऊँचा होता है। इसकी छाल 1 इंच तक मोटी तथा भूरी होती है। इसकी छाल पर घाव करने से गाढ़ा रस निकलता है जो वार्निश बनाने के काम आता है। इसकी लकड़ी खाकी मिश्रित लाली एवं सफेदी लिए भूरे रंग की होती है। जनवरी में पुराने पत्ते गिर जाते हैं। वसंत ऋतु में नए पत्ते

तथा फूल आते हैं। इसका फूल हरापन लिए सफेद या पीला होता है। इसका फल खाया जाता है। इसके बीजों का तेल सफेद दाग में लाभप्रद है।

मकोय
(Garden Nightshade)

इसे हिंदी में मकोय, छोटी मकोय, मकोइया; मराठी में चिकणा; पंजाबी में पिलक; बंगाली में गुड़कामाई तथा गुजराती में पीलुडी कहते हैं। इसका वानस्पतिक नाम 'Solenum nigrum' है। यह भारत के वनों, बगीचों, जोते हुए खेतों एवं गृह उद्यानों में अपने आप उगा मिलता है। इसकी पत्तियाँ साधारण तथा एकांतर क्रम पर लगी होती हैं। पत्तियाँ पर्णवृंत युक्त होती हैं तथा पर्णवृंत की लंबाई 2 से 6 सेमी तक होती है। इसके पुष्प हरे रंग के होते हैं। इसके पुष्पित होने का समय सितंबर माह का अंत है तथा फल अक्टूबर-नवंबर में पक कर अप्रैल तक रहते हैं।

इस पौधे में सोलेनिन नामक क्षाराभ पाया जाता है। यह यकृत रोग, ज्वर, कुष्ठ रोग तथा पेचिश में लाभकारी है।

मंडूकपर्णी
(Indian Penywort)

इसे हिंदी में ब्राह्मी भेद, ब्रह्मांडूकी या मंडूकपर्णी; बंगाली में भोलकुरी; कन्नड़ में बंदेलग तथा तेलगू में मंडूक ब्राह्मी कहते हैं। इसका वानस्पतिक नाम 'Centalla asiatica' है। यह नम भूमि पर पाया जाने वाला पौधा है।

इसकी पत्तियाँ साधारण, वृंत युक्त तथा आकार में वृक्काकार होती हैं। मुख्य तना गोल तथा कमजोर होता है। तने पर पतले-पतले सफेद रोम पाए जाते हैं। संधियाँ तथा पर्व संधियाँ स्पष्ट होती हैं। संधियों पर 2-4 तक पत्तियाँ विपरीत क्रम में लगी होती हैं। इन्हीं संधियों से जड़ें निकलकर भूमि में प्रवेश कर पौधे को सहारा देती हैं। जड़ झकड़ा होती है जो 5 से 10 सेमी. लंबी होती है। इसके पुष्प गाढ़े लाल रंग के होते हैं। इसके पुष्पित होने का समय सितंबर-जनवरी है तथा फल दिसंबर-फरवरी में आते हैं।

इस पौधे में हाइड्रोकोटिलिन पाया जाता है। यह बच्चों की तुतलाहट कम करने, स्मरण शक्ति बढ़ाने, चेचक रोग, मानसिक विकार, उच्च रक्तचाप एवं फोड़े-फुंसियों में लाभकारी है।

मुलेठी
(Liquorice Root)

इसे हिंदी में मुलहटी, मीठी लकड़ी या जेठीमध बंगला में यष्टिमधु, मराठी में जेष्टिमध तथा गुजराती में जेठीमध कहते हैं। इसका वानस्पतिक नाम 'Glycyrrhiza glabra' है। पंजाब तथा कश्मीर में इसकी खेती की जाती है। इसके पौधे 45 से.मी. से 1.5 मी. तक ऊँचे बहुवर्षीय- होते हैं। पत्तियाँ विषम पक्षवत्, पत्रक संख्या में 4 से 7 अंडाकर एवं भालाकार होते हैं। फूल हलके गुलाबी अथवा बैंगनी रंग के होते हैं। फूल लगभग 1.25 से.मी. लंबे होते हैं।

इसकी जड़ें हीं व्यावसायिक मुलेठी के रूप में बाजार में मिलती हैं। मुलेठी में एक विशिष्ट प्रकार की गंध होती है तथा स्वाद में मधुर होती है। खाँसी के लिए चूसने की गोलियों में इसका उपयोग किया जाता है। इसके चूर्ण का उपयोग गोली बनाने में सहायक द्रव्य के रूप में किया जाता है। रक्त वमन में भी इसका प्रयोग किया जाता है।

मूसली सफेद
(Musale)

इसे हिंदी में मुसली, श्वेत मूसली, तालमूली या मुशली; बंगला में श्वेतमुषली, मराठी में सफेत मुसली तथा गुजराती में धोली मुसली कहते हैं। इसका वानस्पतिक नाम 'Asparagus adscendens' है। यह पश्चिम हिमालय, पंजाब, गुजरात एवं मध्य भारत में पाया जाता है। रतलाम में सबसे अच्छी सफेद मूसली पायी जाती है। इसका पौधा काँटेदार, स्वावलंबी, शाखाएँ झुकी हुई और आरोहणशील होती हैं। मुख्य कांड लंबा, ऊँचा, मोटा, गोल और चिकना होता है। शाखाएँ राख के रंग की, नालीदार एवं कोणयुक्त होती हैं। काँटे 1.25 सेमी. से 1.87 सेमी लंबे, मोटे और सीधे होते हैं। श्वेत, कंद जैसा मूलों का गुच्छा मूलस्तंभ से निकला होता है। इन्हीं मूलों की छाल उतारकर इसे सुखा लिया जाता है। यही बाजार में सफेद मूसली नाम से बिकती है। बाजार में बिकने वाली सफेद मूसली छिलका उतारकर सुखायी हुई कंदाकार जड़ें होती हैं जो 5 से 7.5 सेमी. लंबी, 0.625 सेमी. तक मोटी, कड़ी, हाथी दाँत के समान, श्वेत तथा ऐंठी हुई एवं तोड़ने पर भंगुर होती हैं। यह स्वाद में फीकी होती है तथा जल में भिगोने पर फूलती है। इसमें स्टार्च न होने के कारण इसका उपयोग मधुमेह में किया जाता है। यह सभी प्रकार के दौर्बल्य, शुक्र दौर्बल्य, श्वेत प्रदर, अतिसार एवं पेचिश में लाभकारी है।

मूसली सफेद
(Musale)

यद्यपि 'Asparagus adscendens' को ही सफेद मूसली कहते हैं किंतु कंद के मूसली के समान उपयोग के कारण 'Chlorophytum borivilianum' को भी सफेद मूसली कहा जाता है। यह छोटा पौधा है जो वर्षा ऋतु के बाद हरा-भरा हो जाता है। शुक्र दौर्बल्य आदि में इसके कंद का उपयोग भी मूसली की भाँति किया जाता है।

मूसली काली
(Black Musale)

इसे हिंदी में काली मूसली, स्याह मूसली, मुसलिकंद या तालमूली; बंगला में तालमूसली; गुजराती में काली मूसली तथा मराठी में काली मूसली कहते हैं। इसका वानस्पतिक नाम 'Curculig orchioides' है। यह समस्त भारत में पायी जाती है। इसकी जड़ के गोल कटे टुकड़े बाजारों में 'मुसलीकंद' नाम से बिकते हैं। इसके पौधे 30 से 45 सेमी. ऊँचे होते हैं। प्रत्येक पौधे में 3 से 4 भालाकार पत्तियाँ होती हैं। इसके पुष्प अत्यंत छोटे पीले रंग के होते हैं। मूलस्तंभ सीधा और मोटा होता है। पुरानी चक्राकार पत्र-संधियों के कारण यह तालवृक्ष के स्कंध जैसा लगता है। इसका प्रयोग सफेद मूसली की भाँति है। कामावसाद और शुक्रमेह में इसका चूर्ण चीनी के साथ खाते हैं।

मेउड़ी
(Five-leaved Chest-tree)

इसे हिंदी में सम्हालू, म्योड़ी, मेउँड़ी या निर्गुंडी; बंगला में निशिंदा; मराठी में निर्गुंडी तथा गुजराती में नगोड कहते हैं। इसका वानस्पतिक नाम 'Vitex negundo' है। समस्त भारत में इसके स्वयंजात वृक्ष मिलते हैं। इसके वृक्ष 3.6 मी. तक ऊँचाई वाले होते हैं जिससे अनेक पतली शाखाएँ निकलती हैं। पत्तियाँ सपत्रक होती हैं जिसमें 3 से 5 पत्रक होते हैं। फल छोटे, नीला और बैगनी आभा लिए श्वेत वर्ण के होते हैं। फल गोलाकार, मांसल होते हैं जो पकने पर काले हो जाते हैं। इसमें वर्षा के प्रारंभ में फूल तथा जाड़े में फल आता है। इसकी छाल पुष्टकारी तथा कीड़े मारने वाली होती है। इसकी जड़ बुखार दूर करती है।

मैदालकड़ी

(Common Tallow Chinensis)

इसे हिंदी में मैदालकड़ी, मेद या चंदना; मराठी में मेदालकड़ी; गुजराती में मेदालकड़ी; पंजाबी में मेदासक तथा फारसी में मगासे हिंदी कहते हैं। इसका वानस्पतिक नाम 'Litsea glutinosa or Litsea chinensis' है। यह भारत के समस्त उष्ण प्रदेशीय जंगलों में पाई जाती है। इसके वृक्ष प्रायः घाटियों तथा छायादार नालों के पास अधिक मिलते हैं। इसका संग्रह मुख्यतः मध्य भारत के वन क्षेत्रों में किया जाता है। इसकी छाल बाजार में सर्वत्र पंसारियों के यहाँ मिलती है। इसके मध्यम आकार के सदाहरित वृक्ष होते हैं, जिसकी पत्तियाँ मसलकर सूँघने से गंध आती है। इसकी छाल के चूर्ण का लेप हड्डी जोड़ने के काम आता है।

रोहिणी

(The Monkey-face Tree)

इसे हिंदी में कमीला, रोरी या रोहिणी; मराठी में कपिला; गुजराती में कपीलो तथा फारसी में कंबीला कहते हैं। इसका वानस्पतिक नाम 'Mallotus philippensis' है। यह उत्तर प्रदेश, मध्य प्रदेश, महाराष्ट्र, पश्चिम बंगाल एवं उड़ीसा के जंगलों में मुख्य रूप से पाया जाता है। इसके वृक्ष मध्यम आकार के 7 से 9 मी. तक ऊँचे होते हैं। पत्तियाँ साधारण तथा एकांतर क्रम में स्थित 7.5 से 22.5 सेमी तक लंबी होती हैं। पुष्प मंजरियाँ प्रायः भूरे या लाल रंग की होती हैं। इसके फल के ऊपर का लाल चूर्ण पेट के कीड़े मारने के काम आता है।

लाजवंती

[Sensitive Plant (Touch me not)]

इसे हिंदी में लज्जालु, अंजलीकारिका, छुई-मुई या लज्जावंती कहते हैं। इसका वानस्पतिक नाम 'Mimosa pudica' है। यह अतिशाखीत, प्रसरणशील, कंटक युक्त गुल्म है। इसके पत्र संयुक्त, संवेदनशील एवं लंबे पत्रवृंत वाले होते हैं। फलियाँ संधि युक्त तथा सुक्ष्म काँटे वाली होती हैं। इसके पत्तों का काढ़ा पीने से पथरी टूट-टूट कर मूत्र के साथ निकल जाती है।

लौंग
(Clove Tree)

इसका वानस्पतिक नाम 'Syzygium aromaticum या Eugenia caryophyllus' है। यह इंडोनेशिया एवं तंजानिया में प्राकृतिक रूप से पाया जाता है। भारत में मुख्यतः तमिलनाडु एवं केरल में इसकी खेती की जाती है। यह मध्यम आकार का सदाहरित वृक्ष है। इसकी पत्तियाँ 7 से 10 से.मी. लंबी चमकीले हरे रंग की होती हैं। इनको मसलकर सूँघने से सुगंध मालुम होती है। पुष्प छोटे, बैगनी रंग के तथा अत्यंत सुगंधित होते हैं। कलिकाएँ पहले सफेद, बाद में हरी एवं अंततः लाल हो जाती हैं। कलिकाओं को सुखाकर संग्रह किया जाता है। यही लौंग रूप में बाजार में मिलती है।

लौंग पान के साथ एवं अन्य रूप में खाने के काम आती है। इसका तेल दाँतों के इलाज हेतु लाभकारी है।

वचा
(Sweet Flag)

इसे हिंदी में वचा, उग्रगंधा, घोड़बच, षड्ग्रंथा या शतपर्विका; बंगला में बच; मराठी में वेखंड तथा गुजराती में घोड़ाबज कहते हैं। इसका वानस्पतिक नाम 'Acorus calmus' है। यह पूरे भारत में पाया जाता है। इसके सूखे हुए मूलस्तंभ बाजारों में 'घोड़बचनाम' नाम से बिकते हैं। इसके पौधे 60 सेमी. से 1.5 मी. तक ऊँचे होते हैं। इसकी पत्तियाँ तलवार की भाँति 60 सेमी तक लंबी तथा 1.25 से 2.5 सेमी. तक चौड़ी होती हैं। इसके पुष्प पीताभ श्वेत होते हैं। इसका मूलस्तंभ अदरक की भाँति भूमि में फैलता है तथा खुरदरा, झुर्रीदार, भूरे रंग का तथा सुगंधित होता है। इसकी पत्तियाँ भी सुगंधित होती हैं जिससे विदेशों में इत्र निकाला जाता है।

यह गले की सूजन, कफ पित्त वात तथा पेट में वायु की अधिकता हेतु उपयाोगी है। इसे पुष्टकारी औषधि के रूप में भी प्रयोग करते हैं।

वरुण
(Varuna)

इसे संस्कृत में वरुण, सेतु एवं हिंदी में बरुन, बरना आदि कहते हैं। इसका

वानस्पतिक नाम 'Crataeva nurvala or Crataeva relgiosa' है। यह लगभग सभी स्थानों पर लगाया हुआ मिल जाता है। यह वृक्ष जंगलों में प्रायः नालों के किनारे एवं नम स्थानों पर पाया जाता है। इसका वृक्ष मध्यम आकार का होता है, छाल लगभग आधा इंच मोटी एवं सफेद रंग की होती है। पत्तियाँ बेलपत्र की भाँति त्रिपत्रक होती हैं। फूल व्यास में 5 से 7.5 सेमी. जामुनी छाया लिए सफेद रंग का होता है। इसकी टहनियों पर सफेद दाग होते हैं। इसके पत्तों को मसलने से तीव्र गंध आती है। इसकी छाल का काढ़ा खाँसी में लाभ पहुँचाता है। इसके पत्तों का काढ़ा निमोनिया में लाभकारी है।

वनफ़शा
(Sweet Violet)

इसे हिंदी में वनफ़शा, बनफ्सा; गुजराती में बनफशा तथा फारसी में बनफ्श कहते हैं। इसका वानस्पतिक नाम 'Viola odorata' है। यह कश्मीर एवं पश्चिमी हिमालय क्षेत्र में 1,500 से 1,800 मीटर की ऊँचाई तक जंगलों में स्वयंजात पाया जाता है। अनेक पहाड़ी स्थानों पर वनफशे की खेती भी की जाती है। इसके पौधे छोटे तथा पत्तियाँ हृदयाकार होती हैं। इसके फूल बैगनी रंग के एवं सुगंधित होते हैं। इसके फूलों का काढ़ा खाँसी एवं जुकाम में बहुत लाभकारी है।

शंखपुष्पी
(Shankh Pushpi)

इसे हिंदी में शंखपुष्पी या शंखाहुली; गुजराती में शंखावली तथा मराठी में सांखवेल कहते हैं। इसका वानस्पतिक नाम 'Convolvulus pluricaulis choisy' है। इसका पुष्प शंख जैसा होने के कारण इसे शंखपुष्पी कहा जाता है। यह सामान्य रूप से भूमि पर फैला पाया जाता है। इसकी शाखाएँ 8 से 30 सेमी. तक लंबी होती हैं जो मुख्य तने पर चक्राकार रूप में लगी होती हैं तथा मुख्य तने के चारों ओर फैली होती हैं।

इसकी पत्तियाँ साधारण तथा शाखाओं पर एकांतर क्रम में लगी होती हैं। पत्तियों का किनारा चिकना होता है। पत्तियों की लंबाई 1 से 3 सेमी. तक होती है।

तना छोटा तथा 5 से 10 सेमी. तक लंबा होता है। इसकी मुख्य जड़ 5 से 10 सेमी. तक लंबी होती है। शाखाएँ पतली सुतली जैसी होती हैं।

इसके पुष्प सफेद, गुलाबी अथवा नीले रंग के होते हैं। इसके पुष्पित होने का समय मई से दिसंबर तक है तथा फल दिसंबर तक रहते हैं। फल पकने के पश्चात भूमि पर गिर जाते हैं तथा मानसून ऋतु में नए पौधे उग आते हैं।

इस पौधे का रस कसैला होता है। यह स्मरण शक्ति में वृद्धि करने वाला है। यह बच्चों के बिस्तर पर मूत्र विसर्जन के रोग में तथा पेट दर्द एवं शारीरिक दुर्बलता में लाभप्रद है।

सुगंधबाला (तगर)

(Indian Valarian)

इसे हिंदी में तगर या सुगंधबाला; पंजाबी में सुगंधबाला तथा गुजराती में तगर गंठोडा कहते हैं। इसका वानस्पतिक नाम 'Valerianae indica' है। यह कश्मीर से भूटान तक 2,100 मीटर से 3,000 मीटर की ऊँचाई तक पाया जाता है। इसके सूखे हुए मूल स्तंभ बाजार में 'सुगंधबाला' के नाम से बिकते हैं। इसके पौधे बहुवर्षीय, शाकीय एवं रोमश होते हैं जिसका मूलस्तंभ मोटा और जमीन में अनुप्रस्थ दिशा में फैला होता है। इसके पुष्प श्वेत या कुछ-कुछ गुलाबी होते हैं। पुष्प प्रायः एकलिंगी होते हैं। नर तथा मादा पुष्प अलग-अलग पौधों पर पाए जाते हैं।

सुगंधबाला में एक वाष्पशील तेल पाया जाता है जो इसका मुख्य सक्रिय तत्व है। इस तेल में स्क्विटर्पीन (Sesquiterpens), वैलेरिक एसिड (Valeric acid) तथा टर्पीनएल्कोहल आदि तत्व प्रमुख रूप से पाए जाते हैं। इसकी जड़ उद्दीपक (Stimulant) मानी जाती है। यह वायुहर (Carminator) तथा अंगग्रहनाशक (Antispasmodic) है। यह मूर्छा रोग (Hysteria) में लाभकारी है।

सर्पगंधा

(Serpentina)

इसे हिंदी में नाकुली, सर्पांगी, सर्पगंधा, धनमरवा, इसरगज या चंदमरवा; बंगला में चाँदड़ तथा मराठी में अडकई कहते हैं। इसका वानस्पतिक नाम 'Rauwolfia serpentina' है। यह प्रायः समस्त भारत में पाया जाता है। औषधि निर्माण में इसकी अत्यधिक माँग जंगली पौधों से पूरी न होने के कारण अनेक स्थानों पर बड़े पैमाने पर इसकी खेती की जा रही है। इसके पौधे बीज से तथा जड़ काटकर लगाने से लग जाते हैं। इसके पौधे 25 सेमी. से 56 सेमी. तक ऊँचे होते हैं। इसकी पत्तियाँ 5 से 17 सेमी. तक लंबी तथा भालाकार होती हैं। इसका कांड बेलनाकार, पीली छाल वाला होता है जिसको तोड़ने से हलके पीले रंग का दूध जैसा रस निकलता है। इसके पुष्प छोटे तथा सफेद होते हैं। फल छोटे तथा मटर के दाने के समान एवं लाल रंग के होते हैं। इसकी ज़ड़ 40 सेमी. तक लंबी, 2 सेमी. तक मोटी तथा टेढ़ी-मेढ़ी होती है। इसकी जड़ से उच्च रक्तचाप या ब्लड प्रेशर की औषधि बनायी जाती है। बिहार में इसका प्रयोग पागल की दवा के रूप में किया जाता है। निम्न रक्तचाप (लो ब्लड प्रेशर) के रोगी को इसका प्रयोग नहीं करना चाहिए।

सालम मिश्री

(Salep)

इसे हिंदी में सालम मिश्री; बंगला में सालम् मिछरि तथा मराठी में सालम मिश्री कहते हैं। इसका वानस्पतिक नाम 'Eulophia campesrris' है। यह कश्मीर से भूटान तक तथा नीलगिरि पहाड़ियों पर मिलती है। इसके पौधे 15 से 30 सेमी. तक ऊँचे तथा पत्तियाँ 25 से 40 सेमी. तक लंबी तथा रेखाकार होती हैं। इसमें नीले या बैगनी रंग के पुष्प आते हैं। फल 2.5 सेमी. तक लंबे तथा अंडाकार होते हैं। कंद छोटे आलू जैसा तथा खाने में स्वादिष्ट होता है। बाजार में सालम मिश्री—पंजासालम तथा लहसुनी सालम नाम से 2 प्रकार से मिलती है। पंजासालम गोल, चपटी तथा करतलाकार तथा महँगी होती है तथा लहसुनी सालम लहसुन के जवों की भाँति होती है। यह पुष्टकारी औषधि के रूप में प्रयोग की जाती है।

सोनपाठा

(Broken Bones Tree)

इसे हिंदी में श्योनाक, शुकनास, सानापाठा या दीर्घवृंत; बंगला में शोणा तथा मराठी में टेंटू कहते हैं। इसका वानस्पतिक नाम 'Oroxylum indicum' है। भारत के पश्चिमी शुष्क प्रदेशों को छोड़कर प्रायः सर्वत्र इसके जंगली वृक्ष पाए जाते हैं।

इसके वृक्ष 4.5 से 7.5 मी. तक ऊँचे तथा पत्तियाँ 0.6 मी. से 1.2 मी. लंबी होती हैं। वसंत ऋतु में वृक्ष पर्ण विहीन हो जाता है जिसमें तलवार जैसी फलियाँ लटकी रहती हैं। इसके जड़ की छाल मोटी, बाहर से भूरी तथा अंदर पीले रंग की होती हैं। इसकी जड़ का रस मीठे तेल में गरम कर कान में टपकाने से कान का दर्द ठीक हो जाता है। इसकी जड़ का काढ़ा पेचिश में लाभकारी है।

सारिवा

(Indian Sarsaparilla)

इसे हिंदी में सारिवा, आस्फोता, अनंतमूल, गोपी या अनंता; बंगला में अनंतमूल; गुजराती में उपलसरी तथा मराठी में उपरसाल कहते हैं। इसका वानस्पतिक नाम 'Hemidesmus indicus' है। यह उत्तरी, मध्य एवं पूर्वी भारत के मैदानी भागों में पायी जाने वाली बहुवर्षायु लता है जो भूमि पर फैलती है अथवा समीप के पौधे पर लिपटकर चढ़ती है। पत्तियाँ अंडाकार अथवा भालाकार होती हैं। पुष्प बाहर से हरापन लिए अंदर से परपिल रंग के होते हैं। अनंतमूल की ताजी जड़ में हेमिडेस्टेरोल एवं हेमिडेस्मोल नामक दो स्टेरोल पाए जाते हैं। इसकी सूखी हुई जड़ें औषधि के रूप में पुष्टकारी, रक्त शोधक एवं अधिक पेशाब लाने वाली होती हैं। इसका प्रयोग ताजी अवस्था में अधिक लाभप्रद है। बाद में इसकी सुगंध नष्ट हो जाती है तथा 4 या 5 माह बाद औषधि भी विकृत हो जाती है।

समुद्रफल

(Barringtonia)

इसे हिंदी में समुंदरफल, इंजर, हिज्जल या समुद्रफल; मराठी में समुद्रफल; गुजराती में समुदरफल तथा बंगला में हिजल कहते हैं। इसका वानस्पतिक नाम 'Barringtonia acutangula' है। यह भारत के अनेक भागों में मुख्यतः तराई क्षेत्र, बिहार, उड़ीसा, पश्चिम बंगाल, आसाम, मध्य प्रदेश एवं दक्षिण भारत में पाया जाता है। नदियों के किनारे तथा जलमग्न भूमि पर इसके वृक्ष अधिक मिलते हैं। यह मध्यम ऊँचाई का 9 से 12 मी. तक ऊँचा वृक्ष है। इसकी पत्तियाँ सामान्यतः 12.5 से 15 सेमी. लंबी तथा 5 से 7.5 सेमी. तक चौड़ी होती हैं। पुष्प सुंदर तथा लाल रंग के होते हैं। इसका पीसा हुआ बीज कफ निकालने की दवा के रूप में प्रयोग किया जाता है। इसके पत्ते पुष्टकारी दवा बनाने में प्रयोग किए जाते हैं।

सहजन

(Indian Horse-Radish Tree)

इसे हिंदी में सहजन, सैजन, मुनगा या सोहाजन; बंगला में शजिना; गुजराती में सरगवो तथा मराठी में शेवगा कहते हैं। इसका वानस्पतिक नाम 'Moringa oleifera' है। समस्त भारत में इसके पौधे स्वयंजात एवं लगाए हुए मिलते हैं। जंगली वृक्षों के फल-फूल कड़वे होते हैं किंतु लगाए वृक्षों की फलियाँ मीठी होती हैं जो खाने में प्रयुक्त होती हैं। इसकी छाल मोटी तथा मुलायम होती है तथा काष्ठ भी कोमल होता है। जब इसके वृक्ष फलियों से लद जाते हैं तो शाखाएँ प्रायः टूट जाती हैं। इसके पत्ते संयुक्त तथा त्रिपक्षवत् होते हैं। पुष्प व्यास में 2.5 सेमी, सुगंधित तथा सफेद रंग के होते हैं। जाड़े के अंत में पुष्प आते हैं तथा गर्मियों में फलियाँ लगती हैं जो 17 से 50 सेमी. तक लंबी होती हैं। इसकी जड़ के काढ़े से कुल्ला करने से दाँतों एवं मसूड़ों को लाभ होता है।

सीरस

(East Indian Walnut)

इसे हिंदी में सिरीस, सिरस; बंगला में शिरीष; मराठी में शिरस तथा गुजराती में कालीयो सरस कहते हैं। यह पूरे भारत में पाया जाता है। इसका वानस्पतिक नाम 'Albizia lebbek' है। यह विशाल वृक्ष है जो लगभग 30 मीटर तक ऊँचाई तथा एक मीटर तक गोलाई प्राप्त कर लेता है। इसे प्रायः छाया के लिए सड़कों के किनारे लगाया जाता है। अप्रैल-मई में इसमें फूल आते हैं जो हलका पीलापन एवं हरापन लिए सफेद होते हैं। इसकी फलियाँ लगभग 30 सेमी तक लंबी हो जाती हैं। सितंबर के बाद इसके वृक्ष में फलियाँ लटकती दिखती हैं। इसके पत्तों से पुष्टकारी औषधि बनाई जाती है।

सेमल

(Silk Cotton Tree)

इसका वानस्पतिक नाम 'Bombax malabaricum' है। इसे संस्कृत साहित्य में चूर्णक तथा शाल्मली भी कहा गया है। यह लगभग पूरे भारत में पाया जाता है। यह बहुत विशाल वृक्ष है। इसकी ऊँचाई 25 से 30 मीटर तक होती है। इसकी डालियों पर छोटे-छोटे नुकीले काँटे होते हैं। इसके फूल लाल तथा 2 से 3 इंच

तक लंबे होते हैं। फरवरी से अप्रैल तक इसके चमकीले लाल फूलों की आभा अत्यंत आकर्षक होती है। इसके फल 5 से 6 इंच लंबे काष्ठवत एवं हरे होते हैं। फलों के भीतर रेशम जैसी रुई एवं काले बीज होते हैं। इसके छोटे पौधों की जड़ सेमलमूसली कहलाती है तथा उसका चूर्ण खाने से शरीर पुष्ट होता है।

हरसिंगार

(Weeping Nyctanthes or Night Jasmine)

इसे हिंदी में परजाता, पारिजात, हरश्रृंगार या हरसिंगार; मराठी में पारिजात; गुजराती में हारशणगार; बंगला में शेफालिका तथा संस्कृत में शेफालिका कहते हैं। इसका वानस्पतिक नाम 'Nyctanthes arbortristis' है। इसके छोटे-छोटे पर्णपाती वृक्ष होते हैं जिसकी छाल हरिताभ श्वेत होती है। पत्तियाँ अभिमुख क्रम में स्थित 10 से 12.5 सेमी. लंबी हृदयाकार होती हैं। इसके पुष्प सुगंधित होते हैं तथा गुच्छों में अगस्त से अक्टूबर तक निकलते हैं। इसकी छाल को पान के साथ खाने से खाँसी में आराम मिलता है।

हरड़

(Chebulic Myrobalans)

इसे हिंदी में हड़, हर्रे या हरड़, पंजाबी में हर, मराठी में हरड़ा, गुजराती में हरड़ें तथा बंगला में हर्तकी कहते हैं। इसका वानस्पतिक नाम 'Terminalia chebula' है। यह समस्त भारत मुख्यतः महाराष्ट्र, पश्चिम बंगाल आदि में 250 से 1,000 मी. की ऊँचाई तक पाया जाता है। यह लंबा, सीधा, पुष्ट तथा शाखायुक्त वृक्ष है। इसके पत्ते 7.5 सेमी. से 20 सेमी. तक लंबे तथा अभिमुख क्रम से स्थित होते हैं। पुष्प वसंत ऋतु में आते हैं तथा लंबी मंजरियों में श्वेताभ होते हैं। इसका फल 2.5 सेमी. से 5 सेमी. लंबा तथा कठोर होता है। इसके फलों का गूदा त्रिफला में डाला जाता है। इसके फलों को दाँतों से चबाने से पाचन शक्ति बढ़ती है और पीसकर पीने से पेट साफ होता है। भोजन के बाद इस फल को खाने से बदहजमी दूर होती है।

भाग-तीन

वन, वनोपज और आदिवासी

अध्याय-1

वन और आदिवासी

विभिन्न विद्वानों द्वारा आदिवासियों को विभिन्न प्रकार से पारिभाषित किया गया है। कुछ विद्वान इसके लिए आदिम (प्रिमिटिव) शब्द का प्रयोग करते हैं। गिलिन एंड गिलिन ने अपनी पुस्तक 'कल्चरल एंथ्रोपोलाजी' में आदिवासी की परिभाषा निम्नवत् दी है

'स्थानीय जनजाति समूहों का ऐसा समवाय जनजाति कहलाता है जो एक सामान्य क्षेत्र में निवास करता है, एक सामान्य भाषा का प्रयोग करता है तथा जिसकी एक सामान्य संस्कृति होती है।'

नाडेल के अनुसार जनजाति स्वयं में एक समाज होता है जो अपने आप में परिपूर्ण होता है। इसके अपने नियम-कायदे होते हैं तथा ये अपने आप को स्वयं नियंत्रित करते हैं। वस्तुतः आदिवासी एक सामान्य प्रकार का समूह है जिसके सदस्य एक सामान्य बोली का प्रयोग करते हैं और सामान्य उद्देश्यों के लिए मिलकर कार्य करते हैं। मजूमदार ने आदिवासियों को निम्नानुसार पारिभाषित किया है–

'कोई जनजाति, परिवारों तथा पारिवारिक वर्गों का ऐसा समूह है जिसका एक सामान्य नाम होता है, जिसके सदस्य एक निश्चित भू-भाग पर निवास करते हैं, एक सामान्य भाषा का प्रयोग करते हैं तथा इसके सदस्य अपनी जाति के भीतर ही विवाह करते हैं।'

आदिवासियों के जीवन एवं उनकी संस्कृति को संपूर्ण रूप से समझने के लिए जंगल एवं जनजाति के संबंधों को गहराई से समझना आवश्यक है। आदिवासियों के लिए वन एक हरा-भरा भूमि का टुकड़ा मात्र नहीं है जिससे उनकी आवश्यकताओं की पूर्ति होती है। जनजातियों की जीवन पद्धति धरती पर

सभ्यता के विकास की प्रारंभिक झाँकी है। मानव जब पृथ्वी पर आया तो उसका स्वागत वनों ने किया। वनों ने ही उसे शुद्ध प्राणवायु प्रदान कर उसमें जीवनी शक्ति का संचार किया तथा वनों से ही उसे खाद्य सामग्री, फल-फूल एवं अन्य आवश्यकताओं की पूर्ति के साधन प्राप्त हुए। हरे-भरे वृक्ष एवं रंग-विरंगे जीव-जंतुओं को मानव ने प्रारंभ में अपने परिवार के अंग के रूप में देखा। आदिम मानव जाति के लिए पृथ्वी उसकी माता तथा जंगल ही उसका पिता रहा है। जंगल सदैव मानव की जीविका का साधन रहे तथा मानव जंगल को अपना भगवान मानते हुए उनके प्रति कृतज्ञ बना रहा।

सभ्यता के विकास के साथ मानव लगातार स्वार्थी होता गया तथा वनों को अपना भगवान समझने के स्थान पर उसे अपनी आवश्यकताओं की पूर्ति का साधन समझने लगा। इसका परिणाम धरती के अस्तित्व के संकट के रूप में हमारे सामने आया। विकास की अंधी दौड़ में आज धरती प्रदूषण से कराह रही है। भौतिकता की चकाचौंध में पथभ्रष्ट हुए लोग आज फिर से प्रकृति की गोद में जाने की बात कर रहे हैं। यह सुखद आश्चर्य का विषय है कि प्राचीन काल से आज तक जनजातियों ने जंगल से अपना संबंध यथावत् बनाए रखा। वन ही जीवन है--यह उनकी जीवन पद्धति एवं दिनचर्या से झलकता है। जनजातियों को वनों से अलग करना जल से मछली को अलग करने जैसा है। जंगल, जनजातियों की आस्था, पहचान एवं संस्कृति का केंद्र रहा है। आज भौतिक विकास के कारण विकसित मानव समाज भले ही जंगलों से दूर चला गया हो किंतु आदिवासी समाज अभी भी वनों से अपना अटूट संबंध बनाए हुए हैं। जनजातियों का संपूर्ण जीवन प्रकृति के निकट, प्रकृति पर निर्भर तथा प्रकृति से जुड़ा है। यह कहा जा सकता है कि जनजातियों का अस्तित्व वनों पर तथा वनों का अस्तित्व जनजातियों पर निर्भर है। आज भी भूख लगने पर वे कंद, मूल, फल आदि से अपने को तृप्त करते हैं, प्यास लगने पर वन क्षेत्र के किसी निर्मल जलस्रोत का जल पीते हैं, जंगल के आस-पास किसी गुफा में रह लेते हैं तथा वन क्षेत्र में अपना संपूर्ण जीवन बिताते हैं। वनों एवं आदिवासियों में अटूट संबंध है। इसके प्रमुख कारण निम्नवत् हैं–

1. भौतिक संस्कृति के विकास में सहायक–वन जनजातियों के भौतिक विकास में सहायक हैं। जनजातियों के भौतिक संस्कृति पर वनों की अमिट छाप दिखाई देती है। आदिवासी समुदाय के सदस्यों की कुटिया, झोपड़ी एवं घरों का

निर्माण वनों में पाए जाने वाले बाँस, लकड़ी, घास-फूस, पत्ती, सरपत आदि से होता है। उनके घरों का बरामदा, बैठक का स्थान एवं जानवरों के रहने का स्थान भी वनों में पाए जाने वाले बाँस, लकड़ी, घास-फूस, पत्ती एवं सरपत आदि से बने होते हैं। घर के अंदर प्रयोग की जाने वाली खटिया, मचिया, टोकरी, रस्सी, चटाई एवं काठ के बर्तन आदि वनों में पाए जाने वाले पदार्थों से बने होते हैं। अनेक जनजातियाँ वनों में पायी जाने वाली फूल एवं पत्तियों से अपने तन का शृंगार करती हैं। आदिवासी समुदाय के सदस्य जंगल में पाए जाने वाले विभिन्न प्रकार के रंग-बिरंगे बीजों से माला बनाकर बड़े शौक से उसे पहनते हैं।

2. वनों से खाद्य पदार्थ–वन क्षेत्र आस-पास की जनजातियों को खाद्य पदार्थ के संकलन का अवसर प्रदान करते हैं। वनवासी वनों में पाए जाने वाली प्रजातियों के फूल, फल, पत्ती एवं जड़ों आदि के संबंध में पूर्ण जानकारी रखते हें। उन्हें बचपन से ही वनों में पाई जाने वाली प्रजातियों के बारे में पूर्ण जानकारी पारंपरिक रूप से प्राप्त हो जाती है। खाद्य सामग्री का एकत्रीकरण जनजातीय संस्कृति का अभिन्न अंग है। जनजातीय समुदाय के सदस्य वन क्षेत्रों से निम्न खाद्य पदार्थों का एकत्रीकरण करते हैं–

***(i)* कंद**–आदिवासी समुदाय के सदस्य वनों एवं आस-पास पृथ्वी के अंदर पाए जाने वाले कंदों के बारे में संपूर्ण जानकारी रखते हैं। ये कंद पृथ्वी के अंदर एक से छह फिट तक गहराई में पाए जाते हैं। इन कंदों को बरसात के बाद धरती से खोदकर निकाला जाता है। इन कंदों को कच्चा तथा पकाकर–दोनों विधियों से खाया जाता है। इन कंदों से चोखा, भंजिया तथा सब्जी भी बनाई जाती है। वन क्षेत्र में पाए जाने वाले प्रमुख कंद हैं–हासेर, कुलु, बावला, कुंदरी, पत्थर कोहड़ा, वन ओल, वन आलू आदि।

***(ii)* साग**–साग जनजातीय दैनिक भोजन का अभिन्न अंग है। आदिवासी लोग माड़-भात तथा साग बड़े प्रेम से खाते हैं। करमी, बथुआ, गेनहारी तथा लालसाग जंगल में पाए जाने वाले प्रमुख साग हैं। करमी साग वन क्षेत्रों में पूरे वर्ष पाया जाता है। बथुआ जाड़े में तथा गेनहारी साग वर्षा ऋतु में मिलता है।

***(iii)* पत्तियाँ**–सलजम, वन गाजर, वन ओल, वन आलू, गूलर, बाँस, पाकड़ तथा पत्थर कोहड़ आदि की पत्तियों का संग्रहण जनजातीय समुदाय के सदस्य खाने के लिए करते हैं।

***(iv)* फूल**–मौसम के अनुरूप महुआ, कहुआ, सहजन, अगस्त, अर्जुन,

धवई, करम तथा सखुआ आदि के फूलों का प्रयोग जनजातीय समुदाय के सदस्य अपने भोजन के लिए करते हैं।

(*v*) फल–मौसम के अनुरूप आम, इमली, अमड़ा, आँवला, बेर, बेल, करौंदा, कटहल, जामुन, पाकर, पीपल, बरगद, खंखसा, कहुआ आदि के फलों का एकत्रीकरण जनजातीय समुदाय के सदस्य अपने भोजन के लिए करते हैं।

(*vi*) बीज–मौसम के अनुरूप आम, जामुन, महुआ, करंज आदि के फलों का संकलन आदिवासी समुदाय के सदस्य अपने भोजन के लिए करते हैं। इन बीजों से खाने तथा लगाने का तेल भी बनाया जाता है।

(*vii*) छत्रक–बरसात के दिनों में अनेक क्षत्रक जंगलों एवं उसके आस-पास निकलते हैं। वन क्षेत्रों के आस-पास रहने वाले आदिवासी लोग इसका उपयोग अपने भोजन के लिए करते हैं।

(*viii*) मधु एवं मोम–जनजातीय समुदाय के सदस्य जंगल से मधु तथा मोम का संग्रहण खाने के लिए करते हैं। भौंरा एवं मधुमक्खी द्वारा तैयार मधु का संग्रहण परंपरागत विधि से किया जाता है।

3. शिकार में सहायक–पहले वन क्षेत्र में रहने वाले आदिवासी समुदाय के सदस्य वनों में रहने वाले पशु-पक्षियों आदि का शिकार किया करते थे। शिकार के लिए भाला, बरछा, बल्लम, जाल तथा चाकू आदि का प्रयोग किया जाता था। वन्य जीव संरक्षण अधिनियम के अंतर्गत वन्य जीवों के शिकार पर अब प्रतिबंध लग गया है। अब आदिवासी चूहा, मछली, साँप, वनमुर्गी आदि का मांस खाते हैं या उसे आस-पास के बाजार में ले जाकर बेचते हैं।

4. जलौनी का एकत्रीकरण–जनजातीय समुदाय के सदस्यगण ईंधन के लिए पूर्ण रूप से वन क्षेत्रों पर निर्भर होते हैं। वे आर्थिक रूप से इतने संपन्न नहीं होते कि खाना पकाने के लिए गैस, मिट्टी का तेल या अन्य किसी विकल्प का प्रयोग कर सकें। जब खेतों में काम नहीं होता तो वनवासी समुदाय के लोग जलौनी लकड़ी के गट्ठर बनाकर उसे आस-पास के बाजार में ले जाकर बेचते हैं, जिससे उन्हें आय होती है। इस प्रकार जलौनी आदिवासियों की जीविका का प्रमुख साधन है।

5. जानवरों को चराना एवं चारा एकत्रीकरण–जनजातीय समुदाय के सदस्यों के साथ-साथ उनके जानवरों की जीविका का मुख्य आधार भी वन क्षेत्र ही हैं। वनों एवं उसके आस-पास रहने वाले जनजातीय समुदाय के सदस्य अपने

पालतू जानवरों को वन क्षेत्रों में चराते हैं तथा घास-पात एवं चारा का एकत्रीकरण भी वन क्षेत्रों से ही करते हैं। चारा के लिए मुख्यतः बाँस, पीपल, पाकर, सहजन एवं अन्य प्रजातियों की पत्तियों का उपयोग किया जाता है।

6. रोजगार के साधन–स्थानीय आदिवासियों के रोजगार के लिए वन क्षेत्र कच्चा माल प्रदान करते हैं। विभिन्न प्रकार की टोकरी, चटाई, झाड़ू , रस्सी एवं रस्सी के उपकरण, काष्ठ के उपकरण, बेंत के उपकरण, दोना पत्तल एवं अन्य विभिन्न रोजगारों के लिए आदिवासी समुदाय के सदस्य कच्चा माल वन क्षेत्रों से प्राप्त करते हैं।

7. वन औषधियों का संकलन–जनजातीय समुदाय के सदस्य पास के वन क्षेत्रों से अनेक पौधों की जड़ों, पत्ती एवं अन्य विभिन्न अंगों से पारंपरिक औषधियों को प्राप्त करते हैं। इस क्षेत्र में उनका पारंपरिक ज्ञान महत्वपूर्ण है।

8. लघु वन उपजों का संकलन–जनजातीय समुदाय के सदस्य पास के वन क्षेत्रों से पारंपरिक रूप से बीड़ी पत्ता, महुआ, खैर आदि का संकलन करते हैं।

अध्याय-2

वन नीतियाँ और आदिवासी

हमारे देश का आदिवासी समाज सदैव वनों का राजा रहा है तथा वनों के संसाधनों का उसने पूर्ण स्वतंत्रता से उपयोग किया है। प्राचीन काल में जंगल जनजातियों के नियंत्रण में थे। जंगल का मालिक होने के बावजूद आदिवासियों ने कभी वनों की अंधाधुंध कटाई नहीं की। वनों से वे मात्र अपनी आवश्यकताओं की पूर्ति करते रहे तथा वन क्षेत्रों को सुरक्षित बनाए रखे। वन क्षेत्र के मूल निवासियों ने कभी भी अपने को वनों का मालिक नहीं माना अपितु स्वयं को वनों के अभिरक्षक (Custodian) मानकर अपनी आवश्यकता के अनुरूप वन उपज का उपयोग कर वन क्षेत्र को भावी पीढ़ी हेतु सुरक्षित, संवर्धित एवं संरक्षित किया। प्राचीन काल से मध्य काल तक वन एवं जनजातियों का यह पारस्परिक संबंध बना रहा। ईस्ट इंडिया कंपनी की स्थापना के बाद अंग्रेजों का ध्यान आदिवासियों द्वारा संरक्षित हमारे देश की अपार वन संपदा की ओर गया। हमारे देश के वन क्षेत्रों मे साखू, सागौन, चंदन, शीशम जैसे बहुमूल्य प्रकाष्ठ तथा जड़ी-बूटियों के रूप में अमूल्य संपत्ति को देखते हुए वर्ष 1865 में सर्वप्रथम सर्वोच्च विधाई परिषद् द्वारा भारतीय वन कानून को स्वीकृति प्रदान की गई। इस भारतीय कानून के माध्यम से ब्रिटिश सरकार को यह अधिकार प्राप्त हो गया कि वह वन एवं बंजर भूमि को सरकारी सुरक्षित वन घोषित करे। इससे वनों पर आदिवासियों का परंपरागत स्वामित्व कुप्रभावित हुआ।

वर्ष 1894 में प्रथम राष्ट्रीय वन नीति बनाई गई। इसमें लोकहित में वनों पर राज्य का नियंत्रण किया गया जिससे वन संपदा पर जनजातियों के अधिकारों एवं उनकी सुविधाओं में कटौती हुई। इस वन नीति का समय-समय पर आदिवासियों द्वारा विरोध भी किया गया। इस नीति के विरुद्ध उत्तराखंड के

अल्मोड़ा जिले में वनवासियों की सभा हुई जिसमें इस वन नीति की भर्त्सना की गई। इस सभा के माध्यम से ब्रिटिश सरकार पर दबाव बना एवं वन नीति 1894 की समीक्षा हेतु एक समिति का गठन किया गया। श्री गोविंद वल्लभ पंत इस समिति के सदस्य थे जो बाद में उत्तर प्रदेश के मुख्यमंत्री एवं भारत सरकार के गृहमंत्री बने। इस समिति ने अपनी समीक्षा प्रतिवेदन में निम्न अनुशंसाएँ प्रतिवेदित कीं–

(*i*) बिना बाह्य हस्तक्षेप के जनता को विश्वास में लेते हुए वन क्षेत्रों का उचित प्रबंधन।
(*ii*) वन पंचायतों की स्थापना तथा इसे दोषियों को दंड देने तथा वित्त संकलन का अधिकार प्रदान करना।

इन अनुशंसाओं के बावजूद वनवासियों में असंतोष लगातार बढ़ता गया।

स्वतंत्रता प्राप्ति के उपरांत 1952 में राष्ट्रीय वन नीति-1952 बनाई गई।

राष्ट्रीय वन नीति–1952

इसके मुख्य प्राविधान निम्न प्रकार हैं–

(*i*) संतुलित भू उपयोग प्रणाली का विकास।
(*ii*) मृदाक्षरण को रोकना।
(*iii*) वृक्ष भूमि की स्थापना।
(*iv*) कृषि उपकरणों और ईंधन हेतु लकड़ी का संग्रह तथा चारागाह हेतु छोटी वनस्थलियों का निर्माण।
(*v*) राष्ट्रीय आवश्यकताओं हेतु इमारती लकड़ी की आपूर्ति।
(*vi*) अधिक राजस्व की प्राप्ति।

इससे जनजातियों पर निम्न प्रभाव पड़ा–

(*i*) खेती के लिए वन भूमि देने संबंधी छूट वापस लिए जाने से आदिवासी प्रभावित हुए।
(*ii*) ग्रामवासियों की वन-आधारित आवश्यकताओं को पूरा करने हेतु ग्राम-वनों की स्थापना की गई।
(*iii*) निजी वनों को राज्य सरकार के अधीन लाया गया।
(*iv*) वनों में निःशुल्क चराई की सुविधा समाप्त की गई।
(*v*) आदिवासियों में प्रचलित परिवर्ती खेती की पारंपरिक प्रथा को छुड़ाने का प्रयास करना।

नई वन नीति के परिणामस्वरूप आदिवासियों के परंपरागत अधिकार रियायतों में बदल दिए गए। अधिकारों को समाप्त कर दिए जाने के कारण वन क्षेत्रों के परंपरागत मालिकों को वन श्रमिक बना दिया गया।

राष्ट्रीय वन नीति–1988

इस वन नीति के मुख्य उद्देश्य निम्न प्रकार हैं–

(*i*) पारिस्थितिकीय संतुलन के माध्यम से पर्यावरणीय स्थिरता को बनाए रखना।

(*ii*) वनस्पति एवं प्राणि जगत की देश की विशिष्ट जैव विविधता तथा प्राकृतिक संपदा की सुरक्षा।

(*iii*) बाढ़ एवं सूखे में कमी लाने का प्रयास तथा भूमि क्षरण को रोकना।

(*iv*) वृक्षारोपण एवं सामाजिक वानिकी कार्यक्रमों द्वारा देश के वन क्षेत्रों को बढ़ाना। अनुपयोगी भूमि पर वृक्षारोपण हेतु विशेष प्रयास करना।

(*v*) मरुभूमि क्षेत्रों का विस्तार रोकना।

(*vi*) ग्रामीण तथा जनजातीय लोगों के ईंधन, चारा एवं लघु वन उपजों की आवश्यकताओं को पूरा करना।

(*vii*) आवश्यक राष्ट्रीय आवश्यकताओं की पूर्ति हेतु वन उत्पादकता को बढ़ाना।

(*viii*) लकड़ी के विकल्प को बढ़ावा देना।

(*ix*) वन प्रबंध में स्थानीय लोगों को सम्मिलित करना।

(*x*) उपरोक्त सभी उद्देश्यों की पूर्ति हेतु जन आंदोलन तथा महिलाओं की भागीदारी को बढ़ावा देना।

आदिवासी एवं वनों के बीच प्रगाढ़ संबंधों का ध्यान रखते हुए वन विकास निगमों सहित वन प्रबंध के लिए उत्तरदायी सभी अभिकरणों का प्रधान कार्य वनों में तथा उसके चारों ओर रहने वाले आदिवासियों को लाभदायक रोजगार उपलब्ध कराने के अतिरिक्त वनों की सुरक्षा, पुनरुद्धार एवं विकास के लिए आदिवासियों को सहायता दिया जाना चाहिए। आदिवासियों के परंपरागत अधिकारों एवं हितों की रक्षा करते समय वानिकी कार्यक्रमों पर ध्यान देना चाहिए। वनों में ठेकेदारों के स्थान पर आदिवासी सहकारी समितियों, श्रमिक सहकारी समितियों अथवा राजकीय निगम जैसे संस्थान से कार्य कराया जाना चाहिए।

अध्याय-3

संयुक्त वन प्रबंध

राष्ट्रीय वन नीति-1988 में वन प्रबंध के मुख्य उद्देश्य निम्नानुसार निर्धारित किए गए हैं–

(*i*) वन संसाधनों की सुरक्षा एवं विकास।

(*ii*) जैव विविधता का संरक्षण।

(*iii*) वनों के संयुक्त प्रबंधन हेतु आदिवासियों, महिलाओं एवं अन्य स्थानीय निर्बल वर्ग की सक्रिय सहभागिता हेतु जनांदोलन चलाया जाना।

इस प्रकार राष्ट्रीय वन नीति-1988 में संयुक्त वन प्रबंध को प्रोत्साहित किए जाने पर बल दिया गया है जिसके अंतर्गत वनों के प्रबंध में स्थानीय निवासियों मुख्यतः महिलाओं की भागीदारी सुनिश्चित किए जाने का प्राविधान है। वनों का प्रबंधन केवल सरकारी लोगों के पास रहने से जन सामान्य वनों को सरकारी संपत्ति समझते हुए उसकी सुरक्षा हेतु मात्र सरकार को संपूर्ण रूप से उत्तरदायी मानते हुए वनों को अपनी संपत्ति नहीं समझते। इस गलत धारणा के कारण स्थानीय लोग जो कभी जंगल को अपना घर समझते थे, धीरे-धीरे जंगल की सुरक्षा के प्रति उदासीन हो गए हैं। इस गलत धारणा को दूर करने एवं स्थानीय लोगों को वन प्रबंध में सक्रिय रूप से जोड़ने हेतु संयुक्त वन प्रबंध पर विशेष बल दिया गया है।

संयुक्त वन प्रबंध उस व्यवस्था को कहते हैं जिसमें वन विभाग तथा स्थानीय ग्रामवासी, जिनके जीवनयापन में वनों का अत्यंत महत्व है अर्थात् उपभोक्ता समूह अपने बीच एक औपचारिक अनुबंध के आधार पर वनोपज, उत्तरदायित्व तथा वन भूमि के संबंध में निर्णय लेने के अधिकार का बँटवारा

करते हैं। उसको ऐसे समूह वर्ग के लिए जिम्मेदारी एवं भागीदारी की सुविधा भी माना जा सकता है। संयुक्त वन प्रबंध का उद्‌देश्य स्थानीय वन वासियों एवं अन्य ग्रामीणों के सहयोग से वनों की दशा एवं उत्पादकता में सुधार लाना है।

अध्याय-4

अनुसूचित जनजाति और अन्य परंपरागत वन निवासी (वन अधिकारों की मान्यता) अधिनियम–2006

वन में निवास करने वाली ऐसी अनुसूचित जनजातियों एवं अन्य परंपरागत वन निवासियों के जो ऐसे वनों में पीढ़ियों से निवास कर रहे हैं किंतु उनके अधिकारों को अभिलिखित नहीं किया जा सका है, को वन अधिकारों और वन भूमि के अधिभोग की मान्यता देने एवं वन भूमि में इस प्रकार निहित वन अधिकारों को अभिलिखित करने के लिए इस अधिनियम का निर्माण किया गया। इसके अध्याय-2 के अंतर्गत प्रदत्त मुख्य अधिकार निम्नवत हैं–

1. इस अधिनियम के प्रयोजनों के लिए, वन में निवास करने वाली अनुसूचित जनजातियों एवं अन्य परंपरागत वन निवासियों के सभी वन भूमि पर निम्नलिखित वन अधिकार होंगे, जो व्यक्तिगत व सामुदायिक भूधृति या दोनों को सुरक्षित करते हैं अर्थात्–

- वन में निवास करने वाले अनुसूचित जनजाति और अन्य परंपरागत वन निवासियों के किसी सदस्य या किन्हीं सदस्यों द्वारा निवास के लिए या जीविका के लिए स्वयं खेती करने के लिए व्यक्तिगत या सामुदायिक अधिभोग के अधीन वन भूमि को धारित करने और उसमें रहने का अधिकार।
- निस्तार के रूप में सामुदायिक अधिकार, चाहे किसी भी नाम से ज्ञात हों, जिनके अंतर्गत तत्कालीन राजाओं के राज्यों, जमींदारी या ऐसे अन्य मध्यवर्ती शासनों में प्रयुक्त अधिकार भी सम्मिलित हैं।

- गौण वन उत्पादों के, जिनका गाँव की सीमा के भीतर या बाहर पारंपरिक रूप से संग्रह किया जाता रहा है स्वामित्व संग्रह करने के लिए पहुँच, उनका उपयोग और व्ययन का अधिकार रहा है।
- यायावरी या चारागाहों समुदायों की मत्स्य और जलाशयों के अन्य उत्पाद, चरागाह (स्थापित और घुमक्कड़ दोनों) के उपयोग या उन पर हकदारी और पारंपरिक मौसमी संसाधनों तक पहुँच के अन्य सामुदायिक अधिकार।
- वे अधिकार जिनके अंतर्गत आदिम जनजाति समूहों और कृषि पूर्व समुदायों के लिए गृह और आवास की सामुदायिक भू-धृतियाँ भी हैं।
- किसी ऐसे राज्य में, जहाँ दावे विवादग्रस्त हैं, किसी नाम पद्धति के अधीन विवादित भूमि में या उस पर के अधिकार।
- वन भूमि पर हक के लिए किसी स्थानीय प्राधिकरण या किसी राज्य सरकार द्वारा जारी पट्टी या धृतियों या अनुदानों के संपरिवर्तन के अधिकार।
- वनों के सभी वन ग्रामों, पुराने आवासों, असर्वेक्षित ग्रामों और अन्य ग्रामों के बसने और संपरिवर्तन के अधिकार चाहे वे राजस्व ग्रामों में लेखाबद्ध हों, अधिसूचित हों अथवा नहीं।
- ऐसे किसी सामुदायिक वन संसाधन का संरक्षण, पुनरुज्जीवित या संरक्षित या प्रबंध करने का अधिकार, जिसकी वे सतत् उपयोग के लिए परंपरागत रूप से संरक्षा और संरक्षण कर रहे हैं।
- ऐसे अधिकार जिनको किसी राज्य की विधि या किसी स्वशासी जिला परिषद् या स्वशासी क्षेत्रीय परिषद् की विधियों के अधीन मान्यता दी गयी है या जिन्हें किसी राज्य की संबंधित जनजाति की किसी पारंपरिक या रूढ़िगत विधि के अधीन जनजातियों के अधिकारों के रूप में स्वीकार किया गया है।
- जैव विविधता तक पहुंच का अधिकार और जैव विविधता तथा सांस्कृतिक विविधता से संबंधित बौद्धिक संपदा और पारंपरिक ज्ञान का सामुदायिक अधिकार।
- कोई ऐसा अन्य पारंपरिक अधिकार जिसका, यथास्थिति, वन में निवास करने वाली, उन अनुसूचित जनजातियों या अन्य परंपरागत वन निवासियों

द्वारा रुढ़िगत रूप से उपभोग किया जा रहा है, जो खंड (क) से खंड (ट) में वर्णित है, किंतु उनमें किसी प्रजाति के वन्य जीव का शिकार करने या उन्हें फँसाने या उनके शरीर का कोई भाग निकालने का परंपरागत अधिकार नहीं है।

- यथावत पुनर्वास का अधिकार, जिसके अंतर्गत उन मामलों में आनुकल्पिक भूमि भी है जहाँ अनुसूचित जनजातियों और अन्य परंपरागत वन निवासियों को 13 दिसंबर, 2005 के पूर्व किसी भी प्रकार की वनभूमि से पुनर्वास के उनके वैध हक प्राप्त किए बिना अवैध रूप से बेदखल या विस्थापित किया गया हो।

2. वन संरक्षण अधियिनम–1980 में किसी बात के होते हुए भी केंद्रीय सरकार, सरकार द्वारा 1980 का निम्नलिखित सुविधाओं के लिए वन भूमि के परिवर्तन का उपबंध करेगी जिसके अंतर्गत प्रति हेक्टेयर पचहत्तर से अनधिक पेड़ों का गिराया जाना भी है, अर्थात्–

- विद्यालय।
- औषधालय या अस्पताल।
- आँगनबाड़ी।
- उचित कीमत की दुकानें।
- विद्युत और दूरसंचार लाइनें।
- टंकिया और अन्य लघु जलाशय।
- पेय जल की आपूर्ति और जल पाईपलाइनें।
- जल या वर्षा जल संचयन संरचनाएँ।
- लघु सिंचाई नहरें।
- अपारंपरिक ऊर्जा स्रोत।
- कौशल उन्नयन या व्यावसायिक प्रशिक्षण केंद्र।
- सड़कें।
- सामुदायिक केंद्र।

अध्याय-5

वनों पर आधारित उद्योग

वनों पर आधारित उद्योगों की स्थापना और उनको कच्चे माल की आपूर्ति का निर्धारण निम्न बातों को ध्यान में रखकर किया जाना चाहिए—

- जहाँ तक संभव हो, वन आधारित उद्योग को उस फैक्टरी और व्यक्तियों के बीच सीधा संबंध स्थापित करके ऋण, निरंतर तकनीकी सलाह और अंतिम रूप से कटाई और परिवहन सेवाओं सहित निवेशों के साथ, जो व्यक्तियों की सहायता के लिए कच्चे माल पैदा कर सकते हैं, अपनी जरूरतों को पूरा करने के लिए कच्चा माल पैदा करना चाहिए।
- गाँव अथवा कुटीर उद्योग स्तर के अलावा, किसी भी वन आधारित उपक्रम को भविष्य में तब तक अनुमति न दी जाए जब तक कि कच्चे माल की आश्वासित उपलब्धता के संबंध में सावधानीपूर्वक जाँच-पड़ताल से इन्हें स्पष्ट न किंया गया हो। इस प्रयोजन के लिए किसी भी हालत में स्थानीय जनता की ईंधन, चारे और इमारती लकड़ी की जरूरतों की अवहेलना नहीं की जानी चाहिए।
- वन आधारित उद्योग न केवल स्थानीय लोगों को प्राथमिकता के रूप से रोजगार प्रदान करें अपितु उनको पेड़ उगाने और कच्चा माल पैदा करने में भी शामिल करें।
- प्राकृतिक वन, जीन पूल संसाधन के रूप मे कार्य करते हैं तथा पारिस्थितिकीय संतुलन बनाए रखने में सहायक होते हैं। अतः उद्योगों को इस प्रकार के वनों को पौधारोपण और किन्हीं अन्य गतिविधियों के लिए उपलब्ध नहीं कराया जाएगा।

- विशेष रूप से छोटे और सीमांत किसानों को उनके पास उपलब्ध सीमांत/अवक्रमित भूमि पर उद्योगों के लिए अपेक्षित काष्ठ प्रजातियाँ उगाने के लिए प्रोत्साहित किया जाएगा। इन्हें ईंधन और चारा प्रजातियों के साथ सामुदायिक भूमि, जिनको चारागाह प्रयोजनों के लिए आवश्यकता नही हैं तथा वन विभाग/निगमों द्वारा अवक्रमित वन जो प्राकृतिक पुनर्जनन के लिए निर्धारित नहीं हैं, में भी उगाया जाए।
- उद्योगों को रियायती दरों पर वन उत्पादों की आपूर्ति की परंपरा को बँद किया जाना चाहिए। उद्योगों को वैकल्पिक कच्चे माल का उपयोग करने के लिए प्रोत्साहित किया जाए। लकड़ी और लकड़ी उत्पादों के आयात को उदार बनाया जाए।
- तथापि, उपरोक्त धारणाएँ भूमि की अधिकतम सीमा और भूमि कानूनों से संबंधित चालू नीति के अधीन होंगी।

अध्याय-6

वानिकी एवं वनवासी कल्याण

वन संरक्षण कार्यक्रमों का विस्तार

वन संरक्षण का कार्य्रकम लोगों की स्वेच्छा, समर्थन एवं सहयोग के बिना सफल नहीं हो सकता। अतः यह आवश्यक है कि लोगों के मन में वनों, उसके विकास एवं संरक्षण के प्रति पर्याप्त रूचि उत्पन्न की जाए एवं वृक्षों, वन्यजीवों एवं प्रकृति के महत्व के प्रति उन्हें जागरूक किया जाए। इस लक्ष्य को प्राप्त करने में शैक्षणिक संस्थाओं का सहयोग लिया जाना आवश्यक है। किसानों को शिक्षित करने हेतु अल्प अवधि के पाठ्यक्रम एवं कृषि विकास केंद्रों/प्रशिक्षण केंद्रों को विकसित किया जाना चाहिए। इस उद्देश्य की प्राप्ति हेतु जनसंचार माध्यम, श्रव्य-दृश्य उपकरणों और विस्तार मशीनरी की सहायता से अच्छे कार्यक्रम तैयार कर उसे प्रचारित करना आवश्यक है।

वानिकी शिक्षा

वानिकी की एक वैज्ञानिक विषय के तौर पर और पेशे के तौर पर मान्यता दी जानी चाहिए। देश की मानवीय शक्ति को ध्यान में रखते हुए कृषि विश्वविद्यालय व संस्थानों, जो वानिकी शिक्षा के विकास के प्रति समर्पित हैं, को शैक्षणिक शिक्षा प्रदान करने और स्नातकोत्तर अनुसंधान तथा व्यावसायिक कौशल को प्रोत्साहित करने के लिए शैक्षिक एवं व्यावसायिक योग्यताओं को ध्यान में रखकर सेवाकालीन प्रशिक्षण द्वारा बेहतर प्रबंध कौशल के विकास के लिए विशिष्ट और अनुकूल पाठ्यक्रमों को प्रोत्साहित किए जाने की आवश्यकता है।

वानिकी अनुसंधान

पर्यावरणीय स्वास्थ्य, ऊर्जा और रोजगार के लिए वनों के महत्व की बढ़ती हुई मान्यता के साथ अनुसंधान आधार तथा कार्यवाही के लिए नई प्राथमिकताओं के उपयुक्त सुदृढ़ीकरण को आवश्यक मानते हुए वैज्ञानिक अनुसंधान पर जोर दिया जाना चाहिए। अनुसंधान और विकास के लिए विस्तृत प्राथमिकता वाले क्षेत्र जिन पर विशेष ध्यान दिए जाने की जरूरत है, वे इस प्रकार हैं–

1. आधुनिक वैज्ञानिक और प्रौद्योगिकी तरीकों का उपयोग करके लकड़ी तथा अन्य उत्पादों की उत्पादकता में क्षेत्र की प्रति इकाई/समय की प्रति इकाई वृद्धि करना।
2. बंजर/सीमांत/परती/खनिज भूमि और जल संभर क्षेत्रों का पुनर्वनस्पतिकरण।
3. वर्तमान वन संसाधनों का प्रभावी संरक्षण और प्रबंध।
4. ग्रामीण/आदिवासी विकास के लिए सामाजिक वानिकी से संबंधित अनुसंधान।

कार्मिक प्रबंध

- व्यावसायिक वन अधिकारियों तथा वन वैज्ञानिकों के लिए कार्मिक प्रबंध में सरकार की नीतियों का उद्देश्य विशेषकर दूरस्थ तथा निर्गम स्थानों में उनके द्वारा किए जाने वाले कार्यों के विकट स्वरूप को ध्यान में रखते हुए उनकी व्यावसायिक क्षमता और स्तर को उन्नत करना और योग्यता प्राप्त और अभिप्रेरित कार्मिकों को आकर्षित करना तथा (सेवा) में रखना होना चाहिए।
- वन संसाधनों के बारे में आँकड़ों की अपर्याप्तता एक चिंता का विषय है, क्योंकि इससे आत्मसंतोष की एक भ्रांतिजनक धारणा पैदा होती है। देश में वैज्ञानिक आधारों पर वन संसाधनों के सर्वेक्षण को पूरा करने की जानकारी को अद्यतन बनाने को प्राथमिकता दी जाये।

भारत की प्रमुख जनजातियाँ

भारत की प्रमुख जनजातियों का संक्षेप में विवरण निम्न प्रकार है–

(*i*) **भील**–सन् 1981 में इनकी जनसंख्या 55.27 लाख थी, जो सन् 1991

में 97.30 लाख हो गई। ये मध्य प्रदेश, आंध्र प्रदेश, गुजरात, कर्नाटक, राजस्थान एवं त्रिपुरा राज्यों में पाए जाते हैं तथा अनुसूचित जनजाति के रूप में विनिर्दिष्ट हैं।

भील अत्यंत पुरानी जनजाति है। प्राचीन वैदिक एवं महाकाव्य काल में इस जाति के प्रसंग हमें मिलते हैं। भील शब्द की उत्पत्ति द्रविड़ शब्द 'भील' से हुई है जिसका अर्थ तीर होता है। तमिल भाषा में बील का अर्थ धनुष होता है। भील लोगों का निशाना अचूक होता है तथा ये अत्यंत पराक्रमी होते हैं।

भील योद्धा वंशज के हैं। राजस्थान के डूँगरपुर, भीलवाड़ा आदि में भीलों द्वारा स्वतंत्र राज्य की स्थापना की गई। राजपूताना इतिहास में भीलों का प्रमुख योगदान रहा है। महाराणा प्रताप को हल्दीघाटी युद्ध में भीलों द्वारा महत्वपूर्ण सहायता की गयी। ये सामान्यतया 'भीली' बोली बोलते हैं जिसकी कोई लिपि नहीं है।

भीलों के जीवन-यापन का प्रमुख स्रोत कृषि है। देश के अन्य समुदायों की तुलना में उनका खेती करने का ढंग अभी भी पुराना है। कृषि व्यवसाय अपनाने से पूर्व भील वन, वन्य उपजों एवं वन्य पशुओं के आखेट पर निर्भर थे। अभी भी कुछ भील वनों पर निर्भर हैं।

(ii) **गोंड**–सन् 1981 में इनकी जनसंख्या 74.48 लाख थी, जो 1991 में 93.19 लाख हो गई। ये मध्य प्रदेश, आंध्र प्रदेश, महाराष्ट्र, बिहार, गुजरात, कर्नाटक, उड़ीसा एवं पश्चिम बंगाल राज्यों में पाए जाते हैं तथा अनुसूचित जनजाति के रूप में विनिर्दिष्ट हैं। गोंड अधिकतर गोंडवान नामक प्रसिद्ध मध्य क्षेत्र, जिसमें सतपुड़ा पठार, नागपुर मैदानी क्षेत्र का कुछ भाग तथा नर्मदा घाटी सम्मिलित है, में पाए जाते हैं। महाराष्ट्र, मध्य प्रदेश एवं आंध्र प्रदेश में गोंडो के एक वर्ग को राजगोंड नाम से जाना जाता था जिसका संबंध गोंड राजाओं से था। छिंदवाड़ा का देवगढ़ राजवंश तथा वारंगल का खेरला राजवंश प्रसिद्ध है जिसने लंबे समय तक स्वतंत्र राज किया। सन् 1947 के पूर्व महाराष्ट्र एवं छत्तीसगढ़ के कई राज्यों पर गोंड राजाओं का शासन था।

गोंड मुख्यतः खेती एवं वनों पर आश्रित हैं। सन् 1991 की जनगणना के अनुसार 64 प्रतिशत गोंड किसान एवं 32 प्रतिशत खेतिहर मजदूर थे। कुछ क्षेत्रों में गोंडों के समूह अभी भी परिवर्तनीय खेती करते हैं।

कुछ गोंड वन उपजों के संग्रहण, मछली मारना एवं शिकार आदि पर निर्भर हैं। दक्षिण बस्तर के डोड़िया एवं माड़िया आदि गोंडों का मुख्य व्यवसाय पशुपालन है। स्थायी रूप से खेती करने वाले लगभग सभी गोंडों को भूमि के स्वामित्व का अधिकार प्राप्त है, परंतु बस्तर के पहाड़ी माड़िया जैसे गोंड अभी भी परिवर्तनीय खेती करते हैं तथा इनमें सामूहिक भू स्वामित्व की परंपरा विद्यमान है। सामान्यतः चल और अचल संपत्ति का अधिकार पुरुषों के मध्य ही हस्तांतरित होता है। सामान्यतया गोंड लोग 'गोंडी' भाषा बोलते हैं जो तमिल भाषा से मिलती है।

(iii) **संथाल**–सन् 1981 में इनकी जनसंख्या 42.60 लाख थी, जो सन् 1991 में 47.79 लाख हो गई। ये बिहार, उड़ीसा, पश्चिम बंगाल एवं त्रिपुरा राज्यों में पाए जाते हैं तथा अनुसूचित जनजाति के रूप में विनिर्दिष्ट हैं।

संथाल लोग संथाली भाषा बोलते हैं जिसकी 'ओल्विकी' नामक अपनी लिपि है। बिहार में इनकी जनसंख्या 36.52 प्रतिशत, उड़ीसा में 8.93 प्रतिशत एवं त्रिपुरा में 0.49 प्रतिशत है।

संथाल लोग संथाल परगना में काफी लंबे समय से बसे हुए थे। 18वीं सदी के उत्तरार्ध या 19 वीं सदी के पूर्वार्ध में ये वन क्षेत्रों में बस गए। प्रारंभ में संथाल अपने जीवन-यापन के लिए वनोपज के संग्रहण, शिकार, मछली मारने तथा तराई में परिवर्तनीय खेती करते थे किंतु अब ये मुख्यतः खेती में संलग्न हैं। कृषि इनका मुख्य व्यवसाय है। इनमें से अधिकांश भूमिहीन श्रमिक हैं तथा इनके सामाजिक-आर्थिक जीवन में मौसमीय प्रवर्जन की महत्वपूर्ण भूमिका है।

(iv) **उराँव**–सन् 1981 में इनकी जनसंख्या 18.60 लाख थी, जो सन् 1991 में 26.50 लाख हो गई। ये झारखंड एवं मध्य प्रदेश राज्यों में पाए जाते हैं तथा अनुसूचित जनजाति के रूप में विनिर्दिष्ट हैं।

उराँव लोग मुख्यतः कृषि पर निर्भर हैं। ऐसा माना जाता है कि छोटा नागपुर के पठार में हल चलाकर खेती का कार्य सर्वप्रथम उराँवों द्वारा ही प्रारंभ किया गया। इधर उराँव कृषकों के प्रतिशत में गिरावट आई है। ऐसा देखा गया है कि उराँवों को उनकी कृषि भूमि से वंचित किया

जाने लगा है जिससे वे मजदूर बनने के लिए बाध्य हो रहे हैं। सुरक्षात्मक भूमि कानून के होते हुए भी उन्हें उनकी भूमि से बेदखल करके राँची के आस-पास बड़ी और मध्यम औद्योगिक परियोजनाओं की स्थापना के लिए भू-अर्जन किया गया है। जनजातियों को बिना वैकल्पिक आधार दिए भूमि से बेदखली उन पर प्रतिकूल प्रभाव डाल रही है।

ये सामान्यतः शुद्ध शाकाहारी होते हैं। स्वतंत्रता आंदोलन में इन्होंने सक्रिय भाग लिया। जिसके परिणामस्वरूप अंग्रेजों ने इन्हें इनकी भूमि से बेदखल कर दिया। इनमें से कुछ गाँधी जी के प्रबल अनुयायी बन गए और 'असहयोग आंदोलन' में भाग लिया।

(v) **मीणा**–राजस्थान में सन् 1981 में इनकी जनसंख्या 20.87 लाख थी, जो सन् 1991 में 28.01 लाख हो गई, जो देश के कुल मीणा जाति का 99.99 प्रतिशत है। मध्य प्रदेश राज्य में 1991 की जनगणना के अनुसार 2,000 मीणा पाए गए। ये अनुसूचित जनजाति के रूप में विनिर्दिष्ट हैं।

राजस्थान के मीणाओं का गौरवपूर्ण इतिहास रहा है। पहले राजस्थान के कई भागों पर इनका शासन था। अंग्रेजों द्वारा इन्हें अपराधिक जनजाति घोषित किया गया।

मीणाओं का मुख्य व्यवसाय कृषि है। उनकी खेती के अधीन क्षेत्र अत्यधिक उपजाऊ से लेकर वीरान मरुस्थली तक फैले हैं। यहाँ सिंचाई साधन संतोषप्रद नहीं हैं।

(vi) **मुंडा**–सन् 1981 में इनकी जनसंख्या 14.24 लाख थी, जो सन् 1991 में 16.18 लाख हो गई। ये झारखंड, मध्य प्रदेश, उड़ीसा, त्रिपुरा एवं पश्चिम बंगाल राज्यों में पाए जाते हैं तथा अनुसूचित जनजाति के रूप में विनिर्दिष्ट हैं।

इनकी मुख्य भाषा मुंडारी है। मुंडा लोग मुख्यतः कृषक वर्ग से हैं। प्रारंभ में भूमि का स्वामित्व सामुदायिक आधार पर था। उन्होंने निर्जन वनों को खेती के लिए साफ किया तथा यह भूमि उनकी 'खूँटकट्टी' बन गई। इस प्रकार की भूमि लगान रहित थी। बाद में 'उतकार', 'छतीसा' आदि विभिन्न भूमि काश्तकारी प्रणालियाँ अस्तित्व में आयीं, जिनमें

केवल उसी वर्ष का लगान लिया जाता था, जिस वर्ष खेती की जाती थी।

सन् 1981 में 71 प्रतिशत मुंडा कृषि कार्य करते थे जो सन् 1991 में घटकर 57 प्रतिशत रह गया। इससे स्पष्ट है कि मुंडा कृषि संसाधनों से वंचित हुए हैं।

(vii) **खोंड**–सन् 1981 में इनकी जनसंख्या 9.91 लाख थी, जो सन् 1991 में 11.46 लाख हो गई। ये मध्य प्रदेश, उड़ीसा, बिहार, आंध्र प्रदेश, महाराष्ट्र एवं पश्चिम बंगाल राज्यों में पाए जाते हैं तथा अनुसूचित जनजाति के रूप में विनिर्दिष्ट हैं। इनमें से लगभग 93 प्रतिशत उड़ीसा में, 6 प्रतिशत आंध्र प्रदेश में एवं शेष अन्य राज्यों में पाए जाते हैं। खोंड बहुत सीधे होते हैं। ये 'कोंधी' बोली बोलते हैं। पूर्व में खोंड यायावर का जीवन जीते थे और कंदमूल तथा फलों पर जीवन निर्वाह करते थे। परंतु अब वे मुख्यतः कृषक वर्ग के हैं। 'कुटिया' और 'डोगरिया' खोंड परिवर्तित खेती करते हैं, जो 'पोड़चा' कहलाती है। वे खोंड जिनके पास अपनी जमीन नहीं है, मजदूर के रूप में कार्य करते हैं। इनकी कृषि तकनीक बहुत ही पुरानी है। इनकी अर्थव्यवस्था मुख्यतः कृषि एवं वनों पर आधारित है। इनकी मुख्य फसल हल्दी, मक्का, ज्वार, बाजरा आदि है। खोंड क्षेत्रों में वस्तु विनिमय प्रणाली अभी भी विद्यमान है। साप्ताहिक हाट इनके लिए अदला-बदली के केंद्र का कार्य करते हैं जहाँ ये कृषि एवं वनोपज से अपने दैनिक आवश्यकताओं की पूर्ति करते हैं।

(viii) **भोटिया**–भोंटिया जनजाति उत्तराखंड क्षेत्र की 6 प्रमुख नदी घाटियों में फैली है। जौहार परगना निवासी 'जौहारी' कहलाते हैं जो 'जैठोरा' तथा 'रावत'–इन दो उपभागों में विभक्त हैं। विष्णु गंगा तट निवासी 'मारछा' तथा धैली घाटी के ग्रामीण क्षेत्रों में रहने वाले 'तौलछा' नाम से जाने जाते हैं। उत्तरकाशी में ये 'जाड' नाम से जाने जाते हैं। यह जनजाति व्यापार प्रधान है।

(*ix*) **थारू**–यह उत्तराखंड के नैनीताल तथा उत्तर प्रदेश के गोरखपुर, लखीमपुर खीरी, गोंडा तथा बहराइच जिलों में पाए जाते हैं। इनका प्रमुख व्यवसाय कृषि है। इसके अतिरिक्त ये मजदूर के रूप में भी कार्य करते हैं।

(*x*) **बोक्सा**–यह उत्तर प्रदेश के तराई क्षेत्र एवं उत्तराखंड के देहरादून एवं हल्द्वानी क्षेत्र में निवास करते हैं। यह जनजाति गोत्रों में विभाजित है। इनका प्रमुख व्यवसाय कृषि है।

(*xi*) **किन्नौर**–यह हिमाचल प्रदेश की प्रमुख जनजाति है। इसे कनोवार नाम से भी जानते हैं। सांस्कृतिक दृष्टि से ये हिमाचल प्रदेश की अन्य जनजातियों से पर्याप्त भिन्नता रखते हैं। ये अत्यधिक गरीब हैं।

(*xii*) **नागा**–यह नागालैंड की प्रमुख जनजाति है। नागाओं में अनेक समूह हैं जिसमें प्रमुख निम्नानुसार हैं–

लोथा नागा–यह नागालैंड के तोखा जिले में पाए जाते हैं। इन्हें प्रकृति से विशेष लगाव है। इनकी लोकगीतों तथा त्योहारों आदि से इनका प्रकृति प्रेम झलकता है। इनकी हस्तकला अत्यंत उत्तम है जिसे बढ़ावा दिए जाने की आवश्यकता है। इनका प्रमुख व्यवसाय कृषि है।

चांग नागा–यह नागालैंड के तुंगसांग जिले में पाए जाते हैं। इनके द्वारा निर्मित रंगीन नागा पशिमने प्रसिद्ध हैं। मिट्टी के बर्तन बनाने में ये विशेष निपुण होते हैं। इनके बनाए मिट्टी के बर्तन खाद्य सामग्री संग्रहण के काम आते हैं।

सेमा नागा–यह नागालैंड के जनुहेबोतो जिले में प्रमुख रूप से पाए जाते हैं। ये तुलनात्मक रूप से अधिक शिक्षित हैं। नागा जनजातियों में ये सबसे अधिक प्रगतिशील हैं। ये कपड़ा बनाने में कुशल होते हैं। इनका मुख्य व्यवसाय कृषि एवं मधुमक्खी पालन है।

जीमी नागा–यह नागालैंड के कोहिमा जिले में पाए जाते हैं। नागालैंड के अतिरिक्त ये असम के उत्तरी कछार जिले में भी पाए जाते हैं।

अंगामी नागा–यह नागालैंड के कोहिमा जिले में पाए जाते हैं। इन्होंने स्वतंत्रता संग्राम में सक्रिय भूमिका निभायी। नेताजी सुभाष बोस के साथ ये लोग मजबूती से जुड़े थे।

चकेसांग नागा–यह नागालैंड के फेक जिले में तथा मणिपुर के उकरुल जिले में पाए जाते हैं। यह कृषि कार्य, बढ़ई का कार्य एवं बाँस की वस्तुओं का निर्माण करते हैं। इन पर इसाई मिशनरियों का अत्यधिक प्रभाव पड़ा है।

(*xiii*) **गारो**–गारो मेघालय की प्रसिद्ध जनजाति है। मेघालय के दो पहाड़ी

जिलों–पूर्वी गारो पर्वतीय जिला तथा पश्चिमी गारो पर्वतीय जिला में ये प्रमुख रूप से पाए जाते हैं। इनके अनेक उपसमूह होते हैं, जैसे–चिसाक, माट्‌ची, माताबेंग, बंबेग, दुबल, अतोंग, चिबौक, रुगा, अवेस तथा कोच आदि। मेघालय की प्रमुख जनजाति गारो तथा खासी है। यह दोनों जनजातियाँ मातृसत्तात्मक हैं।

(xiv) **खासी**–यह असम तथा मेघालय राज्य में निवास करते हैं। यह अनेक जनजातीय समूहों में बँटी हुई है। यह मातृसत्तात्मक है। इनका मुख्य व्यवसाय कृषि है। ये लोग पशुपालन, सामान ढुलाई के लिए खच्चर एवं घोड़े पालना, बाँस की चटाइयाँ एवं टोकरियाँ बनाने आदि का कार्य करते हैं। ये धनुर्विद्या एवं युद्ध कला में दक्ष होते हैं। महिलाएँ हस्तशिल्प में दक्ष होती हैं।

(xv) **शेरदुक्पेन**–यह अरुणाचल प्रदेश की प्रमुख जनजाति है। अरुणाचल प्रदेश का पश्चिमी कामेंग जिला इनका प्रमुख निवास स्थान है। यह जनजाति बौद्ध धर्म की महायान शाखा को मानने वाली है। ये शांतिप्रिय होते हैं। ये पितृसत्तात्मक होते हैं।

(xvi) **सिंहफो**–अरुणाचल प्रदेश के लोहित, चागलांग और तिरप जिलों में सिंहफो जनजाति निवास करती है। सिंहफो पुरुष प्रधान समाज है। इस समाज में संयुक्त परिवार प्रथा पायी जाती है। यह अन्य जानजातियों की तुलना में अधिक परिश्रमी होते हैं। कृषि इनका मुख्य व्यवसाय है। धान, मक्का, आलू, सरसों आदि इनकी मुख्य फसल है। ये लुहारी के कार्य में प्रवीण होते हैं।

(xvii) **मेंबो और खंबा**–अरुणाचल प्रदेश के वेस्ट सियांग और अपर सियांग जिला इनका निवास स्थान है। दोनों जनजातियाँ बौद्ध धर्म में विश्वास करती हैं। आर्थिक एवं सामाजिक रूप से ये दोनों जनजातियाँ बहुत पिछड़ी हैं।

(xviii) **नोक्ते**–'नोक्ते' का शाब्दिक अर्थ होता है, गाँव के लोग। ये मुख्यतः अरुणाचल प्रदेश के तिरप जिले में पाए जाते हैं। परिवार पितृसत्तात्मक होता है। ये वैष्णव हिंदू मतावलंबी होते हैं।

(xix) **वांचो**–ये अरुणाचल के तिरप जिले में पाए जाते हैं। ये काष्ठ शिल्प कला में दक्ष होते हैं।

जनजातियों की राज्यवार जनसंख्या निम्न प्रकार है-

क्रम सं. राज्य/संघ शासित क्षेत्र	2001 की जनगणना के अनुसार जनसंख्या
1. आंध्र प्रदेश	50,24,104
2. अरूणाचल प्रदेश	7,05,158
3. आसाम	33,08,570
4. बिहार	7,58,351
5. छत्तीसगढ़	66,16,596
6. गोवा	566
7. गुजरात	74,81,16.
8. हरियाणा	—
9. हिमाचल प्रदेश	2,44,587
10. झारखंड	70,87,068
11. कर्नाटक	34,63,986
12. केरल	3,64,189
13. मध्य प्रदेश	1,22,33,474
14. महाराष्ट्र	85,77,276
15. मणिपुर	7,41,141
16. मेघालय	19,92,862
17. मिजोरम	8,39,310
18. नागालैंड	17,74,026
19. उड़ीसा	81,45,081
20. पंजाब	—
21. राजस्थान	70,97,706
22. सिक्किम	1,11,405
23. तमिलनाडु	6,51,321
24. त्रिपुरा	9,93,426
25. उत्तराखण्ड	2,56,129
26. उत्तर प्रदेश	1,07,963

27. पश्चिम बंगाल	44,06,794
28. अंडमान व निकोबार द्वीप समूह	29,469
29. चंडीगढ़	—
30. दादरा और नागर हवेली	1,37,225
31. दमन और दीव	13,997
32. दिल्ली	—
33. लक्षद्वीप	57,321
34. पांडिचेरी	—
35. जम्मू और काश्मीर	11,05,979
कुल योग	8,43,26,240

आदिम जातियाँ

आदिवासियों की दशा की समीक्षा के लिए सन् 1969 में योजना आयोग द्वारा गठित 'शीलु आव समिति' ने पाया कि जनजातीय यमुदाय के अधिकांश लोग बहुत पिछड़े हुए हैं और इनमें से कुछ तो अभी भी आदिकालीन अन्न संचय युग में जी रहे हैं। इन समुदायों पर विशेष ध्यान देने की आवश्यकता पर बल दिया गया। राज्यों तथा केंद्र शासित क्षेत्रों में 47 जनजातीय समूहों की लगभग 23 लाख जनसंख्या को 'जन जातीय उप-योजना नीति' के एक अंश के रूप में आदिम जन जाति समूह के रूप में माना गया। कुछ आदिम जनजातियाँ जैसे—ग्रेट अंडमानी तथा ओंगे, बहुत ही छोटी हैं तथा वर्ष 1991 की जनगणना के अनुसार इनकी जनसंख्या क्रमशः 32 एवं 34 आँकी गयी है।

आदिम जनजातियों का राज्यवार विवरण निम्न प्रकार है—

राज्य/संघ शासित क्षेत्र	आदिम जनजाति	मुख्य व्यवसाय
आंध्र प्रदेश	बोडो गडबा,गुडोब गडबा, चेंदू, पूर्जा, कोलम, कोंडा रेड्डी, डोंगरिया खोंड	खाद्य संग्रहण, कृषि, परिवर्तनीय खेती एवं विविध व्यवसाय
बिहार	असेर, बिरहोर, बिरजा, हिल खड़िया, कोरवा, माल पहाड़िया, सौरिया, सवर	खाद्य संग्रहण, कृषि एवं परिवर्तनीय खेती

गुजरात	काथोडी, कोटवालिया, पाढर, सिडोइ, कोटघा	कृषि, परिवर्तनीय खेती एवं विविध व्यवसाय
कर्नाटक	जेमू कुरुवा, कोरामा	विविध व्यवसाय
केरल	चोलानायकयन,कादर,कट्टाउनायकन, कुरुंबा, कोरगा	खाद्य संग्रहण
मध्य प्रदेश	अबूझमाड़िया, बैगा, भाड़िया, हिल कोरबा, कमार, सहरिया, बिरहोर	खाद्य संग्रहण, परिवर्तनीय खेती एवं विविध व्यवसाय
महाराष्ट्र	कट्कड़िया, कोलम, माड़िया गोंड	खाद्य संग्रहण, कृषि एवं विविध व्यवसाय
मणिपुर	मर्रम नागा	कृषि
उड़ीसा	बिरहोर, बोंडा पोराजा, दीदाई, डोंगरिया खोंड, जुआंग खाड़िया, कुटिया खोंड, लांजिया सौरत, लोढा, मानकी दियास, पौड़ी भुयन, सौरा	खाद्य संग्रहण, कृषि, परिवर्तनीय खेती एवं विविध व्यवसाय
राजस्थान	सहरिया	विविध व्यवसाय
तमिलनाडु	कट्टूनायकन, कोटा, कुरुंबा, इरुला, पणियन, टोडा	खाद्य संग्रहण, परिवर्तनीय खेती एवं विविध व्यवसाय
त्रिपुरा	रियांग	परिवर्तनीय खेती
उत्तर प्रदेश	बुक्सा, रजिया	खाद्य संग्रहण, कृषि
पश्चिम बंगाल	बिरहोर, लोढा, टोटो	खाद्य संग्रहण
अंडमान व निकोबार द्वीप समूह	ग्रेट अंडमानी, जरवा, ओंगे, सेंटनेली, शोंपेन	खाद्य संग्रहण

गौण वन उपज–गौण वन उपज आदिवासियों को महत्वपूर्ण आहार एवं जीविका के साधन प्रदान करती है। पहले यह आदिवासियों की आवश्यकताओं की पूर्ति किया करती थी। बाद में कुछ गौण वन उपजों की कीमत बढ़ जाने से ये व्यापारिक महत्व की हो गईं, जिससे आदिवासियों को कुछ आय होने लगी। बाद में व्यापार का नियंत्रण वन विभाग को सौंपा गया। इससे व्यापारियों को एकमुश्त राशि के भुगतान पर लघु वनोपज को संग्रह करने अथवा संग्रहीत मात्रा

पर रायल्टी देने की प्रक्रिया का प्रारंभ हुआ। व्यापारीगण सामान्यतः आदिवासियों से वनोपज संग्रह कार्य कराते हैं। इस प्रक्रिया में विसंगतियों को देखते हुए विभिन्न राज्य सरकारों द्वारा कतिपय गौण वन उपज को राष्ट्रीयकृत कर दिया गया है। राष्ट्रीयकृत वन उपजों के खरीदने का एकाधिकार राज्य सरकारों में निहित है। विभिन्न राज्य सरकारों द्वारा इनकी कीमतें भी निर्धारित कर दी गई हैं।

आदिवासी क्षेत्रों में लघु वन उपज विपणन की समस्या के निराकरण हेतु भारत सरकार द्वारा 1987 में राष्ट्र स्तरीय सर्वोच्च सहकारी विपणन संगठन के रूप में 'भारतीय आदिवासी सहकारी विपणन विकास फेडरेशन' स्थापित किया गया। यह राज्य आदिवासी सहकारी विपणन विकास फेडरेशनों और राज्य विकास निगमों को गौण वन उपजों तथा अन्य जनजातीय उत्पादों के अंतर-राज्यीय एवं अंतर्राष्ट्रीय विपणन में सहायता प्रदान करता है।

देश में लगभग 5,000 वनग्राम हैं जिनमें लगभग दो लाख जनजातीय परिवार रहते हैं। ये पूर्ण रूप से वनों पर निर्भर हैं।

वनवासियों एवं अन्य अनुसूचित जनजाति की समस्याओं के दृष्टिगत भारत सरकार द्वारा 'अनुसूचित जनजाति व अन्य पारंपरिक वनवासी(वन अधिकारों की मान्यता) अधिनियम-2006 पारित किया गया है। इसमें वनवासियों के अधिकारों को व्यापक मान्यता प्रदान की गई है।

संस्कृति

भारतीय जनजातियों की प्रमुख सांस्कृतिक विशेषताएँ निम्न प्रकार हैं–

1. **अखरा**–प्रत्येक जनजातीय गाँव में एक सामूहिक नृत्य स्थल होता है जिसे छोटानागपुर की जनजातियाँ स्थानीय भाषा में अखरा कहती हैं। विभिन्न पर्वों, त्योहारों आदि पर इस स्थान पर सामूहिक नृत्य होता है।
2. **ससानदीरी**–छोटानागपुर में ससानदीरी कब्रगाह को कहा जाता है जहाँ पूर्वजों की स्मृति में महापाषाण रखे जाते हैं। वर्ष में एक बार ससानदीरी में स्थित पूर्वजों की पूजा की जाती है तथा बकरी, मुर्गी, भेड़, कबूतर इत्यादि की बलि दी जाती है।
3. **सरना स्थल**–गाँव के उस स्थान को सरना कहा जाता है जहाँ जंगल के अवशेष के रूप में चार-पाँच वृक्ष बच जाते हैं। जहाँ वृक्ष नहीं बच पाते हैं वहाँ सरना का प्रतिनिधित्व लकड़ी अथवा बाँस के खंभे करते हैं। यह

गाँव का प्रसिद्ध धार्मिक स्थान होता है जहाँ पूजा आदि की जाती है।

4. **युवागृह**–युवागृह गाँव से सटा एक घर होता है जहाँ गाँव के युवक एक वरिष्ठ सदस्य के नियंत्रण में रहकर अपनी संस्कृति को ग्रहण करते हैं।
5. **कला**–दस्तकारी एवं कारीगरी में जनजातियाँ निपुण होती हैं। ये लोग चटाई, झाड़ू, बढ़नी, सूप, लकड़ी के सामान, रस्सी, मिट्टी के बरतन आदि बनाने में दक्ष होते हैं। आदिवासी बाल एवं शरीर के अंगों की सजावट कलात्मक ढंग से करते हैं। दीवारों पर फूल, पौधे, चिड़िया, जानवर आदि का चित्र सुंदर ढंग से बनाते हैं।
6. **लोकनाटक**–इस समाज की प्रमुख विशेषता है कि इसमें नृत्य, गीत, नाटक आदि मनोरंजन के लिए होता है, धनार्जन के लिए नहीं।

आदिवासी सदा से ही वनों में रहते आए हैं, इसलिए आदिवासियों एवं वनों के बीच अत्यंत घनिष्ट संबंध है। ईंधन, पशुओं के लिए चारा, फल-फूल, जड़ी-बूटी, कृषि औजार, लकड़ी आदि के लिए वे वनों पर ही आश्रित हैं। वन से ही उन्हें भोजन प्राप्त होता है एवं उनकी जीविका चलती है। वे अनेक पेड़-पौधों एवं जीव-जंतुओं की पूजा करते हैं।

प्रत्येक जनजाति के गाँव में उनका अपना धार्मिक केंद्र होता है। प्रत्येक गाँव के अपने धार्मिक देवी-देवता होते हैं। जनजातियाँ प्राकृतिक वस्तुओं जैसे-सूर्य, चंद्रमा, तारे, नदी, पहाड़, वृक्ष एवं पशु-पक्षी आदि की पूजा करती हैं। उनकी संस्कृति मूलतः अरण्य संस्कृति है। हमारे देश में आज भी कई ऐसे क्षेत्र हैं जिनके नाम वहाँ रह रही जनजातियों के नाम पर हैं। उदाहरणार्थ पूर्वोत्तर भारत के मिजोरम, नागालैंड तथा त्रिपुरा का नाम क्रमशः वहाँ रहने वाली मिजो, नागा एवं त्रिपुरी जनजातियों के नाम पर हैं। झारखंड का संथाल परगना वहाँ रहने वाली संथाल जनजाति के नाम पर है। इसी प्रकार गोंडवाना क्षेत्र का नाम वहाँ पर रहने वाली गोंड जनजाति पर है। हिमाचल प्रदेश में लाहौल, स्वांग्ला एवं किन्नौर नाम वहाँ रहने वाली क्रमशः लाहौला, स्वांग्ला तथा किन्नौर जानजाति के नाम पर हैं।

कतिपय जंगली जानवरों के मांस, चर्बी, तेल, हड्डी, दाँत, नख इत्यादि का प्रयोग जनजातीय समाज में दवा के रूप में किया जाता है। इनका संक्षेप में विवरण निम्न प्रकार है–

1. **भौरी कीड़ा**–यह तालाब या नदी पर तैरने वाला छोटा आकार का कीड़ा होता है। इसे गुड़ के साथ खाने से मिर्गी की बीमारी ठीक होती है।

2. **केंचुआ**–यह खेत में पाया जाता है। इसे भी गुड़ के साथ खाने से मिर्गी की बीमारी में लाभ पहुँचता है।
3. **कबूतर**–कबूतर का मांस खाना पथरी की बीमारी में लाभदायक माना जाता है।
4. **कुत्ता**–कुत्ता का मांस टी.बी. रोगियों के लिए लाभप्रद होता है।
5. **बगेरी**–बगेरी का मांस नपुंसकता की बीमारी को ठीक करता है।
6. **हारिल**–हारिल का मांस सर्दी, खाँसी एवं दमा में लाभदायक होता है।
7. **वनमुर्गी**–वनमुर्गी का मांस सर्दी, खाँसी, जुकाम में फायदा पहुँचाता है।
8. **चमगादड़**–इसको खाने से रतौंधी की बीमारी ठीक होती है। दमा एवं खाँसी में भी इसका मांस लाभदायक होता है।
9. **साँप का तेल**–साँप का तेल सोन बहरी (कोढ़) रोग में लाभदायक होता है। इसका तेल गठिया रोग में भी लाभ पहुँचाता है।
10. **रेशम कीड़ा**–रेशग कीड़ा को खिलाना मिर्गी के रोगियों के लिए लाभदायक होता है।
11. **साहिल**–इसकी अंतड़ी का मांस दमा पीड़ित के लिए लाभदायक होता है।
12. **सियार का खून**–सियार का खून अपरस की बीमारी को ठीक करता है।
13. **हिरण सींग**–हिरण के सींग को पत्थर पर घिसकर लगाने से बवासीर की बीमारी ठीक होती है।
14. **हाथी दाँत**–हाथी दाँत को रगड़कर बवासीर पर लगाने से बवासीर की बीमारी ठीक होती है।

अन्य

वानस्पतिक नाम (Botanical Name) के अनुसार प्रजातियों की सूची

क्रम सं.	वानस्पतिक नाम	अंग्रेजी नाम	हिंदी नाम
1.	Abelmoschus moschatus	Musk mallow	कस्तूरी दाना, कस्तूरी लतिका
2.	Abies alba	Silver Fir	सिल्वर फर
3.	Abies balsamea	-	एबीज बाल्सेमिया
4.	Abies pindrow	West Himalayan Fir	फर
5.	Abrus precatorius	Indian or Wild Liquorice	घुंघची
6.	Abutilon indicum	Indian Mallow	कंघी (अतिबला)
7.	Acacia arabica	Babul Tree	बबूल
8.	Acacia auriculata	Tannre's Cassia	तरवार
9.	Acacia auriculiformis	Wattle Tree, Australian acacia	आकाशमोनी
10.	Acacia catechu	Cutch Tree	खैर
11.	Acacia sundra	Red Cutch	लाल खैर
12.	Acacia farnesiana	Scented Babool, Needle Bush	विलायती कीकर, दिवाना बबूल
13.	Acacia mearnsii	Black Wattle	आस्ट्रेलियन अकेशिया
14.	Acacia mollissima	Black Wattle	आस्ट्रेलियन अकेशिया
15.	Acacia nilotica	Babul Tree	बबूल

16.	Acacia senegal	Gum Arabic Tree	गम अकेशिया
17.	Acacia tortilis	Umbrella Thorn Acacia	इजराइली बबूल
18.	Achras zapota	Sapodila Plum, Bully Tree	चीखू
19.	Achyranthes aspera	Prickly- chaff Flower	अपामार्ग (लटजीरा)
20.	Aconitum ferox	Aconitum	बछनाग (वत्सनाभ)
21.	Acorus calmus	Sweet Flag	वचा
22.	Acrocarpus fraxinifolius	Red Cedar, Pink Cedar	मंधानी, मुंदानी, मंडानिया
23.	Actinodaphne hookeri	Pisa	पीसा
24.	Adansonia digitata	African Baobab Tree	गोरख इमली
25.	Adenanthera pavonia	Bead Tree, Red Wood, Coral Pea	कंचनदाना, रक्त कंबल
26.	Adhatoda vasica	Malabar Nut	अरुसा
27.	Adina cardifolia	Haldu	हलदू
28.	Aegle marmelos	Bengal Quince, Bael tree	बेल
29.	Aesculus indica	Himlayan Horse Chestnut	बनखोर, पांगर
30.	Agathis australis	—	अगैथिस आस्ट्रेलिस
31.	Agathis robusta	Queensland Kauri, Smooth Barked Kauri	अगैथिस
32.	Ailanthus exelsa	Indian tree of Heaven	अरू

33.	Ailanthus glandulosa	Chinese Sumac, Paradise Tree	एलेन्थस ग्लैंन्डूलोजा
34.	Ailanthus malabarica	White Bean	एलेन्थस मालाबारिका
35.	Alangium lamarckii	Sage Leaved Alangium	ढेरा
36.	Alangium salvifolium	Sage Leaved Alangium	ढेरा
37.	Albizia chinensis	Chinese Albizia, Silk Tree	सीरन
38.	Albizia lebbek	East Indian Walnut, Indian Walnut	शिरीष, काला सीरस
39.	Albizia lucida	—	एलबीज़िया ल्यूसिडा
40.	Albizzia amara	Oil Cake Tree, Krishna Siris	कृष्ण सीरस, लाली
41.	Albizzia procera	Safed Sirus	सफेद सीरस
42.	Albizzia stipulata	Chinese Albizia, Silk Tree	सिरसा, सीरन
43.	Aleurites moluccana	Candle Nut, Indian Walnut, Varnish Tree, Kukui Nut Tree	तुग
44.	Aleurites montana	Candlenut, Candleberry	जंगली अखरोट
45.	Alnus neplalensis	Nepalese Alder	उतीस
46.	Alstonia scholaris	Ditabark Tree, Devil's Tree, Indian Devil Tree, Scholar's Tree	छितवन, सप्तपर्ण, सतिवन
47.	Amherstia nobilis	Pride of Burma	फूलों की रानी
48.	Amomum subulatum	The Greater Cardamom	बड़ी इलाइची
49.	Anacardium occidentale	Cashew Nut	काजू

50.	Anethum graveolens	Dill	अनेथम ग्रेवियोलेन्स
51.	Anethum sowa	Indian Dill	सोया
52.	Annona squamosa	Sugar Apple, Custard Apple	सीताफल या शरीफा
53.	Anogeissus latifolia	Axle wood	धौड़ा, बाकली या घट्टी
54.	Anona Reticulata	Bullock's Heart, Bull's Heart	रामफल
55.	Anthocephalus cadamba	Cadamba tree	कदम्ब (नीप)
56.	Aphanamixis polystachya	Pithraj Tree	हर्रा
57.	Apium graveolens	Celery	ऐपियम ग्रेवियोलेन्य
58.	Aquilaria agallocha	Eagle Wood, Aloe Wood	अगर
59.	Araucaria columnaris	Cook Pine, Cook Araucaria	अरुकेरिया कुक
60.	Araucaria cunninghami	Hoop Pine	अरुकेरिया हूप पाइन
61.	Areca cathechu	Areca Nut Palm, Beetal Nut Palm	सुपारी
62.	Argemone maxicana	Maxican Poppy or Prickly poppy	भरभंडा
63.	Artemisia maritima	Wormseed	किरमाला
64.	Artemisia pallens	Davana	दवणा
65.	Artocarpus chaplasha	Chaplasha	चाप्लाश
66.	Artocarpus heterophyllus	Jackfruit	कटहल

67.	Artocarpus hirsutas	Wild Jack Tree	आइनी, अंजली, वदाहर
68.	Artocarpus incisa	Bread Fruit Tree	बड़हल
69.	Artocarpus lakoocha	Monkey Jack	लकुच, बड़हर, देवफल
70.	Asparagus adscendens	Musale	मूसली सफेद
71.	Averrhoa carambola	Starfruit, Carambola Tree	कमरख
72.	Azadirachta Indica	Margosa, Neem tree, Indian Lilac	नीम (निम्ब)
73.	Balanites aegyptiaca	Desert date	हिंगन, हिंगोट, इंगूदी
74.	Balanites roxburghaii	Desert date	हिंगन, हिंगोट, इंगूदी
75.	Bambusa balcooa	Bamboo	बाँस
76.	Bambusa bambos	Bamboo	बाँस
77.	Bambusa nutans	Bamboo	बाँस
78.	Bambusa pallida	Bamboo	बाँस
79.	Bambusa tulda	Bamboo	बाँस
80.	Bambusa vulgaris	Bamboo	बाँस
81.	Barringtonia acutangula	Barringtonia	समुद्र फल, हिज्जल
82.	Bassia butyracea	Phulwara	चिउरा
83.	Bauhinia alba	White Orchid Tree	सफेद कचनार
84.	Bahunia retusa	Mountain Ebony	बॉहिनीया रेटूसा

85.	Bauhinia purpurea	Camel's foot	कचनार
86.	Bauhinia variegata	Orchid tree	कचनार
87.	Berberis aristata	Indian Berberry	दारुहल्दी
88.	Bergenia ligulata	Indian Rock foil	पाषाण भेद
89.	Betula utilis	Himalayan Paper Birch, Indian Paper Birch	भोज पत्र
90.	Bischofia javanica	Bishop Wood	पनियाला, इरम, कोरसा
91.	Bischofia javanica	Bishop Wood	बिशप वुड
92.	Bixa orellanda	Annato	लटखन
93.	B2oerhaavia diffusa	Hog Weed	पुनर्नवा
94.	Bombax malabaricum	Silk Cotton Tree	सेमल (चूर्णक या शाल्मली)
95.	Borassus flabellier	Palmyra Palm	ताड़
96.	Boswellia carteri	–	बाँसवेलिया कारट्रियाई
97.	Boswellia frereana	Maydi	बाँसवेलिया फ्रेरियना
98.	Boswellia serrata	Indian Olibanum	सलाई
99.	Bridelia retusa	Spinous Kino Tree	काझी
100.	Broussonetia papyrifera	Paper Mulberry	जंगली तुत
101.	Buchanania lanzan	The Cuddapah Almond	चिरौंजी, पियाल या पियार

102.	Buchanania latifolia	The Cuddapah Almond	चिरौंजी, पियाल या पियार
103.	Bunium persicum	Black cumin	कैरम परसीकम
104.	Bursera penicillata	Torote Copal	बरसेरा पेनिसिलेटा
105.	Bursera serrata	Indian Olibanum	नाजोर
106.	Butea frondosa	Flame of the forest orBastard Tree	ढाक या पलाश (टेसू)
107.	Butea monosperma	Flame of the forest orBastard Tree	ढाक या पलाश (टेसू)
108.	Buxus sampervirens	Common Box	बक्सस सैम्परविरैन्स
109.	Caesalpinia bonducella	Bonduc Nut or Fever nut	करंज
110.	Cajanus cajan	Pigeon Pea	अरहर
111.	Callistemon lanceolatus	Bottle Brush	बाटल ब्राश
112.	Callitris quadrivalis	—	कैलिट्रिस क्वाड्रीवालिस
113.	Calophyllum inophyllum	Ballnut	नागचम्पा
114.	Cananga odorata	Ylang-ylang	कनेंगा ओडोरेटा
115.	Canarium euphyllum	Indian Canarium	धूप
116.	Canarium luzonicum	Elemi	कनैरियम ल्यूजोनिकम
117.	Canarium strictum	Black Dammar	धूप
118.	Capparis spinosa	The Edible Capper or Caper Plant	कबर

119.	Carissa carandas	Karanda	करौंदा
120.	Carum carvi	Black Caraway	कैरम कारवी या कृष्ण जीरा
121.	Carum persicum	Black cumin	कैरम परसीकम
122.	Caryota urens	Fish Tail Palm, Sago Palm	मारी
123.	Casmiroa edulis	White Sapote	सपोत
124.	Cassia biflora	Twin Flowered Cassia	कैसिया बाइफ्लोरा
125.	Cassia fistula	Indian Laburnum	अमलतास
126.	Cassia grandis	Horse Cassia, Pink Shower Tree	कैसिया ग्रैन्डिस
127.	Cassia javanica	Apple- Blossom Cassia	कैसिया जावा
128.	Cassia siamea	Kassod Tree	कैसिया सियामिया
129.	Casuarina equisetifolia	She oak, Coastal She oak, Beefwood Tree	सरु
130.	Cedrus deodara	Himalayan Cedar	देवदार
131.	Cedrus deodara	Deodara	देवदार
132.	Celastrus paniculatus	Black Oil Plant	मालकंगनी
133.	Celtis australis	Honey Berry, European Nettle Tree	खड़िक
134.	Centalla asiatica	Indian Penywort	मण्डूकपर्णी
135.	Chlorophytum borivilianum	Musale	मूसली सफेद

136.	Chloroxylon swietenia	Satinwood	भीरा, भीविया
137.	Chukrasia tabularis	Indian Red Wood, Chittagong Wood or White Cedar	चिकरासी या महोगनी
138.	Cieba pentandra	Java Cotton, Silk Cotton	कपोक
139.	Cinnamomum camphora	Camphor Tree	चीनिया कपूर
140.	Cinnamomum cecidodaphne	Indian Cinnamon	तेजपात, तेजपत्ता
141.	Cinnamomum zeylanicum	Cinnamon Bark	दालचीनी
142.	Citrus aurantifolia	Lime	नीबू
143.	Citrus aurantium	Bitter Orange	कडुवा नारंगी, कडुवा संतरा
144.	Citrus nigrum	—	साइट्रस नाइग्रम
145.	Citrus reticulata	Orange	सन्तरा, नारंगी
146.	Citrus sinensis	Sweet Orange	मीठा नारंगी, मीठा सन्तरा
147.	Cocculus hirsutus	Broom Creeper	पातालगरुड़ी
148.	Cocculus villosus	Broom Creeper	पातालगरुड़ी
149.	Cochlospermum religiosum	Butter Cup Tree	पीली कपास, कुंबी
150.	Cochlospermum religiosum	Yellow Silk Cotton	कॉकलोसपरमम रिलिजियोसम
151.	Cocus nucifera	Coconut, Coconut Palm	नारियल
152.	Colvillea racemosa	Colville' Glory	किलबिली
153.	Commiphora berryi	—	कॉमीफोरा बैराई

154.	Commiphora caudata	Hill Mango	कॉमीफोरा काडेटा
155.	Commiphora erythraea	—	कॉमीफोरा इरीथ्रीया
156.	Commiphora molmol	—	कॉमीफोरा मौलमौल
157.	Commiphora myrrha	Common Myrrh	कॉमीफोरा मिर
158.	Commiphora roxburghii	—	कॉमीफोरा राक्सबरगाई
159.	Commiphora wightii	Mukul Myrrh Tree	गूगुल, गूगल
160.	Convolvulus pluricaulis choisy	Shankh Pushpi	शंखपुष्पी
161.	Copaifera officinalis	Copaiba Balsum	कोपाल
162.	Copernicia cerifera	Carnauba, Palm Wax	ताड़ीय मोम जाति कोपरनीसिया सैरीफेरा
163.	Cordia dichotoma	Large Sebesten Plum	लसोढ़ा
164.	Cordia sebestena	Geiger Tree	लाल लसोढ़ा
165.	Couroupita guianensis	Cannon Ball Tree	शिवलिंगी, नागलिंगम
166.	Crataeva nurvala	Varuna	वरुण
167.	Crataeva relgiosa	Varuna	वरुण
168.	Crescentia cujete	Calabash	विलायती बेल
169.	Crocus sativus	Saffron	केसर
170.	Cubebae fructus	Cubebs	कबाबचीनी

171.	Cuminum cyminum	Cummin	जीरा
172.	Cupressus torulosa	Himalayan Cypress	हिमालयन साइप्रस
173.	Curculig orchioides	Black Musale	मूसली काली
174.	Curcuma aromatica	Wild Turmeric	जंगली हलदी
175.	Curcuma domestica	Turmeric	हल्दी
176.	Cymbopogon citratus	Lemon grass or Oil grass	वेस्ट इंडियन लेमन घास
177.	Cymbopogon coloratus	Boda Grass	सिम्बोपोगन कोलोरेटस
178.	Cymbopogon flexuosus	Malabar Grass or East Indian Lemon Grass	ईस्ट इण्डियन लेमन घास
179.	Cymbopogon jwarancusa	Iwarancusa Grass	करनक़ा
180.	Cymbopogon martinii	Palmarosa Grass	सिम्बोपोगन मार्टिनि
181.	Cymbopogon nardus	Citronella Grass	सिम्बोपोगन नारडस
182.	Cymbopogon winteriens	—	कैंची घास
183.	Cyperus rotundus	Coco Grass	साइप्रस रोटन्डस
184.	Cyperus scariosus	Cypriol	नागरमोथा
185.	Dalbergia latifolia	Indian Rosewood or Blackwood	रोज़ वुड
186.	Dalbergia sissoo	Sissoo	शीशम
187.	Datura innoxa	Datura	धतूरा
188.	Datura stramonium	—	राजधत्तूर
189.	Delonix regia	Flamboyant	गुलमोहर

190.	Dendrocalamus asper	Bamboo	बाँस
191.	Dendrocalamus giganteus	Bamboo	बाँस
192.	Dendrocalamus hamiltonii	Bamboo	बाँस
193.	Dendrocalamus strictus	Bamboo	बाँस
194.	Dillenia indica	Elephant Apple	चालता
195.	Diospyros ebenum	Ceylon Ebony or Indian Ebony	डायसपायरस एबीनम
196.	Diospyros melanoxylon	Coromandel Ebony	तेंदू
197.	Diospyros melanoxylon	Ebony	केंदू
198.	Diospyrus montana	Mountain Persimmon	कांडू
199.	Diospyrus peregrina	Wild Mangosteen	काला तेंदू, गाब
200.	Diploknema butyracea	Cheura	फुलवाड़ा या भारतीय मक्खन
201,	Dipterocarpus alatus	Chheuteal	डिप्टेरोकारपस अलेटस
202.	Dipterocarpus costatus	–	डिप्टेरोकारपस कॉसटैटस
203.	Dipterocarpus indicus	Indian Gurjan	डिप्टेरोकारपस इण्डिकस
204.	Dipterocarpus macrocarpus	Hollong	होलौंग
205.	Dipterocarpus turberculatus	–	डिप्टेरोकारपस टुबरकुलेटस
206.	Dipterocarpus turbinatus	–	डिप्टेरोकारपस टरबीनैटस
207.	Dorema ammoniacum	–	डोरेमा अमोनियेकम

208.	Dysoxylum malabaricum	White Cedar	अकिल
209.	Eclipta alba	Trailing Eclipta	भृंगराज (भँगरैया)
210.	Ehretia laevis	Chammor	जंगली पापड़ीं, चामरोड़
211.	Elaeis guineenis	Oil Palm	पाम
212.	Elaeocarpus ganitrus	Utrasum Bead Tree	रुद्राक्ष
213.	Elettaria cardamomum	Lesser Cardamom dgrs	इलाइची
214.	Eleodendron glaucum	Bhutkes	इलियोडैनड्रान ग्लोकम
215.	Emblica officinalis	Emblic Myrobalan, Indian Gooseberry	आँवला
216.	Endospermum malaccense	Sensendok	बकोटा
217.	Ephedra gerardiana	Ephedra, Ma-Huang	तूतगाँठा
218.	Eriobotrya japonica	Loquat	लोकट
219.	Erythrina variegata	Indian Coral Tree	मन्दार
220.	Eucalyptus camaldulensisis	River Red Gum, Red Gum, Murray Red Gum	सफेदा
221.	Eucalyptus crebra	Narrow leaved Ironbark	सफेदा
222.	Eucalyptus globulus	Blue gum	सफेदा
223.	Eucalyptus grandis	Rose Gum, Flooded Gum	सफेदा

224.	Eucalyptus major	Queensland Grey Gum	सफेदा
225.	Eucalyptus polyanthemos	Red Box	सफेदा
226.	Eucalyptus tereticornis	Forest Red Gum, Mysore Gum	सफेदा
227.	Eugenia caryophyllus	Cloves, Clove Tree	लौंग
228.	Eulaliopsis binata	Baib grass	बाबड़ घास
229.	Eulophia campesrris	Salep	सालम मिश्री
230.	Euphorbia antisyphilitica	Candelilla	यूफोरबीया एन्टीसीफीलिटिका
231.	Evodia roxburghina	Indian aspen	भारतीय एस्पन
232.	Feronia limonia	Wood Apple	कैथ
233.	Ferula assafoetida	Asafoetida	हींग
234.	Ferula galbaniflua	Galbanum	फेरुला गैलबैनीफ्लुआ
235.	Ficus auriculata	Elephant Ear Fig Tree, Giant Indian Fig	तिमला
236.	Ficus bengalensis	Banyan Tree	बरगद (भंडीर)
237.	Ficus carica	Fig	अंजीर
238.	Ficus elastica	India Rubber Fig	रबर फाइकस
239.	Ficus glomarata	Cluster Fig Tree	गूलर
240.	Ficus infectoria	Fig Tree	पाकड़ या पिलखन

241.	Ficus krishnai	Krishna's Butter Cup	कृष्ण वट
242.	Ficus mysorensis	Yellow Berry Ficus	मैसूरी अंजीर
243.	Ficus recemosa	Cluster Fig Tree	गूलर
244.	Ficus religiosa	Bodhi Tree	पीपल
245.	Ficus roxburghaii	Elephant Ear Fig Tree, Giant Indian Fig	तिमला
246.	Ficus tseila	—	फाइकस सेइला
247.	Fraxinus excelsior	European Ash Tree	यूरोपियन ऐश ट्री
248.	Fumaria indica	Fine Leaved Fumitarie	पित्त पापड़ा
249.	Garcinia hanburyi	Indian Gamboj Tree	गारसीनिया हैनबोराई
250.	Garcinia indica	Kokam Butter Tree	कोकम
251.	Garcinia morella	Sri Lanka Gamboj Tree	गारसीनिया मौरैला
252.	Gardenia florida	Cape Jasmine	गन्धराज
253.	Gardina gummifera	Gummy Gardema	डिकामाली
254.	Gardinia lucifera	—	गार्डीनिया ल्यूसीफैरा
255.	Garuga pinnata	Grey Downy Balsum	खरपात या कीकर
256.	Glycyrrhiza glabra	Liquorice Root	मुलेठी
257.	Gmelina arboria	Snap Dragon Tree, Coomb Tree , Gambhar	गम्भार

258.	Grevillea robusta	Silver Oak	सिल्वर ओक
259.	Grewia tiliaefolia	Dhaman	धामन
260.	Guazuma tomentosa	Bastard Cedar, False Rudraksha	नीपलटुन्थ
261.	Gymnema sylvestre	Gymnema	गुड़मार
262.	Haldina cardifolia	Haldu	हलदू
263.	Hardwickia binnata	Hardwickia	अंजन
264.	Hemidesmus indicus	Indian Sarsaparilla	सारिवा
265.	Heritieria littoralis	Looking Glass Mangrove	सुन्दरी
266.	Heterophragma adenophyllum	Talwar Phali, Maror Phali	तलवार फाली
267.	Holarrhena antidysentrica	Tellicherry Bark	कुरची
268.	Holoptelea integrifolia	Indian Elm	कंजू या पापड़ी या चिलबिल
269.	Hopea odorata	White Thingan	होपिया ओडोरेटा
270.	Hopea parviflora	Kiral boghi, Tirpu Tree	होपिया पार्वीफ्लोरा
271.	Hydnocarpus laurifolia	Chaulmoogra	चौलमोगरा
272.	Hydnocarpus wightiana	Chaulmoogra	चौलमोगरा
273.	Hydrocotyle asiatica	Indian Penny-Wort	ब्राह्मी
274.	Hymenodictyon exelsum	–	बोरंग
275.	Hyoscyamus niger	Henbane	काली खुरासानी अजवाइन

276.	Ichnocarpus frutesceus	Rape seed plant or Winter cherry	दुधलत
277.	Indigofera tinctonia	Indigo	नील
278.	Ipomoea orizabensis	—	आइपोमिया ओरिजाबैनसिस
279.	Jacaranda mimosifolia	Jacaranda	जैकरेन्डा
280.	Jasminum officinale	—	चमेली
281.	Jotropha curcas	Jatropha (Physic Nut)	रतनजोत
282.	Juglans regia	Walnut	अखरोट
283.	Juniperus macropoda	Pashthani Juniper	जूनीपरस मैक्रोपोडा
284.	Kingiodendron pinnatum	—	किंगगियोडैनड्रान पिनैटम
285.	Kydia calycina	Kydia	पूला
286.	Lagerstoemia parviflora	Bentek Tree	सीडा, सेज
287.	Lagerstroemia flos-reginae	Pride of India	जारूल, जरुल
288.	Lannea coromandelica	Indian Ash Tree	मोहिन, झिंगन
289.	Lavandula angustifolia	Common Lavender or English Lavender	लैवेन्डूला अंगस्टीफोलिया
290.	Lavandula latifolia	Spike Lavender	लैवेन्डूला लैटीफोलिया
291.	Lawsonia inermis	Henna	मेंहदी
292.	Leucaena leucocephala	Leucaena	सुबबूल

293.	Liquidambar orientalis	Oriental Sweet Gum or Turkish Gum	ल्यूक्वीडैम्बर ओरियटेलिस
294.	Litchi chinensis	Litchi	लीची
295.	Litsea chinensis	Common Tallow Chinensis	मैदालकड़ी
296.	Litsea glutinosa	Common Tallow Chinensis	मैदालकड़ी
297.	Lophopetalum titanium	–	लोफोपैटलम प्रजाति
298.	Lophopetalum wightianum	–	लोफोपैटलम प्रजाति
299.	Machilus odaratissima	Kawala	कावला
300.	Madhuca indica	Butter tree	महुआ
301.	Magnolia grandifolia	Bull Bay	मागनोलिया
302.	Mallotus philippensis	The Monkey-face Tree	रोहनी, रोहिणी
303.	Mallotus philippinensis	Kamala	कबीला
304.	Mangifera caesia	Jack, Malaysian Mango	बिंजई
305.	Mangifera indica	Mango Tree	आम
306.	Maple	Maple	एसर
307.	Melocanna baccifera	Bamboo	बाँस
308.	Melia azadarach	Persian Lilac	बकैन
309.	Melia azadarach	Persian Lilac, The Bead Tree	बकायन

310.	Melia azadirach	Persian Lilac	बकैन
311.	Melia composita	Malabar Neem or Ghora Neem	मालाबार नीम
312.	Memecylon edule	Iron Wood Tree	अंजनी
313.	Mentha arvensis	Corn Mint or Wild Mint	पुदीना
314.	Mentha piperata	Peppermint	पिपरमिंट
315.	Mentha sativa	Mentha	पुदीना
316.	Mentha spicata	Spearmint	मेन्था स्पाइकेटा
317.	Mesua ferra	Ironwood, Indian chestnut	नाहोस नागकेसर
318.	Michelia champaka	Champa	चम्पा
319.	Milingtonia hortensis	Indian Cork Tree	नीम चमेली
320.	Millingtonia hortensis	Indian Cork Tree	आकाश नीम
321.	Mimosa pudica	Sensitive Plant (Touch me not)	लाजवन्ती
322.	Mimusops elengi	Bullet Tree	बकुल, मौलसिरी
323.	Mimusops hexandra	Khirni	खिरनी
324.	Mitragyna parviflora	Kaim	कैम
325.	Moringa oleifera	Indian Horse- Radish Tree	सहजन
326.	Morus alba	White Mulberry	शहतूत
327.	Morus indica	Black Mulberry	काला शहतूत
328.	Morus laevigata	—	किमू

329.	Mrristiga fragrans	–	मिरिस्टिगा फ्रैगरेन्स
330.	Mucuna prurita	Cowitch	केंवाच
331.	Murraya koenigii	Curry Leaf Tree	कढ़ी पत्ता, गन्धेला
332.	Murraya paniculata	Chinese Boxwood, Satin Wood	कामिनी
333.	Myrica spp	–	मिरिका प्रजाति
334.	Myristica fragrans	Mace, Nutmeg	जायफल
335.	Myroxylon balsamum	Tolu Balsum Tree	माइरोजाइलोन बाल्सेमम
336.	Myroxylon pereirae	Balsum of Peru	माइरोजाइलोन पेरेरी
337.	Nardostachys jatamansi	Spikenard	जटामासी
338.	Neolitsea umbrosa	Nees	चिरंदी
339.	Neolitsea zeylanicia	–	नियोलिटसिया प्रजाति
340.	Nyctanthes arbortristis	Weeping Nyctanthes, Tree of Sorrow, Night Jasmine	हरसिंगार
341.	Ochna squarrosa	Golden Champa	रामधन चम्पा
342.	Ocimum amaricanum	Lime, Hoary Basil	आसिमम अमेरिकानम
343.	Ocimum basilicum	Sweet Basil	आसिमम बेसिलिकम
344.	Ocimum gratissium	Clove Basil or African Basil	राम तुलसी
345.	Ocimum kilimandscharicum	African Blue Basil	कूपर तुलसी
346.	Ocimum sanctum	Holy Basil	तुलसी

347.	Oclandra travankorica	Bamboo	बाँस
348.	Olea cuspidata	Wild Olive or Indian Olive	काहू या जैतून
349.	Oroxylum indicum	Broken Bones Tree	सोनपाठा
350.	Ougeinia oojeinensis	Sandam	सानन
351.	Pandanus odoratissimus	Screw Pine	केवड़ा
352.	Pandanus tectorius	Screw Pine	केवड़ा
353.	Parkia biglandulosa	Badminton Ball Tree	सपोता
354.	Parkinsonia aculeata	Jerusalem Thorn	पार्किन्सोनिया
355.	Pedalium murex	Large Caltrops	गोखरू बड़ा
356.	Pelargonium capitatum	Rose-scented Pelargonium	पेलारगोनियम कैपिटेटम
357.	Pelargonium graveolens	Rose Geranium	पेलारगोनियम प्रजाति
358.	Peltophorum ferrugineum	Yellow Flame Tree	पेल्टोफोरम
359.	Phoenix dactylifera	Date Palm	खजूर
360.	Phoenix sylvestris	Wild Date Palm	खजूरी
361.	Phytelephas spp.	—	फाइटेलेफस प्रजाति
362.	Picea smithiana	West Himalayan Spruce, Morinda Spruce	स्प्रूस
363.	Picrorrhiza kurrooa	Black Hellebore	कुटकी, कुरची

364.	Pimpinella anisum	Anise	पिम्पीनेला अनीसम
365.	Pinus gerardiana	Chilgoza Pine	चिलगोजा
366.	Pinus roxburghaii	Pine Tree	चीड़
367.	Pinus succinifera	Amber	अंबर
368.	Pinus wallichiana	Blue Pine	कैल, भूटान पाइन
369.	Piper longum	Long Pepper	पीपर, पिप्पली
370.	Piper nigrum	Black Pepper	काली मिर्च, पीपली
371.	Pistacia cabulica	—	पिस्टेियिया काबूलिका
372.	Pistacia lentiscus	Mastic	पिस्टेियिया लेनटिसकस
373.	Pithecellobium dulce	Madras Thorn, Manila Tamarind	जंगल जलेबी
374.	Pithecolobium saman	Rain Tree	रेन ट्री
375.	Platanus orientalis	Oriental Plane Tree	चिनार, चनार
376.	Podophyllum hexandrum	Indian Podophyllum	गिरिपर्पट
377.	Pogostemon cablin	Pachouli	पोगोस्टेमान
378.	Polyalthia fragrans	—	गौरीमारा
379.	Pongamia glabra	Indian Beech, Smooth leaved Pongamia	कंजी या करंज (नक्तमाल)
380.	Pongamia pinnata	Indian Beech, Smooth leaved Pongamia	कंजी या करंज

381.	Populus deltoides	Poplar	पौपलर
382.	Populus euphratica	Euphrates Popular	पापुलस यूफ्रैटिका
383.	Populus nigra	Black popular	पौपुलस नाइग्रा
384.	Prinsepia utilis	Himalayan Cherry	भेकल
385.	Prosopis cinerarea	Khejri	खेजड़ी
386.	Prosopis juliflora	Prosopis	विलायती बबूल
387.	Prosopis spicegera	Chikura pod	छियोंकर, शमी
388.	Prunus armeniaca	Apricot	खुमानी
389.	Prunus amygdalus	Almond Tree	बादाम
390.	Prunus communis	The Bokhara Plum	आलू बुखारा
391.	Prunus persica	Peach	आड़ू
392.	Psidium guava	Guava Tree	अमरूद
393.	Pterocarpus dalbergioides	East Indian Mahogany or Andaman Red wood	अंडमान पाडौक
394.	Pterocarpus marsupium	Indian Kino Tree	बीजासाल
395.	Pterocarpus santalinus	Red Sandal Wood Tree	रक्त चन्दन
396.	Pterospermum acerifolium	Karnikara Tree	कर्निकारा, कनक चम्पा

397.	Punica granatum	Pomegranate	अनार
398.	Putranjiva roxburghii	Wild Olive Tree	पुत्रंजीव, कुमारबीज, जलपित्री
399.	Pyrus communis	Pear Tree	नाशपाती
400.	Quercus incana	Oak Tree, Bluejack oak	बाँज
401.	Quercus semicarpifolia	Brown Oak, Kharsu Oak	खरसू
402.	Rauwolfia serpentina	Serpentina	सर्पगन्धा
403.	Rhus succedanea	Wax Tree	रस सक्सडेनिया
404.	Rhus verniciflua	Chinese Lacquer Tree	रस वरनीसीफ्लुआ
405.	Ricinus communis	Caster Seed	अरंड
406.	Rosa damasena	Rose	गुलाब
407.	Rosmarinus officinalis	Rosemary	रोजमेरी
408.	Roystonea regia	Royal Palm, Bottle Palm	बाटल पाम
409.	Saccharum munja	Munj grass	मूँज घास
410.	Salix alba	White Willow	सफेद विलो
411.	Salix babylonica	Weeping Willow	मजनू
412.	Salix caerulea	Cricket-bat Willow	बैट विलो
413.	Salix fragilis	Crack Willow	क्रैक विलो

414.	Salix tetrasperma	Indian Willow	जलमाला
415.	Salmalia malabarica	Shalmali	सलमेलिया मालाबारिका या सेमल
416.	Salvadora percica	Kokam Butter Tree	पीलु
417.	Santalum album	Sandalwood	चन्दन
418.	Sapindus mukorossi	Soap Nut Tree	रीठा
419.	Sapium sebiferum	Chinese tallow tree or Chicken tree or Grey Popcorn Tree	तारचर्बी
420.	Sapium sebiferum	Chinese Tallow Tree	चाइनीज टैलो वृक्ष
421.	Saraca indica	Ashok Tree	अशोक
422.	Sausserea lappa	Costus	कुष्ठ
423.	Saxifraga ligulata	Indian Rock foil	पाषाण भेद
424.	Scheichera trijuga	Ceylon Oak	कुसुम
425.	Schima wallichi	Schima	चिलउनी, कनक
426.	Schleichera oleosa	Ceylon Oak	कुसुम
427.	Semecarpus anacardium	The Marking-nut tree	भिलाँवा
428.	Sesbania grandiflora	Agathi, Agati sesbania, August flower or Australian corkwood tree	अगस्त
429.	Sesbania spp	—	ढैंचा
430.	Shorea robusta	Sal Tree	साल, साखू

431.	Sida cardifolia	Country mallow	खरेंटी 325
432.	Sideroxylon longipetiolatum	–	लम्बापत्ती
433.	Solanum surrattense	Kantkari	कंटकारी
434.	Solenum nigrum	Garden Nightshade	मकोय
435.	Spondias mangifera	Hog Plum Tree	आमरा
436.	Spondias pinnata	Hog Plum Tree	आमरा
437.	Sterculia alata	Sterculia	तूला
438.	Sterculia urens	–	स्टरकुलिया
439.	Sterculia villosa	Hairy Sterculia	कातीरा या स्टरकुलिया
440.	Strychnos nux- vomica	Vomit Nut or Dog Poison	कुचिला
441.	Styrax benzoin	Loban, Gum Benjamin Tree	स्टाइरेक्स बैनजोइन
442.	Styrax paralleloneurum	–	स्टाइरेक्स पेरेलेलोन्यूरम
443.	Styrax tonkinensis	Siam Benzoin	स्टाइरेक्स टॉकीनैन्सिस
444.	Swertia chirata	Chirata or Chirayata	चिरायता
445.	Swietenia mahogoni	West Indian Mahogany, Mahogony Tree	महौगनी
446.	Syzygium aromaticum	Clove Tree	लौंग
447.	Syzygium cumini	Black plum or Java plum	जामुन

448.	Tamarindus indica	Tamarind Tree	इमली
449.	Tamarix aphylla	Tamarisk	फराश
450.	Tectona grandis	Teak Tree	सागौन
451.	Terminalia arjuna	Arjun Tree	अर्जुन
452.	Terminalia belerica	Beleric myrobalan	बहेड़ा
453.	Terminalia catappa	The Indian Almond	जंगली बादाम
454.	Terminalia chebula	Chebulic Myrobalans	हरड़
455.	Terminalia myriocarpa	East Indian almond	हौलोक
456.	Terminalia tomentosa	Indian Laurel	असना
457.	Themeda arundinacea	Ulla grass	उल्ला घास
458.	Theobroma cacao	Cocoa Tree	कोका
459.	Thespesia populnea	Portia Tree	पराश पीपल
460.	Toona ciliata	Indian Mahogany or Red Cedar	तुन या महानीम
461.	Trachylobium spp	Copaifera	कोपाल
462.	Trachyspermum ammi	King's Cumin	अजवाइन
463.	Trema orientalis	Khagsi	खागसी
464.	Tribulus terrestris	Small Caltrops	गोखरू छोटा
465.	Trivia nudiflora	—	गुटेल
466.	Ulmus wallichiana	Himalayan Elm, Indian Elm	कैन

467.	Valeriana officinalis	Garden Valerian	वैलेरियाना आफिसिनैलिस
468.	Valeriana wallichii	Indian Valerian Rhizome	तगर
469.	Valerianae indica	Indian Valarian	सुगन्धबाला (तगर)
470.	Vanilla planifolia	Flat-leaved Vanilla	वैनिला प्लेनिफोलिया
471.	Vateria indica	Dhupa	धूपा
472.	Vetiveria zizanioldes	Vertiver Gram	खस
473.	Viola odorata	Sweet Violet	वनफ़शा
474.	Vitex negundo	Five- leaved Chest- tree	मेउड़ी
475.	Withania sommifera	Winter Cherry	अश्वगंधा
476.	Wrightia tinctoria	Pale Indigo Plant	राइटिया टिंक्टोरिया
477.	Wrightia tomentosa	Queen Wrightia	राइटिया टोमेन्टोसा
478.	Xylia xylocarpa	Burma Ironwood	इरुल
479.	Zanthoxylum acanthopodium	Candolle	जेन्थोजाइलम एकैन्थोपोडियम
480.	Zanthoxylum limonella		जैन्थोजाइलम लिमोनेला
481.	Zingiber officinale	Ginger	अदरक
482.	Zizyphus jujuba	Indian jujube, Plum	बेर
482.	Zizyphus mauritiana	Indian jujube, Plum	बेर

संदर्भ ग्रन्थ

1. Indian Timbers—Sri J. S. Gamble
2. Trees of India—Sri C. K. Warman
3. Fooder Trees of India—Sri R. V. Singh
4. The common commercial timbers of India
5. वनौषधि निदर्शिका—डॉ. राम सुशील सिंह
6. भावप्रकाशनिघण्टु—डॉ. कृष्णचन्द्र चुनेकर
7. भारतीय जनजातीय संस्कृति—श्री गया पाण्डेय
8. भारतीय जनजातियाँ—श्री रूपचंद्र वर्मा
9. वन उपयोग—श्री लक्ष्मण सिंह खन्ना

मुद्रण : कम्प्युडाटा सर्विसेज, नई दिल्ली–20